KB269709

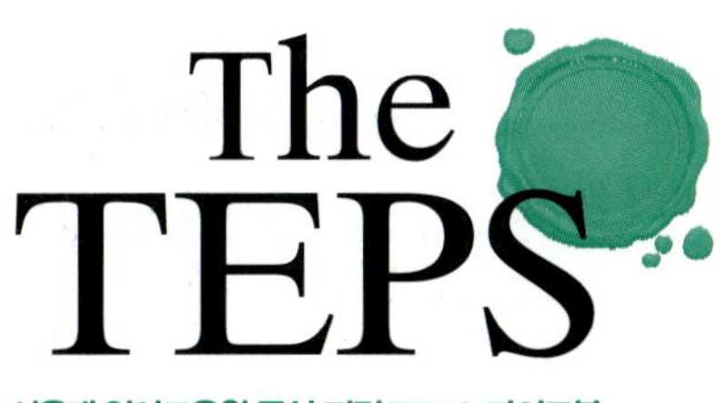

The TEPS

서울대 언어교육원 공식 지정 TEPS 가이드북

The TEPS RC

지은이 서울대학교 언어교육원 외국어교육센터
펴낸이 정규도
펴낸곳 (주)다락원

초판 1쇄 발행 2008년 6월 25일
초판 10쇄 발행 2018년 3월 27일

책임편집 최주연, 김명렬, 김화곤
디자인 윤지은, 박소연, 김금주

다락원 경기도 파주시 문발로 211
내용문의: (02)736-2031 내선 504
구입문의: (02)736-2031 내선 250
Fax: (02)732-2037
출판등록 1977년 9월 16일 제300-1977-23호

값 20,000원(본 교재+정답 및 해설)

ISBN 978-89-5995-965-5
　　　 978-89-5995-967-9(set)

http://www.darakwon.co.kr

• 다락원 홈페이지를 방문하시면 상세한 출판정보와 함께 동
　영상강좌, MP3자료 등 다양한 어학 정보를 얻으실 수 있습
　니다.

서울대 언어교육원 공식 지정 TEPS 가이드북

The TEPS

서울대 언어교육원 외국어교육센터 지음

다락원

Preface

영어 교육의 중요성이 점점 강조되고 있는 이 시대에, 적절한 영어 시험이라면 단지 응시자의 실력 평가뿐 아니라 실제 영어 능력 향상에도 도움을 줄 수 있어야 할 것입니다. 그런 의미에서, 올해로 10주년을 맞이한 TEPS는 한국인의 영어 능력을 올바로 측정하기에 가장 적합한 시험인 동시에, 효과적인 영어공부 수단으로 자리매김해 왔습니다.

이 책에는 TEPS의 의의를 가장 잘 알고, 다년간 서울대학교 학생들을 가르쳐온 전문 강사진의 노하우가 담겨 있습니다. 또한, 저자들은 단순히 시험 전문가가 아닌 영어 전공자들로서 시험 문제 풀이 방법만이 아니라 영어 자체에 대한 폭넓은 이해와 활용에도 도움이 되는 방법을 담고자 노력했습니다. 이 책은 단편적인 지식 전달보다 영어에 대한 폭넓은 이해를 그 기본 목표로 삼고 있습니다. 따라서, 문법, 어휘, 독해 분야가 각각의 독립된 영역이 아니라 영어를 올바로 이해하고 사용하기 위해 함께 공부해야 할 영역임을 인식시키고, 외국어로서 영어를 배우는 학습자에게 가장 적합한 공부 방법을 다루고자 하였습니다.

문법은 언어를 이루는 기본 단위인 문장을 바르게 구성할 수 있는 능력이며, 이는 어휘의 의미에 바탕을 두고 있습니다. 올바른 독해는 문법과 어휘의 기본적인 이해가 바탕이 되어야 합니다. 이 책의 문법 영역에서는 전체 문장 구조 파악을, 어휘 영역에서는 각 어휘 항목의 의미와 올바른 활용 방향을, 독해 영역에서는 문단의 구조와 대의 파악을 기본 내용으로 하고 있습니다. 또한, 기출문제 유형을 면밀하게 분석한 자료를 토대로 문제를 출제하고 전문가의 검토를 거쳤기 때문에 학습자가 실제 TEPS 문제 유형에 최대한 익숙해질 수 있도록 도와줍니다. 이 책에서 제공한 영어학습 방법과 TEPS 노하우를 활용하여 끈기 있게 공부한다면, 좋은 TEPS 성적을 거두는 것은 물론 실생활에 활용할 수 있는 영어 실력이 향상되는 것을 몸소 체험하게 될 것입니다.

늘 함께 공부하는 우리 학생들과 조언을 아끼지 않으신 선생님들, 그 외에도 이 책이 출간되기까지 도와주신 모든 분들에게 깊은 감사를 드립니다.

2008년 6월
손유미, 이미애, 한은경

CoNTents

문법 Grammar

어휘 Vocabulary

독해 Reading Comprehension

Actual Test

Grammar

Vocabulary

Reading Comprehension

■ TEPS란?

TEPS는 Test of English Proficiency developed by Seoul National University의 약자로, 서울대학교 언어교육원에서 개발하고 TEPS 관리위원회에서 주관·시행하는 국가 공인 영어시험이다.

TEPS는 대한민국 정부가 공인하는 외국어 능력 측정기관인 서울대학교 언어교육원이 집중적인 연구를 통해 개발하며, 국내외 유수 대학에 종사하는 100여 명의 영어 관련 전문가들이 출제하고, 세계적인 권위자로 구성된 자문위원회에서 검토한다. 시험은 청해·문법·어휘·독해의 네 영역에 걸쳐 치러지며 총 200문항, 990점 만점이다.

■ TEPS의 특징

1 신뢰도와 타당도가 입증된 시험

TEPS는 언어 테스팅 분야의 세계적 권위자인 Bachman 교수(미국 UCLA)와 Oller 교수(미국 뉴멕시코 대)에게서 타당성을 검증 받았으며, 여러 번의 시험적 평가에서 이미 그 신뢰도와 타당도가 입증되었다.

2 실제적인 의사소통 능력을 측정하는 시험

TEPS는 우리 나라 사람들의 살아 있는 영어 실력, 즉 의사소통 능력을 가장 효과적으로 정확하게 측정해 주는 시험이라고 할 수 있다. 진정한 실력자와 비 실력자를 확실히 구분할 수 있도록 구성되어 변별력이 뛰어나며 본인의 정확한 실력 파악에 실제로 도움이 된다. 또한 TEPS 성적표는 수험자의 영어 능력을 영역별로 세분화해 평가해주기 때문에 본인이 어느 부분이 탁월하고 취약한지 판단할 수 있어 영어 공부의 방향을 잡는 데 효과적이다.

3 편법과 눈속임이 통하지 않는 시험

TEPS는 수험자의 영어 능력을 있는 그대로 정확하게 판단하기 위해 다양한 테스트 방법을 적용했다. 단적인 예로, 청해 시험에서는 인쇄된 질문지 없이 방송으로 직접 들려주기 때문에 미리 문제를 보고 감을 잡는 요령이 통하지 않는다. 독해 시험도 '1지문 1문항 원칙'을 지켜, 한 문제의 답을 알고 나서 그 뒤에 연결된 문제들의 답을 유추하거나, 한 문제의 답을 모를 경우 그와 연관된 다른 문제까지 틀릴 가능성을 원천적으로 배제했다.

4 속도화 시험

외국인과 실제로 영어로 대화할 때는 문법과 어휘를 한참 동안 고민한 다음에 묻거나 대답할 수 없다. TEPS는 기존의 다른 시험에 비해 많은 지문을 주고 이를 짧은 시간 안에 이해하여 풀어낼 수 있는지를 측정한다. 이는 실생활에서 활용할 수 없는 암기 위주의 영어가 아니라 완전히 습득되어 즉각적으로 자유롭게 구사할 수 있는 '살아있는' 영어 실력을 평가하기 위한 것이다.

5 첨단 테스팅 기법을 도입한 시험

TEPS는 첨단의 어학능력 검증기법인 문항 반응 이론(IRT: Item Response Theory)을 도입한 국내 최초의 영어능력 평가 시험이다. 이에 따라, 문항을 개발할 때 각 문항별로 1차 난이도를 정의하고, 시험 시행 후 전체 수험자들이 각각의 문항에 대해 맞고 틀린 결과를 종합해 그 문항의 난이도를 2차로 재조정한 후, 이를 근거로 다시 한 번 채점해 성적을 내게 된다.

산술적으로 계산하면 총 배점은 1,000점이 되지만 문항반응 이론에 근거한 채점 과정에서 최고점은 990점, 최하점은 10점으로 조정된다. 특히 맞은 개수의 합을 총점으로 하는 고전적인 평가방식과 달리, TEPS는 같은 개수의 정답을 맞히더라도 난도가 높은 문제를 많이 맞힌 수험자가 좋은 점수를 얻게 돼있다. 또한 난도가 낮은 문제를 많이 틀린 수험자가 고난도의 문제를 맞혔을 경우, 실력에 관계 없이 추측(guessing)에 의해 또는 우연히 맞혔을 가능성이 높다고 보고 감점 처리한다.

■ TEPS의 영역별 구성

영역	파트	문항수	시간 / 배점
청해 Listening Comprehension	Part I Part II Part III Part IV	15 15 15 15	55분 / 400점
문법 Grammar	Part I Part II Part III Part IV	20 20 5 5	25분 / 100점
어휘 Vocabulary	Part I Part II	25 25	15분 / 100점
독해 Reading Comprehension	Part I Part II Part III	16 21 3	45분 / 400점
총계	13개 Parts	200문제	140분 / 990점

* 산술상으로는 최고 1,000점이나 문항 반응 이론(IRT)에 의하여 최고점은 990점, 최저점은 10점으로 조정됨.

1 청해(Listening Comprehension)

• 총 4 Parts 60문항 / 55분 / 400점
• 특징: 시험지에는 파트별 지시문만 나와있고, 선택지나 질문은 일체 인쇄되어 있지 않다. (아래 내용은 문제
  유형의 이해를 돕기 위한 녹음 대본의 예이다.) Part I 과 Part II에서는 대화와 선택지를 한 번만 들려주고,
  Part III와 Part IV에서는 대화 · 지문과 질문을 두 번, 선택지는 한 번 들려준다.

_ Part I   문장 하나를 듣고 이어질 대화 고르기

W: How long does it take to walk to work?
M: _______________________________

(a) I'm not walking to work today.
(b) That depends if I drive or go by bus.
(c) It takes about 20 minutes.
(d) It's very close to work.

_ Part II   3 문장의 대화를 듣고 이어질 대화 고르기

M: Are you done with your homework?
W: I'm still working on the chemistry report.
M: Are you sure you can meet the deadline?
W: _______________________________.

(a) Yes, I reported it.
(b) Well, I'll try.
(c) No, I couldn't meet him.
(d) Don't worry. I'm finished.

W: Hello. I'd like to speak to Mr. Carrington, please.
M: I'm afraid he's not here right now. Would you like to leave a message?
W: All right. This is Samantha from Sunshine Travel Agency.
M: Samantha, Sunshine Travel — got it.
W: I'm calling about his trip to Paris. He's got my number.
M: Okay. I'll pass along the message.

Q. What is the main purpose of the woman's call?
(a) To ask the man to go with her to Paris.
(b) To give her phone number to Mr. Carrington.
(c) To speak with Mr. Carrington about his trip.
(d) To arrange a meeting abroad.

Exposure therapy has long been a first-line psychological treatment for post-traumatic stress disorder. In this form of therapy, patients are asked to confront memories of a trauma by imagining and recounting it. But now, thanks to virtual reality, they are able to relive it in vivid detail. For instance, a simulation called Virtual Iraq helps Iraq war veterans reencounter sights, sounds, and smells that evoke painful memories. This allows them to reprocess traumatic events and become desensitized to them, minimizing war side effects like insomnia, nightmares, and flashbacks.

Q. What is the main idea of the lecture?
(a) Post-traumatic stress disorder mainly affects war veterans.
(b) Virtual reality can have positive uses.
(c) Overcoming Iraq war trauma is extremely difficult.
(d) Exposure therapy is even more powerful with virtual reality.

2 문법(Grammar)

_ Part I 대화문의 빈칸에 적절한 표현을 고르기

A: I almost got into an accident near my home.
B: That's incredible! The same thing _______________ to me last week!

(a) happens
(b) happened
(c) had happened
(d) has happened

_ Part II 문장의 빈칸에 적절한 표현을 고르기

Brad _______________ his breakfast before I came downstairs.

(a) finish
(b) is finishing
(c) had finished
(d) has finished

_ Part III 대화에서 어법상 틀리거나 어색한 부분 고르기

(a) A: Is it true that Eric got into trouble?
(b) B: Yeah, I heard he was arrested last night.
(c) A: How come? He seems like the pretty nice guy.
(d) B: I'm not sure exactly, but it was something involving a bar fight.

_ Part IV 단문에서 문법상 틀리거나 어색한 부분 고르기

(a) Korea has a strong drinking culture. (b) It is an especially important part of the business world. (c) Coworkers often go out after work, drinking passionately and having fun together. (d) It considered a way of building a sense of teamwork among workers.

3 어휘(Vocabulary)

- 총 2 Parts 50문항 / 15분/ 100점
- 특징: 문맥(context)에 맞는 정확한 용어와 쓰임새를 알고 있는지 평가한다. 총 50문항을 15분 안에 풀어야 하므로 문제에서 제시되는 상황과 문맥을 재빨리 파악하는 순발력이 필요하며, 평소에 다양한 어휘를 숙지하는 것이 중요하다.

_ Part I 대화문의 빈칸에 적절한 단어 고르기

A: Could you please give me a(n) ______________ call at 6:30 tomorrow morning?
B: Sure, ma'am. I'll give you a ring at 6:30 a.m.

(a) emergency
(b) alarm
(c) make-up
(d) wake-up

_ Part II 단문의 빈칸에 적절한 단어 고르기

There are so many ______________ about importing food that you need to consult a lawyer.

(a) costs
(b) licenses
(c) regulations
(d) orders

4 독해(Reading Comprehension)

• 총 3 Parts 40문항 / 45분 / 400점
• 특징: Part 1의 빈칸완성형, Part 2의 주제 · 세부사항 · 추론형, Part 3의 일관성 파악 문제로 구성된다. 타 영역에 비해 점수 비중이 높고 '1지문 1문항' 원칙 하에 45분 동안 40문제를 풀어야 하므로 속도와 논리력이 반드시 필요하다.

_ Part I 지문을 읽고 질문의 빈칸에 들어갈 내용 고르기

The investigation of the recently burnt down National Bank building was concluded today. Careless smoking of local construction workers seemed to be the culprit. It was also determined that the city fire department failed to thoroughly examine the unsafe building just a year ago. Mayor Mike Clayton demanded that the three fire officers bearing responsibility for the fiasco be reassigned. "Such a _________________ should never happen again," Clayton said.

(a) blatant abuse of taxpayer's money   (b) fire attributable to human negligence
(c) tragic loss of fire department personnel   (d) breach of National Bank building security

_ Part II 지문을 읽고 질문에 가장 적절한 내용 고르기

In the classroom, effective learning is not guaranteed just by following proper teaching methods. The degree to which students feel their teacher knows them as individuals and cares about their learning has much to do with the students' willingness to open their minds to learn. Students appreciate learning from teachers who welcome their questions and who allow them to express opposing viewpoints. Moreover, when students see that their teacher is ready to sacrifice time in order to help them, it provides the opportunity for the teacher to communicate his or her values to them.

Q. What is the main point of the passage?

(a) Getting good grades depends upon having good teachers.
(b) Teachers should encourage students to express their opinions.
(c) Teachers should pay more attention to their teaching methods.
(d) Showing concern for students is an important way of promoting learning.

_ Part III 지문을 읽고 문맥상 어색한 내용 고르기

Certain long-standing expectations of marriage are commonly held. (a) Traditionally, marriage has been understood to be a social bond between a man and woman. (b) This marks the start of a family, according to societal norms, as children are expected next. (c) Not only are there children, but also aunts, uncles and grandparents, creating something like a community. (d) Then, after having children, parents are assumed to embark on another new transition, namely, from spouses to parents.

1 접수 방법

- 응시료: 33,000원(추가 접수는 36,000원)
- 인터넷 접수: TEPS 관리위원회(www.teps.or.kr) '온라인 접수' 메뉴 이용
- 방문 접수: 가까운 접수처 이용(3×4cm 사진 한 장, 응시료 지참)

2 고사장 변경

- 고사장 변경 기간: 응시일 13일 전~7일 전까지
- 변경 방법: www.teps.or.kr '나의 시험 정보' → '접수 정보 관리'
- 고사장의 지역을 변경할 경우에만 해당하며, 1회에 한해 가능(같은 지역 내 고사장 변경은 불가). 고사장의 사정에 맞춰 선착순 신청이며 조기에 마감될 수 있음.

3 시험 당일

- 입실 시간: 9시 30분(일요일 시험), 15시(토요일 시험)
- 준비물: 규정 신분증, 컴퓨터용 사인펜, 수정 테이프, 시계, 수험표

※ 규정 신분증(다음 중 한 가지를 유효한 신분증으로 인정)
  일반인 · 대학생: 주민등록증, 운전면허증, 유효한 여권, 공무원증, 주민등록증 발급 신청 확인서
              ※ 주의: 대학교 및 대학원생의 경우 학생증을 사용할 수 없음.
  중 · 고등학생: 학생증(국내 학생증만 허용), 유효한 여권, 청소년증, 주민등록증, 주민등록증 발급 신청 확인서, TEPS 신분 확인 증명서
  초등학생: 유효한 여권, TEPS 신분 확인 증명서
  군인: 주민등록증, 운전면허증, 유효한 여권, 장교 및 부사관 신분증, 군무원증, 주민등록증 발급 신청 확인서, TEPS 신분 확인 증명서(사병)
  외국인: 외국인 등록증, 유효한 여권
  ※ 주의: 시험 당일 위의 규정 신분증 미 소지자는 시험에 응시할 수 없음.

4 시험 관련 유의사항

- 입실 시간 엄수
  공정한 시험 진행을 위해 시험 당일 9시 50분(일요일 시험), 15시 20분(토요일 시험) 이후 입실은 절대 불가하다. 또한 9시 30분(일요일 시험), 15시(토요일 시험) 이후에는 상황에 따라 9시 50분, 15시 20분 전에도 고사장 출입문을 통제할 수 있다.

- TEPS 문제지에 메모를 할 경우
  TEPS 문제지에 메모를 하는 것은 허용되지만 별도의 용지(좌석표, 수험표 등)에 필기나 메모를 하면 부정행위로 간주되어 규정에 의거해 처리된다.

- 시험 중 휴대전화 사용 불가
  TEPS 관리위원회에서는 휴대전화를 이용한 부정행위를 방지하기 위하여 응시자들의 휴대전화를 시험 전에 모두 수거한다. 시험 도중 휴대전화 및 기타 전자기기를 소지하거나 이들이 작동되어 적발되었을 경우에는 사용 여부와 관계없이 부정행위로 처리된다.

■ TEPS 등급 구성표

등급	점수	능력 검정 기준(Description)
1⁺급(Level 1⁺)	901~990	**Native Level of Communicative Competence**

↳ 외국인으로서 최상급 수준의 의사 소통 능력. 교양 있는 원어민에 버금가는 정도로 의사 소통이 가능하고 전문 분야 업무에 대처할 수 있음.

| 1급(Level 1) | 801~900 | **Near-Native Level of Communicative Competence** |

↳ 외국인으로서 거의 최상급 수준의 의사 소통 능력. 단기간 집중 교육을 받으면 대부분의 의사 소통이 가능하고 전문 분야 업무에 별 무리 없이 대처할 수 있음.

| 2⁺급(Level 2⁺) | 701~800 | **Advanced Level of Communicative Competence** |

↳ 외국인으로서 상급 수준의 의사 소통 능력. 단기간 집중 교육을 받으면 일반 분야 업무를 큰 어려움 없이 수행할 수 있음.

| 2급(Level 2) | 601~700 | **High Intermediate Level of Communicative Competence** |

↳ 외국인으로서 중상급 수준의 의사 소통 능력. 중장기간 집중 교육을 받으면 일반 분야 업무를 큰 어려움 없이 수행할 수 있음.

| 3⁺급(Level 3⁺) | 501~600 | **Mid Intermediate Level of Communicative Competence** |

↳ 외국인으로서 중급 수준의 의사 소통 능력. 중장기간 집중 교육을 받으면 한정된 분야의 업무를 큰 어려움 없이 수행할 수 있음.

| 3급(Level 3) | 401~500 | **Low Intermediate Level of Communicative Competence** |

↳ 외국인으로서 중하급 수준의 의사 소통 능력. 중장기간 집중 교육을 받으면 한정된 분야의 업무를 다소 미흡하지만 큰 지장은 없이 수행할 수 있음.

| 4⁺급(Level 4⁺) | 301~400 | **Novice Level of Communicative Competence** |
| 4급(Level 4) | 201~300 | |

↳ 외국인으로서 하급 수준의 의사 소통 능력. 장기간의 집중 교육을 받으면 한정된 분야의 업무를 대체로 어렵게 수행할 수 있음.

| 5⁺급(Level 5⁺) | 101~200 | **Near-Zero Level of Communicative Competence** |
| 5급(Level 5) | 10~100 | |

↳ 외국인으로서 최하급 수준의 의사소통 능력. 단편적인 지식만을 갖추고 있어 의사 소통이 거의 불가능함.

■ TEPS – TOEIC – TOEFL Conversion Table

TEPS	TOEFL iBT	TOEIC
953~	120	990
901~952	114~120	950~985
843~900	109~114	910~945
785~842	101~107	870~905
729~784	96~101	830~865
677~728	93~96	790~825
628~676	87~91	750~785
582~627	83~87	710~745
541~581	76~83	670~705
503~540	70~75	630~665
468~502	57~70	590~625
436~467	~56	550~585
408~435		510~545
383~407		470~505
360~382		430~465
338~359		390~425
318~337		350~385
301~317		315~345

* TEPS 관리위원회가 2007. 03. 01 제작한 도표를 간소화한 것임

TEPS RC 이 책 한 권으로 끝내자!

서울대가 선택하고 최고의 TEPS 전문가들이 풀어낸
최강의 TEPS RC 기본서 – The TEPS

TEPS RC는 유기적으로 연결된 문법 · 어휘 · 독해의 세 가지 영역으로 이루어져 있다. 본서는 이들 각 영역의 필수 핵심사항을 체계적으로 구성하여 한 권에 담았다. 서울대 언어교육원의 TEPS RC 전문 강사진이 실제 TEPS 시험과 가장 유사한 좋은 문제를 직접 출제하고 자세한 분석과 해설, 효과적인 학습 방법까지 제시했기 때문에 10년간의 TEPS 전문 교육 노하우가 고스란히 집약되어 있다.

문법 Grammar

영어의 문법은 시험만을 위한 것이고 실제 언어 사용에는 도움이 되지 않는다고 생각하는 사람들이 많다. 하지만, 모국어처럼 자연스럽게 영어를 습득한 경우가 아니라면 문법을 공부하여 영어의 기본적인 구조와 특징을 이해해야 가장 빠르고 정확하게 영어를 사용할 수 있게 된다.

문법 학습은 개별적인 문법 항목을 무조건 암기하기보다는 문장의 구조를 읽어내는 능력을 기르는 것이 가장 중요하다. 따라서, 본 교재의 문법 영역은 단지 TEPS 시험문제 풀이뿐 아니라 외국어로서 영어를 공부하는 사람이 기본적으로 알아두어야 할 내용까지 다루고 있다. 교재에서는 편의상 문법 영역을 Unit으로 나누어 놓았지만 모든 문법 사항은 서로 연결되는 것이며, 이것이 어휘와 더불어 독해의 기본이 된다는 점을 기억해야 한다.

본 교재를 활용하여 TEPS 점수 향상은 물론 영어의 기본이 되는 구조와 특징 파악, 이를 바탕으로 한 독해 능력 향상에도 도움을 받기를 바란다.

■ **유형 맛보기 / 기본 문장 구조 따라잡기** → 시험에 출제되는 문제 유형을 알아보고, 본격적인 문법 학습에 앞서 기본 문장 구조를 이해한다.

유형 맛보기

1 Part I

A, B 두 사람의 대화로 이루어져 있다. 대화문의 특징상 구어체 표현이나 관용어구와 관련된 문장들이 상대적으로 많이 출제되는 편이므로 일상적인 표현을 많이 기억하고 있는 것이 문제 푸는 시간을 단축시키는 데 도움이 될 수 있다. Part I에는 20문항이 출제된다.

유형전략 ➡ Part I 문제는 대화문으로 이루어져 있는데 우선 전체 내용을 재빨리 훑어본 다음 빈칸이 있는 문장의 구조를 파악해야 한다. 이 때 선택지를 한 번 살펴보는 것이 어떤 문법 분야를 묻는 문제인지 알아내는 데 도움이 된다. 빈칸은 대부분의 경우 B 문장에 위치하며, A 문장에 빈칸이 있는 경우는 B의 내용을 이해해야 정답을 고를 수 있는 경우가 대부분이다. 빈칸의 위치와 선택지를 보고 문제의 문법 핵심을 파악한 후 그 범주에 따라 적절한 방법을 택하면 된다. 전체 25분 중 약 7~8분에 걸쳐 풀어야 하므로, 전체적인 내용 파악은 최소로 하되 필요한 구조를 파악하는 연습을 많이 하는 것이 좋다.

예제

기본 문장 구조 따라잡기

TEPS 문법 문제는 50문항을 25분에 풀어야 하므로 문제에 대한 빠른 이해가 필수적이다. 즉 영어 문장의 기본 형태를 정확히 이해하고 그에 따라 문제에서 요구하는 것이 무엇인지 파악해야 한다. 단편적인 문법지식을 암기하기 전에 영어 문장에 대한 큰 안목을 가지고 있다면 문제에 대한 접근이 훨씬 용이해질 것이다.

TEPS를 포함한 모든 시험의 문법 문제에서는 주어진 문장을 모두 읽고 그 의미를 완전히 이해할 것을 요구하지 않는다. 혹시 문제에 모르는 단어나 표현이 있더라도 크게 걱정할 필요가 없으며 기본 구조 파악을 목표로 문장을 읽는 것이 좋다. 여기서는 TEPS Grammar Part I & II의 문제를 위주로 구조 관련 문제 유형 파악을 연습한다.

문법 문제의 출제는 기본 구조에 대한 선택이 약 80% 정도를 차지하며, 그 중에서도 동사의 형태에 대한 문제가 절반이 넘는다. 문장 구조상의 중요도와 함께 어떤 유형으로 문제가 만들어지는지를 확인해 보도록 하자.

영어의 기본 문장 구조

주어(명사, 명사구)	동사	보어 / 목적어	부사(부사구, 부사절)

- **핵심 문법 해설 Units** → 명쾌한 해설과 예문을 통해 문장의 문법적 특징을 이해한다.

- **Teacher's Advice** → 특별히 주의해야 할 중요 문법 사항을 한 번 더 짚어준다.

- **시험엔 이렇게 나와요** → TEPS 시험에 특히 잘 나오는 내용을 집어내어 실제 시험에는 어떤 식으로 출제되는지 보여준다.

- **감각 익히기** → 문법 사항을 충분히 이해했는지 바로 점검해 보는 퀴즈 코너.

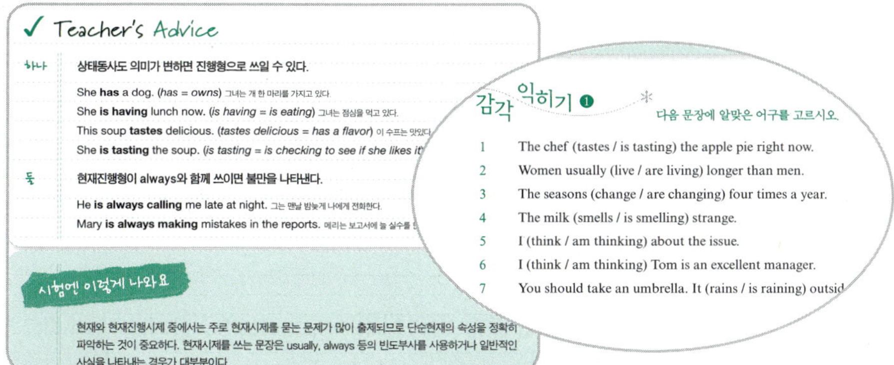

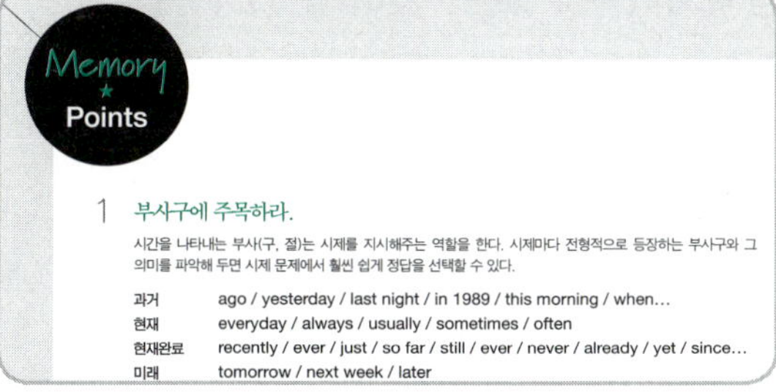

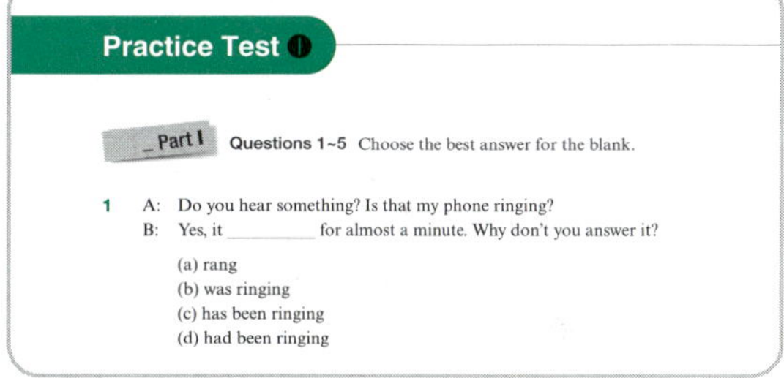

- **Memory Points** → 매 Unit의 본문 요약 핵심 정리. 반드시 각 Unit의 내용을 숙지한 다음에 볼 것을 권장하며, 시험 직전 다시 한 번 빈출 문제 유형을 점검할 때 활용하는 것도 좋다.

- **Practice Test ①, ②** → 매 Unit 학습 후 먼저 Part I, II 를 풀어보고 다시 Part I~IV까지 모두 풀 어보도록 구성된 2단계 실전 연습문제.

- **전치사 따라잡기 / Part III & IV 따라잡기** → TEPS 문법에서 특히 까다롭게 여겨지는 전치사와 Part III & IV에 지면을 따로 할애하여 명쾌한 해설과 문제풀이 연습을 제공하였다.

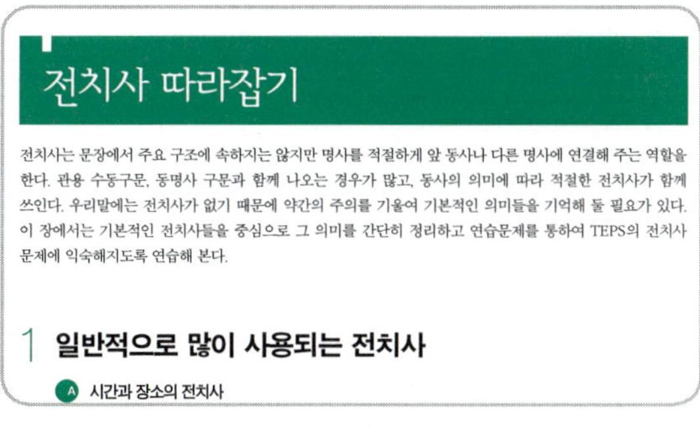

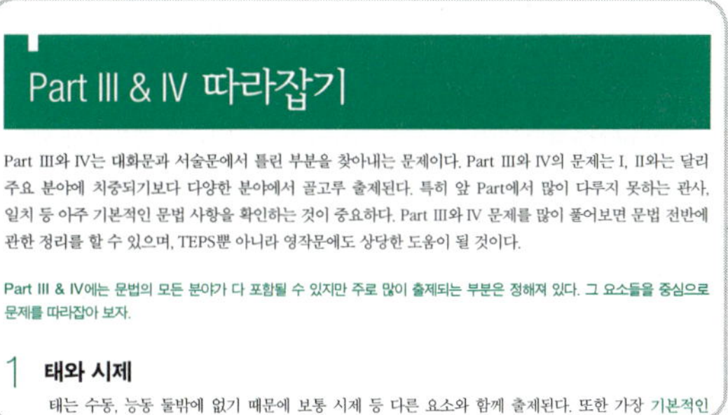

어휘 Vocabulary

TEPS 어휘 영역은 일상에서 접할 수 있는 어휘를 주로 평가한다. 15분이라는 짧은 시간에 50문제를 정확히 풀기 위해서는 각 문제에서 제시된 문맥(context)에 맞는 정확한 용어와 쓰임새를 순발력 있게 파악할 수 있어야 한다. 이를 위해서는 평소 영어 드라마, 영자 신문 등을 활용하여 실생활에 자주 쓰이는 어휘를 숙지해 두고, 실전 테스트 문제를 많이 풀어보면서 실전에 대한 적응력을 높이는 것이 중요하다.

본 교재의 어휘 파트는 총 다섯 섹션으로 구성되어 있다. '일상대화의 주요 표현'에서는 실생활에서 많이 쓰이는 표현들을 상황 별로 정리하여 일반 회화뿐 아니라 어휘, 청해, 문법 시험에도 빈출되는 핵심 표현들을 익히도록 했다. '숙어'와 '구동사'에서는 현재 영어권에서 빈번히 사용되는 구어체 표현을 다수 포함하여 일상적인 의사소통 능력을 평가하는 TEPS의 경향에 부합하고자 했다. 또한 출제 비중이 점점 높아지는 '연어'와 '유의어'를 특히 상세히 다루어 고득점을 원하는 학생에게 도움을 주고자 했다.

이 다섯 섹션 가운데 어느 섹션을 먼저 학습하는가는 그리 중요하지 않지만, 대화체 문제를 다루는 Part I을 준비하기 위해서는 처음 세 섹션이 필수적이며, 서술형 문제를 다루는 Part II에 대비하기 위해서는 뒤의 두 섹션을 충실히 공부해두어야 한다.

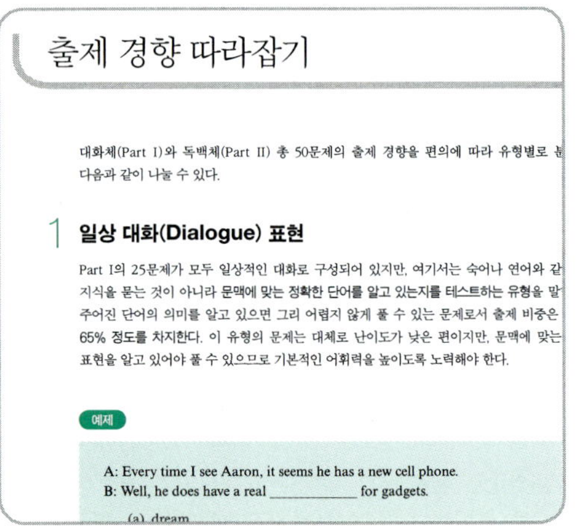

출제 경향 따라잡기

대화체(Part I)와 독백체(Part II) 총 50문제의 출제 경향을 편의에 따라 유형별로 볼 다음과 같이 나눌 수 있다.

1 일상 대화(Dialogue) 표현

Part I의 25문제가 모두 일상적인 대화로 구성되어 있지만, 여기서는 숙어나 연어와 같 지식을 묻는 것이 아니라 문맥에 맞는 정확한 단어를 알고 있는지를 테스트하는 유형을 말 주어진 단어의 의미를 알고 있으면 그리 어렵지 않게 풀 수 있는 문제로서 출제 비중은 65% 정도를 차지한다. 이 유형의 문제는 대체로 난이도가 낮은 편이지만, 문맥에 맞는 표현을 알고 있어야 풀 수 있으므로 기본적인 어휘력을 높이도록 노력해야 한다.

예제

A: Every time I see Aaron, it seems he has a new cell phone.
B: Well, he does have a real ____________ for gadgets.

(a) dream

- **출제 경향 따라잡기** → 최근 TEPS 어휘 시험의 출제 경향을 면밀히 분석하였다.

- **일상 대화의 주요 표현 / 연어 등 5 Units**

- **핵심적인 어휘 · 중요한 표현 정리** → 각 섹션의 핵심 표현들을 주제 별 또는 품사 별로 분류하여 각 섹션의 특성에 맞게 정리하였다.

- **감각 익히기** → 어구나 문장 · 대화의 빈칸 채우기 또는 알맞은 어구 고르기 등 각 섹션 별 특성에 맞는, 간단하면서도 TEPS와 유사한 문제를 제시하여 반복 · 심화 학습을 유도한다.

- **Practice Test** → 각 섹션의 학습 결과를 실전 연습문제로 확인해 본다.

---

1 인사 · 소개 · 초대

throw a party 파티를 열다
hold a banquet 연회를 열다
bid farewell to ~에게 작별 인사하다
answer the phone 전화를 받다(= take[answer] a call) *cf.* answer the door 문을 열어주다

celebrate an occasion 행사를 축
take a rain check 다음 기회를 이용히
provide amenity 편의를 제공하다
overstay one's welcome 환영 못할 정도로 오래 머무르다

감각 익히기

▶ 다음 표현을 완성하시오.

1 어색한 분위기를 누그러뜨리다 ____________ the ice

2 다음 번 기회로 미루다 ____________ a rain check

▶ 다음 문장이나 대화를 완성하시오.

1 Do you want to ____________ a party that everyone will remember?
모든 사람들이 기억할 파티를 열고 싶으세요?

2 The basketball team will ____________ its annual banquet on April 29th.
그 농구팀은 매년 열리는 연회를 4월 29일에 개최할 겁니다.

Practice Test C

Part I **Questions 1~3** Choose the best answer for the blank.

1 A: You seem to ____________ breakfast a lot nowadays.
  B: That's because I'm usually running late in the mornings.

  (a) skip
  (b) prepare
  (c) cancel
  (d) fix

2 A: I have a backache. Do you have any painkillers?
  B: Sure, I have some you can ____________.

  (a) drink
  (b) eat
  (c) take
  (d) apply

3 A: I'm running a fever and I feel dizzy.
  B: Well, I'll ____________ some medicine for you.

  (a) describe
  (b) prescribe
  (c) inscribe
  (d) subscribe

독해 Reading Comprehension

TEPS 독해 시험에서 좋은 결과를 얻기 위해서는 다양한 주제와 형식의 글들을 빠르고 정확하게 이해하는 능력을 키워야 하며, 다양한 유형의 문제에 맞는 다양한 독해 기법을 사용할 줄 알아야 한다. 45분 동안 40문제를 정확히 풀 수 있는 순발력과 논리력을 갖추려면 평소에 영어 문단의 구성과 각 문장의 구조를 숙지해 두는 등 기본적인 영어 구문을 제대로 이해하고, 이와 함께 다양한 어휘 실력을 갖춰두는 것이 중요하다.

본 교재에서는 총 다섯 개의 Unit에서 TEPS 독해 시험에 출제되는 문제의 파트 별 유형을 중점적으로 학습한다. 각 Unit에서는 학습자들이 독해 지문을 좀더 포괄적으로 이해할 수 있도록 해설을 '독해 포커스,' '구조 포커스,' '어휘 포커스' 코너로 세분화해 각 Unit의 주제에 맞는 독해 기법과 문장 구조 파악 능력, 관련 어휘력을 유기적으로 증진시킬 수 있도록 구성하였다. 이 세 단계의 고정 코너를 통해 효율적으로 독해 능력을 키운 후에는 Practice Test의 다양한 연습문제를 풀어보고 자신의 실력을 점검할 수 있다.

또한 실제 TEPS 문제와 가장 유사한 내용과 형식의 예제를 풍부하게 싣고 각 예제마다 독해 요점 해설, 번역, 어휘 풀이 등을 일목요연하게 정리한 '독해 포인트'를 마련했다. 또한 기존의 시중 교재에서 추론과 일관성 찾기 문제를 많이 다루지 않은 점이 아쉽다는 수험생들의 의견을 반영하여 '추론하기'와 '일관성 찾기'를 독립된 Unit으로 구성하였다.

■ 유형 맛보기 → TEPS 독해 영역의 문제 유형과 출제 경향을 파트 별로 알아본다.

■ 문장 완성하기 / 주제와 대의 찾기 등 5 Units

- **문제 들여다보기** → 해당 Unit에서 다루는 지문과 문제 형식·구성을 먼저 살펴본다.
- **독해 포커스** → '논리 찾기,' '골라 읽기,' '훑어 읽기' 등 특히 중요한 독해 기법을 점검해본다.
- **구조 포커스** → 영문법 중에서도 특히 독해에 도움이 되는 문장 구조 관련 사항들을 정리했다. 문법 영역과 연계해서 점검하면 더욱 효과적이다.
- **어휘 포커스** → 독해 문제는 물론 어휘 영역에서도 출제 빈도가 높은 전문 어휘를 해당 지문을 통해 확인하고, 관련 어휘를 '빈출 어휘 점검'에서 정리한다.
- **Practice Test** → 학습 결과를 점검해 볼 수 있는 실전 연습 문제.

유형 맛보기

1 Part I

한 단락의 글 안에서 비어있는 부분을 채우는 형식의 문제이다. 빈칸의 위치와 관련해서 글의 흐름을 파악한 후에 맥락에 맞는 표현을 골라야 한다.

예제

다음 글의 빈칸에 들어갈 가장 적절한 내용을 고르시오.

The investigation of the recently burnt down National Bank building concluded today. Careless smoking of local construction workers seemed to be the culprit. It was also determined that the city fire department failed to thoroughly examine the unsafe building just a year ago. Mayor Mike Clayton demanded that the three fire officers bearing responsibility for the fiasco be reassigned. "Such a

---

Unit 2 주제와 대의 찾기*

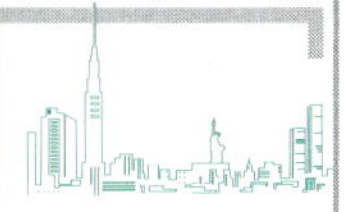

문제 들여다보기

○ 아래와 유사한 형식의 문제라면 주제와 대의를 찾는 문제라고 할 수 있다.

What is the best title of the passage? / What is the topic of the passage?
What is the purpose of the passage? / What does the passage mainly discuss?

○ 지문을 전체적으로 빠르게 읽고 대략적인 내용을 이해하면서 주제와 대의를 파악하고 답을 고른다. 주제는 글의 전반적인 내용을 담으면서도 지나치게 일반론으로 흘러서도, 또한 일부 내용만을 좁게 다뤄서도 안 된다.

○ 영어단락은 대부분 첫 문장이 주제문이므로 첫 문장만 읽고 주제와 전체 내용을 파악하는 경우도 많다. 첫 문장에 나왔던 주어나 동사가 형태만 바뀌어서 다시 나올 경우 주제문일 가능성이 높다. 글의 대의는 대개 문두에 있으며, 글 끝에서 다시 요약하기도 한다.

---

3 구조 포커스

문장들의 연결 관계를 이해하고 총체적으로 글을 할 줄 알아야 한다. 수식어가 길게 나열되거나 수 않는다거나 동사가 여러 개 나와서 어느 것이 본 적인 문장 구조부터 차근차근 검토해봐야 할 것이 이 코너에서는 독해에 필수적인 문장의 구조에 대

(1) 주어와 본동사 찾기

동사가 두 개 연달아 나올 경우 두 번째 동사가 전체

4 어휘 포커스

독해의 기본은 어휘력이다. 전체적
단어의 의미를 모른다면 어느 정도
독해 문제는 기본적인 영역 내에서
고지를 점할 수 있을 것이다.

(1) 건강

현대인의 최대 관심사는 '몸'이다. 우
독해에도 이와 관련된 문제들이 꾸준

Practice Test 1

3 *Lives Apart* is a fictional novel set in an unnamed Middle Eastern country. The coming-of-age story follows a young boy's struggle with friendship, family, immigration, and most importantly, himself. The protagonist, Sawi, portrays the life of a privileged Shiite who happens to have a Sunni as a best friend. With a gradual growth of inner courage and strength, Sawi tries to preserve the friendship against the influences of a culture that would rather break it apart. As you can imagine, the story is both ___________.

(a) irrelevant and outdated
(b) malicious and judicious

The TEPS

Grammar

문법

TEPS 문법 공략

'문법'이라 하면 보통 어렵고 복잡하거나 어떤 구문을 암기해야 하는 공부라고 생각하기 쉽다. 하지만 문법이란 우리가 사용하는 모든 언어의 기본을 이루고 있는 틀이다. 따라서 영어 문법에 접근할 때에도 이것이 우리가 영어를 사용하기 위한 가장 기본적인 도구이며, 이 도구의 사용법을 잘 알아야 좋은 작품(문장)을 만들어낼 수 있다고 생각하면 좋을 것이다. 문법책의 단원명(동명사, 가정법 등)을 문법이라고 생각하지 말고 문장 전체를 보는 안목을 기르는 것이 중요하다. 우선 문장 전체의 구조를 파악하는 연습을 통하여 사용된 어휘에 관계없이 문장의 형태를 보는 데 익숙해진다면 시험 문제의 정답을 찾는 것뿐 아니라 독해에도 훨씬 쉽게 접근할 수 있을 것이다.

본 교재에서는 우선 문장의 전체적인 구조를 파악할 수 있도록 하기 위해, 그 구조에 따라 중요한 순서대로 내용을 구성하였다. 또한 보다 효율적인 학습을 위하여 전체적인 문법사항의 설명과 더불어 시험에 실제로 출제되는 유형을 확인하고 중요한 포인트를 점검할 수 있도록 구성하였다.

TEPS 문법 문제는 총 50문항이 출제되며 4개의 **Part**로 구성되어 있다. TEPS 문법의 특징은 전통적인 문법에서 탈피하여 보다 실용적인 쪽을 강조하는 편이라는 것이다. 특히 **Part I**의 대화문에서는 관용어구 등 실생활에서 많이 사용되는 어구를 중심으로 문법적인 측면을 이해하는가에 초점을 맞춘 문제들이 늘어나는 추세이다. 따라서 문법을 단순히 문법지식의 암기로 이해하는 것이 아니라 말하기 · 읽기와 연계하여 전반적인 영어 활용의 기본이 되는 분야로 이해하여야 하며, TEPS 문법 학습 역시 기본적인 문법 지식은 물론 실제로 많이 쓰이는 문법 분야에 좀 더 초점을 맞추는 것이 도움이 될 것이다.

1 Part I

A, B 두 사람의 대화로 이루어져 있다. 대화문의 특징상 구어체 표현이나 관용어구와 관련된 문장들이 상대적으로 많이 출제되는 편이므로 일상적인 표현을 많이 기억하고 있는 것이 문제 푸는 시간을 단축시키는 데 도움이 될 수 있다. Part I에는 20문항이 출제된다.

유형전략 ➜ Part I 문제는 대화문으로 이루어져 있는데 우선 전체 내용을 재빨리 훑어본 다음 빈칸이 있는 문장의 구조를 파악해야 한다. 이 때 선택지를 한 번 살펴보는 것이 어떤 문법 분야를 묻는 문제인지 알아내는 데 도움이 된다. 빈칸은 대부분의 경우 B 문장에 위치하며, A 문장에 빈칸이 있는 경우는 B의 내용을 이해해야 정답을 고를 수 있는 경우가 대부분이다. 빈칸의 위치와 선택지를 보고 문제의 문법 핵심을 파악한 후 그 범주에 따라 적절한 방법을 택하면 된다. 전체 25분 중 약 7~8분에 걸쳐 풀어야 하므로, 전체적인 내용 파악은 최소로 하되 필요한 구조를 파악하는 연습을 많이 하는 것이 좋다.

예제

Choose the best answer for the blank.

A: I almost got into an accident near my home.

B: That's incredible! The same thing ______________ to me last week!

(a) happens
(b) happened
(c) had happened
(d) has happened

↳ **A** 우리집 근처에서 거의 사고날 뻔했어.

B 정말 믿을 수 없네! 지난주에 나도 똑같은 일이 있었어!

🔖 동사의 시제를 묻는 문제이다. 빈칸이 있는 문장에 last week라는 과거의 정확한 시점을 나타내는 부사구가 나오므로 과거형을 선택해야 한다. 정답은 (b).

▷ **get into** ~을 당하다, 연루되다　**incredible** 믿을 수 없는

2 Part II

한 문장으로 된 담화문에서 빈 칸을 채우는 형식이며 전통적인 문법에 충실한 문제가 주로 출제되는 편이다. 주어지는 문장은 어느 글의 일부분이 아니라 완전히 독립적인 문장들이므로 다른 배경 지식이 없어도 그 의미 파악이 가능하다. Part II에는 20문항이 출제된다.

유형전략 → Part II 문제는 담화문으로 이루어져 있는데 대부분의 문제에서 전체 문장 내용을 완전히 파악하지 않아도 정답을 찾아낼 수 있다. 따라서 우선 전체를 재빨리 훑어본 다음 빈칸이 있는 문장의 구조를 파악해야 한다. 이 때 선택지를 한 번 살펴보는 것이 어떤 문법 분야를 묻고 있는지 알아내는 데 도움이 된다. 빈칸의 위치와 선택지를 보고 문제의 문법 핵심을 파악한 후 그 범주에 따라 적절한 방법을 택하는 것은 Part I과 크게 다르지 않다. 전체 25분 중 약 7~8분에 걸쳐 풀어야 하며, 구조를 파악하는 연습이 필요하다는 점 역시 Part I과 동일하다.

예제

Choose the best answer for the blank.

Brad ______________ his breakfast before I came downstairs.

(a) finish
(b) is finishing
(c) had finished
(d) has finished

↳ 브래드는 내가 아래층으로 내려오기 전에 아침을 다 먹었다.

🏷 주어 다음에 빈칸이 있으므로 본동사의 형태를 묻는 문제이며, 선택지를 살펴보면 시제를 묻고 있다는 것을 확실히 알 수 있다. 이 때 시간을 나타내는 어구를 찾는 것이 중요한데, 이 문장에서는 before ... came을 찾을 수 있다. 과거시제의 이전을 나타내므로 가능한 시제는 과거 혹은 과거완료이다. 정답은 (c).

▷ 동사 **finish**는 목적어로 명사 또는 동명사 형태를 취한다.

3 **Part III**

A, B 두 사람의 대화에서 어법상 틀린 부분을 선택하는 문제이다. 대화문의 구성은 Part I과 비슷하나 여러 가지 문법 사항을 틀리게 만들어서 출제한다. Part III & IV에서 주로 묻는 문법 사항은 Part I, II와는 차이가 있음을 알아두어야 한다. Part III에는 5문항이 출제된다.

유형전략 ➡ Part III 문제는 두 번의 문답으로 이루어져 있는데 Part I처럼 전체 내용을 훑어보면서 가는 것이 아니라 주로 틀리게 출제되는 부분을 잘 기억해 하나씩 확인해가며 꼼꼼히 읽는 방식으로 접근하는 것이 좋다. 전체 25분 중 약 4~5분에 걸쳐 풀어야 하며, 어떤 부분을 틀리게 내려 했는가 하는 출제자의 의도를 읽어낼 필요가 있다. 정답으로 주로 출제되는 문법사항은 Part I, II와는 구성이 조금 다른데, 전체적인 구조보다 관사, 일치, 태 등의 아주 기본적인 항목을 묻는 경우가 많다.

예제

Identify the option that contains an awkward expression or an error in grammar.

(a) A: Is it true that Eric got into trouble?
(b) B: Yeah, I heard he was arrested last night.
(c) A: How come? He seems like the pretty nice guy.
(d) B: I'm not sure exactly, but it was something involving a bar fight.

↳ **A** 에릭이 곤경에 처했다는 게 사실이야?
B 그래, 어젯밤에 체포되었다고 들었어.
A 어쩌다가? 꽤 괜찮은 녀석 같은데.
B 정확히는 모르지만 술집에서 싸움에 연루된 것 같아.

🏷 (a)에서는 틀리게 만들 만한 부분이 없으며 (b)에서는 last night이 나왔으므로 시제만 과거인지 확인하면 된다. (c)에서는 명사 pretty nice guy가 나오므로 관사를 확인해야 하는데, 특정인을 가리키는 것이 아니므로 정관사 the가 아닌 부정관사 a를 써야 한다. (d)에서는 분사가 나오는데 이 경우에는 반드시 현재분사와 과거분사의 쓰임을 확인해야 한다. 여기서는 something이 involve의 의미상 주어가 되므로 현재분사를 쓰는 것이 옳다. 정답은 (c).

▷ **get into trouble** 곤경에 처하다   **how come** 왜, 어떻게 해서   **involve** 관련시키다

4 **Part IV**

짧은 하나의 문단에서 문법적으로 틀린 부분을 선택하는 문제이다. 내용은 독해 분야와 마찬가지로 다양하게 출제될 수 있으며 문어체 표현이 대부분이다. Part IV에는 5문항이 출제된다.

유형전략 ➡ Part IV 문제는 하나의 문단으로 이루어져 있는데, Part III처럼 주로 틀리게 출제되는 부분을 잘 기억하여 하나씩 확인해가며 꼼꼼히 읽는 방식으로 접근하는 것이 좋다. 전체 25분 중 약 4~5분에 걸쳐 풀어야 한다. 주로 출제되는 문법사항은 Part III과 마찬가지로 기본적인 항목을 묻는 문제가 많으므로 지문이 어려운 경우에도 구조를 꼼꼼히 점검하면서 읽으면 대부분 정답을 쉽게 고를 수 있다.

예제

Identify the option that contains an awkward expression or an error in grammar.

(a) Korea has a strong drinking culture. (b) It is an especially important part of the business world. (c) Coworkers often go out after work, drinking passionately and having fun together. (d) It considered a way of building a sense of teamwork among workers.

↘ (a) 한국에는 술을 많이 마시는 문화가 있다. (b) 이는 비즈니스 세계에서는 특히 중요한 부분이다. (c) 직장 동료들은 퇴근 후 종종 열정적으로 술을 마시며 함께 즐긴다. (d) 이것은 동료들 사이에서 팀웍을 다지는 방법으로 여겨진다.

🔖 (a), (b)에서는 관사를 확인하고, (c)에서는 일치, 분사구문을 확인해야 한다. drink와 have의 의미상 주어가 coworker이므로 현재분사가 맞다. (a)의 명사 strong drinking culture는 특정한 것을 가리키는 것이 아니므로 정관사가 아닌 부정관사 a를 써야 한다. (d)에서는 동사의 태를 확인해야 하는데 it이 consider의 주어가 아니므로 수동태를 써야 한다. 정답은 (d). considered를 is considered로 고쳐야 한다.

▷ **have fun** 즐기다　　**consider A B** A를 B라고 생각하다

기본 문장 구조 따라잡기

TEPS 문법 문제는 50문항을 25분에 풀어야 하므로 문제에 대한 **빠른** 이해가 필수적이다. 즉 영어 문장의 기본 형태를 정확히 이해하고 그에 따라 문제에서 요구하는 것이 무엇인지 파악해야 한다. 단편적인 문법지식을 암기하기 전에 영어 문장에 대한 큰 안목을 가지고 있다면 문제에 대한 접근이 훨씬 용이해질 것이다.

TEPS를 포함한 모든 시험의 문법 문제에서는 주어진 문장을 모두 읽고 그 의미를 완전히 이해할 것을 요구하지 않는다. 혹시 문제에 모르는 단어나 표현이 있더라도 크게 걱정할 필요가 없으며 기본 구조 파악을 목표로 문장을 읽는 것이 좋다. 여기서는 TEPS Grammar Part I & II의 문제를 위주로 구조 관련 문제 유형 파악을 연습한다.

문법 문제의 출제는 기본 구조에 대한 선택이 약 80% 정도를 차지하며, 그 중에서도 동사의 형태에 대한 문제가 절반이 넘는다. 문장 구조상의 중요도와 함께 어떤 유형으로 문제가 만들어지는지를 확인해 보도록 하자.

영어의 기본 문장 구조

주어(명사, 명사구) S	+	동사 V	+	보어 / 목적어 C / O	+	(부사(부사구, 부사절) Adv)

Part I & II 출제 경향 분석표 (문장 구조 중심)

구조	빈칸의 위치	해당 문법 항목	출제 빈도(%)
동사	주어 다음	시제	18
동사	주어 다음	조동사	6
동사	주어 다음	가정법	3
(주어+) 동사	주어 다음/주어+동사	일치, 태	6
명사/명사구	주어 자리	동명사/명사	2
명사/명사구	목적어 자리	동명사/to부정사 등	9
기타 구조	동사 다음	동사의 종류	8
부사절	완전한 문장 다음	접속사	4
수식어	완전한 문장 다음	관계사	7
분사구문	완전한 문장 다음	분사구문	6
기타 구문	문장 처음/뒷부분	도치, 강조 등	12
구조와 관계 없는 명사/관사, 형용사, 부사, 전치사 등	일정치 않음	명사, 관사, 부사, 전치사	19

A 동사 관련 문제 유형

영어 문장의 기본 구조를 결정하는 것은 동사이다. 따라서 문장에서 가장 중요한 역할을 하는 품사도 당연히 동사이고, 이와 관련된 문제도 많이 출제된다. 그 중 동사 자체를 묻는 문제 유형은 다음과 같다. TEPS 문제에서는 선택지를 보면 요구하는 문법사항을 알 수 있는 경우가 대부분이지만 선택지를 보지 않고도 빈칸의 위치를 보면서 문제를 읽으면 더 손쉽게 풀 수 있을 것이다.

1 시제(＋일치 또는 ＋태) 문장의 본동사의 시제를 묻는 문제. 가장 기본적이지만 꾸준히 출제된다.

S __________ O/C

A: How come Alice went to Boston?
B: Oh, she __________ a job there.

(a) offered (b) was offered
(c) will have offered (d) will have been offered

↳ A 앨리스는 왜 보스톤에 갔어?
   B 거기서 일자리 제의를 받았어.

🏷 offer는 '~에게 …을 제의하다'의 의미로 목적어를 두 개 가진다. 이 문장은 간접목적어가 앞으로 나가 있으므로 수동형을 선택해야 한다. A의 내용이 과거이므로 같은 과거인 (b)가 정답이다.

2 조동사 선택지를 보면 유형을 바로 확인할 수 있다. 조동사 문제는 문장의 의미를 확인해야 풀 수 있는 경우가 대부분이다.

S __________ V (원형) (O/C)

A: The kitten was playing with a ball of yarn.
B: That __________ have been a cute sight to see.

(a) must (b) could
(c) should (d) may

↳ A 새끼 고양이가 실뭉치를 가지고 놀고 있었어.
   B 정말 귀여웠겠다.

🏷 전체 내용을 이해하면 '…이었음에 틀림없다(…했겠다)'라는 의미를 지니는 must have been이 답임을 알 수 있다. 정답은 (a).

3 가정법 일반 동사 문제와 같이 주어 다음에 빈칸이 오지만 주절이나 종속절 등으로 가정법 문장임을 판단해야 한다.

if S ___________ O/C, S would/could ...

If Patty __________ time, she would accept the moonlighting opportunity.

(a) had
(b) has
(c) is having
(d) will have

↳ 패티는 시간만 있으면 아르바이트를 할 수 있을 텐데.

🏷️ if와 주절의 would를 보고 가정법 문장임을 알 수 있다. 가정법 과거이므로 과거 동사를 선택하면 된다. 정답은 (a).

▷ **moonlighting** 부업, 아르바이트

4 주어+동사 빈칸이 문장 맨 앞에 있는데 뒤에 시제를 가진 본동사가 없을 경우에는 주어와 동사가 있는 어구를 선택해야 한다.

___________________ O/C

_______________ the most popular girl in school.

(a) He was rejecting to invite
(b) His inviting was rejecting
(c) He rejected the invitation from
(d) His rejecting of the invitation from

↳ 그는 학교에서 가장 인기있는 여학생의 초대를 거절했다.

🏷️ 빈칸 다음에 동사가 없으므로 주어와 시제가 있는 동사를 포함하지 않은 (d)를 일단 제외시키고, reject가 타동사이므로 전치사가 있는 (a)를 제외한다. (b)는 말이 되지 않는 내용이므로 정답은 (c)가 된다.

B 주어와 목적어/보어에 대한 문제 유형

문장에서 주어나 목적어의 자리에 쓰이는 것은 명사, 명사구이다. 명사구로 쓰일 수 있는 어구는 동명사와 to부정사로, 문법 문제에서 자주 출제되는 유형이다. 이것은 그 위치나 주절 동사의 성격에 따라 달라질 수 있으므로 항상 본동사를 확인하여 문장 구조를 파악해야 한다.

1 주어 문장 맨 앞 주어 자리에는 명사(명사구, 명사절)만이 올 수 있는데 주로 동명사 형식을 묻는 문제가 많다.

V   O/C

____________ oil from the north to the south has been recommended as a way of easing the present energy shortage.

(a) Pump (b) To pump
(c) Pumping (d) Having pumped

북부에서 남부로 석유를 보내는 것이 현재의 에너지 부족을 완화시키는 방법으로 제시되어 왔다.

문장에서 가장 먼저 나오는 동사는 has been으로 그 앞부분이 주어임을 알 수 있다. 원칙적으로 동명사와 to 부정사가 모두 주어로 쓰일 수 있으나 동사의 완료시제가 지속적인 동작을 나타내므로 동명사를 쓴다. 정답은 (C).

2 목적어 동사 다음에 빈칸이 있다면 주로 준동사 형태 또는 동사의 특성에 따른 구조를 묻는 문제이다.

S + V ____________

Tony was disappointed to hear that his boss found ____________ .

(a) the mistakes unacceptable
(b) it not acceptable the mistakes
(c) to be unacceptable the mistakes
(d) the mistakes being not acceptable

토니는 그의 상사가 그 실수를 용인할 수 없다는 것을 듣고 실망하였다.

동사 find는 '목적어(A) + 목적보어(B)' 구조를 취하여 'A가 B하다는 것을 알다'라는 뜻으로 쓰인다. 따라서 목적어인 명사와 보어인 형용사를 포함한 (a)가 정답이 된다.

C 문장과 문장을 연결하는 문법 항목을 묻는 문제 유형

영어에서 문장(clause)과 문장을 연결하는 역할을 하는 것은 접속사인데, 비슷한 위치에 나올 수 있는 요소로는 관계사나 분사(분사구문)가 있다. 이들은 주로 완전한 문장 다음에 빈칸을 주고 답을 선택하게 하는 유형이다.

1 접속사 빈칸의 앞 문장과 뒷 문장이 완전한 문장의 형태를 갖추고 있을 때 접속사를 묻는 문제. 이 경우에는 문장의 의미에 따라 알맞은 접속사를 선택해야 한다.

S + V, _______________ S + V

E-mail was once a direct link to anyone, ___________ now many executives are screening e-mail as they screen their phone calls.

(a) for (b) but
(c) because (d) as though

↳ 이메일은 한 때 누구에게라도 바로 연결될 수 있는 통로였으나, 지금은 많은 관리자들이 그들의 휴대전화를 가려받듯이 이메일도 가려읽고 있다.

🔖 앞 내용과 뒷문장의 내용이 대조가 되고 있으므로 반대의 내용을 나타낼 수 있는 접속사를 선택한다. ...was once...와 now...는 주로 대조를 나타냄을 기억하는 것이 좋다. 정답은 (b).

2 분사구문 완전한 문장 다음에 주로 'comma(,) + 빈칸(blank)'과 주어·동사가 없는 어구가 연결될 때는 주로 분사구문을 묻는 문제이다. 이 경우 주절 주어와의 관계만 확인하면 쉽게 답을 선택할 수 있다. 출제빈도가 상당히 높은 문제 유형이다.

S + V, _______________ O/C

Without concern for the environment, the planet's biological diversity will be destroyed, ___________ us with a loss of potential new foods and drugs.

(a) leave (b) leaving
(c) to leave (d) having left

↳ 환경에 대하여 신경을 쓰지 않는다면 이 별(지구) 생물의 다양성이 사라질 것이며 이 때문에 우리는 새로운 식량과 약의 가능성을 잃게 된다.

🔖 완전한 문장과 comma 다음에 동사가 없으므로 '접속사 + 주어 + 동사', 혹은 분사구문이 와야 한다. 내용상 앞문장과 분사구문절의 시제 차이가 없으므로 (b)와 (d) 중 정답은 (b)가 된다.

D 특별한 어순을 묻는 문제 유형

도치구문이나 강조, 간접의문문 등 기본 문장의 구조와 다른 형식을 물어보는 문제이다. 자주 출제되는 구문의 특징을 잘 기억해 두고 문제 유형을 빨리 파악하면 어려움 없이 답을 선택할 수 있다.

도치구문 특수구문 중 가장 출제빈도가 높은 유형이다. 부정어구가 문장 앞에 있을 때 주절의 주어·동사가 도치된다는 것만 기억하면 쉽게 답을 찾을 수 있다.

A: Is law school turning out as you imagined?
B: No, ___________________ it to be such hard work.

  (a) I did never expect   (b) Never did I expect
  (c) I had not expected that   (d) Had I not expected that

↘ A 로스쿨은 당신이 생각하던 대로인가요?
  B 아뇨, 그것이 그렇게 힘들 줄은 정말 예상하지 못했어요.

🔖 우선 선택지를 살펴보면 부정어와 관련된 구조라는 것을 짐작할 수 있다. 다음으로 부정어의 위치를 확인할 필요가 있다. (a)는 I never expected가 되어야 하며 (c)의 과거완료는 단독으로 쓰이지 않는 시제이다. (d)도 마찬가지. 따라서 부정어가 문두로 가고 주어·동사의 자리가 도치되어 있는 (b)가 정답이다.

E 문장의 기본 구조와 관계가 없는 문제 유형

문장의 기본 구조와 관계없이 특정 어구를 수식하는 경우 또는 특정 품사의 의미와 관계 있는 문제 유형이다. 이런 문제에서는 해당 어구만을 자세히 살펴서 답을 찾으면 된다.

수식어 주로 명사 앞이나 뒤에서 수식하는 분사의 형태를 묻는 경우가 많다.

A: I am glad your boss is so nice and considerate.
B: Me, too. She's _______________.

  (a) so good a boss
  (b) as a good boss
  (c) such a good boss
  (d) such good of a boss

↘ A 너의 상사가 그렇게 멋지고 배려심 많은 분이라 기뻐.
  B 나도 그렇게 생각해. 그녀는 정말 좋은 상사야.

🔖 such와 so를 사용하는 어구의 어순 문제이다. so는 부사, such는 형용사라는 것을 기억하면 쉽게 어순을 기억할 수 있다. 명사가 쓰일 때는 such를 쓰는데, 올바른 어순으로 된 (c)가 정답이 된다.

Unit 1 동사의 종류와 태*

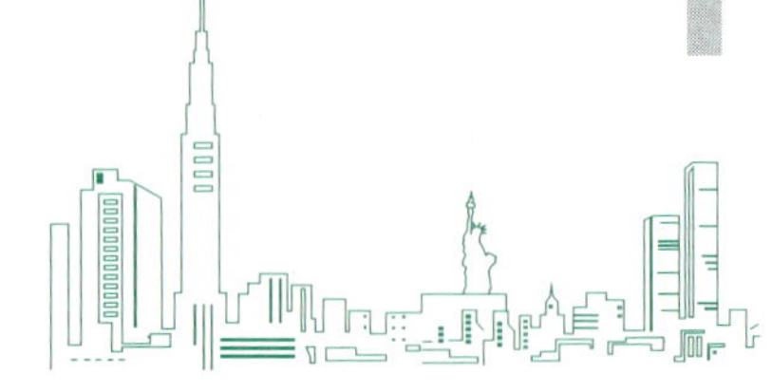

문장의 기본 구조를 결정하는 동사

- 영어의 모든 문장에는 시제(Tense)를 가진 동사가 필요하며, 이 동사가 문장의 기본 구조를 결정한다. 영어동사의 1차적인 분류는 자동사와 타동사이며 세부 구분은 각 동사의 특징에 따라 결정된다.

- 영어에서 타동사가 쓰인 모든 문장은 원칙적으로 수동태가 가능하지만 수동태로 쓰이는 경우는 상당히 제한적이며 능동문과는 의미 차이가 있을 수도 있다. 따라서 어떤 경우에 수동문이 사용되는지, 그리고 수동문의 특징은 어떤 것인지 알아둘 필요가 있다.

- 우리말과 영어의 어휘 사용은 일치하지 않는 부분이 많으므로 우리말의 의미로 영어동사를 판단해서는 안 된다. 실제로 우리말의 해석으로 잘못 판단할 수 있는 영어동사들이 문법 문제에 많이 출제된다.

빈출 동사 유형

빈출 동사	유형과 예문
appear / arrive / fall / graduate / happen / lie / live / occur count(be important) / do(be enough) / matter(be important) / pay(be profitable)	**동사 (+ 부사구/절)** Your age doesn't **matter**. 나이는 중요치 않다. (matter = be important) Anything will **do**. 뭐든지 좋다. (do = be enough) Jennie was **lying** on the sofa. 제니는 소파에 누워있었다. This job doesn't **pay**. 이 일은 돈벌이가 안 된다. (= be profitable)
stay / remain / fall / go / grow / turn / feel / look / sound / smell / seem / taste	**동사 + 보어(형용사/명사)** He **remained calm**. 그는 조용히 있었다. Mary **fell asleep**. 메리는 잠이 들었다. The shirt **looks good** on you. 너 그 셔츠를 입으니 좋아보인다.
beat / buy / consult / cure / do / drink / eat / enjoy / face / finish / hear / like / mind / stop / quit	**동사 + 목적어(명사/명사구/명사절)** He has just **finished** his homework. 그는 막 숙제를 끝냈다. The window **faces** the street. 그 창문은 거리를 향해 있다. Would you **mind** opening the door? 문 좀 열어주시겠어요?

give / make / ask / buy / cost / save / envy / forgive	동사 + 간접목적어 + 직접목적어 Grandma **made** me a birthday cake. 할머니는 나에게 생일 케이크를 만들어 주셨다. He **saved** me my life. 그는 나의 생명을 구했다.
call / consider / find / make / keep	동사 + 목적어 + 목적보어 We **consider** him a great singer. 우리는 그를 위대한 가수라고 생각한다. They **found** it easy to solve the problem. 그들은 그 문제를 푸는 것이 쉽다는 것을 알았다.
사역동사: have / let / make 지각동사: hear / see / watch	동사 + 목적어 + 원형부정사/V-ing I will **let** you know what was decided. 제가 결정된 사항을 알려드리지요. I **heard** the baby cry[crying]. 나는 아기가 우는 소리를 들었다.
advise / allow / cause / encourage / expect / get / help / recommend / want	동사 + 목적어 + to부정사 He **allowed** us to go out together. 그는 우리가 함께 나가는 것을 허락했다. John **helped** me (to) do my homework. 존이 내 숙제를 도와주었다.

1 수동태와 능동태

영어동사에서 가장 기본적인 분류는 자동사와 타동사이다. 이 둘의 차이는 동사 다음에 목적어가 나오느냐 아니냐이다. 목적어를 가지는 타동사의 경우 원칙적으로 수동태 전환이 가능하지만 수동태 문장은 꼭 필요한 경우에 한해서 쓴다.

A 수동태의 형식: be + p.p. (+ by...)

Shakespeare wrote *Hamlet*. 셰익스피어는 〈햄릿〉을 썼다. → 능동: 주어 + 타동사 + 목적어
Hamlet **was written by** Shakespeare. 〈햄릿〉은 셰익스피어에 의해 쓰여졌다. → 수동: 주어 + be p.p. + by

B 수동태 문장이 필요한 경우

○ 동작의 주체를 모르거나 주체가 중요하지 않을 때 (by... 이하는 나타나지 않음)

Rice **is grown** in India. 인도에서는 쌀이 재배된다.
His grandfather **was killed** in the Korean War. 그의 할아버지는 한국전쟁에서 돌아가셨다.
The building **was built** 10 years ago. 그 건물은 10년 전에 지어졌다.

- 전달하는 정보, 혹은 초점이 능동문장과 다를 때 (by...가 나올 수 있음)

Beethoven **composed** *Pastoral*. 베토벤은 전원교향곡을 작곡했다. → 베토벤에 대한 정보
Pastoral **was composed by** Beethoven. 전원교향곡은 베토벤의 작품이다. → 전원교향곡에 대한 정보

C 동작수동과 상태수동

	동작수동	상태수동
형태	be/get p.p. + (by...)	be p.p. + (문장의 의미에 맞는 전치사)
의미	초점만 다른, 능동문과 같은 의미	동작의 결과로 나타난 상태를 나타냄
예문	Cindy **got married** to Alex 5 years ago. 신디는 알렉스와 5년 전에 결혼했다. The window **was broken by** John yesterday. 그 창문은 존이 어제 깬 것이다.	Cindy **is married** to Alex. 신디는 알렉스와 결혼한 상태이다(부부이다). Now the window **is broken**. 지금 그 창문은 깨어져있다.

D 수동구문과 전치사

수동문에는 동작의 주체를 나타내는 전치사 by는 자주 나오지 않는 대신 그 의미에 따라 다른 전치사들이 많이 사용된다. 그 중 특히 많이 쓰이는 어구들은 숙어처럼 기억해 두는 것이 좋다. 이 어구들은 대부분 상태수동의 의미를 가진다.

be satisfied with ~에 만족하다	be interested in ~에 관심이 있다
be done with ~을 끝내다	be involved in ~에 연루되다
be filled with ~로 가득차다	be dressed in ~을 입다
be crowded with ~로 붐비다	be located in ~에 있다
be equipped with ~의 설비가 있다	be tired of ~에 질리다
be covered with ~로 덮여있다	be composed of ~로 구성되다
be related to ~와 관련이 있다	be qualified for ~에 대한 자격이 있다
be accustomed to ~에 익숙하다	be prepared for ~에 대해 준비되다
be addicted to ~에 빠져있다	be worried[concerned] about ~에 대해 걱정되다

The museum **was crowded with** children. 박물관은 아이들로 붐볐다.
The table **was covered with** white cloth. 테이블은 하얀 천으로 덮여 있었다.

■ 동작수동에서는 그 내용에 따라 다른 전치사가 사용된다.
He **was killed with** a gun. 그는 권총으로 살해되었다. → with + 도구
He **was surprised at** the news. 그는 그 소식에 놀랐다. → at + 감정의 원인

Ⓔ 기억해 두어야 할 수동구문

○ They say that S + V → It is said that S + V → S is said to + V

> say / believe / consider / expect / think

It is believed that **Tom** is a liar. / **Tom is believed to** be a liar. 사람들은 탐이 거짓말쟁이라고 믿는다.
You **are expected to** be on time. 네가 제 시간에 올 것으로 기대한다.

○ 사역 · 지각동사 수동태 (원형 → to부정사)

Harry **made** Sally **cry**. → Sally **was made to cry** by Harry. 해리는 샐리를 울렸다.
Harry **saw** Sally **cry**. → Sally **was seen to cry** by Harry. 해리는 샐리가 우는 것을 보았다.

○ 목적어가 둘이면 수동문도 둘이다.

The company **offered** me a job. 그 회사가 나에게 일자리를 제의했다.
→ I **was offered** a job from the company. / A job **was offered to me** from the company.
My father **gave** me this watch. 아버지가 나에게 이 시계를 주셨다.
→ I **was given** this watch (by my father). / This watch **was given to me** (by my father).

○ 수동문에서 주어, 동사, 목적어를 제외한 나머지 문장요소는 변화가 없다.

I **was reminded of** the appointment (by Jack). 잭이 내게 그 약속을 상기시켜 주었다.
Sally **was advised to** take a long rest. 샐리는 긴 휴식을 취하라는 충고를 받았다.
Jane Austen **is considered** a great writer. 제인 오스틴은 위대한 작가로 여겨진다.

빈출 어휘 점검

● be known & be made

Joan Rowling **is known for** the Harry Potter series. 조앤 롤링은 해리포터 시리즈로 유명하다. → for: 이유
Noam Chomsky **is known as** a linguist. 노암 촘스키는 언어학자라고 알려져 있다.
ↆ as: 자격
Harry Potter **is known to** every child in the world. 해리 포터는 세상 모든 어린이들에게 알려져 있다. → to: 대상
A man **is known by** the company he keeps. 친구를 보면 그 사람을 알 수 있다. → by: 판단의 근거
This table **is made of** steel. 이 탁자는 철제이다. → of: 성질의 변화가 없는 재료
This wine **is made from** domestic grapes. 이 와인은 국내산 포도로 만들어졌다. → from: 변화가 일어난 재료
Pound cake **is made with** flour, egg, and sugar.
파운드 케이크는 밀가루, 달걀, 설탕으로 만든다. → with: 여러 재료 열거
This bag **is made in** China. 이 가방은 중국산이다. → in: 산지

하나 상태수동의 의미는 형용사와 거의 비슷하다. 상태수동은 사실 '동작·행위'가 아닌 '상태'를 나타낸다. 따라서 동작수동문과는 시제도 다르게 나타난다.

The door **was locked by** the janitor yesterday. 그 문은 어제 수위에 의해 잠가졌다. → 동작수동(과거)
The door **is locked** now. 그 문은 지금 잠겨있다. → 상태수동(현재. by…가 올 수 없음)
The door **is white**. 그 문은 하얀색이다. → 형용사 구문(현재)

둘 수동태가 불가능한 타동사가 있다. 상태를 나타내는 일부 타동사는 수동태로 쓸 수 없다.

↳ become(어울리다), cost, have, lack, resemble

Harry **has** a lot of experience. 해리는 경험이 많다. *cf.* A lot of experience **is had by** Harry.(×)
Harry **resembles** his grandfather. 해리는 할아버지를 닮았다.
cf. His grandfather **is resembled by** Harry.(×)

영어의 모든 동사에서 기본적으로 알아야 할 특징은 그 동사가 자동사인가, 타동사인가 하는 것이다. 태의 문제는 항상 시제나 일치 등 다른 문법 요소와 함께 나오거나 Part Ⅲ, Ⅳ에 출제되므로 동사의 쓰임 자체를 확인해 보는 습관을 가지는 것이 좋다.

Sweet potatoes that _______________ in the refrigerator may spoil.

(a) kept   (b) keeping   (c) are kept   (d) are keeping

번역   냉장고에 보관된 고구마는(고구마는 냉장고에 두면) 상할 수 있다.

해설   관계사를 포함한 문장이며 일치와 태를 함께 묻는 문제이다. keep은 '보관하다'라는 의미를 가지는 타동사이므로 이 문장에서는 수동태로 쓰여야 하고 주어가 복수이므로 (c) are kept가 정답이다

감각  익히기 ❶

다음 문장의 틀린 부분을 고치시오.

1   An award was given Mr. Brown.

2   Jane was married to Alex 5 months ago.

3   Could you give me some directions? I was lost.

4   I am concerned by his health.

5   John was made do his homework by his teacher.

6   It is expected to come back tomorrow by him.

7   The baby was taken care by the babysitter.

8   The singer is known by most of the people in the country.

2 혼동하기 쉬운 동사 유형

A 자 · 타동사로 모두 쓰이는 동사

하나의 동사가 자동사, 타동사로 모두 쓰이는 경우가 있으므로 주의해야 한다. 이 때 자동사와 타동사의 수동형에는
약간의 의미 차이가 있다.

> begin / break / change / close / drop / improve / increase / move / open

The door **was opened** with the key. 그 문은 그 열쇠로 열렸다. → 타동사의 수동태(문을 연 사람이 있음)
The door **opened** of itself. 문이 저절로 열렸다. → 자동사(문을 연 사람이 없음)

■ 목적어가 생략되어 자동사로 사용되는 경우
Mom is **cooking** (dinner). 엄마는 (저녁밥을) 요리하고 있다.
Mom is **reading** (a book). 엄마는 (책을) 읽고 있다.

B 자동사로 쓰여 수동의 의미를 나타내는 동사 유형

타동사 중 일부는 뒤에 부사나 부사구를 동반하여 수동의 의미로 쓰이는 경우가 있다.

> clean / cut / peel / read / sell / wash

This knife **cuts** well. 이 칼은 잘 든다.
The orange **peels** easily. 이 오렌지는 껍질이 쉽게 벗겨진다.
This principle **reads** in two different ways. 이 원칙은 두 가지 다른 방식으로 해석된다.

C 타동사로 잘못 쓰기 쉬운 유형

> appear / happen / occur / collapse / graduate / count 중요하다 / do 충분하다 / grow ~하게 되다 /
> matter 중요하다 / pay 이익이 되다

Cindy **appeared** exhausted. 신디는 지쳐보였다. *cf.* is appeared (x)
He **graduated from** Oxford University. 그는 옥스포드 대학을 졸업했다. *cf.* graduated Oxford University (x)
People need to realize that education **matters**.
사람들은 교육이 중요하다는 것을 깨달을 필요가 있다. *cf.* is mattered (x)

D 전치사를 붙이기 쉬운 유형

> answer 대답하다 / approach ~에 접근하다 / attend 참석하다 / date 데이트하다 / marry 결혼하다 /
> reach 도착하다 / resemble 닮다

He **resembles** his father. 그는 그의 아버지를 닮았다. *cf.* resembles with (x)
We'll **reach** Seoul in this evening. 우리는 오늘 저녁에 서울에 도착합니다. *cf.* reach to (x)
Sally **married** Harry. 샐리는 해리와 결혼했다. *cf.* married with (x)

✔ Teacher's Advice

하나

하나의 동사가 자 · 타동사로 모두 쓰일 때 의미 차이가 있을 수 있으므로 구분해서 기억해야 한다.

The incident **changed** the relationship between the two countries.
그 사건은 두 나라 간의 관계를 변화시켰다.

The relationship between the two countries has **changed**.
두 나라 간의 관계가 변했다.
↘ 타동사의 목적어가 자동사의 주어

This job **pays** 500 dollars a month. 이 일은 한 달에 500달러의 수입이 있다.

This job doesn't **pay**. 이 일은 벌이가 안 된다.
↘ 타동사와 자동사의 주어가 같음

둘

sell, wash, read 등의 타동사가 자동사로 사용되는 경우 부사나 부사구가 반드시 필요하다.

This book **sells well**. 이 책은 잘 팔린다. *cf.* This book sells.(×)

This book **reads well**. 이 책은 잘 읽힌다. *cf.* This book reads.(×)

시험엔 이렇게 나와요

우리말의 의미와 다르게 분류되는 영어동사가 많이 출제되므로 특징적인 동사를 암기해 두어야 한다.

When 3-D films were first introduced, viewers were surprised how realistic objects
________________ on screen.

(a) appeared　　　(b) appearing　　　(c) was appeared　　　(d) were appearing

번역　3-D 영화가 처음 소개되었을 때 관객들은 스크린에 물체들이 얼마나 실감나게 나오는지를 보고 놀랐다.

해설　appear는 happen과 더불어 대표적인 자동사이다. 수동형으로 틀리게 출제되는 경우가 많으니 유의해야 한다. 이 문제는 태와 시제가 함께 출제된 경우이다. surprised 다음에 나오는 절에서 본동사로 쓰였으므로 주절 시제와 같은 과거시제인 (a) appeared가 정답이다.

감각 익히기 ❷

다음 문장의 틀린 부분을 고치시오.

1　Around Valentine's Day, chocolate is sold like hot cakes.

2　She will reach at New York this evening.

3　John resembles with his father.

4　I don't want to discuss about the matter with you any more.

5　When will you leave from Korea?

6　A lot of accidents were happened last month.

7　Will you join with us in the game?

3 빈출 동사 유형

영어동사는 목적어, 보어 등의 개별적인 구조를 취한다. 동사를 이해할 때는 의미뿐 아니라 이 구조들을 함께 기억해야 올바른 영어 문장을 만들 수 있다. 동사의 유형 분류는 이런 구조를 기억하는 데 도움이 되므로 자주 사용되는 동사를 중심으로 그 유형을 파악해 두어야 한다. Unit 1의 앞 부분에서 이미 전체 동사의 분류에 대해 설명하였으므로 여기서는 빈출 동사를 주로 살펴본다.

A 동사 + 형용사

변화:	get / fall / go / grow / run / turn
상태:	remain / stay / seem / lie
오감동사:	feel / look / smell / sound / taste
결과:	prove / turn out …로 판명되다 → to부정사나 that절이 오기도 함

의미가 비슷한 동사라도 함께 사용하는 형용사가 다르다.

함께 쓰이는 동사와 형용사

come true 실현되다	get lost 길을 잃다	go bad 상하다	go mad 미치다
go naked 벌거벗다	go blind 눈이 멀다	go bald 대머리가 되다	go deaf 귀가 먹다
run short 부족해지다	run wild 거칠게 굴다	fall asleep 잠들다	turn pale 창백해지다

Leaves turn red and yellow in fall. 나뭇잎들은 가을에 빨갛고 노랗게 단풍이 든다. → 색깔의 변화

B 동사 + 목적어

영어에서 가장 일반적인 타동사 유형으로, like, love, play 등 대부분의 타동사가 포함된다. 이 유형에는 전치사와 함께 하나의 동사처럼 사용되는 동사구들이 포함되는데 이들은 한 덩어리로 기억해 두는 것이 좋다.

take care of 돌보다	take hold of 붙잡다	take notice of 알아차리다
turn off 끄다	laugh at 비웃다	pay attention to 주의를 기울이다
run over 치다	run out of 다 써버리다, (물건이) 바닥나다	send for 부르러 보내다

C 동사 + 간접목적어 + 직접목적어

'~에게 ~을 …해 주다'의 의미를 가지는 동사 중에서 간접목적어와 직접목적어를 나란히 쓸 수 있는 동사들이 몇 개 있는데, 이는 '타동사 + 목적어 + 전치사구'로도 전환이 가능하다. (전환 시에는 of, to, for 등의 전치사를 사용)

> ask → 전치사 of
> bring / give / tell / show → 전치사 to
> buy / make → 전치사 for

My father **bought me** an MP3 player as a birthday present.
→ My father **bought** an MP3 player **for me** as a birthday present. 아버지가 생일 선물로 MP3를 사 주셨다.
He also **gave me** a book.
→ He also **gave** a book **to me**. 그는 또한 내게 책 한 권도 주었다.

■ 간접목적어로 전치사구를 쓸 수 없는 동사들: cost, save, envy, forgive
I envy **her good fortune.** 나는 그녀의 행운이 부럽다.
Completing the book cost **her a lot of effort.** 그 책을 완성하는 데 그녀는 많은 노력을 들였다.

D 동사 + 목적어 + 전치사구

confess / **explain** / **introduce** / mention / propose / report / say / suggest	+ 목적어	+ to
clear / deprive / **relieve** / **rob**	+ 목적어	+ of
blame / punish / thank / **mistake** / provide / supply	+ 목적어	+ for
confuse / help / **replace** / share / provide / supply	+ 목적어	+ with
free / **distinguish** / prevent	+ 목적어	+ from

He **explained to** me how to use the machine. 그는 나에게 기계 사용법을 설명해 주었다.
The accident **robbed** him **of** his mother. 그 사고는 그에게서 어머니를 앗아갔다.(그 사고로 그는 어머니를 잃었다.)

E 동사 + 목적어 + 목적보어(형용사 / 명사)

> call / consider / find / make / keep / drive / get / hold / leave

His words **made me crazy.** 그의 말이 나를 화나게 만들었다.
We **consider him an idiot.** 우리는 그를 바보라고 생각한다.
You should **keep you warm** not to catch a cold. 감기에 걸리지 않기 위해서 몸을 따뜻하게 해야 한다.

■ 목적보어의 자리에 분사가 올 때는 목적어와의 관계에 따라 현재분사형을 쓰느냐, 과거분사형을 쓰느냐가 결정된다.
I **found** him **eating** my lunch. 나는 그가 내 점심을 먹고 있는 것을 발견했다.
↳ him은 eat의 의미상 주어: 현재분사
He **kept** his eyes **fixed** on me while I spoke. 내가 말하는 동안에 그는 나를 계속 쳐다보았다.
↳ his eyes는 fix의 의미상 목적어: 과거분사

F 동사 + 목적어 + 원형부정사

사역동사: have / let / make

지각동사: hear / feel / look at / notice / observe / see / watch

Mary **made** her husband **clean** the kitchen. 메리는 남편에게 부엌을 청소하게 했다.

cf. Mary **got** her husband **to clean** the kitchen.

I **heard** the rain **fall[falling]** on the roof. 나는 지붕에 비가 떨어지는 소리를 들었다.

G 동사 + 목적어 + to부정사

advise / allow / cause / encourage / expect / forbid / force / get / help / permit / recommend / teach / tell / want

My father **allowed** me **to go** to the party. 아버지는 내가 파티에 가는 것을 허락하셨다.

My father **told** me **not to go** to the party. 아버지는 나에게 파티에 가지 말라고 하셨다.

✓ Teacher's Advice

하나

보어와 목적어를 구분하는 방법은 수식 또는 서술하는 명사와의 관계를 확인하는 것이다.
그 둘의 관계가 '주어–서술어'의 의미가 되면 보어이다.

My daughter **makes me happy**. 내 딸은 나를 행복하게 해 준다.
↳ me-happy의 관계는 "I am happy." 의 의미가 되므로 happy는 목적격 보어이며 형용사형을 쓴다.

My daughter always **looks pretty** to me. 내 딸은 항상 예뻐 보인다.
↳ my daughter-pretty의 관계는 "My daughter is pretty."의 의미가 되므로 pretty는 주격 보어가 된다.

My daughter **gave me a flower**. 내 딸이 나에게 꽃 한 송이를 주었다.
↳ me flower의 관계에서 "I am a flower."가 될 수 없으므로 a flower는 보어가 아니다.

My daughter **helped me gladly**. 내 딸은 기꺼이 나를 도와주었다.
↳ me gladly의 관계에서 "I am glad."의 의미가 아니므로 보어가 아니다.

둘

동사 용례에 따라 목적절의 시제가 다르게 나타날 수 있다.

I **hope** you **are** happy. 나는 네가 행복하길 바란다.
↳ hope는 직설법을 취하며 정말 '그렇게 되기를 희망한다'는 의미를 갖는다.

I **wish** you **were** happy. 네가 행복했으면 좋겠다.
↳ wish는 가정법을 취하며 실제 사실은 그렇지 않음을 나타낸다. (지금은 불행하다는 의미)

각 동사들이 취하는 구조에 대한 문제는 최소한 한 문제 이상이 늘 출제된다. 주로 많이 나오는 동사 유형을 숙지해 둘 필요가 있다.

The store clerk was so kind as to explain _____________ the coffee maker.

(a) customers how to use   (b) how customers used to
(c) to customers how to use   (d) how used to the customers are to

번역   그 가게의 점원은 고객들에게 그 커피메이커를 어떻게 사용하는지를 설명해 줄 정도로 친절했다.

해설   explain이 취하는 구조를 묻는 문제이다. explain은 타동사이고, '…에게'라고 쓸 때는 전치사 to를 반드시 써야 한다. 따라서 to the customers가 있는 선택지 중에서 목적절의 어순이 바르게 된 (c)가 정답이다.

감각 익히기 ❸

다음 문장의 틀린 부분을 고치시오.

1   The Han River supplies Seoul water and power.

2   He asked to his mother to wake him up at 6.

3   Repairing the copy machine cost a lot of money to me.

4   The secretary informed the boss with the meeting.

5   The traffic jam deprived John from the chance to make a presentation in front of the CEO.

6   Helen Keller came blind when she was very young.

7   She suggested me Jejudo as a good place for the honeymoon.

1 사역동사와 지각동사의 쓰임을 확인하자.

- 사역동사 + 목적어 + 동사원형
  You can't make the baby eat if he doesn't want to. 아기가 원하지 않으면 억지로 먹게 할 수 없다.

- 지각동사 + 목적어 + 동사원형/V-ing
  I heard the baby cry/crying. 나는 아기가 우는 소리를 들었다.

- 사역동사/지각동사 + 목적어 + 목적보어(p.p.) (목적어가 목적보어로 오는 동사의 의미상 목적어일 때)
  He had the boxes moved. 그는 그 상자들을 옮기도록(상자들이 옮겨지도록) 시켰다.

2 사역동사와 지각동사의 수동형에 주의하라.

능동문에서 목적어와 동사원형을 취하는 동사들은 수동문으로 바뀌면 원형이 아니라 to부정사를 취한다.

He **made** the baby **cry**. 그는 아기를 울렸다.
→ The baby **was made to** cry (by him).
John **saw** Mary **keep** the box. 존은 메리가 그 상자를 가지고 있는 것을 보았다.
→ Mary **was seen to** keep the box (by John).

3 상태수동과 동작수동을 구분하라.

Harry **married** Sally. 해리는 샐리와 결혼했다.
→ Harry **got married to** Sally. / Harry **is married to** Sally.
- 관용표현: I'm lost. 나는 길을 잃었다. It's gone. 그것이 없어졌다.

4 간접목적어를 바로 쓸 수 없는 동사는 전치사와 함께 기억하자.

explain **to** / introduce **to** / mention **to** / propose **to** / suggest **to** / report **to** / say **to**

이와 반대로 간접목적어가 항상 전치사 없이 쓰이는 동사 (cost, save, envy, forgive)도 같이 암기한다.

It **cost** me much effort. 그것은 많은 노력이 들었다.
He **saved** me my life. 그는 내 목숨을 구해 주었다.
I **envy** him his wealth. 나는 그의 재산이 부럽다.
Forgive us our trespasses. 우리의 죄를 사하여 주옵소서.

5 틀리기 쉬운 동사들을 숙지한다. 타동사는 목적어를 붙여서 암기한다.

- 자동사: happen / appear / occur / collapse / decline

- 타동사: attend / contact / discuss / enter / join / resemble / date / marry / divorce
  attend the school / **contact** us / **marry** me...

___Part I___ **Questions 1~5** Choose the best answer for the blank.

1 A: My computer keeps crashing. I think it got a virus.
    B: You'd better have someone ___________ at it.

   (a) look
   (b) looked
   (c) looking
   (d) will have looked

2 A: What was the result of Tim's court case?
    B: The judge said ___________ and he was set free.

   (a) no guilty
   (b) there no guilt
   (c) he was not guilty
   (d) was he not guilty

3 A: May I sit here?
    B: Sure, this seat is not ___________ .

   (a) take
   (b) taken
   (c) taking
   (d) to take

4 A: Have you seen Jake today?
    B: Yes, I saw ___________ to school.

   (a) he walks
   (b) him walking
   (c) to him walking
   (d) him was walking

5 A: Why does Tommy look so tired today?
    B: He missed the last bus and ___________ home last night.

   (a) forced to walk
   (b) forced walking
   (c) was forced to walk
   (d) was forced walking

 Questions 6~10 Choose the best answer for the blank.

6 Applicants will be given the opportunity to state any disability needs once they are ___________ for an interview.

(a) called
(b) to call
(c) calling
(d) being called

7 No one at the dinner table wanted to eat what was served as ___________.

(a) did it not smell good
(b) the smell was not well
(c) it did not smell very good
(d) the smell was not very well

8 Many people think Ms. Ferguson ___________ because she had the support of the media.

(a) elected
(b) electing
(c) was elected
(d) will be electing

9 The doctor often convinced ___________ smoking after the physical examination.

(a) his patients quit
(b) patients to quit his
(c) his patients to quit
(d) quitting his patients

10 Jimmy ___________ read the map while he was driving.

(a) found difficulty in
(b) found it difficult to
(c) finding difficulty to
(d) finding it difficult he

Practice Test ❷

  Questions 1~4 Choose the best answer for the blank.

1   A: Do you mind if I ___________ your newspaper?
     B: Actually, I was just going to read it myself. Sorry.

   (a) borrow
   (b) borrowed
   (c) had borrowed
   (d) have borrowed

2   A: Did you hear the news about the bridge collapse?
     B: Yes, I think all old bridges need ___________ so that they don't collapse, too.

   (a) examined
   (b) examining
   (c) to examine
   (d) being examined

3   A: Jamie is one of the brightest girls in our class.
     B: Well, she ___________ high school.

   (a) graduated with honors from
   (b) graduated as an honor to her
   (c) was honored to graduate from
   (d) was the graduate who was honoring

4   A: So, how does it feel to be thirty years old?
     B: To be honest, it feels ___________ twenty-nine.

   (a) being same to
   (b) as same to being
   (c) the same as being
   (d) being the same as

  Questions 5~8 Choose the best answer for the blank.

5   Language disorders have long ______________ dementia, a progressive and generalized impairment in mental functioning.

   (a) associated
   (b) associated with
   (c) been associated
   (d) been associated with

6   Harry envied ___________ such a close family.

     (a) Sally having
     (b) to have Sally's
     (c) Sally by having
     (d) for Sally to have

7   In the late 1940s, physicists ___________ and feared for the powerful ways their discoveries could be applied.

     (a) discovered atoms that respected
     (b) made discoveries that both respected
     (c) both respected about discoveries of atoms
     (d) were both respected for their discoveries about atoms

8   Macbeth secretly planned, without telling his wife, ___________ on their way to the banquet.

     (a) having his rivals to kill
     (b) all his rivals having killed
     (c) to have all his rivals killed
     (d) to have his rivals all to kill

_ Part III   Identify the option that contains an awkward expression or an error in grammar.

9   (a) A: Are you getting ready for another business trip?
     (b) B: I'm afraid so. But don't worry. It's a short trip this time.
     (c) A: Your job is really demanding too much. You're on the road all the time!
     (d) B: Well, could you accompany with me on this trip?

_ Part IV   Identify the option that contains an awkward expression or an error in grammar.

10   (a) One of the worst earthquakes in history hit Tokyo in 1923. (b) The aftermath left streets filled with the dead and the dying. (c) This prompted efforts to prevent such a disaster from recurring. (d) For example, mobile units introduced to warn people in advance.

Unit 2 시제*

문장의 기본을 잡아주는 시제

- 시제(Tense)란 문장에 실제의 시간(time)을 나타내는 동사의 형태를 말한다. 영어에서의 시제 표현은 우리말의 시제 표현과 다르므로 그 차이를 인식하며 문장을 이해해야 한다.

- 모든 문장에는 동사가 있고 그 동사에는 시제가 있어야 하므로 시제는 모든 문장의 기본이다. 따라서 시제에 대한 이해는 영어 전반에 대한 이해의 기본이 된다.

- 문제에 출제되는 시제는 그 의미가 분명한 경우가 대부분이므로 기본적인 개념을 간단히 정리하여 문제에 적용할 수 있도록 하자.

영어의 시제 개념 정리표

시제	형태	기본적 의미	특기 사항
현재	**do**	사실, 습관, 진리	빈도부사와 함께 많이 쓰임
현재진행	**be doing**	특정 기간이나 현재 지속되고 있는 일	현재시제와 상대적인 개념으로 이해
현재완료	**have done**	과거의 일이 현재까지 영향을 미치는 행위	since, for 등 기간을 나타내는 표현이 많이 나타남.
과거/과거진행	**did/was doing**	현재와 관계 없이 이미 끝난 일	대부분 과거의 특정 시간을 제시
미래/미래진행	**will do/ will be doing**	앞으로 일어날 수 있는 일	미래 부사구를 주로 제시
미래완료	**will have done**	미래의 특정 시점에 일어나 있을 일	대부분 by the time과 함께 사용
과거완료	**had done**	과거시제가 있을 때 그 이전의 일임을 알려주는 시제	인접 문장이나 한 문장 내에 과거시제가 없으면 사용할 수 없음

1 단순현재 *vs.* 현재진행

우리말에서 '현재'로 동일하게 나타나는 내용이 영어에서는 단순현재(Simple Present) 또는 현재진행 (Present Progressive)으로 구분되어 나타난다. 단순현재시제는 시간이 흘러도 변하지 않는 사실을 나타낼 때 사용되며, 현재진행은 상대적으로 일정기간 동안 일어나는 일이나 실제로 지금 현재 발생하고 있는 일을 나타낼 때 쓰인다.

단순현재	현재진행
It **snows** a lot in the winter here. 이곳에는 겨울에 눈이 많이 내린다. ↳ 지역의 특성을 설명. 지금 눈이 온다는 의미가 아님	Look! It**'s snowing**. 봐! 눈이 온다. ↳ 지금 현재 눈이 내리고 있음을 나타냄
He lives in Seoul. 그는 서울에 산다. ↳ 그의 집이 서울에 있다는 의미	He **is living** in Seoul this month. 그는 이번 달에 서울에서 지내고 있다. ↳ 그의 집이 서울이 아니라 일정기간 동안 서울에서 생활하고 있다는 의미

A 단순현재시제 (Simple Present)

단순현재는 현재가 아니라 과거에도, 지금도, 그리고 앞으로도 계속 지속되는 상태나 반복적인 행위를 나타낸다. 반복적인 행위를 나타낼 때는 빈도부사와 함께 쓰이는 경우가 많다.

Two and two **makes** four. 2 더하기 2는 4이다. → 사실

Honesty **is** the best policy. 정직은 최상의 정책이다. → 속담

I **go** shopping once a week. 나는 일주일에 한 번 쇼핑을 한다. → 습관

She usually **eats** a sandwich for lunch. 그녀는 보통 점심으로 샌드위치를 먹는다. → 습관

B 현재진행시제 (Present Progressive)

현재진행은 지금 실제로 발생하고 있는 일이나, 변하지 않는 사실과 대조적으로 일정 기간 동안 일어나는 일을 나타낼 때 쓰이는 시제이다.

It **is raining** right now. 지금 비가 온다.

Computers **are becoming** more and more important in our lives.
우리의 일상에서 컴퓨터는 점점 더 중요해지고 있다.

These days, we **are using** e-mail to contact our friends.
요즘 우리는 친구들과 연락하기 위해 이메일을 사용하고 있다.

ⓒ 현재와 현재진행의 특징을 보여주는 상태동사와 동작동사

영어의 동사는 상태동사(Stative Verbs)와 동작동사(Action Verbs)로 나눌 수 있는데 이 두 가지 동사의 차이는 진행형으로 쓰일 수 있는지의 여부이다.

시제	상태동사	동작동사
단순현재	I **have** two cats. 나는 고양이 두마리가 있다.	I **read** a book every week. 나는 매주 한 권의 책을 읽는다.
현재진행	I ~~**am having**~~ two cats.	This week I **am reading** *Pride and Prejudice*. 이번 주에 나는 〈오만과 편견〉을 읽고 있다.

영어의 대부분의 동사는 동작동사이며 상태동사는 그 수가 상대적으로 적다. 상태동사는 그 의미상 진행형으로 쓰일 수 없다.

I **am** still ~~**remembering**~~ that moment.

→ I still remember that moment. 나는 아직도 그 순간을 기억하고 있다. → 마음 상태(mental states)

This building ~~**is belonging**~~ to my uncle.

→ This building belongs to my uncle. 이 건물은 우리 삼촌 것이다. → 소유(possession)

This necklace ~~**is costing**~~ too much.

→ This necklace costs too much. 이 목걸이는 너무 비싸다. → 측량(measurement)

This cake ~~**is tasting**~~ of vanilla.

→ This cake tastes of vanilla. 이 케이크는 바닐라 맛이 난다. → 감각(senses)

> |**마음 상태**| believe / mean / recognize / understand / know
> |**소유**| belong to / have / own / possess
> |**감정**| hate / prefer / like / love / wish / envy / mind
> |**측량**| contain / equal / weigh / cost / measure
> |**감각**| feel / see / sound / hear / smell / taste

▎빈출 어휘 점검

- believe: 상태동사, 목적어로 that절이 주로 쓰임

  Police **believe (that)** he is the criminal. 경찰은 그가 범인이라고 믿고 있다.

  The coin is **believed to be** worth over $10,000. 사람들은 그 동전이 만 달러 이상의 가치가 있다고 믿는다.

- belong to: 상태동사(~에 속하다, ~소속이다)

  Who does this watch **belong to**? 이 시계는 누구 것입니까?

  He **belongs to** the Democratic Party. 그는 민주당 소속이다.

✔ Teacher's Advice

하나 **상태동사도 의미가 변하면 진행형으로 쓰일 수 있다.**

She **has** a dog. (*has = owns*) 그녀는 개 한 마리를 가지고 있다.

She **is having** lunch now. (*is having = is eating*) 그녀는 점심을 먹고 있다.

This soup **tastes** delicious. (*tastes delicious = has a flavor*) 이 수프는 맛있다.

She **is tasting** the soup. (*is tasting = is checking to see if she likes it*) 그녀는 수프를 맛보고 있다.

둘 **현재진행형이 always와 함께 쓰이면 불만을 나타낸다.**

He **is always calling** me late at night. 그는 맨날 밤늦게 나에게 전화한다.

Mary **is always making** mistakes in the reports. 메리는 보고서에 늘 실수를 한다.

시험엔 이렇게 나와요

현재와 현재진행시제 중에서는 주로 현재시제를 묻는 문제가 많이 출제되므로 단순현재의 속성을 정확히 파악하는 것이 중요하다. 현재시제를 쓰는 문장은 usually, always 등의 빈도부사를 사용하거나 일반적인 사실을 나타내는 경우가 대부분이다.

The Internet _______________ primarily in the English language and is dominated by American content.

(a) functions   (b) functioning   (c) functioned   (d) will function

번역 인터넷은 주로 영어로 되어있으며 미국의 컨텐츠가 대부분이다.

해설 빈도부사는 없지만 내용상 일반적인 사실임을 알 수 있고, and로 연결되는 동사의 시제가 현재이므로 단순현재시제인 (a)가 정답이다.

감각 익히기 ❶

* 다음 문장에 알맞은 어구를 고르시오.

1　The chef (tastes / is tasting) the apple pie right now.

2　Women usually (live / are living) longer than men.

3　The seasons (change / are changing) four times a year.

4　The milk (smells / is smelling) strange.

5　I (think / am thinking) about the issue.

6　I (think / am thinking) Tom is an excellent manager.

7　You should take an umbrella. It (rains / is raining) outside.

2 과거 vs. 현재완료

영어에서 과거는 과거(Past)나 현재완료(Present Perfect)시제로 나타난다. 이 두 시제의 기본적인 차이는 과거의 사건을 보는 관점(또는 실제 사건)이 현재와 관계가 있느냐 없느냐이다.

과거시제는 현재와 상관없이 과거에 이미 끝난 일을 나타낼 때 사용되고, 현재완료는 지금까지 계속되거나 그 사건의 시점보다 경험 여부가 더 중요할 때 사용된다.

과거	현재완료
Michel **climbed** Jiri Mountain last year. 마이클은 작년에 지리산 등반을 했다. ↳ 작년에 등산을 했다는 사실(사건)이 중요	Michel **has climbed** almost all the mountains in Korea. 마이클은 한국에 있는 거의 모든 산을 다 올라 보았다. ↳ 산에 많이 간 경험이 있다는 것이 중요
He **lost** his watch yesterday. 그는 어제 시계를 잃어버렸다. ↳ 시계를 잃어버린 사건이 중요	He **has lost** his watch. 그는 시계를 잃어버려서 지금은 시계가 없다. ↳ 시계를 잃어버려서 지금 시계가 없다는 것이 중요

Ⓐ 단순과거 (Simple Past)

과거시제 문장에서 중요한 것은 '언제' 이 사건이 일어났는가이며 당연히 과거를 나타내는 부사구(정확한 시점을 나타내는 부사, 부사구, 부사절)가 문장 안에 나오는 경우가 많다. 단, 그 일이 일어난 기간이 길거나 짧은 것은 시제와 상관이 없다.

I **went** to the party last night. 나는 어젯밤 파티에 갔다.

I was studying when he **knocked** at my door. 그가 내 방문을 노크했을 때 나는 공부 중이었다.

I was watching TV when the phone **rang**. 내가 TV를 보고 있을 때 전화벨이 울렸다.

○ 과거완료 (Past Perfect)

과거완료는 실제로 존재하는 시제가 아니라 과거와의 시간차를 표시해 주는 도구이다. 따라서, 반드시 과거시제와 함께 써야 한다.

I **had never eaten** Italian food, so I <u>didn't know</u> what to order in the restaurant.
나는 이태리 음식을 먹어본 적이 없어서 식당에서 뭘 주문해야 할지 몰랐다.

Linda **had** already **left** when Paul <u>stopped</u> by to get her.
폴이 데리러 갔을 때 린다는 이미 떠나고 없었다.

I **had been traveling** all the weekend, so I <u>was tired</u> on Monday.
나는 주말 내내 여행을 해서 월요일에 피곤했다.

B 현재완료 (Present Perfect)

영어의 시제 가운데 가장 관심을 가져야 할 부분이다. 현재완료는 과거의 어떤 시점부터 현재에 이르는 기간에 어떤 사건이 한 번 혹은 여러 번 일어난 적이 있거나, 그 일이 현재시점까지 계속되고 있거나, 그 사건 자체보다 그 사건이 지금 현재에 미치는 영향이 더 중요할 때 사용된다.

I **have been** here for thirty minutes. 나는 여기에 30분 동안 있었다.
ㄴ 나는 30분 전에 여기에 왔고 지금까지 계속 여기에 있었다는 의미

I **have** never **been** in New Zealand. 나는 뉴질랜드에 가본 적이 없다.
ㄴ 현재까지의 기간 동안 있었던 경험을 말함

She **has done** her homework. 그녀는 숙제를 마쳤다.
ㄴ 숙제를 했다는 사실보다 이제 숙제를 마쳤으므로 더 이상 할 일이 없다는 의미에 중점

현재완료에 주로 사용되는 부사(구/절)가 많으므로 그 위치와 의미를 정확히 기억해 두자.

부사	주된 위치	가리키는 시간대의 의미	일반적으로 쓰이는 문장 종류
so far/until now	문장 앞/뒤	지금까지의 시간	긍정문 · 부정문 · 의문문
still	수식하는 어구 앞	지금까지의 시간(여전히)	긍정문 · 부정문 · 의문문
ever / never	have와 p.p. 사이	지금까지의 시간 중 아무때나	부정문, Yes/No 의문문
already	have와 p.p. 사이 / 문장 뒤	예상된 시간보다 이전(벌써)	긍정문, Yes/No, Wh- 의문문
just	have와 p.p. 사이	매우 최근에	긍정문 · 부정문 · 의문문
yet	문장 뒤	지금보다 이전(아직)	부정문, Yes/No 의문문
since(전치사/접속사)	명사 앞 / 종속절 앞	어떤 시점부터 지금까지 계속	긍정문 · 부정문 · 의문문

How many countries **have** you **visited so far**? 지금까지 얼마나 많은 나라에 가보셨나요?

I **still haven't visited** Vietnam. 아직 베트남에는 가보지 못했습니다.

Have you **ever been** to India? 인도에 가본 적이 있습니까?

Have you **already bought** your ticket? 표를 벌써 끊었나요?

They **have just arrived**. 그들은 막 도착했다.

They **haven't arrived yet**. 그들은 아직 도착하지 않았다.

I **have waited** here **since** he called me 2 hours ago. 나는 그가 2시간 전에 전화했을 때부터 여기서 기다리고 있다.

빈출 어휘 점검

- 현재완료시제로 주로 쓰이는 동사 finish, complete, change

Haven't you **finished** your work yet? 아직 일을 끝내지 않았니?

She**'s** just **completed** a master's degree in linguistics. 그녀는 막 언어학 석사학위를 받았다.

Tom **hasn't changed**. He looks exactly the same as he did at school.
탐은 변하지 않았다. 그는 학교에 있을 때와 똑같아 보인다.

하나 과거시제 대신에 사용될 수 있는 조동사로 *would*와 *used to*가 있다. *used to*는 과거의 상태나 (지금은 그렇지 않은) 습관을 표현할 때, *would*는 과거의 고집이나 불규칙적인 습관을 표현할 때 사용된다. 조동사이지만 과거시제와 같이 기억해 두는 것이 좋다.

We **used to** go to the beach every week, but now we don't.
우리는 예전에 매주 해변에 갔지만 지금은 그렇지 않다.

I **would** often get up late on weekends. 주말에 나는 종종 늦잠을 자곤 했다.

둘 현재완료진행은 현재완료에 진행의 의미가 더해진 것이지만 실제로 큰 의미 차이는 없다. 하지만 진행형이 가능한 동사는 현재완료 대신에 현재완료진행을 쓰는 경향이 있다.

Mom **has been making** cookies all morning. 엄마는 아침 내내 쿠키를 만들고 있다.

He**'s been working** here for two months. 그는 이곳에서 두 달 동안 일하고 있다.

시험엔 이렇게 나와요

과거와 현재완료를 묻는 문제는 대부분 전형적인 부사와 함께 출제되고 있다. 두 시제의 기본 개념을 정확히 이해하고 그에 따라 부사의 의미를 기억하면 쉽게 답을 찾을 수 있다.

Since last week, Mark ______________ rehearsing his lines for the play every day.

(a) is   (b) was   (c) will be   (d) has been

번역 지난 주부터 마크는 매일 그 연극을 위해 대사를 연습해 왔다.

해설 접속사 since가 나와 있으므로 과거의 특정 시점에서 지금까지 계속되어온 일을 나타내는 현재완료 시제를 써야 한다. (d)가 정답.

감각 익히기 ❷

다음 문장에 알맞은 어구를 고르시오.

1   Soccer (was / has been) the most popular sport in the world for a long time.

2   We (had / have had) a party yesterday.

3   The mountain (was / has been) open to the public only since last week.

4   I (worked / have worked) with Jane since February.

5   I went to the dentist yesterday because my tooth (had hurt / have hurt) for several days.

6   People (used to / would) be afraid of the atom bomb in the 1960s.

7   The thief simply walked in. Someone (forgot / had forgotten) to lock the door.

3 미래 표현

A 미래시제 (Future)

미래를 나타내는 문장에는 주로 미래를 나타내는 시간부사구가 있어서 그 내용을 쉽게 짐작할 수 있다. 미래에 사용되는 표현은 각각 약간의 의미 차이를 가지고 있지만 그 구분을 명확히 기억할 필요는 없다. 단, 미래시제를 단순현재로 표현하는 경우는 반드시 기억해 두어야 한다.

미래 표현	특징	예문
will	단순미래	**She'll** probably **get** to the party late. 그녀는 아마도 파티에 늦게 올 것이다.
be going to	이미 결정되어 있는 미래	**I'm going to see** a doctor tomorrow. 내일 병원에 가기로 되어 있다. → 예약했음
be V-ing	계획되어 있는 미래, 시간 부사구 수반	**I'm meeting** John on Friday night. 금요일 밤에 존을 만날 것이다. → 약속했음
단순현재 (미래의 일을 표현)	timetable에 의한 행위 (arrive / begin / close / end / finish / leave / open / start)	The train **arrives** at 6:15 in the evening. 그 기차는 오후 6시 15분에 도착할 것이다.
	시간, 조건 부사절 내	**When** I **meet** her this afternoon, **I'll give** her the book. 오늘 오후에 그녀를 만나면 그녀에게 그 책을 줄 것이다.

○ 미래완료 (Future Perfect) & 미래완료진행 (Future Perfect Progressive)

미래완료시제는 아직은 일어나지 않았지만 미래의 어떤 시점에는 끝나있을 일을 나타낸다. 주로 by... 어구와 함께 쓰인다.

By the end of this year, **I'll have been living** here for five years.
올해 말쯤이면 내가 이곳에 산 지 5년이 된다.

I will have finished my homework **by the time** I go out on a date tonight.
내가 오늘 밤 데이트하러 나갈 때쯤에는 숙제를 끝냈을 것이다.

○ 미래진행 (Future Progressive)

정확한 미래의 시간을 제시하고 그 때 어떤 일이 진행 중일 것을 나타내는 시제이다.

At this time next week, I **will be walking** on a beach.
다음 주 이맘 때면 나는 해변을 거닐고 있을 것이다.

I **will be reading** when you come back home.
네가 집에 돌아 오면 나는 책을 읽고 있을 것이다.

하나   다양한 미래 표현의 차이를 묻는 문제는 거의 출제되지 않으므로, 미래의 의미를 가진 문장으로 판단되면 *will, be going to, be –ing* 중 선택지에 나와 있는 것을 답으로 고르면 된다. 단, 단순현재로 미래를 표현하는 경우는 가장 많이 출제되므로 반드시 기억해야 한다.

둘   미래시제 대신에 사용될 수 있는 표현으로 *be about to*와 *be to*가 있다. *be about to*는 '막 ~하려고 한다'는 의미를 가지며, *be to*는 미래의 계획을 나타내는데, formal한 문장에 가끔 사용된다.

The play **is about to** begin. 연극이 막 시작하려 한다.
The president **is to** visit France next month. 대통령은 다음달에 프랑스를 방문할 예정이다.

시험엔 이렇게 나와요

미래 표현은 상대적으로 출제 빈도가 낮고, 주로 미래를 나타내는 부사구와 함께 나오는 문장이 출제되는 경우가 대부분이므로 여러 가지 미래 표현 중 하나를 선택하면 된다.

A: Can you be home by five tonight?
B: No, I'm afraid it __________ a long time for me to finish my work tonight.

(a) took   (b) takes   (c) will take   (d) will have taken

번역   A: 오늘밤 5시까지 집에 올 수 있어?
       B: 아니, 오늘밤에 일을 끝내는 데 시간이 오래 걸릴 것 같아.

해설   tonight이라는 부사를 보면 이 문장이 미래의 일을 나타낸다는 것을 알 수 있다. 따라서 미래시제인 (c)가 정답이다. 단순히 오늘밤에 일어날 일을 이야기하는 것이므로 미래완료를 쓰지 않는다.

감각 익히기 ❸

다음 문장에 알맞은 어구를 고르시오.

1   I will go to the movies after I (finish / will finish) my work.

2   As soon as Mike (arrives / will arrive), we'll be able to leave for the airport.

3   At this time tomorrow, I (will sit / will be sitting) in class.

4   When Professor Lee retires next year, he (will teach / will have been teaching) for 35 years in this university.

5   The museum (opens / will be opening) at ten tomorrow morning.

6   Cindy has already made her plans. She (leaves / is leaving) at seven tomorrow.

7   A: The phone's ringing.

      B: I (will / am going to) get it.

1 부사구에 주목하라.

시간을 나타내는 부사(구, 절)는 시제를 지시해주는 역할을 한다. 시제마다 전형적으로 등장하는 부사구와 그 의미를 파악해 두면 시제 문제에서 훨씬 쉽게 정답을 선택할 수 있다.

과거	ago / yesterday / last night / in 1989 / this morning / when…
현재	everyday / always / usually / sometimes / often
현재완료	recently / ever / just / so far / still / ever / never / already / yet / since…
미래	tomorrow / next week / later

2 실존하지 않는 시제, 과거완료

과거완료의 내용은 과거와 같다. 단지 한 문장 안에 존재하는 과거시제와의 시간 차를 표시해 주는 도구일 뿐이다. 과거시제가 없으면 과거완료도 없다. 과거완료가 단독으로 쓰인 문장은 틀린 문장이다.

The bus **had left** when I **arrived** at the bus stop. 내가 정류장에 도착했을 때 버스는 이미 떠난 후였다.

3 by the time과 함께 하는 미래완료

아직은 일어나지 않았지만 미래의 어떤 시점에는 끝나있을 일을 나타낸다. by the time 다음에는 현재시제를 쓰는 것도 잊지 않도록 하자.

By the time I <u>see</u> you, I **will have graduated**. 너를 만날 때쯤이면 나는 졸업을 했을 것이다.

4 진행형으로 쓰이지 않는 상태동사

진행형으로 쓸 수 없는 동사들을 다시 한 번 확인하자. Part III, IV에서 틀린 문장의 예로 나오는 경우가 많다.

마음 상태	believe / understand / know
소유	belong to / have / own / possess
감정	hate / like / love / wish / envy / mind
감각	feel / see / sound / hear / smell / taste

5 시간 · 조건 부사절에는 미래가 없다.

시간이나 조건의 의미를 가지는 부사구에서는 미래 표현을 쓰지 않고 대신에 현재(혹은 현재완료)형을 사용한다. When, if, until, as soon as, whenever, by the time, once, the next time 등 시간 · 조건절을 이끄는 접속사들을 기억하자.

I **will** go to bed **after** I **have finished** my homework. 나는 숙제를 마치고 나서 잘 것이다.
I'm going to wait here **until** Linda **comes**. 나는 린다가 올 때까지 여기서 기다릴 것이다.

_ Part I   **Questions 1~5** Choose the best answer for the blank.

1   A: Do you hear something? Is that my phone ringing?
B: Yes, it ___________ for almost a minute. Why don't you answer it?

   (a) rang
   (b) was ringing
   (c) has been ringing
   (d) had been ringing

2   A: Have you seen Tom recently?
B: When I saw him last Monday, he ___________ talking about taking a vacation.

   (a) is
   (b) was
   (c) has been
   (d) will have been

3   A: What kinds of computer games are most popular at this store these days?
B: Mostly role playing games. They ___________ like hotcakes.

   (a) will sell
   (b) were sold
   (c) are selling
   (d) have been sold

4   A: Why didn't you go to that musical with your friends last night?
B: I ___________ it last weekend, so I didn't want to go again.

   (a) saw
   (b) have seen
   (c) was seeing
   (d) have been seeing

5   A: Does that famous actress really live near your house?
B: Yes, she does, and I hope I ___________ her someday.

   (a) met
   (b) meet
   (c) have met
   (d) will meet

Part II **Questions 6~10** Choose the best answer for the blank.

6 Mark didn't recognize Alice because she ___________ a lot of weight.

(a) loses
(b) had lost
(c) was lost
(d) was losing

7 The e-mail with its several attachments ___________ received this morning.

(a) is
(b) are
(c) was
(d) were

8 As nations become more integrated into a single global market, our traditional cultural barriers ___________ .

(a) breached
(b) are breached
(c) will have breached
(d) will have been breached

9 For several years, sunlight ___________ in numerous case studies as a key factor in promoting happiness.

(a) documented
(b) is documented
(c) has documented
(d) has been documented

10 Students will not be allowed to register until confirmation of an acceptable result ___________ .

(a) will be received
(b) is being received
(c) has been received
(d) will have been received

1 A: Did you go this weekend to watch that movie I told you about?
    B: Yes, I ___________ it with some friends.

   (a) see
   (b) saw
   (c) have seen
   (d) was seeing

2 A: Do you know how Mark is doing these days?
    B: No, I don't. No news ___________ from Mark since he left our company three years ago.

   (a) was heard
   (b) is being heard
   (c) has been heard
   (d) had been heard

3 A: Do you think the team has a good chance of winning today?
    B: Yes, they ___________ a lot of games this year, and I think that'll continue.

   (a) win
   (b) will win
   (c) had been winning
   (d) have been winning

4 A: Do you have any advice for me on how to be a good manager?
    B: Just try to ensure that morale among workers ___________ high.

   (a) remains
   (b) remained
   (c) will remain
   (d) has remained

5 Roger will not be able to complete the report until Marcia ___________ him the figures.

   (a) gave
   (b) gives
   (c) will give
   (d) had given

6 By the time children ______________ elementary school, they will have learned how to get along with friends.

(a) left
(b) leave
(c) are leaving
(d) will have left

7 Ellen ____________ reading the magazine before she left the house to meet her friends.

(a) finishes
(b) finished
(c) has finished
(d) will have finished

8 Kathy Hammond ____________ to be an authority on sociology for a long time.

(a) known
(b) is known
(c) has known
(d) has been known

Part III Identify the option that contains an awkward expression or an error in grammar.

9 (a) A: What are you going to do after graduating?
(b) B: I'm planning to continue studying in graduate school.
(c) A: Have you already passed the entrance exam?
(d) B: Yes. I've taken the exam before last semester started.

Part IV Identify the option that contains an awkward expression or an error in grammar.

10 (a) Some people believe history works in cycles. (b) They say that what happened in the past gets repeated. (c) Technology may change, but social problems resurfaced. (d) The only way to break the cycle is to learn from past mistakes.

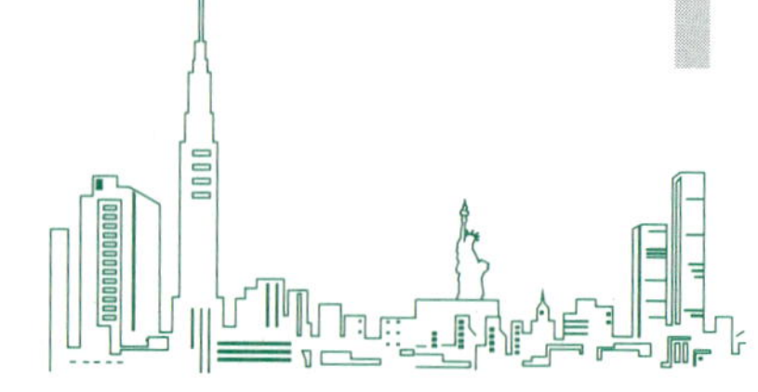

Unit 3 조동사와 가정법*

동사를 도와서 문장의 의미를 풍부하게 해 주는 조동사

- 조동사는 크게 have, be, do 등 문장 형식을 나타내는 데 필요한 **조동사**(functional auxiliaries)와 자체의 의미를 가진 **법 조동사**(modal auxiliaries) 등 두 가지로 나뉘는데, 문법에서 조동사를 설명할 때는 주로 후자를 가리킨다. 조동사는 자신이 지닌 고유의 의미를 본동사의 의미에 덧붙여주어 문장의 의미를 풍부하게 해줄 뿐 아니라 가정법에도 반드시 필요하다.

- 문제에 출제되는 조동사는 그 의미가 분명한 경우가 대부분이므로 기본적인 의미를 이해하고 특이한 용법들을 간단히 정리하여 암기하면 쉽게 풀 수 있다. 또한 조동사를 묻는 문제에서는 주어진 문장의 의미를 파악해야 풀 수 있는 경우가 대부분이므로 **조동사의 의미를 분명하게 기억하는 것이** 중요하다.

- 가정법이란 실제 사실이 아닌 것을 가정할 때 쓰는 동사 형태를 의미하는데, 직설법과는 시제 사용이 다르므로 유의해야 한다. 또한 가정법을 언제 쓰는지를 확실히 이해하고 기본적인 구문을 기억해 두어야 한다.

조동사의 기본 의미와 용례

조동사	기본 의미
may / might	• ~일지도 모른다(확실하지 않은 추측) He **may[might]** be at home. 그는 집에 있을지도 모른다.(있을 수도 있고 아닐 수도 있다.) • ~해도 될까요?/~해도 좋다(=can/could) **May[Can]** I use your computer? 당신의 컴퓨터를 써도 될까요? You **may[can]** leave the room. 방을 나가도 좋다.
can	• 할 수 있다(= be able to) (능력) He **can[is able to]** run fast. 그는 빨리 달릴 수 있다. • (부정형으로) 그럴 리 없다 Mary **can't** be the criminal. 메리가 범인일 리가 없다.
could	• 할 수 있었다(과거의 능력) I **could[was able to]** run fast when I was a child. 나는 어릴 때 빨리 달릴 수 있었다. • ~일[할] 수도 있다(가능성 중 하나/가정법 주절) He **could** be at home. 그는 집에 있을 수도 있다.

must	• 반드시 해야 한다(=have to) I **must[have to]** leave this afternoon. 나는 오늘 오후에 떠나야 한다. • (부정형으로) ~하면 안 된다(금지) You **must not** open your eyes. 너는 눈을 떠서는 안 된다. • 틀림없이 ~이다(강한 추측) Cathy **must** be sick. 캐시가 아픈 게 틀림없어.
have to	• (부정형으로) ~하지 않아도 된다 I **don't have to** go to class today. 나는 오늘 학교에 가지 않아도 된다.
will	• (미래) ~할 것이다(=be going to) John **will[is going to]** be here at 2:00. 존은 2시에 여기 올 것이다. • (주로 부정형) ~하려고 한다(고집) John **won't** listen to my advice. 존은 내 충고를 들으려 하지 않는다.
would	• ~하곤 했다(과거) When I was a child, I **would** visit my grandma every weekend. 어릴 때 나는 매주 할머니를 방문했었다. • 가정법 조동사 If I had a cat, I **would** take good care of it. 고양이 한 마리만 있으면 잘 돌봐 줄 텐데.
shall	• ~할까요? **Shall** we dance? / Let's dance, **shall** we? 우리 춤 출까요?
should	• ~해야 한다(=ought to)(당연한 의무) Drivers **should** obey the speed limit. 운전자들은 속도 제한을 준수해야 한다.
had better	• ~하는 것이 좋다(나쁜 결과에 대한 위협을 동반한 강한 충고) You **had better** study harder, or you will fail the exam. 넌 더 열심히 공부하는 게 좋을 거야. 그러지 않으면 시험에 떨어질 테니까.
would rather	• ~하는 것이 더 낫다(주어의 선호도) I **would rather** stay at home than go to the movies. 영화 보러 가는 것보다 집에 있는 것이 좋다(집에 있고 싶다).

1 의미로 선택하는 조동사

각 조동사는 대개 하나 이상의 의미로 사용된다. 따라서, 문장의 내용에 따라 어떤 조동사를 사용할 수 있는지 살펴보는 것이 도움이 된다.

A 의무와 충고: must / have to / had better / should[ought to]

You **must[have to]** clean your room right now. 너는 지금 당장 방을 청소해야 한다. → 반드시 해야 하는 일

You look very pale. You **had better** see a doctor this afternoon.

너 굉장히 창백해 보인다. 오늘 오후에 병원에 가는 게 좋겠어. → 강한 권고

You **should** do your homework regularly. 숙제는 규칙적으로 해야 한다. → 당연한 도리, 옳은 말

부정형에 주의

You **must not** cheat during the test. 시험 시간에 부정행위를 해서는 안된다. → 금지(내용을 부정)

You **don't have to** submit the paper. 너는 그 과제를 제출하지 않아도 된다. → 의무를 부정

과거 표현

I **had to** do all the homework last night. 나는 어젯밤에 숙제를 모두 다 해야 했다. → 실제로 숙제를 했음

I **should have done** all the homework last night.

나는 어젯밤에 숙제를 모두 다 했어야 하는 건데. → 숙제를 하지 않았음

B 미래와 권유: will / be going to / be supposed to / be about to / shall / be to(공식적인 경우)

I **will[am going to]** graduate in February. 나는 2월에 졸업할 예정이다. → 미래

The new semester **is supposed to** begin in March. 새 학기는 3월에 시작될 것이다. → 예정된 미래

I **am about to** leave here. 나는 막 여기를 떠나려는 참이다. → 가까운 미래

Shall I give you a ride? 제가 태워 드릴까요? → 제의

The meeting **is to** be held next Thursday. 그 회의는 다음 주 목요일에 열릴 예정이다. → 공식적인 미래

You **are to** submit the report on time. 보고서는 제시간에 제출해야 한다. → 공식적 의무

Shall we go to the amusement park? 우리 놀이 동산에 가는 것이 어떨까? → 청유

C 확신 & 가능성: must(긍정) & cannot[couldn't](부정) / may / might / could

Why isn't Tom in class? — He **must be** sick. 탐이 왜 수업에 안 왔지? – 아픈 게 틀림없어. → 강한 확신

I just saw John eat a huge meal. He **can't be** hungry.

나는 방금 존이 식사를 많이 하는 걸 봤다. 그가 배가 고플 리가 없다. → 강한 부정의 확신

He **may** be sick. 그는 아픈 것인지도 모른다. → 반반의 가능성

He **might[could]** be sick. 그는 아픈 것일 수도 있다. → 약간의 가능성

과거 표현

He **must have been** at home last night. 그는 어젯밤에 집에 있었음에 틀림없다.

He **cannot have lied** to me. 그가 나에게 거짓말을 했을 리가 없다.

He **may have been** there last night. 그는 어젯밤에 거기에 있었을지도 모른다.

D 능력: can / be able to

He **can[is able to]** speak Italian. 그는 이태리어를 말할 수 있다.

He **could[was able to]** run fast when he was a child. 그는 어렸을 때 빨리 달릴 수 있었다.

E 과거: used to / would

I **used to[would]** play soccer after school in middle school.

나는 중학교 때 방과 후에 축구를 하곤 했다. → 과거의 반복된 행위

There **used to** be an old tree on this hill. 이 언덕 위에 오래된 나무 한 그루가 있었다(지금은 없다). → 과거의 상태

F 선호: would like to / would rather

I **would like to** drink cold milk. 나는 차가운 우유를 마시고 싶어요.

I **would rather** play soccer **than** read a book at home. 나는 집에서 책을 읽는 것보다 축구를 하고 싶다.

May I open the window? — I **would rather** you **didn't**. I'm a little cold.

창문을 열어도 될까요? – 그러지 않았으면 좋겠어요. 전 좀 춥거든요. → 절이 올 때 과거 시제를 쓰는 것에 주의

G 부정문, 의문문에서만 조동사: need / dare

You **need not** work on weekends. 주말에는 일하지 않아도 된다. → don't have to

How **dare** you say such a word to me? 어떻게 나에게 그런 말을 할 수 있어요? → 감히 ~하다

#과거 표현
He **need not have worked** so hard. 그가 그렇게까지 열심히 일할 필요는 없었는데. → 실제로 열심히 했다.

cf. You **need to** visit him to get permission. 허가를 받으려면 그를 방문할 필요가 있다.

↳ 긍정문에서는 to부정사 필요

H 기타 조동사 관련 표현들

You **may[might] as well** make the report in English. 그 보고서는 영어로 작성하는 것이 좋겠다.

↳ 충고, 강한 권유 (= had better)

You **may well** be proud of your son. 아드님이 자랑스러우시겠어요. → 당연히 그럴 만하다

You **cannot** be **too** careful while driving. 운전을 할 때는 아무리 조심해도 지나치지 않다.

I **cannot** see you **without** thinking of your father. 너를 볼 때마다 너의 아버지 생각이 난다.

I **cannot help crying[cannot but cry]** at the sad news. 나는 그 슬픈 소식에 울지 않을 수 없었다.

조동사가 들어가는 회화 표현

- A: I've bought a present for you. 당신에게 줄 선물을 하나 샀어요.
  B: Oh, you **shouldn't have**. 오, 그러지 않았어도 되는데.
- I **will** tell you what. 좋은 수가 있어.
- **Can't** you overlook it just once? 한 번만 봐주시면 안될까요?

✓ Teacher's Advice

<table>
<tr><td>하나</td><td>조동사의 과거형은 과거가 아니다. 과거의 의미를 나타낼 때는 '조동사 + have p.p.'를 쓴다.</td></tr>
</table>

He **may[might] have been** at home. 그는 집에 있었을지도 모른다.

I **should have studied** last night. 나는 어젯밤에 숙제를 했어야 했는데(하지 않았다).

He **must have lied** to me. 그가 나에게 분명히 거짓말을 했던 거야.

He **cannot have been** the criminal. 그가 범인이었을 리가 없다.

I **would rather have stayed** at home. 나는 집에 있고 싶었는데.(집에 그냥 있을걸.)

<table>
<tr><td>둘</td><td>부정형의 위치와 그 의미에 주의해야 한다.</td></tr>
</table>

You **had better not go** there. 너는 거기에 가지 않는 것이 좋겠다.

You **must not go** there. 너는 거기에 가서는 안 된다.

I **would rather not** go there. 나는 거기에 가지 않는 것이 낫겠다.(나는 거기에 가고 싶지 않다.)

You **need not** go there. / You **don't have to** go there. 너는 거기에 가지 않아도 된다.

시험엔 이렇게 나와요

기본적인 조동사의 의미에 대한 문제는 항상 출제된다. should와 must가 상대적으로 출제 빈도가 높다.

When an ambulance approaches with flashing lights and a blaring siren, you __________ stop and wait until it passes.

(a) could　　　　(b) might　　　　(c) would　　　　(d) should

번역　병원차가 라이트와 사이렌을 켜고 올 때는 차를 세우고 지나가도록 기다려 주어야 한다.

해설　내용을 알아야 풀 수 있는 문제이다. 병원차가 올 때 양보하는 것은 당연한 의무이므로 (d) should가 정답이다.

감각 익히기 ❶

다음 문장에 알맞은 어구를 고르시오.

1　You (don't have to / must not) introduce me to Mr. Smith. We've already met.

2　Drivers (should / can) obey the speed limit.

3　I am so sleepy. I (must have slept / should have slept) last night.

4　Jess (was supposed to / was about to) visit us last night. I wonder why he didn't.

5　Jane has eaten nothing today. She (should be / must be) hungry.

6　There (used to / would) be a two-story building here.

7　I (had better / would rather) go to the amusement park than play with toys.

2 가정법의 기본 이해

가정법이란 직설법에 반하는 개념으로, 어떤 일이 현실의 반대라고 가정해 보는 문장이다. 우리말에서는 가정법의 시제가 영어에서처럼 다르게 표현되지 않으므로 특히 주의할 필요가 있다. 실현 가능성이 있는 문장은 직설법의 조건부사절, 그렇지 않은 문장은 가정법으로 나타낸다고 보면 간단하다.

A 직설법 *vs.* 가정법: 현재와 과거 → 과거와 과거완료

실제 시제	직설법	가정법
현재/미래	If I **win** the race, I **will** donate all the prize money. 내가 이 경기에서 우승을 한다면 상금 전액을 기부하겠다. ↳ 경기에서 우승을 할지 여부를 알지 못함.	If I **were** him, I **would** donate the prize money. 내가 그러면 상금을 기부할 텐데. ↳ 내가 그 사람이 되는 것은 불가능하므로 가정법 문장으로 써야 함.
과거	As he **got up** late this morning, he **missed** the important meeting. 그는 오늘 아침에 늦잠을 자서 중요한 회의에 들어가지 못했다. ↳ 실제의 사실	If he **had not got up** late this morning, he **would not have missed** the important meeting. 그가 오늘 아침에 늦잠을 자지 않았더라면 중요한 회의에 들어갔을 텐데. ↳ 실제 사실의 반대

B 가정법 과거

가정법 과거는 현재 사실의 반대를 가정하는 문장이다. '가정법 과거'라는 이름은 if절의 시제에 의해서 결정되는 것이다. 가정법에서 가장 중요한 요소는 가정법 조동사 would와 could이다.

> If 주어 + 과거동사, 주어 + would/could + 원형동사

If I **were** you, I **would** accept the offer. 내가 너라면 그 제안을 받아들이겠다.
If I **had** enough money, I **would** buy a car. 충분한 돈이 있다면 차를 사겠는데. → 돈이 부족하다는 의미

C 가정법 과거완료

과거의 사실을 반대로 가정하는 문장이다. 가정법으로 쓴 문장은 사실이 아님을 기억해야 한다.

> If 주어 + had p.p., 주어 + would/could + have p.p.

If I **had known** how to order in the restaurant, I **wouldn't have been** so embarrassed.
내가 그 식당에서 주문하는 방법을 알았더라면 그렇게 당황하지 않았을 텐데.
If I **had studied** harder, I **would have passed** the exam.
내가 공부를 좀더 열심히 했더라면 시험에 합격했을 텐데.

D 혼합 가정문

혼합 가정문이란 특별한 별개의 구문이 아니라, 직설법과 마찬가지로 한 문장 내에 두 개의 가정법 시제가 섞여서 나타나는 경우를 말한다. 이 때 주절과 종속절에는 각각 시제를 나타내는 부사구 등이 함께 나오므로 주절과 종속절의 시제가 다를 수 있다는 사실만 기억하면 된다.

> **If 주어 + had p.p., 주어 + would/could + 원형**

I **did not eat** breakfast this morning, so I **am** hungry now. → 직설법 문장
나는 오늘 아침에 아침밥을 먹지 않아서 지금 배가 고프다.

If I **had eaten** breakfast this morning, I **would not be** hungry now. → 혼합 가정문
내가 오늘 아침에 아침밥을 먹었더라면 지금 배고프지 않을 텐데.

E 가정법이라 부르지 않아도 되는 가정법

○ 가정법 미래(If 주어 + should/were to)

'가정법 미래'란 일어날 가능성이 아주 낮은 일을 표현할 때 사용되는 구문으로, 가정법과 직설법의 중간 정도의 의미라고 생각하면 된다. If절에 should/were to가 나오고, 도치가 잘 일어난다.

> **If 주어 + should 원형, 주어 + would/will**

If you should have any question, feel free to ask me.
→ **Should you have** any question, feel free to ask me. 혹시 질문이 있으면 자유롭게 해 주세요.

If it should rain tomorrow, the game would be called off.
→ **Should it rain** tomrrow, the game would be called off.
(날씨가 좋은 상태에서) 내일 혹시라도 비가 온다면 그 경기는 취소될 것이다.

If I were to fail the exam, my father would be really upset.
→ **Were I to fail** the exam, my father would be really upset.
내가 만약 시험에 떨어지면 아버지는 정말로 화가 날 것이다.

○ 가정법 현재

정해진 문장 구조가 있는 것이 아니라 특정 의미를 갖는 동사나 형용사 다음 절에서 '조동사 should + 원형'이 사용되는 형태를 말한다. (이 때 should는 생략 가능하다.)

요구, 주장, 명령, 제안의 의미를 갖는 동사(insist, order, recommend, require, suggest 등)의 목적절
They **insist** that class distinctions **(should) be** obliterated. 그들은 계급 차별을 철폐해야 한다고 주장한다.
He **suggested** us that we **(should) change** our plan. 그는 우리에게 계획을 바꾸라고 제안했다.

판단 형용사(desirable, essential, important, necessary, vital 등) 다음의 that절
It is **important** that you **(should) not be** late. 늦지 않는 것이 중요하다.
It is **desirable** that you **(should) not accept** the offer. 그 제안을 받아들이지 않는 것이 바람직하다.

✓ Teacher's *Advice*

하나 가정법 문장에서 주절과 종속절은 독립적이다. 즉 시제가 다르게 나타나거나, 주절이나 종속절이
단독으로 쓰일 수 있다.

If only I **could be** with her. 그녀와 함께 있을 수만 있다면(좋을 텐데). → 가정법 과거의 if절
A child **could** solve the problem. 어린아이도 그 문제를 해결할 수 있을 것이다. → 가정법 과거의 주절
If I **had had** breakfast, I **would not be** hungry now. 아침을 먹었더라면 지금 배고프지 않을 텐데.
↘ 혼합 가정문

둘 'should + 원형동사'가 나오는 구문에서 should는 생략되는 경우가 훨씬 많아서 주로 원형동사만
문장에 나타난다. 하지만 같은 동사라도 의미가 다르면 원형이 쓰이지 않는다.

The doctor **suggested** that he **take** a walk every day. 의사는 그가 매일 산책을 할 것을 권했다. → 권유
His words **suggest** that he **is hiding** something. 그의 말은 그가 뭔가를 숨기고 있다는 것을 암시한다.
↘ 암시

시험엔 이렇게 나와요

가정법 과거와 과거완료의 정확한 형식을 묻는 문제는 언제나 출제된다. 기본 형식을 정확히 기억하고
문장 내용에서 시제를 판단하면 쉽게 답을 찾을 수 있다.

If the birthday cake had been delivered on time, Sally's mother ______________
not have made a new one in such a hurry.

(a) must   (b) could   (c) would   (d) should

번역 생일 케이크가 제시간에 배달되었더라면 샐리의 어머니는 그렇게 급하게 케이크를 새로 만들지 않았
어도 되었을 것이다.

해설 if절에 had been이 나왔으므로 가정법 과거완료 문장임을 알 수 있다. 따라서 주절에는 'would/
could + have p.p.'가 와야 한다. 문장에 이미 have made가 나와 있으므로 의미에 맞는 (c)
would가 정답이다.

감각 익히기 ❷

괄호 안의 단어를 빈칸에 알맞게 고치시오.

1 If I were you, I (enjoy) __________ school days more.

2 If I could speak Italian, I (spend) ____________ next year studying in Italy.

3 If I had known she was in the hospital, I (send) ___________ her some flowers.

4 If the weather is not good tomorrow, the picnic (cancel) ___________.

5 If you had studied harder in college, you (have) __________ a job now.

6 If only I (listen) ___________ to my mom!

7 What if I (lose) my way back home then?

3 기타 가정법

A if 생략구문

가정법 문장에서 if가 생략되면 주어와 동사의 어순이 도치되는데, 이 때 동사는 be, had, should에 한한다.

If I were in your shoes, I would get married to Sally. 내가 너의 입장이라면 샐리와 결혼하겠다.
→ **Were I** in your shoes, …
If he had been busier, he could not have met her. 그가 조금만 더 바빴더라면 그녀를 만날 수 없었을 것이다.
→ **Had he been** busier, …
If it should rain, the concert would be delayed. 혹시라도 비가 온다면 연주회는 연기될 것이다.
→ **Should it** rain, …

B I wish 가정법: 현재나 과거의 이루어질 수 없는 소망

I wish I had a nice car. 멋진 차 한 대 있으면 좋겠다. → 지금 차가 없음
I wish I had bought the car. 그 차를 샀더라면 좋았을 텐데. → 그 차를 사지 않았음

C as if 가정법: 사실이 아닌 것을 사실인 것처럼

He talks **as if** he **didn't know** about it at all. 그는 마치 그것에 대해 전혀 모르는 것처럼 말한다. → 사실은 알고 있음
He talks **as if** he **had seen** Julia Roberts. 그는 마치 줄리아 로버츠를 보았던 것처럼 말한다. → 사실은 본 적 없음

D It's (high/about) time + 과거시제 / would rather + 과거시제

It **is time** you **went** to bed. 이제 잘 시간이다. *cf.* It is time to go to bed.
You always use my computer without asking me, and I **would rather** you **didn't**.
넌 항상 나에게 물어보지 않고 내 컴퓨터를 사용하는데, 그러지 않았으면 좋겠어.

E If 대용구문: Without / But for / If it were not for / If it had not been for = ~가 없다면, 없었더라면

<u>**Without**</u> the wand, Harry could not cast a spell. 지팡이가 없다면 해리는 주문을 걸 수 없을 것이다.
= **If it were not for...**
<u>**Without**</u> your help, I could not have passed the exam. 너의 도움이 없었더라면 나는 시험에 합격하지 못했을 거야.
= **If it had not been for...**

F Otherwise: 앞 문장을 if 가정법으로 바꾼 의미

Mark **ran**; <u>**otherwise**</u>, he **would have missed** the train. 마크는 달렸다. 그러지 않았으면 기차를 놓쳤을 것이다.
= **If Mark had not run,...**

✔ Teacher's Advice

하나
직설법 조건절과 가정법의 의미 차이를 분명히 이해해야 한다. 우리말에는 가정법이 없으므로 어떤 의미를 가정법으로 표현할 것인지에 대한 연습이 필요하다.

If I **have** enough time, I **will visit** my grandma. 나는 시간이 나면 할머니를 방문하겠어. → 직설법

If I **had** enough time, I **would visit** my grandma. 나는 시간이 있다면 할머니를 방문하겠는데.
↘ 가정법: 시간이 없어서 할머니를 방문할 수 없다는 의미

둘
wish는 가정법을 목적어로 가진다. 즉, '실제로는 그렇지 않다'는 것을 의미하므로 조심해서 사용해야 한다. 일반적인 소망을 나타낼 때는 hope를 사용한다.

I **hope** you **are** happy. 네가 행복하길 바란다. → 직설법

I **wish** you **were** happy. 네가 행복했으면 좋겠다. → 가정법: 지금은 불행하다는 의미

시험엔 이렇게 나와요

전형적인 가정법 문장 이외에 if절을 대신하는 어구들 중 otherwise가 자주 출제된다.

A: Did John listen to you and turn the music down last night?
B: Of course. Otherwise, the neighbors probably ____________ the police.

(a) may have called   (b) must have called
(c) would have called   (d) should have called

번역
A: 어젯밤에 존이 네 말을 듣고 음악 소리를 줄였니?
B: 물론이지. 그러지 않았더라면 이웃들이 아마 경찰을 불렀을걸.

해설
otherwise는 앞 문장의 의미를 가정법의 if절 대신에 나타내 주는 역할을 한다. B에서는 If John had not listened to me and turned...의 의미로 가정법 과거완료 문장이 된다. 따라서 주절에는 가정법 조동사 'would + have p.p.'가 와야 하므로 (c)가 정답이다.

감각 익히기 ❸

*빈칸에 알맞은 어구를 넣으시오.

1   ________ I known it, I would have told you.

2   He is an adult, but his mother talks to him as if he ________ a child.

3   ________ anyone call, please take a message.

4   It was quite an exciting party. I wish you ________ with us.

5   I met Cindy first today, yet she acts as if she ________ me for a long time.

6   Do you really have to drink tonight? I'd rather you ________.

7   ________ the strong support of the people, you could not be elected president.

1 조동사 should에 주의하라.

should는 여러 구문에서 다양한 의미로 사용되므로 시험에 출제될 확률도 그만큼 높다.

- 현재(should + 동사원형): ~하는 것이 좋다.
- 과거(should + have p.p.): ~했어야 했는데 하지 않았다. → 후회, 비난 등의 의미
- (should +) 동사원형:
  ❶ 요구 · 주장 · 명령 · 제안 동사 (suggest, order, require, insist, etc.) 다음의 that절에
  ❷ 판단 · 감정의 형용사 (necessary, important, natural, desirable, strange, etc.) 다음의 that절에

2 조동사가 있는 문장의 과거시제는 '조동사 + have p.p.'이다.

조동사 자체에는 시제가 따로 없다. 따라서 문장의 내용이 과거라고 하여 조동사 자체를 건드리면 안 된다.

He has three BMWs. He **must be** rich. 그는 BMW를 세 대나 가지고 있다. 그는 부자임에 틀림없다.

He always tells us about his young days. According to him, he **must have been** rich.

그는 우리에게 젊은 시절에 대한 이야기를 항상 한다. 그의 이야기에 따르면 그는 분명히 부자였던 것 같다.

I **can** do it. 나는 할 수 있다. / I **could** do it. 나는 할 수 있었다.

↳ 유일하게 과거형으로 과거를 나타내는 조동사는 '능력'의 의미를 나타내는 can이다.

3 조동사의 부정형을 기억하라.

조동사에서 부정어의 위치에 대한 문제는 자주 출제된다. 특히, 두 단어가 하나의 조동사 역할을 하는 경우에 유의해야 한다.

must **not** / **don't** have to / had better **not** / would rather **not** / need **not** / dare **not**

4 혼합 가정법 문장은 친절하다.

가정법 과거와 과거완료가 함께 나오는 문장에서는 대부분 시제를 나타내는 부사구가 제시된다. If절과 주절의 시제를 따로 확인하는 습관을 붙이는 것이 좋다.

If I **had studied** English harder **in high school**, I **would not have** trouble speaking it

now. 내가 만일 고등학교 때 영어 공부를 열심히 했더라면 지금 영어 말하기 때문에 고생하진 않을텐데.

5 If가 생략된 도치구문을 빨리 인식하라.

의문문이 아닌 문장의 주어와 동사가 도치되어 있다면 가정법 문장에서 if가 생략된 경우가 대부분이므로 이 구문에 익숙해질 필요가 있다.

Should you meet a burglar on your way home, … 집에 가다가 강도를 만나면 …

Were it not for air and water, … 공기와 물이 없다면 …

Had he been there, … 그가 거기에 있었더라면 …

Practice Test ❶

_ Part I **Questions 1~5** Choose the best answer for the blank.

1 A: How was the rock concert last night?
   B: You __________ have seen it. It was pretty intense.

   (a) must
   (b) could
   (c) would
   (d) should

2 A: You __________ not have lied to him.
   B: But it was just a little white lie.

   (a) must
   (b) could
   (c) would
   (d) should

3 A: Ouch! I cut my finger with the knife.
   B: You __________ take care of it soon, or it will get infected.

   (a) may
   (b) can
   (c) used to
   (d) ought to

4 A: Are you going to see Mark tomorrow? I'd like to talk to him.
   B: I don't think so, but if I __________ see him, I'll tell him to call you.

   (a) will
   (b) could
   (c) would
   (d) should

5 A: We should have thrown out the garbage sooner.
   B: I know. Had we done so the house __________ not smell so bad.

   (a) did
   (b) could
   (c) would
   (d) should

6 Studies suggest that people who ___________ watch a lot of television as children have poorer learning abilities as adults.

(a) could
(b) might
(c) should
(d) used to

7 After the boss's harsh feedback, Harry felt he ____________ have put more effort into the project.

(a) must
(b) could
(c) would
(d) should

8 ___________ anyone happen to learn your credit card number, your account could be used for unlawful purchases.

(a) Does
(b) Were
(c) Would
(d) Should

9 If lawyers had not been so consumed with greed, the court case ___________ not have cost the defendant so much money.

(a) will
(b) could
(c) would
(d) should

10 Local residents say it is highly desirable that they ___________ given the opportunity to voice their opinions on the issue.

(a) be
(b) are
(c) were
(d) have been

Practice Test ❷

1   A: I have not eaten anything since yesterday.
B: I bet you __________ be starving, then.

(a) can
(b) must
(c) could
(d) need to

2   A: My back hurts so much.
B: You __________ have carried those heavy boxes upstairs this morning.

(a) cannot
(b) must not
(c) would not
(d) should not

3   A: Congratulations. That was an excellent speech.
B: Thanks, but I wish __________ better prepared.

(a) I did
(b) I'd been
(c) I must've been
(d) I should've been

4   A: How did you like the concert last night?
B: It was good, but I __________ have rather gone to the party instead.

(a) may
(b) could
(c) would
(d) should

5   Most respondents in the survey said they __________ have a car than live without a computer.

(a) had better not
(b) had not better
(c) would rather not
(d) would not rather

6 The criminal's counterfeit bills were so detailed that even experts ______________ not identify them as fakes.

(a) shall
(b) must
(c) could
(d) should

7 Everyone thought Stella was a doctor because she acted as if she ____________ from medical school.

(a) graduates
(b) graduated
(c) has graduated
(d) had graduated

8 If everyone __________ donate even a small amount, global poverty could be eliminated.

(a) may
(b) will
(c) would
(d) were to

Part III Identify the option that contains an awkward expression or an error in grammar.

9 (a) A: I hear taxes are going to increase soon. Can you believe it?
(b) B: Again? We should all get a pay raise whenever they raise taxes.
(c) A: You can say that again! Pretty soon we'll have nothing left for ourselves.
(d) B: I wish I have enough money to live without worrying about taxes.

Part IV Identify the option that contains an awkward expression or an error in grammar.

10 (a) You should never spend all of the money that you earn. (b) It is better to save some so you have something to use in an emergency. (c) For example, you will suddenly be fired from your job. (d) At that time, you will be grateful to have an emergency reserve.

Unit 4 준동사*

동사이면서 문장에서 다른 역할을 하는 준동사

- 준동사란 원래 동사이지만 주절 동사로 쓰이지 않고 다른 역할을 하는 분사, 부정사, 동명사를 가리킨다.
- 동명사와 to부정사의 명사적 용법의 차이를 인식하고 **동명사의 관용어구를 암기하는 것**이 기본이다.
- 분사는 준동사 중에서 가장 많이 출제되는데, 능동과 수동의 개념만 따질 수 있으면 대부분의 문제는 쉽게 답을 찾을 수 있다.
- 분사구문은 현재분사(V-ing)형으로 문장을 단순화시킨 형태인데, 가장 중요한 것은 분사구문의 주어는 주절 주어와 항상 일치해야 한다는 점이다.

준동사의 동사적 특성

❶ 주어를 가진다.

- 주어가 명시되어 있지 않은 준동사의 의미상 주어는 주절의 주어와 같거나 일반인칭이다.

  We talked about **going** to the party. 우리는 파티에 가는 것에 대해 이야기했다.

  ↳ going의 주어는 we

  We wanted **to go** to the party. 우리는 파티에 가고 싶었다.

  ↳ to go의 주어는 we

- 준동사의 의미상 주어 표기

  Jennie complained about **us/our coming** to the meeting late. 제니는 우리가 모임에 늦은 것에 대해 불평했다.

  ↳ 동명사의 의미상의 주어: 소유격 또는 목적격

  It is easy **for young kids to learn** a foreign language. 어린 아이들이 외국어를 배우는 것은 쉽다.

  ↳ to부정사의 의미상의 주어: for 명사

  It was rude **of you to say** so in front of him. 그의 앞에서 그런 말을 하다니 네가 무례했다.

  ↳ to부정사의 의미상의 주어: of 명사 – "You are rude."가 가능할 때 of를 사용

❷ 의미상 시제가 있다.

- 기본형 준동사로 된 어구는 주절의 시제와 같다.

  We talked about **going** to the party. 우리는 파티에 가는 것에 대해 이야기했다. → going의 시제는 과거

  We wanted **to go** to the party. 우리는 파티에 가고 싶었다. → to go의 시제는 과거

- 준동사의 시제 표시: 준동사가 나타내는 동작이 주절 동사보다 먼저 일어났음을 표현할 때는 having p.p. 또는 to have p.p.를 사용한다.

  The snow **seems to have stopped** last night. 어젯밤에 눈이 그쳤나 보다. → stop이 seem보다 이전의 일

  Having met before, we don't have to **introduce** each other.

  우리는 전에 만난 적이 있어서 서로 소개하지 않아도 된다. → meet이 introduce보다 이전

1 명사적으로 사용되는 준동사: to부정사와 동명사

A 명사 자리(주어, 목적어)에 올 수 있는 형태의 특징 비교

	명사	동명사	to부정사	that절
주어 자리	○	○	× (드물게 ○)	○ (많이 쓰이지 않음, 주로 가주어로 대체)
전치사 다음	○	○	×	×
동사의 목적어	○	○	○	○
관사 사용 / 단 · 복수 구분	○	×	×	×

B to부정사와 동명사의 의미: 미래와 과거

목적어로 to부정사를 쓰느냐, 동명사를 쓰느냐에 따라 의미 차이가 나는 동사: remember, forget, regret, try

My mother always **forgets to lock** the door of the car. 어머니는 차 문을 잠그는 것을 늘 잊어버린다. → 앞으로 할 것
I still **remember meeting** my wife at the party. 나는 파티에서 아내를 만났던 것을 아직 기억하고 있다. → 이미 한 것
I **regret to tell** you that you are not qualified for the job. 유감스럽게도 귀하는 이 자리의 자격이 되지 않습니다.
↘ 말하게 된 것에 대해 유감
I **regret telling** him a lie. 나는 그에게 거짓말을 했던 것을 후회하고 있다. → 과거에 이미 거짓말 했음
I'm **sorry to bother** you. 귀찮게 해드려서 죄송합니다. → 부탁을 하기 위해 말을 걸 때
I'm **sorry for bothering** you. 귀찮게 해드린 것 죄송합니다. → 질문 · 부탁을 끝내고 갈 때
I'm **trying to open** the door. 나는 문을 열려고 애쓰고 있다. → 아직 문을 열지 못했음
I **tried opening** the door. 나는 (시험삼아) 문을 한번 열어 보았다. → 문을 열었음

C to부정사/V-ing를 모두 목적어로 쓰는 동사

목적어로 무엇을 쓰든 의미 차이가 별로 없는 동사: begin, admire, continue, hate, like, love, prefer, start

It **began to rain[raining]**. 비가 오기 시작했다.
John **prefers staying[to stay]** at home. 존은 집에 있는 것을 더 좋아한다.

D to부정사를 목적어로 쓰는 동사

주로 미래의 일이 목적어로 나오는 경우가 많다.: afford, agree, ask, decide, demand, deserve, expect, hesitate, hope, learn, need, offer, plan, pretend, promise, refuse, wait, want

Jake **promised** not **to tell** a lie again. 제이크는 다시는 거짓말 하지 않기로 약속했다.
Jake **refused to accept** the offer. 제이크는 그 제의를 받아들이기를 거부했다.

E 동명사를 목적어로 쓰는 동사

이 유형의 동사는 주로 '과거'나 '지속'의 의미 등을 함의한다.

> enjoy / quit / give up / avoid / consider / appreciate / finish / postpone / discuss / mind /
> stop / delay / mention / suggest

I **enjoy taking** a walk with my daughter every evening. 나는 저녁마다 딸과 산책을 즐긴다.

I **am considering quitting smoking** this year. 나는 올해 담배를 끊어볼까 생각 중이다.

stop 다음에 나오는 to부정사는 목적어가 아니다.
When I entered the room, they **stopped talking**.

내가 방에 들어갔을 때 그들은 이야기를 (하다가) 멈추었다. → stop은 '~을 멈추다'라는 타동사

When I met the teacher on the street, I **stopped to talk** to her.

나는 길에서 선생님을 만났을 때 선생님에게 이야기를 하기 위해 걸음을 멈추었다. → stop은 자동사

F 동명사 관용어구

have fun[a good time] V-ing ~하면서 즐겁게 지내다 have trouble[difficulty/a hard time/ a difficult time] V-ing ~하는 데 어려움을 겪다 spend[waste] time[money] V-ing ~하는 데 시간/돈을 쓰다/낭비하다 be busy V-ing ~하느라 바쁘다 be worth V-ing ~할 가치가 있다	go V-ing ~하러 가다 on V-ing ~하자마자 It goes without saying 말할 필요도 없다 There's no point in V-ing ~할 이유가 없다 cannot help V-ing ~할 수밖에 없다 It's no use V-ing ~해야 소용없다 There is no V-ing ~은 불가능하다

We **could not help accepting** his proposal. 우리는 그의 제안을 받아들일 수밖에 없었다.

On hearing the news, she burst into tears. 그 소식을 듣자마자 그녀는 울음을 터뜨렸다.

to 다음에 동명사가 오는 구문

object to V-ing ~하는 것에 반대하다 be used[accustomed] to V-ing ~하는 데 익숙하다 be devoted to V-ing ~하는 데 헌신[전념]하다 look forward to V-ing ~하기를 기대하다	with a view to V-ing ~할 목적으로 What do you say to V-ing ~하는 게 어때? when it comes to V-ing ~에 관해서는 resort to V-ing ~에 의존하다

G It ... to (가주어-진주어) 구문에 잘 쓰이는 형용사와 명사

> 형용사: bad / dangerous / difficult / easy / fun / hard / important / impossible / interesting /
> necessary / relaxing
> 명 사: a good idea / a bad idea / a pity / a shame / a waste

It is not **easy to remember** all the pronunciation rules. 모든 발음 규칙을 다 기억하는 것은 쉽지 않다.

It is not **a good idea to invest** all your money in stock. 가진 돈 전부를 증권에 투자하는 것은 좋은 생각이 아니다.

✔ Teacher's Advice

to부정사와 동명사의 과거·미래 구분은 실제의 시제가 아니다. 여기서의 과거·미래 구분은 그 동사를 기준으로 결정하는 것이다.

He didn't **forget to give** me the money back. 그는 내게 그 돈을 돌려주는 것을 잊지 않았다.

╰ 그가 돈을 돌려주었으므로 과거라고 생각하여 giving을 쓰면 안 된다. '돈을 돌려주어야 한다는 것을 잊지 않았다'는 뜻이므로 forget이라는 본동사를 기준으로 보면 돈을 돌려주는 것이 미래이기 때문에 to부정사를 쓰는 것이다.

cf. He **forgot giving** me the money back. 그는 내게 돈을 돌려주었다는 것을 잊어버렸다.

╰ 돈을 돌려준 것은 forget 전에 일어난 일

시험엔 이렇게 나와요

문장의 빈칸에 동명사와 to부정사 중에서 무엇을 써야 하는지 선택하는 문제는 항상 출제된다. 주어 자리에는 동명사가, 보어 자리에는 to부정사가 온다고 기억해 두는 것이 좋다.

1. Some say _________ romantic movies together can help couples feel closer.

   (a) watch   (b) to watch   (c) watching   (d) having watched

번역 어떤 사람들은 로맨스 영화를 함께 보는 것이 커플들로 하여금 서로를 더 가깝게 느낄 수 있도록 해 준다고 말한다.

해설 동사 say의 목적절에서 주어 자리에 들어갈 동사 형태를 묻고 있다. 주어 자리에 들어가는 동사 형태는 동명사이므로 (c) watching이 정답이다. 주어로는 완료형 동명사가 오지 않음에 유의해야 한다.

2. The purpose of this study is _____________ influence creativity has on design creation.

   (a) how to examine   (b) to examine how much
   (c) how much to examine   (d) examining how much to

번역 이 연구의 목적은 창의력이 디자인 창조에 얼마나 많은 영향을 주는가를 조사하는 것이다.

해설 be동사의 보어 자리에 올 수 있는 형태를 아는 것과 함께 뒤의 명사와 연결이 자연스럽게 될 수 있는 어구를 찾아야 하는 문제이다. 보어 자리에는 to부정사 또는 '의문사+부정사'가 올 수 있으나, 뒤의 의문사절이 동사 examine의 목적어가 될 수 있어야 하므로 how much가 influence를 수식하는 것이 자연스럽다. 따라서 (b) to examine how much가 정답이다.

감각 익히기 ❶

괄호 안의 단어를 빈칸에 알맞게 고치시오.

1 In order to pass the last exam, you should have considered (study) ___________ the lecture notes.

2 My teacher appreciated (get) __________ a kitten for her birthday.

3 It is impossible (get) ________ a cheap apartment in a large city.

4 Mother Teresa devoted herself to (take) _________care of the destitute.

5 The teacher stopped (talk) ________ when he entered the classroom.

6 I'm sorry. I forgot (call) ________ you last night.

7 She refused (answer) _________ any more questions.

2 to부정사의 다른 용법들

A 형용사적으로 쓰이는 to부정사: 앞의 명사를 수식하는 to부정사

특징: 수식을 받는 명사가 to부정사 동사의 주어, 목적어, 전치사의 목적어 중 하나여야 한다.

I have a lot of things to do this week. 나는 이번 주에 할 일이 많다. → things는 동사 do의 목적어

Would you lend me a pen to write with? 펜 하나만 빌려 주시겠어요? → a pen은 전치사 with의 목적어

There is no chair to sit. (×) 앉을 의자가 없다. → sit 다음에 전치사 on이 필요(chair는 전치사 on의 목적어)
→ **There is no chair to sit on.** (○)

빈출 구문 점검

● the only[first/thing/man] + to부정사

She is the first woman to get the prize. 그녀는 그 상을 탄 첫 번째 여성이다.

● -thing/-body + to부정사

I have something to tell you. 나는 네게 할 말이 있어.

B be to: 상당히 formal한 문장에서 다양한 의미의 조동사로 사용된다.

The President is to(=be going to) visit China next week. 대통령은 다음 주에 중국을 방문할 것이다.

The construction is to(=should) be finished by the end of May. 그 공사는 5월 말까지 끝내야 한다.

He was nowhere to(=could) be found. 그는 어디에서도 발견되지 않았다.

If you are to(=intend) succeed, you must work harder. 당신이 성공하고자 한다면 더 열심히 일해야 합니다.

C 의문사 + to부정사: 명사구의 역할

I don't know **how to use** the machine. 나는 그 기계를 사용하는 방법을 모른다.

I don't know **what to do** now. 나는 무엇을 해야 할지(어떻게 해야 할지) 모르겠다.

We have to decide **when and where to meet**. 우리는 만날 장소와 시간을 결정해야 한다.

D 부사적으로 쓰이는 to부정사

형용사를 수식	He is tall **enough to** reach the shelf. 그는 천장에 손이 닿을 만큼 크다.
목적	He went abroad **(in order/so as) to** study. 그는 공부하러 해외에 갔다.
판단	He must be rich **to buy** such an expensive coat. 그렇게 비싼 코트를 사다니 그는 부자임에 틀림없다.
결과	He tried hard **only to fail**. 그는 열심히 노력했으나 실패하고 말았다.
감정의 원인	She was **happy[surprised/pleased] to hear** the news. 그녀는 그 소식을 듣고 행복했다[놀랐다/기뻤다].

 # to부정사 관용구문

not to speak of ~는 말할 것도 없이	be about to 막 ~하려 하다
strange to say 이상한 말이지만	be likely to ~할 것 같다
to make matters worse 설상가상으로	be scheduled to ~하기로 되어 있다
to tell the truth 사실대로 말하자면	can't afford to ~할 여유가 없다
to be frank 솔직히	know better than to ~할 만큼 어리석지 않다
be able to ~할 수 있다	too ~ to... 너무 ~해서 …할 수 없다

3 분사의 기본 이해: 현재분사와 과거분사

분사는 기본적으로 어떤 명사나 명사구를 수식 혹은 서술해주는 형용사의 역할을 한다. 이 때, V-ing 형태의 현재분사는 진행이나 능동의 의미를, -ed 형태의 과거분사는 완료나 수동의 의미를 갖는다. 그 분사가 수식하거나 서술하는 명사와의 관계를 생각하면 현재분사를 써야 하는지 과거분사를 써야 하는지를 쉽게 결정할 수 있다.

A 현재분사 *vs.* 과거분사

분사	자동사 (진행 *vs.* 완료)	타동사 (능동 *vs.* 수동)
현재분사	Do you see the **falling** snow? 내리는 눈이 보이니? ↳Snow is falling now.	I saw John **carrying** a big box. 나는 존이 큰 상자를 운반하는 것을 보았다. ↳John은 carry의 주어
과거분사	I had to clear the **fallen** snow all day. 나는 하루 종일 쌓인 눈을 치워야만 했다. ↳Snow has fallen.	They saw their house **destroyed** in the fire. 그들은 화재로 집이 파괴되는 것을 보았다. ↳house는 destroy의 목적어

B 분사의 위치

분사 하나만 쓰일 때는 형용사처럼 명사 앞에 오고, 분사에 다른 어구가 있는 경우 명사 뒤에 놓인다.

I tried to soothe the **crying** baby. 나는 울고 있는 아기를 달래려고 애썼다.

It's not so easy to cure a **broken** heart. 다친 마음을 치료하는 것은 그렇게 쉽지 않다.

There was a girl **crying** in front of my house. 내 집 앞에서 한 소녀가 울고 있었다.

The doctor cured my leg **broken** in the soccer game. 그 의사가 축구시합에서 부러진 내 다리를 치료했다.

C 보어로 사용되는 분사

The problem still remains **unsettled**. 그 문제는 여전히 해결되지 않은 상태로 남아 있다.
↳ the problem은 unsettle의 의미상 목적어

He was poor at speaking Russian, so he couldn't make himself fully **understood**.
그는 러시아어에 서툴러서 자신을 충분히 이해시킬 수 없었다.
↳ himself는 understand의 의미상 목적어

have something p.p. 구문이 많이 사용된다.

I had my arms **X-rayed**. 나는 팔의 엑스레이를 찍었다. → arms는 X-ray의 의미상 목적어

We had our photos **taken** in the park. 우리는 공원에서 사진을 찍었다. → photos는 take의 의미상 목적어

분사 파생 어휘

- the + 분사 = 분사 + people

  the disabled = diabled people 장애인들
  the dying = dying people 죽어가는 사람들
  the unemployed = unemployed people 실업자들

- 형용사를 수식하는 분사

  freezing cold   **boiling** hot

- 전치사

  considering ~을 고려하면   including ~을 포함하여
  concerning ~에 관하여   regarding ~에 관하여

- 기타

  breath-taking 깜짝 놀랄 만한   record-setting 기록적인

✓ Teacher's Advice

하나 우리말로는 똑같이 표현되는 어구도 영어에서는 정확한 구분이 필요한 경우가 있다.

I **cut** my hair. 나는 머리카락을 잘랐다. → 내가 직접 내 머리카락을 잘랐다는 의미

I **had** my hair **cut**. 나는 머리카락을 잘랐다. → 나는 내 머리카락이 잘려지게 했다, 즉 미용사가 내 머리카락을 잘랐다는 의미

둘 보어로 쓰이는 분사와 분사형 형용사는 구분이 되지 않으며 굳이 구분할 필요도 없어서 능동, 수동을 따져 현재분사와 과거분사형 중 하나를 선택하면 된다.

His explanation made me more **confused**. 그의 설명은 나를 더 혼란스럽게 했다.
↳ me는 confuse의 의미상 목적어

I am not **satisfied** with his explanation. 나는 그의 설명에 만족할 수 없다. → I는 satisfy의 의미상 목적어

시험엔 이렇게 나와요

분사의 형태를 선택하는 문제는 출제 빈도가 상당히 높다. 분사가 수식하는 명사와의 관계를 따져보기만 하면 쉽게 답을 찾을 수 있다.

The media exposed the crimes ___________ by dishonest traders on Wall Street.

(a) commit (b) to commit (c) committed (d) committing

번역 언론이 월스트리트에서 부정직한 거래자들에 의해 저질러진 범죄를 폭로했다.

해설 commit는 앞에 나오는 명사 crimes를 수식하는 분사 형태로 쓰여야 한다. commit는 타동사이고 crime은 목적어가 되므로 의미를 따져 보거나 뒤의 by 이하를 살펴보면 수동의 의미임을 알 수 있다. 따라서 수동의 의미를 나타내는 과거분사 (c) committed가 정답이다.

감각 익히기 ❷

*다음 문장에 알맞은 어구를 고르시오.

1 We should help children to become (educating / educated) consumers.

2 Did you meet anyone (interesting / interested) in the proposal?

3 Sally is (pleasing / pleased) to be with.

4 The police are still looking for the (stealing / stolen) money.

5 The box is made of (recycling / recycled) paper.

6 None of the people (inviting / invited) have come to the party.

7 A baby was lying (sleeping / slept) on the bed.

8 The class was so (boring / bored) and we were (boring / bored).

4 분사구문

분사구문이란 분사를 사용하여 접속사절을 단순하게 나타내는 문장 형식을 말한다. 분사구문에서 말하는 분사는 현재분사를 가리키며, 가장 중요한 점은, 주어가 명시되지 않은 분사구문의 주어는 항상 주절 주어와 일치해야 한다는 것이다.

A 분사구문 만들기

> 접속사 + 주어 + 동사 …, 주절 ➡ (접속사) + 동사-ing …, 주절

❶ 접속사를 생략했을 때 의미의 혼동이 있을 수 있는 경우(주로 시간 접속사 while/after/before)를 제외하고 생략한다.

❷ 주어가 주절 주어와 같을 때는 생략, 다를 때는 분사구문을 만들지 않거나 주어를 명시한다.
   ↳ 독립분사구문

❸ (부정문일 경우 부정어를 써주고) 맨 앞에 나오는 동사에 -ing를 붙인다. 이 경우 being/having been은 생략할 수 있다.

While I was watching the movie, I fell asleep.

→ **While watching** the movie, I fell asleep. 나는 영화를 보다가 잠이 들었다.
↳ I는 주어가 같아서 생략, 동사는 being이 된 다음 생략

B 주어가 생략된 일반적인 분사구문 (분사구문의 주어 = 주절 주어)

Before leaving the room, I turned off the light. 나는 방을 나가기 전에 불을 껐다.
↳ I 생략

Lacking the necessary experience, he was not qualified for the job.
그는 필요한 경력이 부족하여 그 자리에 자격이 되지 않았다. → Because he 생략

Turning to the left, you will see the post office. 좌회전하면 우체국이 보일 것입니다.
↳ if you 생략

Unable to solve the problem, I asked Jane for help. 나는 그 문제를 해결할 수가 없어서 제인에게 도움을 청했다.
↳ Because, I, being 생략

Having missed the final exam, Tom was given a failing grade. 기말고사를 보지 않아서 탐은 낙제점을 받았다.
↳ 내용상 주절보다 더 먼저 일어난 일이므로 분사구문에서 having p.p.가 됨(Because he had missed…)

C 분사구문의 주어가 앞 문장의 주어이거나 앞 문장 전체인 경우 (분사구문이 주절 뒤에 위치)

A cargo ship spilt oil into the sea, **killing** a lot of creatures.
화물선 한 척이 바다에 기름을 유출하여 많은 생물들이 죽었다.

The war destroyed everything in the city, **leaving** us without the necessities of life.
그 전쟁이 도시의 모든 것을 파괴해서 우리에게는 생활 필수품도 남지 않았다.

D 분사구문의 주어를 명시하는 경우(주절 주어와 다를 때):비인칭 주어 it, there가 주어일 때 주로 나타난다.

It being a holiday, the amusement park was crowded with people. 휴일이라 놀이공원은 사람들로 붐볐다.
↳As it was에서 접속사 As만 생략됨

Nobody having any more to say, the meeting was ended. 아무도 더 이상 할 말이 없어서 그 회의는 끝났다.

E 분사구문의 주어가 주절 주어와 같지 않은 관용어구

Judging from ~로 판단하면
Considering everything / Taking everything into account 모든 것을 고려하면
Generally speaking 일반적으로 말하자면
Strictly speaking 엄밀히 말하자면

Considering everything, it was quite a wonderful trip. 모든 걸 고려해 볼 때 꽤 괜찮은 여행이었다.

✔ Teacher's Advice

분사구문에서 being/having been은 뒤에 오는 어구가 너무 짧을 때는 생략되지 않는다.

Born and raised in a large city, he is always attracted by country life.
대도시에서 나고 자라서 그는 늘 시골 생활에 끌린다. → having been 생략

Being the only daughter, Sally is treated like a princess by her brothers.
외동딸이라서 샐리는 오빠들에게 공주 대접을 받는다. → 명사구만 있어서 being을 생략하지 않음

시험엔 이렇게 나와요

분사구문에서 가장 중요한 것은, 주어가 명시되지 않은 분사구문의 주어와 주절 주어가 일치해야 한다는 점이다. 이 때 주어가 다르다면 그 주어를 명시해 주어야 한다.

1. _____________ the last bus of the evening, Alex waited by the curb for a taxi.

    (a) Missed   (b) To miss   (c) Missing   (d) Being missed

번역   알렉스는 마지막 버스를 놓쳐서 길 모퉁이에서 택시를 기다렸다.

해설   뒤에 주절이 나와 있고 접속사가 없으므로 분사구문이 나온다는 사실을 확인할 수 있다. 다음으로 주절 주어인 Alex와 분사구문의 동사 miss의 관계를 살펴보면 주어, 동사가 됨을 알 수 있다. 따라서 (c) Missing이 정답이다.

2. _____________ sunny today, we decided to play the game outdoors.

    (a) It is   (b) It being   (c) Being it is   (d) There being

번역   오늘 날씨가 너무 좋아서 우리는 실외에서 경기를 하기로 결정했다.

해설   주절 주어와 다른 주어를 가진 분사구문에 관한 문제이다. 분사구문의 주어는 주절 주어 we가 아닌 비인칭 주어 it이므로 분사 앞에 명시해 주어야 한다. 정답은 (b) It being이다.

감각 익히기 ❸

*** 다음 문장에 알맞은 어구를 고르시오.**

1.   (They found / Having found) a nice motel to stay in, they proceeded to the beach.

2.   (Suspecting / Suspected) as a burglar, he was called to the police.

3.   (Hoping / Hoped) to find a new job, he left for Seoul.

4.   With new technology (having developed / being developed) all the time, nothing can be regarded as truly perfect.

5.   (Choosing / Chosen) his words carefully, Mr. Brown criticized the policies of his own party.

6.   (Judging / Judged) from his behavior, he must be insane.

7.   Jennie was listening to music with her eyes (closing / closed).

1 동명사와 부정사의 차이에 주목하라.

부정사는 일시적 또는 미래의 의미를 가지고, 동명사는 지속적 또는 과거의 의미를 가진다.

forget/remember + ing (과거): 이미 한 것
+ to부정사 (미래): 아직 하지 않은 것

Don't **forget to lock** the door when you leave the room. 방을 나갈 때는 문 잠그는 것을 잊지 말아라.

I cannot **forget seeing** the beautiful scenery of Mt. Baekdu last year.

나는 백두산의 아름다운 경치를 보았던 것을 잊을 수 없다.

2 준동사 관용어구는 외우는 수밖에 없다.

동명사 관용어구 문제에서는 동명사뿐 아니라 전치사를 묻는 문제도 출제되므로 늘 많이 읽어서 자연스럽게 몸에 배게 해야 한다.

- **동명사 관용어구**: be worth –ing / go –ing / feel like –ing / have trouble –ing / no use –ing
- **분사 관용어구**: strictly speaking / speaking of… / all things considered

3 동명사를 목적어로 쓰는 동사를 기억하라.

목적어 자리에 동명사를 쓰는 동사는 단골 출제 문제이므로 반드시 외워두어야 한다.

- **빈출 동사**: enjoy / finish / consider / suggest
- **동사 need는 to부정사를 취하지만, V-ing가 오면 수동의 의미가 된다.**
  (need V-ing = need to be p.p.)

My room **needs cleaning**. = My room **needs to be cleaned**. 내 방은 청소를 해야 한다.

4 분사의 형태는 수식받는 명사와의 관계를 따져 결정하라.

I left a message on John's door last night **asking** to borrow his dictionary.

나는 어젯밤 존의 현관문에 사전을 빌려달라는 메시지를 남겼다. → ask의 주어는 a message

This morning I found my bag stolen. 오늘 아침 나는 가방을 도둑맞은 것을 알았다. → bag은 steal의 목적어

5 주어가 명시되지 않은 분사구문의 주어는 주절 주어와 같아야 한다.

우리말로 해석이 자연스럽게 되지만 잘못된 분사구문이 많으므로 주어는 항상 확인해 주어야 한다.

While crossing the street, a truck almost hit me. (×)
↳ cross의 주어는 I, hit의 주어는 a truck → 잘못된 분사구문

- **주어가 다를 때는 명시한다**: There/It이 주로 나타나는 경우 – There being / It being
- **예외를 기억하라(관용어구)**: Considering… / Judging from…

Practice Test 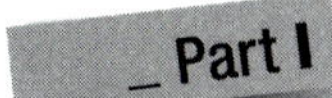

▶ 정답 및 해설 p.9

_Part I   **Questions 1~5** Choose the best answer for the blank.

1   A: Why didn't you go on the picnic as planned?
      B: Because it looked likely ___________ that day.

   (a) storm
   (b) stormed
   (c) to storm
   (d) storming

2   A: What happened? Why did you scream just now?
      B: I thought I felt something ___________ up my leg.

   (a) crawled
   (b) to crawl
   (c) crawling
   (d) having crawled

3   A: What's wrong? You seem quite annoyed.
      B: I forgot ___________ my door again!

   (a) locked
   (b) to lock
   (c) locking
   (d) having locked

4   A: Excuse me. Where can I mail a postcard?
      B: There is a post office on the corner, ___________ behind the bank.

   (a) to sit
   (b) sitting
   (c) seated
   (d) having sat

5   A: You can sit in my seat, if you'd like.
      B: That's ___________. Thank you.

   (a) kind for you
   (b) very kind of you
   (c) a kind of offering
   (d) a very kind offering of you

6 ___________ a suit and tie everyday is not something most teachers in America are used to.

(a) Worn
(b) To wear
(c) Wearing
(d) Having worn

7 ___________ through the car engine, the oil lubricates the parts and keeps them from being damaged.

(a) Ran
(b) To run
(c) Running
(d) Having run

8 Many people regret not ___________ to the advice of their teachers during their schooldays.

(a) listen
(b) listened
(c) to listen
(d) listening

9 Weather forecasters say the fog will remain a problem until Wednesday, ___________ it a whole month since residents last saw sunshine.

(a) make
(b) made
(c) making
(d) to make

10 This job allows a person to make a significant contribution in a rapidly ___________ industry.

(a) evolved
(b) evolving
(c) to evolve
(d) having evolved

Practice Test ❷

  Questions 1~4 Choose the best answer for the blank.

1 A: I'm surprised Jim decided to pursue a PhD.
   B: Well, that's what he has to do if he is ___________ a recognized scholar.

   (a) became
   (b) becoming
   (c) to become
   (d) having become

2 A: I like studying at the library. It's so quiet and peaceful.
   B: Me, too. Studying at home, as ___________ as it is, does not allow me to get much done.
   (a) distracted
   (b) distracting
   (c) to distract
   (d) being distracted

3 A: I don't know how Frank can enjoy being a geography major so much. It's so dull.
   B: ___________ probably makes it easier to study the subject.
   (a) He liking geography
   (b) Liking geography he
   (c) His liking of geography
   (d) Due to his liking of geography

4 A: How did Charles look after winning the tennis match?
   B: ___________ , basking in the glory of his first place trophy.
   (a) Smiled with victory
   (b) Victoriously smiling
   (c) Smiling victoriously
   (d) He smiled victoriously

  Questions 5~8 Choose the best answer for the blank.

5 ___________ slender and agile cats, cougars can jump incredibly high, up to six meters.

   (a) Be
   (b) To be
   (c) Being
   (d) Having been

6 The CEO is reported ____________ in Dubai two days before his involvement in the car crash.

(a) arriving
(b) to arrive
(c) having arrived
(d) to have arrived

7 ____________ , his brother knocked on the bathroom door.

(a) Brushing Dave's teeth
(b) He was brushing his teeth
(c) While Dave brushed his teeth
(d) While his teeth were brushing

8 The project can potentially make a significant contribution ____________ teaching and learning activity in higher education.

(a) to enhancing
(b) of enhancing
(c) to enhancing of
(d) of enhancing of

Part III Identify the option that contains an awkward expression or an error in grammar.

9 (a) A: Do you think it's possible to fix a difficult marriage?
(b) B: Yes. I believe no relationship is ever truly hopeless.
(c) A: But what do you do to keep from getting a divorce?
(d) B: Well, the key to stay together is learning to empathize.

Part IV Identify the option that contains an awkward expression or an error in grammar.

10 (a) One of the best books I have ever read is a novel that was originally written in Spanish.
(b) It is called *One Hundred Years of Solitude* and was authored by Gabriel García Márquez.
(c) Briefly, it's the story of the fictional town of Macondo as seeing through the eyes of many generations of the Buendia family. (d) It recounts the changes that the town goes through as it grows and the years roll by.

Unit 5 접속사와 관계사 *

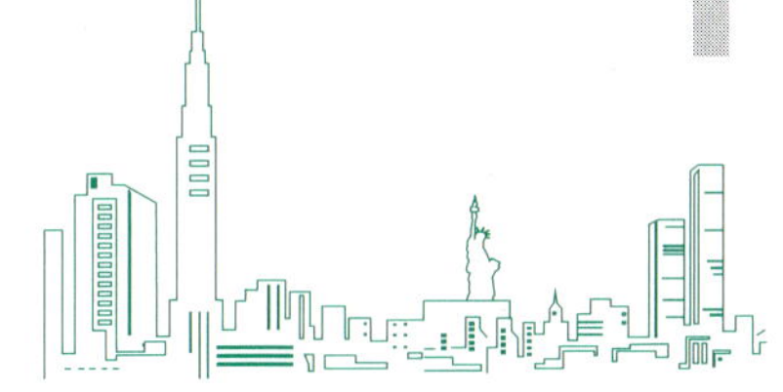

문장과 문장을 연결해 주는 접속사와 관계사

- 접속사(Conjunction)는 문장과 문장을 연결하여 하나의 문장을 만드는 역할을 한다. 접속사를 묻는 문제에서는 문장의 의미를 파악해야 적절한 접속사를 선택할 수 있으므로 접속사의 정확한 의미와 쓰임을 알아두는 것이 중요하다.
- 관계사(Relatives)는 문장 안에 있는 명사를 수식해 주는 형용사절을 이끄는 역할을 한다. 이 때 수식받는 명사를 선행사라고 하며, 이 선행사의 종류와 관계사절의 문장 구조만 확인하면 쉽게 알맞은 관계사를 찾을 수 있다. 선행사가 없는 관계사의 쓰임에도 유의해야 한다.

대등한 문장이나 어구를 연결하는 대등[등위]접속사와 상관접속사

종류	접속사	특기사항
대등접속사	and / but / or / nor / yet / for / so	병렬구조
상관접속사	both A and B / not only A but also B / either A or B / neither A nor B	

부사절을 이끄는 종속접속사

의미	접속사 및 대용 어구	기억해 둘 의미
시간	after / before / when / while / as / as soon as / since / until / by the time / once / whenever / every time / the first time (that) / the next time (that)	since: 과거로부터 지금까지 쭉 every time / whenever: ~할 때마다
이유	because / now that / since	now that: 지금 ~하니까 (=because now)
대조	though / even though / although	~라는 사실에도 불구하고
직접 대조	while / whereas	반면에
조건	if / unless / only if / whether or not / even if / in case / provided / providing	unless: ~하지 않으면 whether or not: ~이든 아니든

절	종류	관계사	선행사	의미
형용사절	관계대명사	who which that	사람 사물, 동물 모두 다 가능	
	관계부사	when where how why	시간 장소 the way 방법 the reason 이유	
명사절	관계대명사	what	없음	~하는 것
	복합관계대명사	whoever whatever / whichever	없음	~하는 사람은 누구나 ~하는 것은 무엇이든 / ~하는 것은 어느 것이든

1 등위접속사와 종속접속사

A 대등한 두 문장·어구를 연결하는 접속사: so(문장만 연결) / for / and / but / or
상관접속사: both A and B / not only A but also B / either A or B / neither A nor B

I got up late this morning, **so** I missed the school bus. 나는 아침에 늦잠을 자서 스쿨버스를 놓쳤다. → 결과

He was very tired, **but** he couldn't fall asleep easily. 그는 대단히 피곤했지만 쉽게 잠들 수 없었다. → 반대

The child hid behind his mother, **for** he was afraid of strangers. 그 아이는 낯선 이들이 무서워서 엄마 뒤로 숨었다.
↳이유

She is waving her hand **and** (is) shouting at us. 그녀는 손을 흔들며 우리에게 고함치고 있다. → 동사 연결

I have met **both** his father **and** his mother. 나는 그의 아버지와 어머니 두 분 다 만난 적이 있다. → 명사 연결

접속부사에 주의: however, moreover, therefore는 접속사가 아니므로 문장을 연결할 수 없다.

He was very tired. **However**, he couldn't fall asleep easily.

병렬구조에 주의: 대등접속사나 상관접속사 전후에는 반드시 같은 형태의 어구가 와야 하는데 이를 병렬구조(Parallel structure)라고 한다. → 병렬구조에 관해서는 Unit 8 참조

B 부사절(종속절)을 이끄는 종속접속사

○ 시간: after / before / when / while / as / as soon as / since / until / by the time / once / whenever /
every time / the first time (that) / the next time (that)

I will wait **until** you finish your work. 나는 네가 일을 끝낼 때까지 기다리겠어.
↳시간부사절에서는 현재시제로 미래의 일을 나타낸다는 것에 유의하자.

◎ 이유: because / now that / since

Because he was sleepy, he went to bed. 그는 너무 졸려서 자러 갔다. → 원인

◎ 대조: though / even though / although / while / whereas

Though it was cold, I went swimming. 날씨가 추웠지만 나는 수영하러 갔다. → ~에도 불구하고
Jane is rich, **while** Peter is poor. 제인은 부자이지만 피터는 가난하다. → 대조(while = but)

◎ 조건: if / unless / only if / whether or not / even if / in case / in the event that

I'll go swimming tomorrow **if** it **isn't** cold. = I'll go swimming tomorrow **unless** it **is** cold.
내일 날씨가 춥지 않다면 수영하러 갈 것이다. → if not = unless
The picnic will be canceled **only if** it rains. 소풍은 비가 올 경우에만 취소될 것이다. → 필요조건
↳ only if절에서도 시간부사절과 마찬가지로 현재시제로 미래의 일을 나타낸다.

빈출 어휘 점검

- **even if *vs.* even though (if *vs.* though)**

  Even if I get an invitation to the party, I won't go there. 난 파티에 초대를 받는다 해도 가지 않을 거야. → 가정
  Even though I got an invitation to the party, I didn't go there. 난 파티에 초대를 받았지만 가지 않았다. → 사실

- **if *vs.* whether**

  We will go to the movies **if** it rains tomorrow. 우리는 내일 비가 온다면 영화 보러 갈 거야. → 조건
  We will go to the movies **whether or not** it rains tomorrow. 우리는 내일 비가 오든 안 오든 영화 보러 갈 거야.
  ↳ 무조건

✔ Teacher's Advice

하나 접속사의 개별적 의미보다 순접, 역접, 이유 등의 단순화된 의미로 기억하는 것이 정답 선택에 도움이 된다.

He did not study hard, _________ he passed the exam.
그는 열심히 공부하지 않았다. 그러나 시험에 합격했다. → 역접의 의미로 but, yet 등 가능

You may call me _________ you are in difficulty. 어려운 일이 있으면 전화해도 좋다.
↳ '~라면, ~인 경우에'의 의미이므로 when, if, in case 등이 가능

둘 in case는 '~한 경우에'뿐 아니라 '~에 대비해서'의 의미로 사용될 수 있다. 이 의미로 사용된 경우에는 다른 접속사를 대신 쓸 수 없다.

You may go alone **in case** I don't arrive on time. 내가 제시간에 도착하지 못하면 너 혼자 가도 좋아. → = if
You had better take an umbrella **in case** it rains in the afternoon. 오후에 비가 올 경우에 대비해서 우산을 가지고 가는 것이 좋겠다. → ≠ if

접속사를 묻는 문제는 다른 문법 문제와 달리 문장의 의미를 파악해야 풀 수 있는 경우가 대부분이다. 자세한 내용까지 해석할 필요는 없지만 대략적인 앞뒤의 문맥을 파악하는 것이 중요하다.

Drivers should not park in handicapped spaces ___________ their vehicle has a handicapped parking tag.

(a) if   (b) once   (c) unless   (d) whether

번역   장애인 주차 태그가 없다면 장애인 주차 공간에 주차해서는 안 된다.

해설   장애인 표시가 있다는 것과 장애인 주차 공간에 주차해서는 안 된다는 내용이 나오므로 '…가 아니라면'의 의미를 가진 (c)unless가 정답이다.

감각 익히기 ❶

다음 문장에 알맞은 어구를 넣으시오.

1   Some people like cream and sugar in their coffee, _________ others like it black.

2   I put on my sunglasses _________ it was a cloudy day.

3   Harry is in good shape _________ he works out every day.

4   Cathy opened the door _________ greeted her guests.

5   I enjoy not only watching soccer games _________ playing soccer with my friends.

6   He didn't eat breakfast, _________ he got hungry in class.

7   I have been working in an advertising company _________ I graduated from the university.

8   _________ I was taking a shower, somebody knocked at the door.

2 형용사절을 이끄는 관계사: 관계대명사와 관계부사

관계사는 주절의 주어나 목적어 등 명사를 수식해 주는 형용사절을 이끄는 역할을 한다. 이 때 관계사를 결정하는 요소는, 수식을 받는 명사(선행사)와 관계사절의 구조이다. 관계사절의 구조에 따라 관계대명사, 관계형용사, 관계부사 중 어느 것을 쓸 것인지가 결정된다.

Ⓐ 관계대명사 (Relative Pronoun)

관계사절에서 명사의 자리, 즉 주어나 목적어, 전치사의 목적어 자리를 채워주는 역할을 한다. 관계대명사에는 주격, 목적격, 소유격이 있으며 이 격은 관계사절의 빈 자리에 의해 결정된다.

○ who: 선행사가 사람인 경우

I will invite the man **who** helped me. 나는 나를 도와 준 사람을 초대할 것이다. → 주격

I will invite the man **whose** letter I received. 나는 내가 편지를 받은 사람을 초대할 것이다. → 소유격

I will invite the man **(whom)** I asked a favor. 나는 내가 도움을 청했던 사람을 초대할 것이다. → 목적격

I will invite the man **(who/whom)** you told me about yesterday. 나는 어제 네가 이야기한 사람을 초대할 것이다.
↳ 전치사 about의 목적격

○ which: 선행사가 사람이 아닌 경우

The movie **which** is on Cine-E is very exciting. 시네-E에서 지금 상영되고 있는 영화는 매우 재미있다. → 주격

The movie **(which)** we saw yesterday was very exciting. 어제 우리가 본 영화는 매우 재미있었다. → 목적격

The movie **in which** Tom Hanks stars is very exciting.
탐 행크스가 주연을 맡은 그 영화는 매우 재미있다. → 전치사 in의 목적격

○ that: 선행사에 관계없이 모두 가능하지만 특히 that을 주로 쓰는 경우가 있음

I took a picture of the boy and his dog **that** participated in the contest.
나는 콘테스트에 참가한 소년과 그의 개의 사진을 찍었다. → 사람과 동물, 주격

He collects every picture **that** is about Mt. Baekdu.
그는 백두산에 관한 모든 사진을 수집한다. → every, any, all, no, -body, -thing 등이 선행사로 오는 경우

Jerry was the only one **that** submitted the report on time. 제리는 보고서를 제시간에 제출한 유일한 사람이었다.
↳ the only, the very, the same, 'the 최상급', 'the 서수' 등이 선행사로 오는 경우

관계사 that은 접속사 that과 마찬가지로 그 앞에 전치사가 올 수 없으며, comma 다음에 나오는 계속적 용법으로 쓰일 수도 없다.

Ⓑ 관계부사 (Relative Adverb)

관계절에서 빈 명사의 자리가 없을 때는 '전치사 + 관계대명사' 또는 관계부사를 쓸 수 있다. 관계사절의 구조를 확인하는 것이 최우선이고, 다음으로 선행사의 내용에 따라서 관계부사의 종류를 결정한다.

The town **where(=in which)** Shakespeare was born is a popular tourist site.
셰익스피어가 태어난 마을은 유명한 관광지이다.

That's (the reason) **why(=for which)** John resigned as president. 그것이 존이 회장직에서 사임한 이유이다.

Winter is the season **when(=in which)** we can enjoy skating, skiing, and snowboarding.
겨울은 스케이트, 스키, 스노보드를 즐길 수 있는 계절이다.

Ⓒ 유사 관계대명사: as, than, but

특정 어구가 앞에 올 때 as나 than이 관계사 자리에 나타날 수 있다. 관계사라기보다 상관어구로 기억하는 편이 더 좋다.

○ as...as/such...as/the same...as

We interviewed **as** many **as** submitted the résumé. 우리는 이력서를 제출한 모든 사람의 면접을 보았다. → 같은 수

She has **the same** bag **as** I have. 그녀는 내가 가진 가방과 같은 가방을 가지고 있다. → 같은 종류

Jane was late for the class, **as** is often the case. 제인은 수업에 늦었는데, 그것은 자주 있는 일이다. → 앞 문장 전체

○ more...than

The teacher gave us **more** homework **than** we could do within a week.

선생님은 우리가 일주일 안에 할 수 있는 것보다 더 많은 숙제를 내주었다.

○ but(=that...not)

There is no rule **but** has some exceptions. 예외 없는 법칙은 없다.

D 관계사의 생략

목적격 관계대명사, 보어로 쓰이는 관계사는 생략이 가능하다. 단, 전치사 다음에 나오는 경우와 계속적 용법에서는 생략이 불가능하다.

We visited the university **(which/that)** my brother attended. 우리는 형이 다니는 학교를 방문했다.

We will visit the university **from which** Clinton graduated. 우리는 클린턴이 졸업한 학교를 방문할 것이다.

He is not the man **(who/that)** he used to be any more. 그는 더 이상 예전의 그가 아니다.

E 관계사의 계속적 용법

관계사절의 수식이 없이도 선행사의 성격이 분명히 드러나는 경우에 comma를 찍고 관계사절을 덧붙인다. 주로 고유명사가 선행사일 때 계속적 용법을 쓰게 된다. 단, 관계사 that은 절대로 계속적 용법으로 쓰일 수 없다.

We visited Harvard University, **which is** located in Boston.

우리는 하버드 대학을 방문했는데, 그것은 보스톤에 있다. → 선행사는 Harvard University

He said he graduated from Harvard University, **which** was a lie.

그는 하버드를 나왔다고 했지만 거짓말이었다. → 선행사는 앞 문장의 전체나 일부(he graduated from Harvard University)

He decided to take Chemistry I, **which** course is one of the most popular classes.

그는 화학 I을 수강하기로 결정했는데, 그 강좌는 가장 인기있는 수업 중의 하나이다. → 관계형용사 which(선행사는 Chemistry I)

There were four apples in the basket, **none of which** were fresh.

바구니에는 사과 네 개가 있었는데 어느 것도 신선하지 않았다. → 대명사+관계사(선행사는 four apples)

F 선행사와 분리된 관계사

선행사에 수식어구가 따라올 때, 관계사는 그 뒤에 올 수 있다.

Kim is *one of the best novelists* in Korea **who** left a lot of masterpieces.

김은 많은 걸작을 남긴 한국의 가장 훌륭한 작가 중 한 사람이다. → 선행사는 one of the best novelists

We should try to prevent *an oil spill* from a freighter **which** threatens the ecosystem of the coast.

해안의 생태계를 위협하는 선박으로부터의 기름 유출을 막기 위해 노력해야 한다. → 선행사는 an oil spill

✓ Teacher's Advice

하나 선행사만 보고 관계사를 판단해서는 안 된다. 주절과 관계사절 모두 언제나 완전한 구조를 가져야 한다. 관계사절 내에서 주어 자리, 목적어 자리, 전치사의 목적어 자리가 비어 있으면 관계대명사, 빈 자리가 없으면 관계부사가 들어간다고 보면 된다.

I bought a house **which** has a large garden. 나는 커다란 정원이 있는 집을 샀다. → 관계사절의 주어

I bought a house **where** I will spend the rest of my life.
나는 여생을 보낼 집을 샀다. → 관계사절에 빈 자리가 없으므로 관계부사

둘 한정 용법과 계속적 용법의 의미 차이는 우리말 해석에서는 나타나지 않을 수도 있다.

My brother **who** lives in Daegu has three sons. 대구에 사는 우리 오빠는 아들이 셋이다.
↘ 오빠가 두 명 이상

My brother, **who** lives in Daegu, has three sons. 대구에 사는 우리 오빠는 아들이 셋이다. → 오빠가 한 명

시험엔 이렇게 나와요

기본적인 관계대명사의 종류와 격을 묻는 문제는 매번 출제된다. 선행사에 따른 관계사 종류와 관계사절에서 결정되는 관계사의 격을 기억하면 쉽게 답을 찾을 수 있다.

An antecedent is a word __________ a pronoun refers.

(a) that   (b) which   (c) to which   (d) wherever

번역 선행사는 대명사가 지칭하는 단어이다

해설 선행사는 a word이고, 관계사절은 빈칸에서 끝까지이다. 사물을 나타내는 관계사여야 하고 동사 refer 다음에 들어갈 수 있어야 하므로 to를 동반한 (c) to which가 정답이다.

감각 익히기 ❷

다음 문장의 틀린 부분을 고치시오.

1 Yesterday I ran into an old friend I hadn't seen him for years.

2 I am reading a book was written by Jane Austen.

3 I still remember the friend who he always helped me in danger.

4 The building where he visited yesterday is very old.

5 Mr. Smith has a painting which value is inestimable.

6 Mrs. Wilson, that I met yesterday, teaches chemistry.

7 He gave a lot of reasons, only a few of that were valid.

8 Ms. Baker, I told you about, is an elementary school teacher.

3 명사절을 이끄는 관계사

A 관계대명사 what

선행사 없이 쓰이는 관계대명사이다. '~하는 것'이라는 의미이며, 사용 빈도가 상당히 높다.

I was touched by **what** he said. 나는 그의 말에 감동받았다. → what he said가 명사절로 by의 목적어

관용 표현 점검

- **what is called** 말하자면
- **what I am** 지금의 나
- **what makes the matter worse** 엎친 데 덮친 격으로
- **A is to B what C is to D. (A:B = C:D)** A와 B의 관계는 C와 D의 관계와 같다.

  Wings **are to** birds **what** arms **are to** humans. 새들의 날개는 사람의 팔과 같다.
- **what (little) money I have** (적지만) 내가 가진 돈 전부

B 복합 관계대명사 −ever: whoever, whichever, whatever

선행사 없이 명사절을 이끄는 관계대명사이다. '~하는 것은 누구든 / 무엇이든'의 의미로, 사용 빈도가 상당히 높다.

Whoever likes to chat is welcome to this room. 이 방에서는 수다떨기를 좋아하는 사람은 누구나 환영이다.
↳ 주어로 사용된 명사절

He always tells me **whatever comes into his mind**. 그는 생각나는 것은 무엇이든 나에게 이야기한다.
↳ 목적어로 사용된 명사절

You can choose **whichever you like**. 너는 마음에 드는 어느 것이든 선택해도 된다.
↳ 목적어로 사용된 명사절. choose는 '~가운데서 선택하다'의 의미로 which와 잘 어울린다.

복합관계사는 생략되지 않는다.

4 양보부사절을 이끄는 복합관계사 −ever

−ever절 다음에 comma가 오면 부사절이며, '…하더라도'의 의미이다.

Whatever you do, I will stand by you. 네가 무엇을 하든, 나는 너의 편이다.
Whichever job you choose, you should do your best. 네가 어떤 직업을 선택하든, 최선을 다해야 한다.
Wherever you go, I will follow you. 네가 어디에 가든, 나는 너를 따라 갈 것이다.
However hard you may try, you will not be able to catch up with him.
네가 아무리 열심히 노력해도 그를 따라잡을 수는 없을 것이다. → however hard는 떨어져서 쓰이면 안된다.

✔ Teacher's Advice

하나 *which*와 *what*은 의문사일 때는 대상의 제한의 차이만 있지만, 관계사가 되면 서로 완전히 달라진다. *which*는 선행사를 필요로 하는 관계사이며, *what*은 명사절을 이끄는 관계사이다.

I liked the dress **which** you put on yesterday. 나는 어제 네가 입었던 옷이 좋았다. → 형용사절

I like **what** you are wearing today. 나는 네가 오늘 입고 있는 것이 마음에 든다. → 명사절

둘 *what*과 *whatever*에는 형식의 차이는 없고 약간의 의미 차이만 있다. *what*은 특정한 것을 의미하고 *whatever*는 '그것이 무엇이든'의 의미를 가진다.

I know **what** you have in mind now. 나는 네가 지금 무엇을 생각하고 있는지 알아. → 특정한 대상

I will buy you **whatever** you want to have. 나는 네가 갖고 싶은 것은 무엇이든 사 주겠어.
↳ 아직 정해지지 않은 대상

시험엔 이렇게 나와요

-ever가 붙은 관계사는 '~하는 사람이면 누구든지'의 의미를 가지는 명사절이나 부사절을 이끈다. 선행사가 있는지 없는지 우선 파악하고, 선행사가 없으면 선행사 없이 쓰이는 적절한 관계사를 선택하면 된다.

There are two main sports channels and you can choose ____________ of the two you prefer when you sign up for cable TV.

(a) what   (b) which   (c) whatever   (d) whichever

번역 두 개의 주요 스포츠 채널이 있으며 유선방송을 신청하면 둘 중 좋은 것을 선택할 수 있다.

해설 choose는 타동사이므로 목적어가 필요하여 명사절이 와야 한다. '둘 중에' 선택하는 것이므로 대상의 제한이 있을 때 쓰는 (d) whichever가 정답이다.

감각 익히기 ❸

*다음 문장에 알맞은 어구를 넣으시오.

1   You can go __________ you want to go.

2   You may leave _________ you wish.

3   You can choose _________ course you want to take.

4   We will welcome ________ wants to come to our house.

5   _______ he said yesterday proved to be true.

6   He never fails to buy __________ he wants to get.

7   __________ hard you try, you can't get all the things you want.

1 특이한 의미를 가진 접속사들을 주로 기억하라.

일반적인 의미의 and, when, because 등의 접속사는 거의 문제로 출제되지 않는다.

unless ~하지 않는다면   **even though** 비록 ~하지만   **in case** ~하는 경우에, ~할 경우에 대비해서
once 일단 ~(했다) 하면   **only if** ~하기만 한다면

2 접속사든 관계사든 상관어구를 기억하자.

문장에서 상관어구를 발견하면 양쪽이 다 있는지를 확인해야 한다. Part III & IV에 많이 출제된다. 일치도 함께 확인하도록 한다.

- 접속사 상관어구: both…and / not only…but also / either…or / neither…nor
- 유사 관계사: more…than / as…as / such…as / the same…as

3 관계사 that의 쓰임에 유의하라.

that은 원칙적으로 선행사에 관계없이 모두 쓸 수 있지만 다음이 선행사일 때 주로 사용한다.

every / any / all / no / -body / -thing / the only / the very / the same / the 최상급 / the 서수

- that을 쓸 수 없는 경우: 전치사 다음, comma 다음

4 관계사의 격은 관계사절에서 결정된다.

선행사가 시간, 장소라 해서 무조건 when, where를 써서는 안된다. 반드시 관계사절의 구조를 확인하라.

I still remember the day **when** I met you first. 나는 너를 처음 만난 날을 여전히 기억한다.
(관계사절 빈자리 없음 → 관계부사 → 선행사가 the day이므로 when)
I still remember the days **(which)** I spent with you. 나는 너와 함께 보낸 그 날들을 여전히 기억한다.
(동사 spend의 목적어 → 목적격 관계대명사 → 사람이 아니므로 which/that → 생략)

5 what이나 -ever는 선행사가 없다.

형용사절을 이끄는 관계사 who, which, that 앞에는 선행사가 있어야 하나 명사절을 이끄는 관계사 what, -ever 앞에는 선행사가 없다.

- 틀린 지문(선행사 + 복합관계사)이 Part III & IV에 자주 출제되므로 항상 확인하자.
I believe ~~the man whomever~~ I like. (×) 나는 내가 좋아하는 사람은 누구나 믿는다.
  ↳ whomever

You may go ~~at any time whenever~~ you want. (×) 네가 원할 때 언제든 가도 좋다.
  ↳ whenever / at any time when

Part I **Questions 1~5** Choose the best answer for the blank.

1 A: Why are you handling that book so gently?
　　B: ___________ it's a rare edition.

　　(a) So
　　(b) For
　　(c) While
　　(d) Because

2 A: Let's eat out tonight. Are you in the mood for anything?
　　B: Well, I usually prefer Italian food, ___________ I would like something different today.

　　(a) but
　　(b) and
　　(c) unless
　　(d) even if

3 A: Have you seen the new shopping center?
　　B: You mean the one ___________ there is a new French restaurant?

　　(a) that
　　(b) which
　　(c) in which
　　(d) whichever

4 A: Wow, that's a nice photograph.
　　B: ___________ it may look like a photo, it's actually a painting.

　　(a) As
　　(b) When
　　(c) While
　　(d) As though

5 A: Everyone thinks I'm such a failure.
　　B: No, that is not ___________ people think of you.

　　(a) who
　　(b) what
　　(c) whatever
　　(d) whichever

6 In times of recession, ___________ there is little money available, school usually suffer.

(a) that
(b) when
(c) unless
(d) though

7 Everyone was expected to follow the rules at the dormitory ____________ they could all live comfortably and peacefully.

(a) if
(b) so that
(c) because
(d) now that

8 After the big argument, Edward left and no one was sure ____________ he would come back.

(a) if only
(b) whether
(c) whenever
(d) even though

9 The candidate that wins the election is often the one ____________ campaign has raised the most money.

(a) who
(b) whom
(c) whose
(d) whomever

10 Although young people today are wealthier ____________ their parents were at that age, they are not any happier.

(a) as
(b) than
(c) while
(d) whereas

Practice Test ❷

_Part I   **Questions 1~4** Choose the best answer for the blank.

1   A: How was your blind date?
    B: Carrie was great. I'm sure you'll love her __________ you meet her.

   (a) as
   (b) once
   (c) since
   (d) while

2   A: Mom, may I play computer games now?
    B: Not __________ you finish your homework.

   (a) until
   (b) after
   (c) when
   (d) since

3   A: May I bring a few friends to the party on Friday?
    B: Sure, __________ wants to come to my party is welcome to attend.

   (a) who
   (b) whom
   (c) whoever
   (d) whatever

4   A: Where did you spend the night during your road trip?
    B: We stopped for the night __________ we happened to be.

   (a) when
   (b) where
   (c) wherever
   (d) whenever

_Part II   **Questions 5~8** Choose the best answer for the blank.

5   __________ some of those stranded at the airport found a room in nearby hotels, many had to spend the night sleeping on the airport floors.

   (a) Since
   (b) While
   (c) Unless
   (d) As soon as

6 The textbook provides a tangible reminder of ____________ the students need to know for the test.

(a) that
(b) what
(c) which
(d) whose

7 During the conference, participants are kindly requested to attend ____________ of the two seminars they prefer.

(a) what
(b) which
(c) whatever
(d) whichever

8 When you write a persuasive essay, you should try to convince the reader to believe you, ______ you may be saying.

(a) what
(b) which
(c) whatever
(d) whichever

Part III Identify the option that contains an awkward expression or an error in grammar.

9 (a) A: It looks like it might rain soon.
(b) B: Really? I didn't know rain was in the forecast.
(c) A: It wasn't, and look at those clouds.
(d) B: I see what you mean. That does look like rain.

Part IV Identify the option that contains an awkward expression or an error in grammar.

10 (a) Being a senior nowadays is not that it used to be. (b) Today's seniors are among the world's most influential generations. (c) This remarkable demographic group has shaped the world where we live. (d) For instance, many renowned inventors and politicians are now seniors.

Unit 6 관사, 명사, 대명사*

구조를 채우는 명사

- 명사는 주어 자리, 목적어 자리, 전치사의 목적어 자리에 오는 요소이다. 명사에 대한 문법 문제는 문장 전체 구조와는 별로 상관이 없고, 명사 자체의 성질을 알고 있는지를 묻는 경우가 대부분이다.
- 명사의 종류와 일치 등을 중심으로 자주 출제되는 형식을 파악해 두는 것이 좋다.

명사의 종류

명사	특징	예
셀 수 있는 명사	단 · 복수 가능 / 단수일 때 관사 필요	problem / reason / child / house / car
	단 · 복수형이 같은 명사	aircraft / deer / fish / salmon / sheep
	복수형으로만 주로 사용하는 명사	boots / chopsticks / glasses / pants / scissors / shoes / socks / stockings / trousers
	복수 취급하는 명사	cattle / personnel / police
추상명사	단수 취급	advice / homework / luck / news / work
	−s로 끝나는 명사들 (단수 취급): 학문명, 병명 등	athletics / gymnastics / economics / physics / diabetes / measles / news
물질명사	단수 취급	air / flour / oil / sand / sugar / water
	주의해야 할 명사들	baggage / clothing / equipment / furniture / fruit / luggage / machinery / traffic
고유명사	사람이나 사물의 이름 (첫글자는 대문자)	Alice / Microsoft / New York / Seoul
집합명사	의미에 따라 단수 혹은 복수로 사용	family / audience / class / committee / crew / group / staff / team
the + 형용사	'~한 사람들'의 의미(복수)	the rich / the poor / the unemployed / the handicapped / the disabled / the weak / the dead
the + 형용사	추상명사의 의미(단수)	the unexpected / the unknown / the latest

1 기억해야 할 명사의 종류와 관사

A 복수형일 때 특별한 의미를 갖는 명사

belongings 소유물　　customs 관세　　pains 수고　　manners 예절
expenses 경비　　goods 상품　　remains 유골, 잔해

B 항상 복수명사를 쓰는 어구

become friends 친구가 되다　　shake hands 악수하다
change trains/planes 기차/비행기를 갈아타다　　take turns 교대하다
make friends with ~와 친구가 되다

C 수사: dozen, hundred, thousand, million

명사를 수식할 때는 항상 단수로 사용한다.

two hundred pages / **three million** people

cf. 복수로 쓰는 경우: of와 함께 '수십, 수백, 수천'의 의미를 가질 때

dozens of pencils / **hundreds of** books / **thousands of** miles / **millions of** years

전치사 + 명사 = 형용사	전치사 + 명사 = 부사
of courage = courageous of importance = important of no value = valueless	with care = carefully with ease = easily by accident = accidentally in private = privately on purpose = purposely

D 특별한 의미로 사용되는 관사

We eat **three times a day**. 우리는 하루에 세 번 먹는다. → a: ~당 얼마
The cloth is sold **by the yard**. 이 천은 야드 단위로 판다. → by the...: …단위로
Is there **a Mr. Anderson**? 앤더슨 씨라는 분이 계시나요? → a + 고유명사: ~라는 사람
Birds of **a** feather flock together. 같은 깃털의 새들은 함께 모인다(유유상종). → a: 같은 (종류의)

E 정관사를 반드시 사용하는 어구

the sun / the earth / the moon / the universe → 세상에서 유일한 존재

the easiest / the first / the only → 최상급, 서수, only 등

 # 무관사로 쓰이는 관용구

> in prison / at table / at school → 명사의 원래 목적의 의미일 때
>
> by bus / by car / by air / by mail → 교통 · 연락 수단
>
> from beginning to end / from morning to night / from cover to cover
>
> day and night / hand in hand / day after day / face to face / step by step

F 주의할 관사의 위치

> so / as / too / how / however + 형용사 (+ a + 명사)
>
> such / what / quite / half + a + 형용사 + 명사
>
> all / both / double / half + the[소유격] + 명사

It's **too good a chance** to miss. 놓치기엔 너무 아까운 기회다.

He is **such a nice person**. 그는 정말 좋은 사람이다.

She bought it at **half the price**. 그녀는 절반 가격에 그것을 샀다.

✓ Teacher's Advice

하나 셀 수 있는 명사가 단수로 쓰일 때는 반드시 관사가 있어야 한다. 특히 앞에 수식해주는 명사나 형용사가 있을 때 주의한다.

They support **the** Korean government. 그들은 한국 정부를 지지한다.

둘 부정관사의 유무에 따라 명사의 의미와 종류가 달라질 수 있다.

Last night **a fire** broke out in downtown. 어젯밤 시내에서 화재가 발생했다.
↳ fire = 불(물질명사), a fire = 화재 한 건(셀 수 있는 명사)

Any child has potential to be **a Shakespeare, a Picasso,** or **a Chopin.**

모든 아이들은 세익스피어와 같은 훌륭한 작가나 피카소와 같은 화가, 쇼팽과 같은 음악가가 될 가능성을 가지고 있다.
↳ a + 유명한 사람의 이름 = ~와 같은 사람

명사의 종류에 대한 문제는 자주 출제되는 유형이다. 단어 하나하나를 암기하기보다 문장 안에서의 쓰임을 생각하여 셀 수 있는 명사와 셀 수 없는 명사, 그리고 그에 따른 관사의 쓰임을 확인해 두어야 한다.

1. A: I'm sensing a degree of ___________ in our relationship.
   B: Do you mean we should break up?

   (a) strain   (b) strains   (c) a strain   (d) the strain

번역 A: 나는 우리 관계에서 어느 정도의 긴장을 느끼고 있어.
         B: 우리가 헤어져야 한다는 뜻이야?

해설 strain은 '긴장'이란 의미의 추상명사이므로 부정관사는 쓸 수 없으며 a degree of라는 수식어가 붙어 있으므로 무관사인 (a)가 정답이다.

명사 대신에 쓰이는 관용적인 용법을 기억해 둘 필요가 있다.

2. Businessmen can make market forces work better for ________ if they can develop more microfinance opportunities.

   (a) a poor in a world   (b) the poor in a world
   (c) a poor in the world   (d) the poor in the world

번역 사업가들이 더 많은 미시경제 기회를 만들 수 있다면, 그들은 시장의 힘이 세상의 가난한 사람들을 위해 더 많이 작용할 수 있도록 할 수 있을 것이다.

해설 'the + 형용사 = 형용사 + people'라는 것을 알고 있으면 쉽게 풀 수 있는 문제이다. '세상에서'는 관용적으로 항상 in the world로 쓰인다. 정답은 (d).

감각 익히기 ❶

다음 문장에 알맞은 어구를 고르시오.

1 His charity concert was (success / a success).

2 You have to change (a bus / buses) at 5th Street.

3 I bought some lovely (furniture / furnitures).

4 Taking an aspirin (a / by the) day help to reduce chances of a heart attack.

5 It's time to go to (bed / the bed).

6 Is there (Mr. Smith / a Mr. Smith) in this company?

7 The library has more than two (thousand / thousands) books.

2 대명사와 한정사

대명사는 기본적으로 명사를 대신하는 역할을 하지만 특정한 의미로 사용되는 경우도 많으므로 그 쓰임새를 정확히 알아 두어야 한다.

A 기본 대명사의 사용: 인칭 · 재귀대명사

I met **a friend of hers**. 나는 그녀의 친구 중 하나를 만났다. → 이중 소유격

We[You/One] should obey **our[your/his]** parents. 부모님 말씀을 잘 들어야 한다. → 일반인칭: 보통 사람

They speak English in New Zealand. 뉴질랜드에서는 영어를 사용한다. → 일반인칭: "I"가 속하지 않는 경우

It's snowing! 눈 온다! → 비인칭 주어 it: 시간, 날짜, 날씨, 요일 등

He cut **himself** while making a desk. 그는 책상을 만드는 중에 칼에 베였다.

↘ 하나의 대상이 같은 문장에 두 번 나올 경우에 사용하는 재귀대명사

재귀대명사 관용구

in itself 그 자체로서	for oneself 혼자 힘으로
by oneself 혼자서	beside oneself 제정신이 아닌
between ourselves 우리끼리 이야기지만	

B 지시대명사

I'll tell you **this**. 내 말 좀 들어봐. → 앞으로 나올 말

The population of Seoul is larger than **that** of Vancouver. 서울 인구는 밴쿠버 인구보다 많다.

↘ 앞 명사의 반복을 피하기 위한 대명사 that/those

Heaven helps **those** who help themselves. 하늘은 스스로 돕는 자를 돕는다. → those who: ~하는 사람들

C 의문대명사

우리말의 해석과 다른 what/how의 쓰임에 특히 주의해야 한다.

What do you think of the new project? 새 프로젝트에 대해 어떻게 생각하니?

What is the weather like? = **How** is the weather? 날씨가 어때?

What is the capital of Korea? 한국의 수도가 어디야?

What is the population of China? 중국의 인구는 얼마나 되는가?

What is your age/weight/height? 몇 살이에요? / 몸무게/키가 얼마나 되나요?

D some *vs.* any

I'd like **something** to eat. 뭘 좀 먹고 싶다. → 긍정문에 쓰는 some-

I don't have **anything** to do now. 지금은 할 일이 전혀 없다. → 부정문에 쓰는 any-

Do you want **some** more coffee? 커피 좀 더 드릴까요? → 의미상 의문이 아니라 권유

Anybody can do it. 누구라도 그 일을 할 수 있다. → every-의 강한 표현 any-

셀 수 있는 명사를 대신해서 사용되는 one/other는 관사와 함께 쓸 수 있으며, 복수형도 쓸 수 있다.

My washing machine doesn't work again. I'd like to buy a new **one**.

내 세탁기가 또 작동을 안 해. 새 세탁기 하나 사고 싶다. → one = washing machine

I don't like this model. Show me **another**, please. 이 모델이 마음에 들지 않아요. 다른 것으로 보여주세요.

To know is **one thing**, and to teach is **another**. 아는 것과 가르치는 것은 별개다. → one thing ... another

Some people like Chinese food, and **others** prefer Japanese food.

어떤 사람은 중식을 좋아하고 또 어떤 사람은 일식을 좋아한다. → some ~, others ~

He has two sons. **One** is a doctor, and **the other** is a soldier.

그는 아들이 두 명 있는데 하나는 의사이고 다른 하나는 군인이다. → 둘 중 하나는 one, 나머지 하나는 the other

other가 있는 관용구

each other/one another 서로서로 every other day/line/week 이틀/두 줄/2주에 한 번 the other day 요전날 one after the other 번갈아	one after another 차례로 other than ~을 제외하고 / ~가 아닌 in other words 다시 말하자면, 즉

F 구분이 필요한 한정사

○ 셀 수 있는 명사를 수식하는 어구

one / each / every	+ 단수명사
both / a great many / a number of many / quite a few / several / a couple of a few / only a few / few (부정)	+ 복수명사

○ 셀 수 없는 명사를 수식하는 어구

a great amount of / a quantity of a good deal of / much quite a little / a little / only a little / little (부정)	+ 셀 수 없는 명사

○ 셀 수 있는 명사와 셀 수 없는 명사를 모두 수식할 수 있는 어구

all / most / a lot of / lots of / plenty of some / any / no	+ 복수명사 / 셀 수 없는 명사

● 둘과 셋 이상을 구분해서 써야 하는 어구

둘에 사용하는 어구	both(복수) / either / neither(단수)
셋 이상에 사용하는 어구	all(복수) / every / no / nothing / no one / nobody(단수) / none(수식 명사에 따라)

John and Mary were invited, **both** of whom came to the party. 존과 메리가 초대를 받았는데, 둘 다 파티에 왔다.
Neither of the two **is** coming to the party. 그 둘 중 아무도 파티에 가지 않을 것이다.
All the students in this class are foreigners. 이 반의 모든 학생은 외국인이다.
None of the students in this class are foreigners. 이 반 학생 중 외국인은 없다.

주의해야 할 주어와 동사의 일치

• 항상 단수로 취급하는 어구

each... every... / many a / either... / neither... / 동명사, 구, 절

Every child **needs** love. 모든 아이들은 사랑을 필요로 한다.
Each student **has** homework to do all by himself. 모든 학생들은 혼자서 해야 하는 과제가 있다.
Getting to know each other **takes** much time and efforts. 서로를 알게 되는 데에는 많은 시간과 노력이 든다.
→ 기타: the United States(나라 이름) / mathematics(학문명) / diabetes(병명) / ten dollars(금액) / two hundred miles(거리, 시간 등)

• 복수로 취급하는 어구

both / the poor, the Chinese(… 사람들) / the police

The police are still looking for the criminal. 경찰은 여전히 그 범인을 찾고 있다.
The poor need our help. 가난한 사람들은 우리의 도움을 필요로 한다.

• 부분을 나타내는 말은 뒤에 나오는 명사와 일치한다.

분수 / the rest / all[most/some/half/most part] + of + the 명사

Some of the books in the library **are** very useful. 도서관의 책들 중 몇 권은 대단히 유용하다.
Two-thirds of the money is yours. 그 돈의 3분의 2는 너의 것이다.

• 혼동하지 않도록 주의해야 할 표현

a number of 많은 / the number of ~의 수

A number of students **are** absent today. 오늘 많은 학생들이 결석했다.
The number of students in this class **is** thirty. 이 학급의 인원은 30명이다.

✔ Teacher's Advice

하나

-*thing*/-*body*를 쓰는 관용표현들을 기억해 두자.

He thinks he is **somebody**. 그는 자신이 대단한 사람이라고 생각한다. → *cf.* nobody = 보잘 것 없는 사람

I've got it **for nothing**. 나는 그것을 공짜로 얻었다.

둘,

nothing, nobody, no- 는 단독으로 쓰이지만, *none*은 주로 전치사구와 함께 쓰인다.

Nothing is more precious than love. 사랑보다 소중한 것은 없다.

None of the students failed the exam. 그 학생들 중 아무도 시험에서 떨어지지 않았다.

시험엔 이렇게 나와요

정확한 대명사를 선택하는 문제는 언제나 출제된다. 단골로 출제되는 대명사는 그다지 많지 않으므로 기본적인 쓰임만 정확히 이해하면 어렵지 않게 대비할 수 있다.

The book includes a lot of references, __________ of which seem to have been carefully examined.

(a) none　　　　(b) no one　　　　(c) nothing　　　　(d) nobody

번역　그 책은 많은 참고문헌을 포함하고 있는데, 그것들 중 아무것도 신중히 조사된 것은 없는 것 같다.

해설　선행사로 나온 a lot of references를 받을 수 있는 대명사를 선택하는 문제이다. No one과 nobody는 사람을 받는 대명사이며, nothing은 단수이므로, 복수로 사용될 수 있는 (a) none이 정답이다. none은 사람, 사물에 모두 쓰일 수 있다는 점도 기억해 두자.

감각 익히기 ❷

* 다음 문장에 알맞은 어구를 고르시오.

1　Do you have (any / some) brothers or sisters?

2　There are four laundry machines in the dormitory, but (no / none) of them work today.

3　How long have you and Jane known (each other / yourselves)?

4　It is often said that to know is one thing and to teach is (another / the other).

5　The weather in this area is milder than (this / that) of the northern area.

6　I get (a few / a little) pocket money from my parents every week.

7　Fifty hours a week (is / are) too much time to spend working in the office.

8　Two-thirds of the students in this school (is / are) foreigners.

1 혼동하기 쉬운 셀 수 없는 명사를 기억하라.

의미상 복수로 착각하기 쉬운 명사가 출제되는 경우가 많다. 다음의 셀 수 없는 명사들에는 부정관사가 붙지 않고, 복수로 쓰이지도 않는다.

information / news / mail / luggage / baggage / advice / furniture / traffic

2 관사와 수식어 어순을 확인하라.

> so / as / too / how / however + 형용사 (+ a + 명사)
> such / what / quite / half + a + 형용사 + 명사
> all / both / double / half + the[소유격] + 명사

so cute / **such a nice guy** / **all the** boys / **double the** price / **half the** time /
What **a beautiful day**!

3 수사가 복수로 쓰이는 경우를 확인해야 한다.

수사는 명사를 수식할 때는 단수로 사용되고 of 앞에서만 복수로 사용된다.

five hundred years ago / **two thousand** people
dozens of pencils / **hundreds of** people / **thousands of** books

4 'each / every + 명사'에는 단수 동사형을 사용한다.

Each of them **has his** own potential. 그들 각각은 자신만의 가능성을 가지고 있다.
Every boy and every girl has to do his/her best. 모든 소년 소녀들은 최선을 다해야 한다.

5 형용사로만 쓰이는 no, every / 명사, 형용사로 쓰이는 most, each, all

no student / **every** boy / **every**body
most people / **each** boy / **all** students
most of them / **each** of them / **all** of the students

_ Part I   **Questions 1~5** Choose the best answer for the blank.

1   A: __________ do you think is causing our country's obesity problem?
     B: I think people aren't getting enough exercise.

     (a) How
     (b) Why
     (c) What
     (d) When

2   A: Tom is not very easy to get along with.
     B: Yes, he has difficulty trusting __________.

     (a) others
     (b) another
     (c) someone
     (d) themselves

3   A: Who is that guy over there talking with Cindy?
     B: I think he is a cousin of __________.

     (a) her
     (b) she
     (c) hers
     (d) herself

4   A: Have you decided which job candidates to hire?
     B: No, I'd like to hire __________ of them.

     (a) all
     (b) neither
     (c) someone
     (d) everybody

5   A: How would you like your coffee?
     B: With __________ cream, please.

     (a) any
     (b) little
     (c) a few
     (d) some

Part II **Questions 6~10** Choose the best answer for the blank.

6 ___________ of people are excited to see the total lunar eclipse on Tuesday in China.

(a) Number
(b) One number
(c) A number
(d) The number

7 Although some of the hostages were killed, ___________ survived.

(a) all
(b) most
(c) other
(d) no one

8 Most of ___________ in Mary's pond died during the drought.

(a) fish
(b) a fish
(c) the fish
(d) every fish

9 Tom and his sister Mary came to the Halloween party last night, ___________ of them with their faces painted like ghosts.

(a) all
(b) both
(c) some
(d) either

10 Each of the students ___________ required to complete a project before the teacher gives them a passing grade.

(a) is
(b) are
(c) was
(d) were

Practice Test ❷

1 A: I think that guy over there is staring at you.
B: That's __________ I was thinking, too.
(a) that
(b) who
(c) what
(d) which

2 A: When will you leave Korea?
B: I am going to stay here for __________.
(a) ten other days
(b) another ten days
(c) ten days or other
(d) another day or ten

3 A: Are you familiar with __________ to use the computerized card catalog?
B: Not really. I've only used it once.
(a) why
(b) how
(c) when
(d) where

4 A: What do you think is the greatest benefit of having a strong economy?
B: I think it prevents other nations from thinking we are second-class citizens and

__________.

(a) treating us
(b) such treating of us
(c) such as treating us
(d) treating us as such

5 Any goal can be achieved if you make __________ of others.

(a) the double usual effort
(b) double the effort usual
(c) the usual effort double
(d) double the usual effort

6 Buses to downtown run ___________ five minutes in the summer.

(a) all
(b) any
(c) each
(d) every

7 The author is _______________ one calls a bioethicist, someone who considers the ethical implications of biological developments.

(a) that
(b) who
(c) what
(d) which

8 As the first step in its social welfare campaign, the government has tried to reduce ___________ in the country.

(a) number of unemployed
(b) number of the unemployed
(c) the number of an unemployed
(d) the number of the unemployed

Part III Identify the option that contains an awkward expression or an error in grammar.

9 (a) A: How do I apply for a credit card? I haven't got it.
(b) B: It's simple. Just fill out this form and send it in.
(c) A: Oh, I can't get one immediately, then?
(d) B: I'm afraid not. The information has to be reviewed first.

Part IV Identify the option that contains an awkward expression or an error in grammar.

10 (a) If you are like most people, you average one to three colds per years. (b) The chances are three in four that within the next year, at least one virus will find you. (c) Then you will spend a week or so suffering from the symptoms: fatigue, sore throat, sneezing, stuffy or runny nose, and coughing. (d) According to researchers, colds are the most common medical reason for missing school and work.

Unit **7** 형용사와 부사[*]

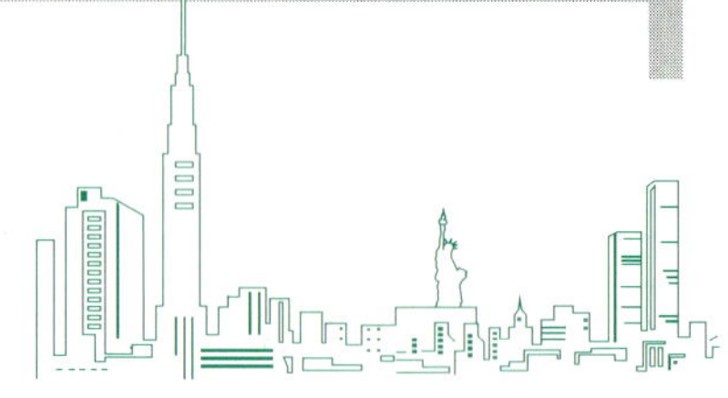

문장의 내용을 풍부하게 해 주는 수식어

- 형용사는 명사를 수식하거나 서술하는 역할을 한다. 문장 내에서 중요한 구조적 역할을 하는 것은 아니지만 문장의 의미를 더 분명하고 풍부하게 만들어 준다.
- 부사는 형용사나 동사, 문장 전체, 그리고 다른 부사를 수식하는 역할을 한다. 부사의 종류에는 동사의 동작을 수식하는 양태부사, 문장 전체를 수식하는 문장부사, 강조를 나타내는 부사 등이 있으며 그 역할에 따라 위치가 달라지므로 부사의 위치에 대해 확인해 둘 필요가 있다.
- 형용사와 부사에는 원급과 비교급, 그리고 최상급이 있는데, 그 형태와 문장 내 쓰임에 대해 정확히 기억해 두어야 한다.

형용사 분류표

형용사의 역할	예
수식 & 서술	clever / cute / generous / happy / kind / polite / pretty / small
수식	whole / only / mere / woolen / drunken / upper / lower
서술	afraid / alike / alive / alone / asleep / aware / content / unable / worth
위치에 따라 의미 차이가 있는 형용사	**present** 현재의; 참석한 / **concerned** [명사 앞] 걱정스러운; [명사 뒤] 관계하고 있는 / **late** 돌아가신; 늦은

부사 분류표 (위치를 중심으로)

부사 종류	문장 내에서 주된 위치	예
문장부사	문장 앞	however / unfortunately / therefore
빈도부사	첫 번째 조동사·be 다음/ 본동사 앞	always / barely / never / often / scarcely / seldom / hardly / sometimes
양태부사	동사구(동사+목적어) 다음 / 동사 앞	hard / carefully / carelessly
강조/초점 부사	개별적인 특징에 따라	even / enough / much / only / quite / so / still / too

비교급 형식

형용사, 부사	형식	예문
원급	as … as	Jim is not **as tall as** his brother. 짐은 그의 형만큼 크지 않다.
비교급	-er[more/less] … than	The class was **more interesting than** I expected. 그 수업은 내가 예상했던 것보다 훨씬 재미있었다.
최상급	the -est of/in …	He is **the youngest** in his class. 그가 그의 반에서 가장 어리다.

1 명사를 수식하는 형용사

형용사는 명사를 수식하거나 서술하는 역할을 한다. 일반적인 형용사의 의미는 어휘와 관련된 부분이므로, 문법과 관련해서는 특별한 형식으로 쓰이는 형용사들을 기억해 두어야 한다.

A 주로 서술적으로 쓰이는 형용사들

> alike / alive / alone / asleep / aware / unable / worth

The twins look **alike** to me. 그 쌍둥이들이 내게는 똑같아 보여. → 동사의 보어로 사용
The book is **worth** reading several times. 그 책은 여러 번 읽을 가치가 있다. → 보어로 사용: be worth -ing
Is there **anything cold** to drink? 차가운 마실 것 좀 있어? → anything 뒤에서 수식
\# those, -thing, -body, -one 등을 수식하는 형용사는 항상 뒤에 온다.

B 형용사의 어순

○ all/both/double + the + 명사

all the boxes 모든 상자 / both the boys 그 소년들 둘 다 / double the price 그 가격의 두 배

○ 관사 / 지시사 + 서수 + 기수 + 대소 + 일반 성질 형용사 + 명사

수식하는 명사의 기본적 속성에 더 많이 나타나는 순서대로 그 명사에 가까운 위치에 온다.

these three small plastic cups 이 세 개의 작은 플라스틱 컵
지시사　기수　대소　일반 성질

C 특이한 구조를 가지는 형용사: difficult, easy, inconvenient, necessary 등

It is **difficult for** him **to persuade** Mary in an hour. 그가 메리를 한 시간에 설득하기는 어렵다.

→ **Mary** is **difficult** for him **to persuade** in an hour. → to부정사의 목적어가 전체 문장의 주어

It is **easy to** deceive him. 그를 속이기는 쉽다.

→ **He** is **easy to deceive.**

뒤에 전치사나 절이 오는 형용사

of / that: afraid, sure

for / to부정사 : eager, glad, prepared, ready, sorry

I was **afraid of** the dark. 나는 어둠이 무서웠다.

I was **afraid that** you'd miss the flight. 나는 네가 비행기를 놓칠까 걱정했다.

They were **eager for** new experiences. 그들은 새로운 경험을 갈망하고 있었다.

He is **eager to** tell you about the news. 그는 너에게 그 소식에 대해 이야기하기를 간절히 바라고 있다.

D 분사형 형용사

-ing: 능동의 의미	exciting / fascinating / surprising / tiring / interesting / confusing / annoying
-ed: 수동의 의미	excited / fascinated / surprised / tired / interested / confused / annoyed

No one expected such **surprising** results. 아무도 그런 놀라운 결과를 예상하지 못했다.

Everyone was **surprised** at the news. 모든 사람이 그 소식에 놀랐다.

The explanation was so **confusing** that the students were **confused**.
그 설명은 너무 혼란스러워서 학생들은 헷갈렸다.

E –ly로 끝나는 형용사

deadly / friendly / kindly / lovely / lonely / manly / hourly / daily / monthly / quarterly

He was in **deadly** hurry. 그는 몹시 서두르고 있었다.

This land is **kindly** for rice. 이 땅은 쌀 재배에 알맞다.

✔ Teacher's Advice

하나 | 서술 형용사가 명사를 수식할 때 명사 뒤에 놓인다.

the authorities concerned 당국 / those present 참석자들

둘 | 수사가 명사를 수식할 때는 단수로 쓴다.

He is **ten years** old. / He is **a ten-year-old boy**. 그는 10세(의 소년)이다.
cf. **dozens of / hundreds of / thousands of / millions of**

시험엔 이렇게 나와요

일반 형용사에 관한 문제 중에서는 어순에 관한 문제가 가장 많은 편이다. 이런 문제에서는 전체 문장 구조는 파악할 필요 없이 해당되는 명사와 형용사의 관계만 보면 된다. 어순을 기계적으로 암기하기보다 형용사들을 비교하여 어느 것이 더 기본적인 속성인지 파악하는 것이 좋다.

There were ________________ in the paragraph that Anna could not understand.

(a) several long unclear sentences

(b) unclear several long sentences

(c) several long sentences unclear

(d) long unclear several sentences

번역 그 문단에는 애나가 이해할 수 없는 길고 불분명한 문장들이 몇 개 있었다.

해설 세 개의 형용사의 어순을 묻고 있다. 명사가 가장 뒤에 있어야 하고 수를 나타내는 several이 명사에서 가장 멀리 위치해야 하므로 정답은 (a)이다.

감각 익히기 ❶

다음 문장에서 틀린 부분을 고치시오.

1 It really sounds wonderfully.

2 Prof. Lee is very bored because he is always repeating the same story.

3 I think there's wrong something with this machine.

4 We are difficult to satisfy our boss.

5 Success in one's work is a satisfied experience.

6 Growing children need a balancing diet.

7 They caught the alive animals.

8 The surprising audience was silent.

2 부사

부사는 문장의 기본 구조에는 들어가지 않는 순수한 수식어이다. 하지만 부사의 수식에 의해서 문장의 의미가 상당히 많이 바뀔 수 있으므로 적절한 부사의 사용이 대단히 중요하다. 특히 부사의 종류에 따른 위치를 잘 기억해 두어야 한다.

A 정도를 나타내는 부사

부사	의미	위치	예
very	대단히 (강조)	형용사 · 부사 · 현재분사 앞	very good / very well / very exciting
much	많이	비교급 · 과거분사 앞	much better / much confused
enough	충분히	형용사 · 부사 뒤	good enough (to …)
too	지나치게	형용사 · 부사 앞	too good (to …)
quite / rather	꽤	관사 앞뒤, 형용사 앞	quite an old book rather an[a rather] old house

○ so *vs.* such: so는 부사, such는 형용사이다.

Your brother is **so cute**. 네 동생은 너무 귀엽다.
Your brother is **such a cute boy**. 네 동생은 정말 귀여운 아이다.

○ enough *vs.* too

The shelf is **too** high for Steve **to** reach. 그 선반은 스티브가 닿기에 너무 높다. → 스티브의 손이 닿지 않는다.
Steve is tall **enough to** reach the shelf. 스티브는 그 선반에 손이 닿을 만큼 크다.

B already, yet, still

Have you done work **already**? 벌써 그 일을 다 했니? → 의문문에 사용하면 놀람의 의미
I haven't done work **yet**. 나는 아직 그 일을 다 하지 못했다. → 부정문, 의문문에 사용
I **still** don't know what it means. 나는 여전히 그것이 무슨 뜻인지 알 수가 없다. → 수식하는 말 앞에 사용

C 빈도부사

always / usually / often / sometimes / hardly / never

He **always** gets up early in the morning. 그는 항상 아침 일찍 일어난다. → 일반동사 앞
He could **hardly** eat anything. 그는 거의 아무 것도 먹을 수가 없었다. → 조동사 다음

D 형태에 따라 의미가 다른 부사

late 늦게	lately 최근에	pretty 꽤	prettily 예쁘게
deep 깊이(물리적)	deeply 깊이(추상적)	hard 열심히	hardly 거의
dear 비싸게	dearly 소중하게	short 짧게	shortly 곧

E 형용사와 형태가 같은 부사

clear / direct / early / enough / fast / hard / late / long / quick / short / tight / wide

---

✓ Teacher's Advice

하나   특정 구문에서만 부사처럼 사용되는 형용사도 있다.

It's **boiling[burning/scorching]** (hot). 날씨가 대단히 덥다.
It is **freezing[piercing]** (cold). 날씨가 대단히 춥다.

둘   *only / even*은 수식하는 말 앞에 위치한다.

Only you can do the job. 오직 너만이 그 일을 할 수 있다.
Even a child can do the job. 어린아이라도 그 일을 할 수 있다.

시험엔 이렇게 나와요

일반적인 양태부사 이외에 only, even 등의 위치 문제는 상당히 자주 출제되는 편에 속한다. 이 두 단어는 특이하게도 수식하는 단어의 품사에 관계 없이 그 앞에 온다는 점을 기억해 두어야 한다.

A: Why do you take your kids to the city park so often?
B: It is ___________ in this city where children can play safely.

(a) the only one　　(b) only the one
(c) the only other　(d) only the other

번역　A: 아이들을 왜 그렇게 자주 공원에 데리고 가나요?
　　　　B: 그 곳이 이 도시에서 아이들이 안전하게 놀 수 있는 유일한 장소거든요.

해설　only는 부사이지만 명사를 수식할 수도 있다. 관사는 '수식어 + 명사' 앞에 위치하는 것이 맞고, other는 먼저 one이 나온 다음에 나올 수 있는 대명사이므로 (a) the only one이 정답이다. 이 때 only는 '유일한'의 뜻으로 사용된다.

다음 문장에서 틀린 부분을 고치시오.

1   I even can't remember her name.

2   My son is enough old to get a job.

3   The final exam was a quite difficult test.

4   The window was too much small for him to get through.

5   Thank you for giving me so good opportunity.

6   I got up lately this morning, so I missed the school bus.

7   He feels very better today.

8   He hasn't decided where to have the party still.

3 비교

정도를 나타낼 수 있는 형용사나 부사는 비교급이나 최상급 형태로 쓸 수 있다.

A 원급 비교: as[so] ~ as

John is **as tall as** Jennie. 존은 제니만큼 크다. → 둘의 키가 같다.

His house is almost **three times as large as** mine. 그의 집은 우리집보다 거의 세 배나 크다. → 배수 비교
= *three times larger than*

He is **as great a scientist as** ever lived. 그는 지금까지 살았던 사람 중 가장 위대한 과학자이다. → 최상급 의미

I ran away **as quickly as I could**. 나는 가능한 한 빨리 도망갔다. → as ~ as possible = as ~ as one can
= *possible*

He is **not so much** a leader **as** a strategist. 그는 리더라기보다 전략가이다.
↳ not so much A as B(A라기보다 B이다)

He was **as good as** dead. 그는 죽은 거나 마찬가지였다. → 원급 비교 형태의 숙어적 표현(~이나 마찬가지이다)

B 비교급

○ more ~ than / less ~ than

John is **taller than** Mary. 존은 메리보다 크다.

The exam was **ten times more** difficult **than** I expected. 그 시험은 나의 예상보다 열 배나 어려웠다. → 배수 비교

He is **greater than any other scientist** who has ever lived. 그는 지금까지 살았던 어떤 과학자보다도 위대하다.
↳ 최상급의 의미

비교급 수식 부사: a bit, a little, a lot, even, far, much, still

○ **비교급 앞에 정관사 the가 붙는 경우**

The more you want to get the prize, **the harder** you should try.
너는 그 상을 타고 싶은 만큼 더 열심히 노력해야 한다.

I'll choose **the larger of the two**. 나는 둘 중 더 큰 것을 선택하겠다.

○ **라틴계 비교급**: prefer, preferable, prior, senior, superior + to

I **prefer** Latin music **to** classical music. 나는 클래식 음악보다 라틴 음악이 더 좋다.

He **is superior to** me in mathematics. 그는 수학에서 나보다 뛰어나다.

○ **관용 비교 구문**

<table>
<tr><td>

A is no more B than C is...
A가 B가 아닌 것은 C가 …가 아닌 것과 마찬가지이다
know better than to ~할 만큼 어리석지 않다
couldn't be better/worse
더 이상 좋을 수/나쁠 수 없다

</td><td>

all the more ~때문에 더욱 더
none the less ~에도 불구하고
more and more 점점 더
no longer / no more 더 이상 ~하지 않는다

</td></tr>
</table>

He loves her **all the more** for her weaknesses. 그는 그녀의 단점 때문에 더욱 더 그녀를 사랑한다.

He **knows better than to** accept such an offer. 그는 그런 제의를 받아들일 만큼 어리석지는 않다.

 **최상급**

○ the + -est / the most + 형용사[부사]

It was **the most exciting** vacation **of their lives**. 그것은 그들 생애에서 가장 즐거운 휴가였다.

Busan is **the second largest** city **in Korea**. 부산은 한국에서 두 번째로 큰 도시이다.

The wisest man may sometimes make a mistake. 아무리 현명한 사람이라도 때로 실수를 할 수 있다. → 양보의 의미

He is **the last** man to take care of a baby. 그는 결코 아기를 돌봐줄 사람이 아니다. → 부정의 의미

○ **최상급 수식 부사**: by far, easily, much, quite

Shakespeare is **the greatest** writer that **has ever lived**. 셰익스피어는 역사상 가장 위대한 작가이다.
↘ 강조를 위한 that have ever p.p.

○ **최상급 관용구문**

<table>
<tr><td>

at best 기껏해야
make the best[most] of 가장 잘 이용하다

</td><td>

for the most part 대부분
do one's best 최선을 다하다

</td></tr>
</table>

He is a second-rate poet **at best**. 그는 기껏해야 이류 시인이다.

He **did his best** to recover his health. 그는 건강을 되찾기 위해 최선을 다했다.

D 주의해야 할 비교급과 최상급

불규칙 변화하는 형용사와 부사

good[well] – better – best bad[ill] – worse – worst	many[much] – more – most little – less – least

의미에 따라 변화가 다른 형용사와 부사

old – older – oldest 나이가 더 많은 – 가장 많은 old – elder eldest 손위의 – 가장 손위의	late – later – latest 더 늦은 – 가장 늦은 late – latter – last 후반의 – 마지막의

far – farther – farthest 더 먼 – 가장 먼 → 물리적 거리
far – further – furthest 동떨어진 – 가장 거리가 먼 → 추상적 의미

According to **the latest** news, the hostage was safely released.
최신 뉴스에 따르면 그 인질이 안전하게 풀려났다고 한다.

The former part of the musical is less interesting than **the latter** part.
그 뮤지컬의 전반부는 후반부보다 덜 흥미롭다.

✓ Teacher's Advice

하나

최상급 표현에는 대부분 그 범주가 명시된다.

He is **the tallest boy of** the students **in his class**. 그는 반 학생들 중에서 가장 큰 소년이다.

He is **the most** popular singer **in Korea**. 그는 한국에서 가장 인기 있는 가수이다.

Seoul is **one of the most crowded cities in the world**. 서울은 세계에서 가장 붐비는 도시 중 하나이다.

둘

정관사가 없으면 최상급의 의미가 아니다.

Harry is **a most** clever boy. 해리는 매우 영리한 소년이다.

Most teachers are kind to students. 대부분의 선생님들은 학생들에게 친절하다.

#예외적으로 다음에서는 the 없이 최상급으로 사용된다.

The lake is **deepest** here. 이 호수는 이 곳이 가장 깊다. → 동일 대상 내의 최상급

John studies **hardest** in his class. 존이 그의 반에서 가장 열심히 공부한다. → 부사의 최상급

시험엔 이렇게 나와요

as ~ as 원급 비교와 비교급 비교의 형식, 그리고 최상급에 정관사가 붙는다는 것을 잘 기억해 두면 어렵지 않게 문제를 풀 수 있다.

A: I have never seen anyone work __________.
B: You're right. He's the best worker in the company.

(a) fast and efficient as John (b) as fast and efficiently as John
(c) like John's fast and efficient work (d) like the work of John's fast and efficient

번역 A: 나는 존만큼 빠르고 능률적으로 일하는 사람을 본 적이 없어.
  B: 맞아. 그는 회사에서 최고의 일꾼이야.

해설 비교급의 형식을 묻는 문제이다. 동사 work를 수식해야 하므로 부사가 와야 하는데, 비교를 하려면 as ~ as 사이에 부사가 들어가 있어야 한다. 따라서 정답은 (b). 이 때 fast는 형용사와 부사의 형태가 같다는 점에 유의해야 한다.

감각 익히기 ❸

다음 문장에 알맞은 어구를 고르시오.

1   The (later / latter) half of the book is very exciting.

2   The weather couldn't be (better / best).

3   For (farther / further) information, please refer to the regulations.

4   John has twice (as many / more) cards than Bill.

5   It is (even / by far) the most popular soccer team in Europe.

6   You will be (as good a teacher / as a good teacher) as me.

7   Harry is (the cleverer / the cleverest) of the two boys.

1 형태가 특이한 부사를 기억하라.

형용사와 형태가 같거나 형태에 따라 의미가 달라지는 부사는 Part III & IV에서 특히 자주 출제되므로 반드시 기억해 두어야 한다.

- 형용사와 형태가 같은 부사: early / enough / fast / half / hard / late / long / tight / wide
- 형태에 따라 의미가 다른 부사: late 늦게 — lately 최근에   deep 깊이(추상적) — deeply 깊이(물리적)

  pretty 꽤 — prettily 예쁘게   hard 열심히 — hardly 거의

  short 짧게 — shortly 곧

2 부사의 위치를 확인하라.

부사에 따라 문장에서 쓰이는 위치가 다르므로 어구나 문장을 통째로 외워 두어야 한다.

a **very** cute puppy / **quite** an old book / **rather** an old house / **such** a cute boy
I haven't done it **yet**. / I **still** can't understand it.
He **usually** goes to church on Sundays.
good **enough** to… / **too** good a chance **to** miss

3 much, too 등의 부사의 어순은 반드시 하나씩 따져본다.

부사가 둘 이상 올 때의 어순은 명사 바로 앞에서부터 따져보아야 한다.

It is **much too dangerous** a job. 그것은 매우 위험한 일이다.
- 형용사 dangerous를 앞에서 수식할 수 있는 부사: very, so, too
- very와 so는 다른 부사의 수식을 받을 수 없다.
- too는 much의 수식을 받을 수 있다.

4 비교급 앞에 정관사 the가 붙는 구문을 기억하라.

비교급에는 원래 정관사가 붙지 않지만 특별한 의미를 가질 때는 the가 붙는다.

The sooner, the better. 빠를수록 좋다. / **The more, the better**. 많을수록 좋다.
the taller **of the two** / **the** bigger **of A and B** → 둘 중에서 고를 때

5 최상급에는 the를 붙이고, 비교급에는 more/-er을 붙여라.

동일 대상이나 부사일 때를 제외하고 최상급 표현에는 언제나 the가 붙는다.

the most / **the** best / **the** worst / **the** most beautiful / **the** most diligent
- 비교급에서는 more나 -er 둘 중에 하나만 나오도록 해야 한다.
- 틀린 예문으로 more better 등이 사용될 수 있다.

Practice Test ❶

▶ 정답 및 해설 p.14

_ Part I **Questions 1~5** Choose the best answer for the blank.

1 A: Which team do you think will win the series?

  B: I'm not sure. Both teams __________ have a chance, I think.

  (a) yet
  (b) still
  (c) much
  (d) already

2 A: Do you have any change?

  B: I'm sorry. I have __________ few coins right now.

  (a) very
  (b) quite
  (c) much
  (d) hardly

3 A: Are there any good restaurants around here?

  B: You could try Little Prince. It's a French restaurant that I go to __________ .

  (a) one a month
  (b) at one a month
  (c) one month at least
  (d) at least once a month

4 A: Are you happy with your new assistant?

  B: Not really. He makes __________ many mistakes for me to like him.

  (a) too
  (b) very
  (c) quite
  (d) rather

5 A: How is your father now that he's had his surgery?

  B: He says he feels __________ he did when he was 25.

  (a) good
  (b) good as
  (c) as good
  (d) as good as

Part II   **Questions 6~10**   Choose the best answer for the blank.

6   The audience was ___________ large that they got extremely nervous.

(a) so
(b) too
(c) such
(d) very

7   Black market prices for drugs are estimated to be one hundred times ___________ the cost of production.

(a) great as
(b) greater than
(c) than the greatest
(d) more greater than

8   After hearing the boss say they could take the day off, everyone thought it was ___________ good to be true.

(a) so
(b) too
(c) very
(d) quite

9   It is quite difficult for many students to get up ___________ breakfast.

(a) enough early to eat
(b) early enough to eat
(c) to eat early enough
(d) enough to eat early

10   His colleagues became upset when Henry boasted of being ___________ at the company.

(a) the most single valuable employee
(b) the single most valuable employee
(c) the single valuable of most employees
(d) the most valuable singles of employees

Practice Test ❷

   Questions 1~4   Choose the best answer for the blank.

1   A: Are Tom and Jane of the same height?
   B: No, Tom is ___________ of the two.

   (a) taller
   (b) a taller
   (c) the taller
   (d) any taller

2   A: Would you mind? The TV is ___________.
   B: Oh, sorry, I'll turn down the volume.

   (a) a bit too loud
   (b) too loud a bit
   (c) playing aloud
   (d) loudly playing

3   A: Do you think John will accept the job offer with such a low salary?
   B: Probably not, he knows ___________ to accept that job.

   (a) better
   (b) better than
   (c) that is better
   (d) better than it

4   A: Why don't you close the window? It's so cold.
   B: The cold is ___________ the stuffy air.

   (a) preferable to
   (b) preferable than
   (c) more preferable to
   (d) more than preferable

   Questions 5~8   Choose the best answer for the blank.

5   The big spenders on lottery tickets are typically those who can ___________ afford it – the poor.

   (a) less
   (b) best
   (c) least
   (d) better

6   Drivers run a risk of crashing during a cell phone conversation that is four times __________ normal.

(a) as high
(b) high as
(c) higher than
(d) than higher to

7   The birthday party __________ when Jack arrived from school.

(a) was to finish about
(b) had almost finished
(c) almost had finished
(d) was finished about to

8   At this mosque, __________ allowed to enter and worship.

(a) men over 50
(b) over 50 men
(c) are only men older than 50 years
(d) only men older than 50 years are

Part III   Identify the option that contains an awkward expression or an error in grammar.

9   (a) A: I really need to go run an errand.
(b) B: Go ahead. I'll take care of the twins.
(c) A: Are you sure you can handle them?
(d) B: Don't worry. I'll watch them close.

Part IV   Identify the option that contains an awkward expression or an error in grammar.

10   (a) Laura really liked her new job since it did not require long hours. (b) She felt it was much more better than her last one. (c) Before this, she was working sixty plus hours a week. (d) The fatigue and stress were even beginning to affect her health.

Unit 8 기타 구문

문장 전체의 구조에 대한 인식

- 어떤 특정 품사에 국한되지 않고 문장 전체의 구조나 어순 등에 대한 문제의 출제가 늘어나고 있는 경향이다. 주로 시험에 많이 출제되는 유형을 중심으로 기본적인 문장 구조에 대해 정확히 기억해 두어야 한다.
- 도치, 강조, 삽입, 생략 등 구문들의 특징을 정리하여 문제의 형식과 함께 알아두는 것이 좋다.
- 이어동사와 간접의문문의 어순을 기억해야 한다.

특수구문 정리

분류	설명
생략	• 반복되거나, 없어도 의미에 지장이 없는 부분 – 조동사 다음의 동사구 (I can.) / 대부정사 (I'd love to.) – 접속사절의 주어 + be / 관계대명사 + be – 분사구문의 being, having been
도치	• 부정어구가 문장 앞에 있을 때: **Never** did I dream… …은 꿈도 못꾸었다. • 장소부사구가 문장 앞에 있을 때: **Here** comes the teacher. 선생님 오신다.
강조	• It is … that 구문: 주어, 목적어, 부사(구, 절)를 강조. that은 who, when, where 등으로 대체 가능
삽입	• I think, I believe 등이 문장 중간에 들어감: 전체 문장에서 빠져도 기본 구조에는 지장을 주지 않음 • 계속적 용법의 관계사절, 동격

기억해야 할 기본 문장 어순

분류	예
감탄문	**What a beautiful day!** 날씨 너무 좋다! / **How cute!** 너무 귀엽다!
간접의문문 (의문사 + 주어 + 동사)	Do you know **who he is**? 그가 누구인지 아니? **Who** do you think **he is**? 그가 누구라고 생각하니?
이어동사와 목적어	**pick up, give up, put down** 등 pick **him** up / give **it** up → 대명사가 목적어일 때 중간 pick up **Mary** / pick **Mary** up → 명사가 목적어일 때 뒤 혹은 중간 *cf.* look at it look은 자동사이므로 뒤에 오는 at은 전치사이다. 전치사는 대명사 뒤로 가지 않는다. (pick, give, put은 타동사)

1 생략과 도치

Ⓐ 생략구문

기본적으로 없어도 의미 파악에 지장이 없는 부분은 생략이 가능하다.

Will you go shopping with me? ― I'd love **to**. 나랑 같이 쇼핑갈래? – 그럴게. → 대부정사 to 사용

I'll be back soon, if **(it is)** possible. 가능하면 곧 돌아올게. → 접속사절에서 '주어 + be'

Do you see the man **(who is)** standing next to Andy? 앤디 옆에 서있는 남자 보여? → 관계대명사 + be

I would like to call Mary, but I can't **(call her)**. 나는 메리에게 전화하고 싶지만 할 수가 없다. → 조동사 다음의 동사구

#관용적 생략구문

What if… …하면 어쩌나	If only… …하기만 한다면
What for? 왜?	How come + 주어 + 동사? 어째서[왜] ~하는가?
I hope so. / I hope not. 나도 그러길/그러지 않기를 바라.	I'm afraid so. / I'm afraid not. 그런 것 같아. / 아닌 것 같아.

Ⓑ 도치구문: 주어와 동사의 순서가 바뀌는 구문

○ 부정어구가 문장 앞에 있을 때

> never / seldom / scarcely / hardly / only / nor / nowhere / little / rarely
> at no time / by no means / not until
> no sooner A than B A 하자마자 B하다 / no more A than B B하지 않는 것과 마찬가지로 A하지 않다

Only in my dream will it be possible. 그런 일은 내 꿈 속에서나 가능할 것이다.

No sooner had she put down the phone than it started to ring again.
그녀가 전화를 끊자마자 전화 벨이 다시 울렸다.

○ 장소의 부사(구)가 문장 앞에 나올 때: be, come, lie, stand 등의 동사

Down went the bus over the cliff. 버스가 낭떠러지로 굴러떨어졌다.

Here comes the bus. 버스 온다.

There is a book on the table. 탁자 위에 책 한 권이 있다.

대명사가 주어일 경우에는 도치되지 않는다.

Here he comes. 그가 온다.　　**Here you** are[go]. (물건을 건네줄 때) 여기 있어요.; (주의 환기) 자, 보세요.

○ So + 동사 + 주어 / Neither + 동사 + 주어

I like swimming. ― **So do I**. 나는 수영이 좋아. – 나도 그래.

I don't like mathematics. ― **Neither[Nor] do I**. 나는 수학이 싫어. – 나도 그래.

cf. So + 주어 + 동사

He is an excellent director. ― **So he is**. 그는 뛰어난 감독이야. – 정말 그래(동감이야).

✓ Teacher's Advice

양보절에서 보어가 문장 앞으로 갈 때는 주어, 동사의 도치가 일어나지 않는다.

Young as he is, he has an ability to take the charge of the work.

그는 비록 어리지만 그 일을 맡을 만한 능력이 있다.

Boy as he is, … 그가 비록 소년이긴 하지만… → 양보절 구문에서는 명사에 관사를 붙이지 않는다.

시험엔 이렇게 나와요

기본적인 생략구문과 도치구문에 관한 문제는 거의 항상 출제된다. 특히, 부정어(주로 never/ony)가 맨 앞에 있는 문장은 가장 자주 나오는 형태이므로 반드시 기억해 두어야 한다.

1. A: Can we make it on time to the conference?
   B: I'm afraid we ___________. We are stuck in heavy traffic jam.

   (a) can't   (b) can't make
   (c) can't make it on it   (d) can't make it on time to it

번역   A: 회의에 제시간에 갈 수 있을까요?
      B: 그럴 수 없을 것 같아요. 길이 너무 막혀요.

해설   앞 문장의 내용을 반복하는 내용은 생략할 수 있다. 생략구문에는 조동사나 대동사 하나만 있어야 하므로 (a)가 정답이다.

2. A: I'm sorry about your grandmother passing away. Are you okay?
   B: ___________ so sad in my life.

   (a) I have been never   (b) Have I never been
   (c) Never have I been   (d) Never I have been

번역   A: 할머니가 돌아가셨다니 유감이야. 괜찮아?
      B: 평생 이렇게 슬퍼 본 적이 없어.

해설   원래 never는 첫 번째 조동사 다음에 있어야 하는데, 문장 앞으로 오면 도치가 된다. 즉, I have never been… 혹은 Never have I been…이 되어야 하므로 정답은 (c)이다.

감각 익히기 ❶

다음 문장에 알맞은 어구를 고르시오.

1   In no way (he is / is he) going to accept the offer.

2   On the chair (sat / did sit) a cute puppy.

3   Can you come to the party? — I'm afraid (so / not).

4   When will you pick (up Mary / Mary up)? I have to pick (up her / her up) at 6.

5   I like everything in this town. — (So I do. / So do I.)

2 삽입, 강조, 병렬

A 삽입

Andy has a watch that **I think** is very expensive. 앤디는 내 생각에 매우 비싼 시계를 가지고 있다.
↘ 절 I think 삽입(주로 I believe / I think / it seems 등)
Judy, **a friend of my sister**, is very smart. 내 여동생 친구인 주디는 매우 영리하다. → 동격
Our car, **which is very old**, breaks down quite often. 우리 차는 낡아서 고장이 자주 난다. → 관계사절 : 계속적 용법
There is little, **if any**, possibility of his failure. 그가 실패할 가능성은 있다 해도 거의 없다. → 관용표현 : 명사 수식
My mother seldom, **if ever**, nags at me. 우리 엄마는 나에게 잔소리를 거의 하지 않는다. → 관용표현 : 동사 수식

B 강조: It is ... that ...

It was Jane **that[who]** bought a doll in the department store. 백화점에서 인형을 산 것은 제인이었다.
It was a doll **that** Jane bought in the department store. 제인이 백화점에서 산 것은 인형이었다.
It was in the department store **that[where]** Jane bought a doll. 제인이 인형을 산 장소는 백화점이었다.

기타 강조 구문

I **do** promise not to tell a lie again. 다시는 거짓말을 하지 않겠다고 정말 약속합니다. → 동사를 강조
Where **on earth** is John? 존은 도대체 어디 있는 거야? → 의문사를 강조
I **don't** like it **at all**. 나는 그것이 전혀 마음에 들지 않는다. → 부정을 강조

C 병렬구조: 대등 접속사(and, but, or) 앞뒤 / 병렬을 나타내는 상관어구

This house is **old but comfortable**. 이 집은 낡았지만 편안하다. → 형용사
John likes to **read or listen** to music in his leisure time. 존은 여가시간에 독서를 하거나 음악 듣는 것을 좋아한다.
↘ to부정사
She **opened** the door **and greeted** her quests. 그녀는 문을 열고 손님에게 인사했다. → 동사
Neither my mother nor my brother is at home now. 지금 어머니와 오빠 둘 다 집에 없어요. → 상관어구

병렬 상관어구

either A or B / neither A nor B / not only A but also B / whether A or B / not A but B

D 부분부정

전체를 나타내는 말 앞에 부정어가 사용되면 '전부 ~한 것은 아니다'라는 부분적인 부정의 의미이다.

hardly / never / not / scarcely	+	all / always / absolutely / both / completely entirely / every / necessarily / completely / whole

He **hasn't** completed **all** his homework. 그가 숙제를 전부 다 한 것은 아니다. → 일부를 했다.

I **don't** know **both** of them. 나는 그들 둘 다 알지는 못한다. → 한 명만 안다.

✓ Teacher's Advice

병렬구조가 주어에 올 때는 동사와의 일치에 주의해야 한다.

Either the teacher **or** his students usually clean the classroom.

선생님이나 그의 학생들이 주로 교실을 청소한다. → 동사는 his students에 일치(Either A or **B**)

Not Mary **but** her parents are responsible for it. 메리가 아니라 그녀의 부모님의 책임이다.

→ 동사는 her parents에 일치(Not A but **B**)

시험엔 이렇게 나와요

강조구문 *It is … that* 구문에서는 명사구, 부사구 등이 강조될 수 있다. 주어·동사가 둘이고 적절한 접속사나 관계사가 없다면 강조구문의 가능성을 생각해 볼 수 있다. 강조구문에는 *that* 이외에도 강조된 부분의 성격에 따라 *who, when, where* 등도 쓰일 수 있다.

It is only in industrialized countries _____________ people can afford to have a preoccupation with the right-to-die issue.

(a) that　　　(b) though　　　(c) whether　　　(d) whereas

번역　사람들이 '인간답게 죽을 권리'의 문제에 몰두할 수 있는 것은 산업화된 국가에서만 가능하다.

해설　부사구 앞에 it is가 나오고 다음에 완전한 절이 나오므로 강조구문이다. It is … that 구문이므로 (a)가 정답이다.

감각 익히기 ❷　　＊ 다음 문장의 틀린 부분을 고치시오.

1　Dancing and to watch movies are my favorite hobbies.

2　Either John nor Harry will be here to help us.

3　It was not until yesterday I heard about him.

4　There sat a boy I thought was a beggar.

5　My hometown, is in the southern part of Korea, is very calm.

6　It is not you but is him that is to blame.

7　My home gives me a feeling of security, love and comfortable.

8　Yesterday I lost my wallet, broke my glasses, and I missed the train.

1 **부정어구가 문장 앞에 있으면 주절 주어 · 동사는 반드시 도치된다.**

- 부정어: never / seldom / not until / little / hardly / only

Little have I dreamed … …는 거의 꿈꾸어 본 적이 없다.
Only at dawn can he fall asleep. 그는 새벽에만 잠이 들 수 있다.

2 **간접의문문에서는 주어 · 동사가 도치되지 않는다.**

동사의 목적어가 되는 절에서는 주어 · 동사가 도치되지 않는다. 이 때 의문사의 위치를 함께 기억해야 한다.

I wonder **where they are**. 나는 그들이 어디 있는지 궁금하다.
What do you think **is** the most important in life? 인생에서 가장 소중한 것이 무엇이라고 생각하니?
Do you know **what is** the most important in life? 인생에서 가장 소중한 것이 무엇인지 아니?

3 **동사가 두 개 나란히 붙어 있으면 삽입절일 가능성이 많다.**

The thing that **I think** is the most important in the world is love.
내 생각에 세상에서 가장 소중한 것은 사랑이다.
He is the person who **I suspect** is responsible for the accident.
그는 내가 그 사건에 책임이 있다고 의심하는 사람이다.

4 **문장 어순은 의미가 가벼운 것이 앞에 온다.**

- 이어동사에서 대명사 목적어는 동사와 부사 사이에 오지만 명사는 이어동사 뒤에 온다.

pick **it** up / put **it** down / cheer **me** up *vs.* pick up **the man** / give up **the project**

- 도치구문에서 대명사 주어는 도치되지 않는다.

There comes **the teacher**. 저기 선생님 오신다. *vs.* There **he** comes. 저기 그가 온다.

5 **and, but 앞뒤에는 같은 형식의 어구가 와야 한다.**

John and his friends → 명사
old but comfortable → 형용사
to sing and (to) dance → to부정사
singing and dancing → 동명사

Part I **Questions 1~5** Choose the best answer for the blank.

1 A: That was an excellent performance.
   B: I know, ___________!

   (a) how great concert was it
   (b) how the concert was great
   (c) great concert what it was
   (d) what a great concert it was

2 A: I don't think I'll be able to enjoy this vacation. I have so many deadlines to meet.
   B: ___________. I wish I could just forget about them.

   (a) So do I
   (b) So I do
   (c) Neither do I
   (d) Neither I do

3 A: Clara seems really offended. Why did you say that?
   B: I didn't ___________. I was simply making a casual remark.

   (a) mean
   (b) mean to
   (c) mean to say
   (d) mean to say to

4 A: Did you see that bruise Dan got after the accident?
   B: Not until this morning ___________ it. It was awful.

   (a) I see
   (b) did see
   (c) I did see
   (d) did I see

5 A: Do you think Mellisa will like the gift we bought her?
   B: I don't know for sure, ___________.

   (a) I hope
   (b) hoping so
   (c) so I hope it
   (d) but I hope so

6   Among the tall trees in the jungle ____________ David had never seen before.

(a) colorful parrots were
(b) were colorful parrots
(c) colorful parrots there were
(d) were there colorful parrots

7   ____________ in the Amazon where the rainforest is being destroyed but in Southeast Asia as well.

(a) Not only is it
(b) Not is it only
(c) It is only not
(d) Is it not only

8   During vacation, John and Patty thoroughly enjoyed the mountains ____________ .

(a) to go skiing and hike
(b) going to ski and to hike
(c) by going skiing as well as hiking
(d) who both went skiing and hiking

9   Of all the problems facing the country, it is ____________ threatens to destabilize society.

(a) most broken families
(b) most broken families that
(c) the crisis of broken families most
(d) the crisis of broken families that most

10   Since there were no street signs, Alex called Mike to find out ____________ to get to Mike's house.

(a) the turn is where
(b) where is the turn
(c) where he should turn
(d) where should he turn

Practice Test ❷

 Questions 1~4 Choose the best answer for the blank.

1 A: I wonder if this is the road we took last time.
   B: This looks like the same road, ___________?

   (a) isn't that
   (b) you think not
   (c) you don't think
   (d) don't you think

2 A: I haven't got the test result yet.
   B: ___________ , and it's been two weeks.

   (a) I have nor
   (b) Nor have I
   (c) Neither I have
   (d) Have I neither

3 A: How was the class you took in the summer?
   B: The intensive course was ___________.

   (a) impossibly not challenging
   (b) not impossible and challenge
   (c) but a challenge of impossible
   (d) challenging but not impossible

4 A: Why didn't you come to the alumni meeting yesterday?
   B: ___________ I was informed of the meeting.

   (a) Only this morning
   (b) It was this morning
   (c) Was it this morning only
   (d) It was only this morning that

 Questions 5~8 Choose the best answer for the blank.

5 Only by looking into your own heart ___________ clear.

   (a) your vision becomes
   (b) becomes your vision
   (c) your vision can become
   (d) can your vision become

6 Researchers are investigating whether ______________ to support the use of mouth-guards to relieve snoring in non-obese patients.

(a) the evidence
(b) is any evidence
(c) is there evidence
(d) there is any evidence

7 Some people feel that drastic action is __________ political change.

(a) way to achieve the
(b) the achieving way of
(c) the only way to achieve
(d) achieved only by way to

8 No sooner __________ helicopters started firing rockets.

(a) the bombing stopped that
(b) the bombing had stopped that
(c) had the bombing stopped than
(d) that the bombing stopped than

Part III   Identify the option that contains an awkward expression or an error in grammar.

9 (a) A: Excuse me. Are you the state park ranger?
(b) B: Yes, I am. Can I help you with something?
(c) A: I'd like to know where are the nature trails in this park.
(d) B: There are two trails, one through the valley and the other up the mountain.

Part IV   Identify the option that contains an awkward expression or an error in grammar.

10 (a) Publishing an effective textbook is a very difficult task. (b) In rapidly developing fields, the material quickly becomes outdated. (c) Also, having multiple authors can create inconsistencies in style. (d) Rarely first editions are adopted widely and used in classrooms.

전치사 따라잡기

전치사는 문장에서 주요 구조에 속하지는 않지만 명사를 적절하게 앞 동사나 다른 명사에 연결해 주는 역할을 한다. 관용 수동구문, 동명사 구문과 함께 나오는 경우가 많고, 동사의 의미에 따라 적절한 전치사가 함께 쓰인다. 우리말에는 전치사가 없기 때문에 약간의 주의를 기울여 기본적인 의미들을 기억해 둘 필요가 있다. 이 장에서는 기본적인 전치사들을 중심으로 그 의미를 간단히 정리하고 연습문제를 통하여 TEPS의 전치사 문제에 익숙해지도록 연습해 본다.

1 일반적으로 많이 사용되는 전치사

Ⓐ 시간과 장소의 전치사

	전치사	의미	사용 어구
시간	**at**	정확한 시각, 순간	**at** the moment 그 때 / **at** five 5시에 / **at** night 밤에
	on	day나 day가 명시된 시간	**on** Friday 금요일에 / **on** Tuesday afternoon 목요일 오후에 / **on** that day 그 날에
	in	어느 정도 길이가 있는 시간	**in** winter 겨울에 / **in** the morning 아침에 / **in** a few days 며칠 후에
	before / after	~전에/후에	**before/after** the due date 기일 전/후에
	within	~이내에(기한)	**within** a week 일주일 이내에
장소	**at**	지점(point)	**at** the party 파티에서 / **at** the door 문간[출입구]에서 / **at** the airport 공항에서
	on	어떤 표면에 붙어있는	**on** the table 탁자 위에 / **on** the river 강물 위에 **on** the screen 화면에 / **on** the ceiling 천장에
	in	실제의 행위가 일어나는 물리적 공간	**in** the room 방에(서) / **in** the book 책에(서) **in** Korea 한국에(서)
	into / out of	안으로 / 밖으로(이동)	**into/out of** the room 방 안으로/밖으로

전치사	사용 어구
상태를 나타내는 at / in / on / under	**at** work 직장에 / **at** peace 평화롭게 / **at** rest 잠들어, 휴식하여 **in** horror 무서워서 / **in** love (~을) 사랑하여 / **in** danger 위험하여 **on** sale 세일 중인 / **on** fire 불이 나서, 불타서 / **on** a diet 다이어트 중인 **under** construction 공사 중인 / **under** repair 수리 중인
대상 앞에 쓰는 in / on / about / at / over	major **in** ~을 전공하다 / interested **in** ~에 흥미 있는 a paper **on** linguistics 언어학에 관한 논문 a story **about** a cat 고양이에 관한 이야기 good/poor **at** singing 노래에 능한/서투른 argue **over** the topic 그 주제에 관해 토론하다
원인을 밝혀주는 at / with / for / through / of / from	surprised **at** the news 그 소식에 놀란 thank **for** the help 도움에 감사하다 pleased **with** the news 그 소식에 기쁜 **through** hard work 고생을 통해 die **of** cancer 암으로 죽다 die **from** overwork 과로로 죽다
찬성은 for, 반대는 against	**for** or **against** the plan 계획에 찬성하거나 반대하는
결과로 이어지는 to / into	starve **to** death 몹시 배고프다 persuade somebody **into** V–ing 누구를 설득하여 ~하게 하다
책임을 부여하는 on / up to	It's **on** me today. 오늘은 내가 낸다. It's **up to** you. 그건 너에게 달려 있다.
재료를 명시하는 of / from / with	The desk is made **of** wood. 그 책상은 나무로 만들어졌다. Wine is made **from** grapes. 와인은 포도로 만든다. Pound cake is made **with** flour, eggs, and some sugar. 파운드 케이크는 밀가루, 달걀, 그리고 설탕으로 만든다.

2 혼동하기 쉬운 전치사

A for *vs.* during: ~동안

The war lasted **for** 10 years. **During** the war, a lot of people lost their family and property.
그 전쟁은 10년 동안 계속되었다. 그 전쟁 동안 많은 사람이 가족과 재산을 잃었다.
↳ for는 어떤 기간 내내 계속됨을 의미하며 주로 last, wait 등의 동사와 함께 사용된다. during은 그 기간 동안 발생한 일을 표현하므로 동작동사와 함께 사용된다.

B by *vs.* until: ~까지

He had to submit the report **by** 9 a.m. this morning. So he worked on it **until** midnight yesterday.
그는 오늘 아침 9시까지 그 보고서를 제출해야만 했다. 그래서 그는 어젯밤 자정까지 계속 일했다.
↳ by는 기한을 나타내고 until은 그 시점까지 계속되는 동작을 나타낸다.

C since *vs.* from: ~부터

John has been working in a bank **since** 2003. He works **from** 8 to 6 every day.
존은 2003년부터 지금까지 은행에서 근무하고 있다. 그는 매일 8시부터 6시까지 일한다.
↳ since는 시작 시점부터 지금까지 계속되어온 동작이나 상태를 의미하므로 현재완료시제와 함께 사용된다.
from은 시작점만 나타내는 전치사이므로 주로 to/until과 함께 사용되며 시제는 내용에 따라 달라질 수 있다.

3 시험에 잘 나오는 전치사

by	**by** the hour 시간 단위로 **by** bus 버스편으로 *cf.* **in** a bus John is taller than Jerry **by** 10 cm. 존이 제리보다 10cm만큼 더 크다.
for	**for** his age 그의 나이에 비해 **for** sale 팔려고 내놓은 *cf.* **on** sale 할인 판매하는 I bought the book **for** 15 dollars. 나는 그 책을 15달러에 (주고) 샀다.
to	the answer/way/key **to** ~에 대한 대답/방법/열쇠 **according to** ~에 의하면, ~에 따르면 next **to** ~옆에, ~다음에 **with regard to** ~에 관하여, ~와 관련하여 with respect **to** ~에 관하여, ~와 관련하여 **thanks to** ~덕분에
with	**with** his eyes closed 그의 눈은 감은 채로 Good luck **with** your new job. 당신의 새로운 일에 행운이 함께하기를.

1   I'm _________ a diet.

2   I hope to finish it __________ two weeks.

3   John jumped _________ the fence in pursuit of the robber.

4   Don't leave the room _________ the window open.

5   I have to be back home _________ 10 o'clock.

6   We usually have meeting _________ the morning of Mondays.

7   He took my bag _________ mistake.

8   Jennie went to the party _________ a taxi.

9   French and English differ __________ this respect.

10 She is standing _________ Bill and Jess.

Practice Test

▶ 정답 및 해설 p.17

_Part I   **Questions 1~6**   Choose the best answer for the blank.

1   A: This dish is delicious. What's in it?
   B: It's made ________ flour, eggs, seafood, and vegetables.

    (a) by   (b) for
    (c) into   (d) with

2   A: Why didn't you speak up in class?
   B: I didn't know the answer ________ the teacher's question.

    (a) to   (b) of
    (c) on   (d) about

3   A: Did you wake up late again?
   B: Yes, I didn't even hear the loud buzzing ________ my alarm clock!

    (a) in   (b) of
    (c) on   (d) around

4   A: What did the police do at the scene of the accident?
   B: They looked all around and searched ________ clues.

    (a) on   (b) by
    (c) for   (d) with

5   A: Are you getting stressed thinking of your upcoming move to a foreign country?
   B: Yes, I'm definitely getting nervous ________ it.

    (a) by   (b) for
    (c) about   (d) around

6   A: I can't believe you sprayed graffiti. Did you get in trouble?
   B: Yes, I was scolded ________ it.

    (a) by   (b) for
    (c) with   (d) from

7   It is possible to link to a webpage __________ that page's owner ever knowing about it.

   (a) minus   (b) except
   (c) beyond   (d) without

8   Having too little money to fly, Sarah had no choice but to go __________ boat to the island.

   (a) on   (b) in
   (c) by   (d) onto

9   From the mountaintop, the hikers felt like they could see __________ the border and into the neighboring country.

   (a) above   (b) beside
   (c) outside   (d) beyond

10   Rescuers are in search __________ passengers of a plane that crashed into the ocean on Tuesday.

   (a) by   (b) to
   (c) of   (d) after

Part III & IV 따라잡기

Part III와 IV는 대화문과 서술문에서 틀린 부분을 찾아내는 문제이다. Part III와 IV의 문제는 I, II와는 달리 주요 분야에 치중되기보다 다양한 분야에서 골고루 출제된다. 특히 앞 Part에서 많이 다루지 못하는 관사, 일치 등 아주 기본적인 문법 사항을 확인하는 것이 중요하다. Part III와 IV 문제를 많이 풀어보면 문법 전반에 관한 정리를 할 수 있으며, TEPS뿐 아니라 영작문에도 상당한 도움이 될 것이다.

Part III & IV에는 문법의 모든 분야가 다 포함될 수 있지만 주로 많이 출제되는 부분은 정해져 있다. 그 요소들을 중심으로 문제를 따라잡아 보자.

1 태와 시제

태는 수동, 능동 둘밖에 없기 때문에 보통 시제 등 다른 요소와 함께 출제된다. 또한 가장 기본적인 시제의 선택만이 틀린 답으로 제시되므로 모든 문장의 동사를 체크하는 습관을 들여 두면 좋다.

출제 예시

Jane ~~has been~~ to Canada last year. 제인은 작년에 캐나다에 갔다.
  ↳ went

John ~~believed~~ to be honest. 존은 정직하다고 여겨졌다.
  ↳ was believed

2 조동사

Part III, IV에서는 아주 특징적인 조동사 부분만을 틀리게 출제할 수 있으므로 조동사 관용어구나 의미가 강한 조동사를 중심으로 확인하면 된다.

출제 예시

You ~~must have done~~ your homework. 너는 숙제를 했어야만 했다.
  ↳ should have done

3 가정법

그 문장이 가정법 문장인지를 판단할 수 있으면 되는데, 특히 조심할 것은 한 문장 안에 직설법과 가정법이 섞여있으면 틀린 문장이라는 점이다.

출제 예시

If it rains tomorrow, the picnic ~~would~~ be canceled. 내일 비가 오면 소풍은 취소될 것이다.
    ↳ will

4 동사의 구조

특정 동사가 취하는 구조를 늘 확인해야 한다.

출제 예시

We would appreciate ~~you~~ if you could help us. 우리를 도와주실 수 있다면 고맙겠습니다.
　　　　　　　　　　 ↳ it/that

5 준동사

동사 다음에 나오는 to부정사와 동명사의 구분, 동명사 관용구, 분사구문에서 주어가 같은지 등을 확인해야 한다. 특히, 분사의 형태는 늘 확인하도록 한다.

출제 예시

Don't forget ~~locking~~ the door before you leave home. 집을 나가기 전에 문 잠그는 것을 잊지 마라.
　　　　　　 ↳ to lock

Crossing the road, ~~a truck almost hit me~~. 길을 건너다가 하마터면 트럭에 치일 뻔했어요.
　　　　　　　 ↳ I was almost hit by a truck.

To check if my arm is broken, I have to get it ~~X-ray~~. 팔이 부러졌는지 검사해 보려면 엑스레이를 찍어야 해요.
　　　　　　　　　　　　　　　 ↳ X-rayed

6 일치

주어, 동사 간의 일치 문제로, 주로 Part III, IV에서 다루어지는 문법 분야이다. 동사를 체크하면서 단·복수 구분이 필요할 경우에 주어를 확인해 주면 된다. 주어와 동사가 떨어져 있는 문장에 특히 주의해야 한다.

출제 예시

Each book and magazine ~~are~~ listed in the catalogue. 각 책과 잡지들이 카탈로그에 나와 있습니다.
　　　　　　　　　　 ↳ is

The book that I got from my parents ~~were~~ very interesting. 부모님에게서 받은 책은 대단히 재미있었다.
　　　　　　　　　　　　　 ↳ was

7 접속사와 병렬구문

접속사에서는 기본적인 의미인 역접이나 순접을 거꾸로 제시하거나 and, but 같은 대등 접속사의 앞뒤에 나오는 형태를 틀리게 제시하는 경우가 대부분이다. 접속사와 전치사가 바뀌어서 나오는 경우에도 유의하도록 한다.

출제 예시

I enjoy listening to music, reading a book, and ~~to watch~~ TV in leisure time. 나는 여가 시간에 음악을 듣고, 책을 읽고, TV 보는 것을 좋아해요. ↳ watching

~~Despite~~ the teacher helped me, I couldn't pass the exam. 선생님이 도와주셨지만, 나는 시험에 통과하지 못했다. ↳ Though

8 형용사와 부사

비교급의 형태, 최상급 앞의 정관사 the, 수식부사 등이 주로 출제된다.

출제 예시

You should study ~~more harder~~ to pass the exam. 너는 시험에 통과하려면 더 열심히 공부해야 한다. ↳ harder

9 어순

도치구문, 간접의문문 등의 어순에 대한 문제가 늘고 있는 추세이다.

출제 예시

Only in this area ~~hunting is~~ allowed. 오직 이 지역에서만 사냥이 허용됩니다. ↳ is hunting

~~Do you guess where is he~~? ↳ Where do you guess he is? 그가 어디 있을 것 같니?

10 명사와 관사

동사나 전체 문장 구조에서 틀린 부분이 보이지 않을 때는 명사나 관사 부분이 답인 경우가 많다. 셀 수 있는 단수 명사가 관사 없이 쓰이면 안 된다는 것을 명심하고, 수식어가 있을 때 특히 주의하자.

출제 예시

Did you have ~~good flight~~? 비행기는 잘 탔어요? ↳ a good flight

11 비문

본동사가 없거나 접속사절만 있다든지, 의문문에서 대동사가 없는 등의 문장이 가끔 출제된다.

출제 예시

Several kinds of plants ~~living~~ in desert area. 여러 종류의 식물들이 사막 지역에 서식한다.
↳ live

Which of the two ~~you~~ want to choose? 둘 중 어느 것을 선택하고 싶으세요?
↳ do you

✔ **Teacher's Advice**

하나	틀린 부분은 분명히 있다. 문법 요소 중 상대적으로 쉽고 분명한 부분이 주로 틀리게 출제된다.
둘	틀린 것을 맞도록 고칠 필요가 없다. 단지 틀린 부분을 찾기만 하면 된다.
셋	문제는 딱 한 번만 꼼꼼히 읽되, 출제자의 입장에서 어떤 부분을 틀리게 낼 것인가를 예상하면서 읽는다.

Part III & IV 따라잡기 연습

▶ 정답 및 해설 p.17

Questions 1~10 Identify the option that contains an awkward expression or an error in grammar.

Check Point

1
(a) A: Hello, Dr. Williams. I've heard so much about you **from** Dr. Stevens.
(b) B: **So have I.** He's working with you now, isn't he?
(c) A: Yes. I'm in the department Dr. Stevens **has assigned to**.
(d) B: That's great. I hope we can work together sometime.

전치사 / So V+S 구문 / 태

2
(a) A: What are you studying, Beth?
(b) B: I**'m preparing** for a test in Russian class.
(c) A: Really? You **were learning** Russian?
(d) B: Yes, I'm taking **a** class at the community college.

시제 / 관사

3
(a) A: Do you think **we can** make it to the station in time?
(b) B: I don't know. What time is it now?
(c) A: My watch says ten minutes to three.
(d) B: Oh, no! We **should better** hurry, then.

간접의문문 / 조동사

4
(a) A: Do you have any plans for this weekend?
(b) B: No, I'm just going **to rest and try** to relax.
(c) A: How about **going** for a ride on a roller coaster?
(d) B: No way! I **won't** ride on it even **if you paid** me.

병렬구문 / 준동사의 형태 / 가정법

5
(a) A: Okay, I'm ready **to start cook** the food.
(b) B: Great. **Let's first chop** up the onions.
(c) A: Okay. Do you think two cups of onions will be enough?
(d) B: That **should be** plenty for the amount we're making.

동사의 형태 / Let's + 동사원형 / 조동사

6

(a) A: Would you **mind if I left** the game a bit early, John?

(b) B: No, I don't mind, but I'm going to stay until the end.

(c) A: Okay, that's fine. But would you at least walk me out to the entrance?

(d) B: Don't you understand **how important is this match** to me?

7

(a) A: **Running company** is **harder than** I **thought it would** be.

(b) B: Didn't you expect it to be a challenge?

(c) A: Yes, but the competition is **even tougher than** I anticipated.

(d) B: Well, I'm confident you will make **a fine business owner**.

8

(a) A: Aren't you going to answer the door? **Anyone has been** knocking on it.

(b) B: No, I don't have time. I'm just going to pretend I'm not here.

(c) A: But **what if it is someone** who urgently **needs** to see you?

(d) B: That's just too bad. I'm terribly busy right now.

9

(a) A: Hi, Mrs. Davidson. I was told you **wanted** to see me.

(b) B: Oh, I **was**. Please step into my office.

(c) A: Thank you. So what did you want to talk about?

(d) B: Well, I have a new project to discuss.

10

(a) A: I'm **having a hard time writing** this paper.

(b) B: What exactly **is about your paper**?

(c) A: It concerns the Native American tribe **called** the Cherokees.

(d) B: It sounds like you **need to narrow** your subject a bit.

동사 mind의 구조 / 간접 의문문의 어순

준동사 형태 / 관사 / 시제 / 비교구문

대명사 / 시제 / 일치

시제 / 생략구문

동명사 관용구 / 의문문 어순 / 분사 형태 / need동사 다음 형태

_ Part IV   **Questions 1~10**   Identify the option that contains an awkward expression or an error in grammar.

1   (a) **The greatest** challenge to make interstellar travel a reality is speed. (b) Our nearest neighboring star is 4.2 light years away. (c) With current technology, a trip to reach it **would be** prohibitively long. (d) At 55 mph, for example, **we would take over 50 million years** to get there.

최상급 / 동사 형태 / 동사 take의 구조

2   (a) **One of the biggest problems** in American **universities is** tuition fees. (b) **Most** private **universities keep** raising their tuition rates every year. (c) Moreover, **a number of** colleges **charge** more **from** specific majors like medicine. (d) So students **who have** less financial resources can face huge obstacles in getting a college degree.

one of 최상급 복수 + 단수 동사 / most + 복수명사, 일치, 시제 / a number of 복수, 전치사

3   (a) **To be admitted** to Jasper College, all students must communicate well in English. (b) Applicants must achieve an acceptable score on an English test before admission. (c) Only certain pre-approved tests **are accepted**, and scores must be submitted directly. (d) Other evidence of English competence may also **consider**, as needed.

준동사 형태 / 태

4   (a) Mind Tool is an innovative product **that improves** students' writing skills. (b) It **provides** students **with** the self-confidence to acquire knowledge on their own. (c) Its unique **set** of tools **enable** students **to become** self-directed learners. (d) As a result, teachers can **spend** less time on classroom management.

관계사 / 일치 / 전치사 (provide ... with) / enable ... to부정사 / spend의 다음 구조

5 (a) The traditional family, **a** wage-earning father and a wife **who stays** home to take care of the kids, **is** a disappearing species in the US. (b) The Census Bureau estimates that just **50 percent of American families fits** this profile. (c) Today there are growing ranks of non-traditional groups **who are** living together: gay couples, foster parents, and stepfamilies. (d) California was **the first** state in the nation **to publicly register** these non-traditional groups as official families.

관사 / 관계사 / 일치 / the first ... to부정사

6 (a) Consumer products are usually divided into three groups: convenience, shopping, and specialty products. (b) Convenience products are **those that** a consumer needs **but that** he or she is not willing to spend very much time or effort shopping for. (c) The second group, shopping products, **are** those products **that customers feel are** worth the time and effort to compare with competing products. (d) Specialty products are consumer products **that** the customer really wants and makes a special effort **to find and buying**.

대명사 / 관계사절 구조 / 일치 / 삽입절 / 병렬구조

7 (a) **To return** after a long absence, whales **are being seen** once again around Bermuda. (b) For years, no whales **had been spotted** in this part of the world. (c) But now, fishermen have reported **seeing** a few whales **returning** to breed. (b) Hopefully, whale songs will echo through these waters again soon.

준동사 형태 / 시제와 태 / 준동사

8 (a) As a matter of policy, we do not allow advertising on this website. (b) Those **interested** in **sponsorship** should consider donation instead. (c) We feel that financial support should come **from** our users, not commercial firms. (d) However, we do **partner with** companies **that share** our vision.

분사의 형태 / 관사 / 전치사 / 관계사 / 일치

9 (a) Israel and Palestine **have been** at war with each other for many years. (b) The main reason for the conflict is a difference in religious viewpoints. (c) Palestine is **an** Arabic nation with a dominant Muslim population. (d) Israel is mainly comprised of Jews, **who's** religion is completely different.

시제 / 관사 / 대명사 형태

10 (a) **The ultimate source** of many of today's environmental problems **is** overconsumption. (b) Consumers are the ones responsible **for** the greenhouse effect, ozone depletion, and even deforestation. (c) Moreover, most of these consumers **living** in advanced industrial countries such as ours. (d) Therefore we must **stop** our gross consumption of resources **and live** simpler lifestyles.

주어와 동사의 거리가 멀 때
일치 확인 / 전치사 /
동사 형태 / 병렬구조

The TEPS
Vocabulary

어휘

TEPS 어휘 공략

문제 구성

- TEPS 어휘 영역은 Part I의 대화체(dialogue) 25문제와 Part II의 독백체 (monologue) 25문제로 구성되어 있다. 대화체 문제는 일상 생활에서 흔히 사용되는 구어체 어휘를 테스트하고, 독백체 문제는 신문기사나 공고문 등에서 쓰이는 일반적인 문어체 어휘를 테스트한다.

- 총 50문항의 문제를 15분 내에 풀어야 하므로 문제에서 제시되는 상황과 문맥을 재빨리 파악하는 순발력과 다양한 어휘에 대한 친숙도가 필요하다.

출제 경향 및 학습 전략

- TEPS 어휘 영역에서는 일상적으로 접할 수 있는 어휘를 테스트하므로 그 자체의 난이도가 높은 편은 아니다. 그러나 각각의 문맥(context)에 맞는 정확한 용어와 쓰임새를 알고 있는지를 테스트하므로 세심한 주의를 기울여야 한다.

- 근래에 들어서 복합적인 지식을 요구하는 문제들이 많이 출제되는 경향이 있다. 가령 대화체 문제에서는 어떤 상황에서 흔히 쓰이는 진부한 표현(stock expression)을 답으로 요구하는 것이 아니라 그 상황에서 일어날 수 있는 다양한 반응을 제시하므로 어휘를 폭넓게 공부할 필요가 있다.

- 관용적으로 함께 어울려 쓰이는 연어 표현의 출제 비중이 15 % 이상을 차지하므로 연어를 잘 알고 있어야 한다. 어휘를 공부할 때는 단어 하나만 외울 것이 아니라 그것과 함께 쓰이는 표현을 덩어리(chunk)로 함께 기억해야 한다.

출제 경향 따라잡기

대화체(Part I)와 독백체(Part II) 총 50문제의 출제 경향을 편의에 따라 유형별로 분석하면 다음과 같이 나눌 수 있다.

1 일상 대화(Dialogue) 표현

Part I의 25문제가 모두 일상적인 대화로 구성되어 있지만, 여기서는 숙어나 연어와 같은 특정 지식을 묻는 것이 아니라 문맥에 맞는 정확한 단어를 알고 있는지를 테스트하는 유형을 말한다. 즉 주어진 단어의 의미를 알고 있으면 그리 어렵지 않게 풀 수 있는 문제로서 출제 비중은 Part I의 65% 정도를 차지한다. 이 유형의 문제는 대체로 난이도가 낮은 편이지만, 문맥에 맞는 정확한 표현을 알고 있어야 풀 수 있으므로 기본적인 어휘력을 높이도록 노력해야 한다.

예제

A: Every time I see Aaron, it seems he has a new cell phone.
B: Well, he does have a real ____________ for gadgets.

   (a) dream
   (b) motivation
   (c) penchant
   (d) infatuation

A 아론은 볼 때마다 새 휴대 전화를 갖고 있는 것 같더군요.

B 그는 정말 작은 기계들을 무척 좋아해요.

휴대 전화를 자주 바꾸는 사람에 대해서 이야기할 때, 그가 간단한 기계(gadget)를 좋아하는 성향(penchant)이 있다고 말할 수 있다. infatuation은 '분별력을 잃을 정도로 빠져 있는 것, 심취'라는 의미이므로 문맥에 적합하지 않다. 정답은 (c).

2 담화(Monologue) 표현

독백체의 일반적인 문장으로 구성된 Part II의 25문항은 공고, 기사, 광고, 인문/사회, 자연/기술/보건, 환경 등의 다양한 소재를 다룬다. 이 가운데 숙어, 연어, 유의어 등의 특정 지식을 묻는 문제를 제외하고 문맥에 맞는 정확한 단어를 고르는 문제가 이에 속한다. 일상 대화 표현을 묻는 문제와 마찬가지로 문맥과 단어 의미의 정확한 이해가 필요하며, 출제 비중은 Part II의 65% 정도를 차지한다.

예제

The mechanic had a difficult time fixing the car, which was _______________ by the fact that he didn't have the right tools.

(a) supported
(b) extended
(c) compounded
(d) gratified

그 정비공은 차를 수리하느라 고생했는데, 적절한 연장이 없다는 사실 때문에 더욱 번거로운 일이었다.

이 문제는 앞부분에서 차를 고치느라 고생했다는 내용과 뒷부분에서 적절한 연장이 없었다는 내용이 어떻게 연결되는지를 파악해야 풀 수 있다. 연장이 없어서 차를 고치는 일이 더욱 어려워졌을 것이므로 compounded가 답이다. compound는 일반적으로 '혼합하다'의 뜻으로 쓰이지만 여기서처럼 수동태로 상황이 '악화되다'라는 의미로 쓰이기도 한다는 것을 알아야 풀 수 있다. support(지지하다), extend(연장하다), gratify(만족시키다)는 문맥에 적합하지 않다. 정답은 (c).

3 숙어(Idioms)

숙어는 단어들이 모여 특정한 의미를 띠게 된 표현으로, Part I 가운데 일상 대화 표현을 묻는 문제로 출제된다. 구어체 숙어는 출제 비중이 그리 높지는 않지만, 단어들을 직역해서는 그 의미를 파악하기 힘든 경우가 많으므로 기본적으로 다양한 숙어를 숙지하도록 노력해야 한다.

예제

A: I feel really nervous about my speech this afternoon.
B: Well, it's normal to have _________________, but they'll go away soon enough.

    (a) nails in your coffin
    (b) bees in your bonnet
    (c) feathers in your cap
    (d) butterflies in your stomach

A 오늘 오후에 있을 연설 때문에 무척 불안해요.
B 조마조마하게 느끼는 것은 당연해요. 하지만 곧 그런 기분이 사라질 거예요.

이 문제는 구어체 숙어 have butterflies in one's stomach(초조하다, 조마조마하다)를 알고 있어야 풀 수 있다. drive a nail in one's coffin은 '치명타를 가해서 파멸을 가져오다,' have bees in one's bonnet은 '어떤 생각에 골똘히 빠져 있다,' feathers in one's cap은 '명예로운 공적'을 뜻한다. 이처럼 관용적인 숙어는 단어 각각의 의미만 해석해서는 이해하기 어려우므로 정확한 뜻을 숙지해야 한다. 정답은 (d).

4 연어(Collocation)

연어는 특정한 단어들이 서로 어울려서 함께 쓰이는 표현을 뜻한다. 가령 '연한 커피(weak coffee)' 라든가 '막다른 골목(dead end)'처럼 형용사와 명사가 결합된 경우와 '투표하다(cast a vote)'나 '결실을 맺다(bear fruit)'처럼 동사와 명사가 결합하는 경우 등이 있는데, 이 결합이 깨질 때는 상당히 어색한 표현이 되어버린다. 연어는 Part I과 Part II에서 골고루 출제되며 전체적으로 14%(평균 7문제) 정도의 비중을 차지한다.

예제

A: When I was young, I wanted to become a veterinarian.
B: Really? What caused you to change your _______________ and become a salesman?

    (a) will
    (b) mind
    (c) heart
    (d) thought

  A 내가 어렸을 때는 수의사가 되고 싶었어요.

  B 정말요? 무엇 때문에 마음을 바꾸고 판매원이 되었어요?

이 문제는 '마음을 바꾸다'라고 할 때 change one's mind라고 쓴다는 것을 알아야 풀 수 있다. heart(정감적인 마음)나 will(뜻, 의지), thought(생각)도 한국어 뜻으로만 생각하면 답이 될 수 있을 것 같지만 change와 관용적으로 어울려 쓰이는 표현이 아니다. 따라서 어휘를 공부할 때는 단어를 하나씩 기억할 것이 아니라 같이 쓰이는 표현을 덩어리로 기억해두는 습관을 들여야 한다. 정답은 (b).

5 구동사(Phrasal verbs)

구동사는 동사에 전치사나 부사가 결합되어 다른 의미를 갖게 되는 동사구를 뜻한다. 가령 '연기하다(postpone)'는 put off와 같은 구동사로 표현할 수 있다. 어려운 동사보다는 쉬운 동사에 전치사나 부사를 붙여서 같은 의미를 표현하려는 현대 영어의 추세에 따라 구동사의 쓰임이 많아지고 있으며, TEPS 어휘 영역에서는 약 6%(약 3문제)의 비중을 차지한다. 어휘 시험에서 구동사가 차지하는 비중은 크지 않지만 구동사를 잘 알고 있어야 독해나 문법 영역에도 접근하기 쉬우므로 기본적인 동사를 이용한 구동사 표현들을 숙지해야 한다.

예제

A: Had I gone to medical school, I could have gotten a full scholarship.
B: Really? What caused you to ______________ such a great opportunity?

(a) pass up
(b) drop out
(c) give in
(d) take down

A 내가 의대에 갔더라면 전액 장학금을 받았을 거예요.

B 그래요? 무엇 때문에 그렇게 좋은 기회를 마다했어요?

pass up은 '거절하다, 사양하다'라는 의미로 쓰이는 구동사이다. drop out(중퇴하다), give in(굴복하다; 제출하다), take down(내려 받다)은 문맥에 맞지 않는다. 정답은 (a).

6 유의어(Synonyms)

유의어는 의미가 비슷한 단어들 가운데 문맥에 가장 적합한 단어를 고르는 문제로 출제되는데, 단어의 뉘앙스를 알아야 하기 때문에 비교적 까다로운 문제에 속한다. 가령 '찾다'라고 할 때 look for와 find의 차이, '약속'이라는 표현을 쓸 때 appointment, promise, engagement의 차이를 구별할 수 있으려면 일상적으로 쓰이는 어휘의 뜻과 쓰임새를 정확하게 알아두도록 노력해야 한다. 모양새가 비슷한 유사 형태의 어휘를 구별하는 문제를 포함하여, 유의어 문제는 전체 문항의 10%(약 5~7문제)를 차지한다. 일상적인 어휘의 정확한 의미와 쓰임새를 알아야 하는 문제들이 주로 출제되고 있으므로 세심한 관심을 기울여야 한다.

예제

Many states in the US depend on ____________ from state lotteries for income.

(a) dividends
(b) stipends
(c) revenues
(d) properties

미국의 많은 주들은 주 복권에서 나오는 세입에서 수입을 얻는다.

선택지의 dividends(배당금), stipends(목사나 주지사에게 지급되는 봉급; 학생들에게 지급되는 장학금), revenues(세입)는 엄밀히 말해서 유의어는 아니지만 수입과 관련된 '금액'을 뜻하는 말이라는 점에서 혼동을 유발할 수 있다. 정답은 (c).

7 어휘 영역 학습 전략

○ 일상 대화에 쓰이는 다양한 표현들을 알기 위해서는 상황별 대화가 나오는 회화책을 많이 읽고 미국 드라마나 시트콤을 시청하는 것이 바람직하다. 어휘책을 처음부터 끝까지 외우려고 하기보다는 일반적으로 많이 쓰이는 어휘를 중심으로 정확하게 이해하도록 한다.

○ 구어체 숙어와 연어 표현에 익숙해지도록 노력한다. 이 때는 암기가 필수적이다. 암기한 표현은 회화나 영작을 할 때 자주 사용함으로써 자연스럽게 몸에 배도록 한다.

○ 문어체 어휘 문제를 풀기 위해서는 영자신문, 잡지 등을 자주 읽고 뉴스를 청취하는 것이 효과적이다. 이런 문제는 TEPS 독해 문제와 유사한 면이 많으므로 독해 문제에 나오는 어휘들을 학습하고, 주어진 문제의 문맥을 빨리 파악할 수 있도록 독해력을 길러야 한다.

○ 문제 유형과 자주 출제되는 소재 및 표현들을 파악하여 문제에 대한 적응력을 높여야 짧은 시간에 많은 문제를 소화할 수 있다. 따라서 실전 테스트 문제를 많이 풀어볼 필요가 있다.

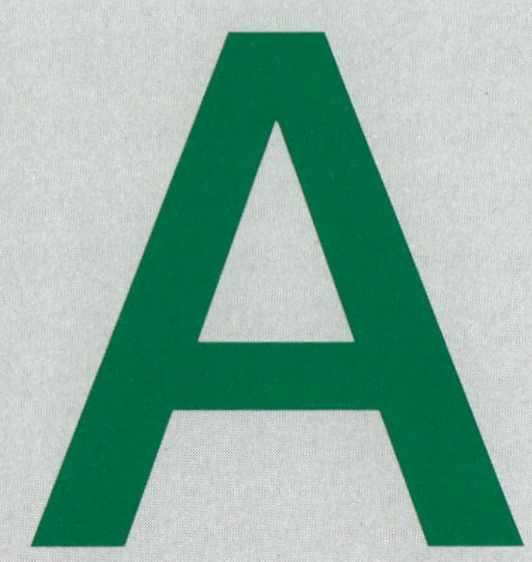

일상 대화의 주요 표현

우리가 일상적으로 나누는 대화의 내용은 무궁무진하지만, TEPS 어휘 시험에 출제되는 일상 대화 내용은 '인사 · 소개,' '도움 · 약속,' '사과 · 감사 · 격려' 등 몇 가지 상황으로 분류해 볼 수 있다. Part I에 출제되는 일상 대화 표현 문제는 평균 약 17~18문제 정도인데, 여기서 각 상황이 차지하는 비중을 살펴보면, 시험 회차마다 약간의 차이가 있기는 하지만 대략적으로 인사 · 소개 1 (~ 2)문제, 도움 · 약속 1문제, 사과 · 감사 · 격려 1 (~ 2)문제, 불평 · 조언 2~3문제, 전화 · 여행 3~4문제, 의견 · 정보 교환 6문제, 기타 1문제 정도가 출제된다.

일상 대화에는 "How are you?"에 대한 응답인 "Fine, thank you."처럼 상투적으로 쓰이는 표현들이 있고, 실제로 이러한 표현들이 대화의 많은 부분을 차지하기도 한다. 그러나 TEPS 어휘 시험에서는 그러한 상투적인 답변을 넘어 다양한 상황에서 나오는 다양한 반응에 주목하고 그것을 실제로 문제로 제시하는 경우가 많다. 따라서 일상 대화에서 쓰이는 표현을 공부할 때 유의할 것은 (1) 각각의 상황에서 쓰이는 관용적인 표현, (2) 각 상황에서 유발될 수 있는 다양한 응답과 표현이다. 여기서 제시된 관용적인 표현들은 텝스 어휘뿐 아니라 청해와 문법의 대화체 문제에서도 거듭 출제되고 있으므로 철저하게 정리해 둘 필요가 있다.

Unit 1 인사 · 소개 / 도움 · 약속[*]

1 인사 · 소개

A 오랜만임을 나타내는 표현

Look who is here! What a nice surprise! 이게 누구야! 놀랍고 반갑다!

It's been ages since we met. 우리가 만난 지 꽤 오래 되었지.

Long time, no see. 오랫동안 못 만났구나.

Where have you been hiding yourself these days? 요즘 어디 있었기에 보이지 않았니?

B 안부 인사와 응답

How're you doing? / How are things going)? / How's it going? 어떻게 지내?

- **Not (too) bad. / So so.** 그저 그래. **So far so good.** 지금까지는 괜찮아.

- **Couldn't be better. / Terrific.** 더할 나위 없이 좋아.

- **Out of this world. / Like a million dollars.** 최고야.

What're you up to these days? / What's happening [up/new]? 무슨 일 있니?

- **Not much. / Nothing much. / Nothing special.** 그리 특별한 일 없어.

C 타인 소개와 응답

Mr. Brown, I'd like you to meet Ms. Lee. 브라운 씨, 리 씨와 인사하세요.

Jack, have you met Jane? 잭, 제인과 인사했어?

Please allow me to introduce my friend. 제 친구를 소개해 드릴게요.

I've heard a lot about you from him. 그에게서 당신에 대한 말씀 많이 들었어요.

What was your name again? 성함이 뭐라고 하셨지요?

How shall I address you? 당신(의 호칭)을 어떻게 부를까요?

What do you do for a living? 어떤 직업을 갖고 계신가요?

I've enjoyed meeting you. / I've enjoyed your company. 만나서 반가웠어요.

It's been good[nice] seeing you again. 다시 만나서 반가웠어요.

It was nice being here. 여기 오게 되어서 좋았어요.

I'm glad I ran into[bumped into/came across] you. 우연히 만나서 반가워.

I'd better get going. / I should be getting along. / I must be off now. 그만 가봐야겠어요.

Let's get together again soon. 곧 다시 만나요.

(Let's) Keep in touch. 계속 연락합시다.

Stop[drop] by sometime! / Drop me a line. 언제 한번 들르세요. / 편지 보내세요.

Take care. / Take it easy. 잘 지내요.

See you soon. / Catch you later. 또 만나요.

Give my best regards to your mother. 어머니께 안부 전해주세요.

You can contact[reach] me by e-mail. 제 이메일로 연락주세요.

감각 익히기

▶ 다음 표현을 완성하시오.

1	우연히 만나다	___________ into	bump / run
2	계속 연락하다	___________ in touch	keep

▶ 다음 문장이나 대화를 완성하시오.

1 A: I haven't seen you for ages.
   B: I've been out of town on ___________.
   A 오랫동안 너를 못 만났어. / B 사업차 다른 곳에 가 있었거든.

2 A: You look familiar. Don't I ___________ you from somewhere?
   B: I don't believe we've met before.
   A 낯익어 보이네요. 제가 어딘가에서 만난 적이 있지 않나요? / B 전에 만난 적이 없을 거예요.

3 A: What're you up to these days?
   B: Nothing ___________.
   A 요즘 뭐하고 지내세요? / B 특별한 일 없어요.

4 A: Good to meet you.

   B: ___________ here.

A 만나서 반가워요. / B 저도요.

answer ▶ 1 business   2 know   3 much / special   4 Same

2 도움 · 약속

Ⓐ 도움을 요청하는 표현

Would you be kind enough to lend me five dollars? 5달러를 빌려주시겠어요?

Could I possibly borrow five dollars from you? 5달러를 빌릴 수 있을까요?

Would you mind if I used your car? 당신 차를 써도 될까요?

May I have another helping of rice, please? 밥 한 그릇 더 먹어도 될까요?

I'd like to ask for a raise. 봉급 인상을 요청하고 싶어요.

I'd like a refund. 환불해 주세요.

Can I cut through here please? 이 사이로 지나가도 될까요?

Can I ask you a favor? / Will you do me a favor? 부탁을 들어줄래요?

How[What] about helping me with the dishes? 설거지를 도와줄래요?

Give me a break. 그만해요.; 좀 쉴 틈을 줘.

Could you give me a ride home? 집까지 태워주시겠어요?

Could you give me an extension? 기한을 연장해주실 수 있어요?

Ⓑ 도움 요청에 대한 응답

Be my guest. / Go ahead. 마음대로 쓰세요.

Don't worry about it. / Don't sweat it. 염려 말아요.

No problem. / No sweat. / Piece of cake. 전혀 어렵지 않은 일이에요.

That's out of the question. / By no means! / No way! 절대 안 돼요!

Forget it! / Never mind! / Don't bother! / Think nothing of it!
괜찮아요. 신경 쓰지 마세요.(자신의 부탁[제안]을 거절한 사람에 대한 응답)

Ⓒ 약속 정하기

When is it most convenient for you? 가장 편하신 때가 언제인가요?

What time shall we make it? 몇 시로 정할까요?

Will you be free[available] at about five? 5시쯤에 시간 있어요?

You name the place and time 당신이 장소와 날짜를 정하세요.

Suit yourself. / It's up to you. 좋을 대로 하세요.

I have a previous engagement at five. 전 5시에 선약이 있어요.

D 약속 거절, 연기, 취소

I'm sorry, but I'm way behind in my work. 미안하지만 제가 일이 밀렸어요.

(= I'm up to my ears in work. / I'm tied up at work.)

I'm sorry, but I am pressed for time. 미안하지만 전 시간에 쫓기고 있어요.

I can't spare any time today. 제가 오늘은 전혀 시간을 낼 수 없어요.

I don't think I can make it by ten. 전 10시까지 도착할 수 없겠어요.

This is really short notice, but something's come up.
너무 늦게 알려드리게 되었지만, 무슨 일이 생겼어요.

I'd like to cancel today's appointment with the doctor.
의사 선생님과의 오늘 약속을 취소하고 싶어요.

✓ 감각 익히기

▶ 다음 문장이나 대화를 완성하시오.

1 6시 정각에 만나요. Let's meet at 6 _______________.

2 전 6시까지 도착할 수 없어요. I can't make _______________ by 6.

3 내일까지 준비될 거라고 약속해요. I give you my _____________ it'll be ready by tomorrow.

4 A: Can I help you, ma'am?
   B: Yes, my car has stalled. I need to _____________ the auto service.
   A 도와드릴까요, 부인? / B 네, 차가 서버렸어요. 정비업소에 연락해야겠어요.

5 A: I'd like to arrange a meeting for Tuesday morning.
   B: Fine with me. I'm _____________ then.
   A 회의를 화요일 아침에 열고 싶습니다. / B 좋습니다. 전 그때 한가하니까요.

6 A: What has _______________ you here?

B: I am here on business.

A 여긴 무슨 일로 오셨나요? / B 사업차 왔습니다.

7 A: When'll it be most _______________ to meet you?

B: Let me see. Probably after 11:00 a.m. is best.

A 언제 만나는 것이 가장 편하시겠어요? / B 글쎄요. 오전 11시 이후가 제일 좋겠어요.

8 A: Can I use your phone for a minute?

B: _______________ free.

A 당신 전화를 잠시 써도 될까요? / B 마음대로 쓰세요.

answer ➤ 1 sharp 2 it 3 word 4 contact 5 free 6 brought 7 convenient 8 Feel

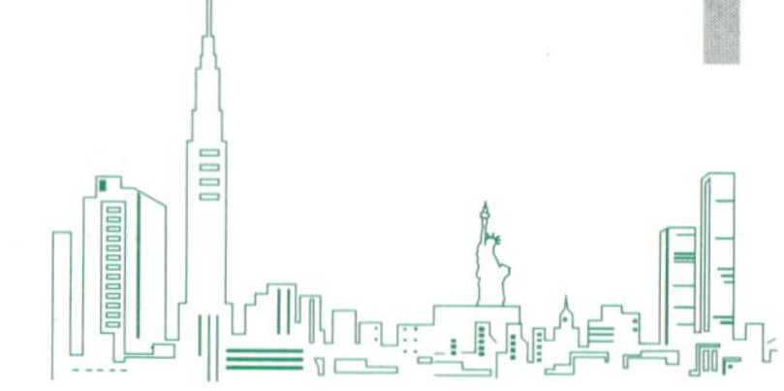

1 사과 · 감사 · 격려

A 사과의 표현

Forgive my carelessness. 내 경솔함을 용서해줘.

I **owe** you an apology. 네게 사과할 것이 있어.

I didn't mean to offend you. 네 감정을 상하게 할 생각은 아니었어.

I don't mean to give you a hard time. 너를 힘들게 할 의도는 없어.

Please don't feel bad about it. 그것 때문에 기분 상하지 마.

B 감사의 표현

I'm much **obliged** for your kindness. 당신의 친절에 정말로 감사 드려요.

I really can't thank you enough for your help. 당신의 도움에 아무리 감사해도 모자랄 거예요.

I wish to express the **sincere gratitude** for your contribution. 공헌해 주셔서 심심한 감사를 드리고 싶습니다.

Many thanks for your hospitality. 환대해 줘서 정말 고마워요.

I'm very grateful. 정말 고마워요.

How thoughtful of you! 당신은 정말 사려 깊으신 분이군요!

C 감사에 대한 응답

You're welcome. / Don't mention it. / Not at all. 천만에요.

It was nothing at all. / **No big deal.** 별일 아니에요.

Sure. / No problem. / Any time. 뭘요. / 괜찮아요.

That's what friends are **for**. 그게 바로 친구 좋다는 거지.

D 격려의 표현

(You did a) Good job! 잘 했어!

Don't worry. You'll do better next time. 걱정 마. 다음엔 더 잘할 거야.

Don't blame yourself. It's not really your fault. 스스로를 탓하지마. 네 잘못이 아니잖아.

That's the spirit. / That's the way to go. 바로 그거야.

Cheer up! 힘 내!

Give it your best try[shot]!/Do your best. 최선을 다해봐!

Break a leg! / I'll keep my fingers crossed! 행운을 빌게!

✓ 감각 익히기

▶ 다음 문장이나 대화를 완성하시오.

1　바로 그런 마음가짐이야.　　　　That's the _____________.

2　사과할 것이 있어.　　　　I _____________ you an apology.

3　행운을 빌어줄게.　　　　I will keep my fingers _____________.

4　A: I'm sorry about what I said. I didn't mean it.
　　B: That's okay. You don't have to _____________.
　　A 그런 말을 해서 미안해요. 그럴 의도가 아니었어요. / B 괜찮아요. 사과할 필요 없어요.

5　A: Thank you so much for fixing up my car!
　　B: It's my _____________.
　　A 차를 고쳐줘서 고마워요. / B 기꺼이 한 일인 걸요.

6　A: I'm sorry my sons were so noisy last night.
　　B: That's okay. I'm sorry, too, for losing my _____________.
　　A 어젯밤에 아들들이 소란을 피워서 미안해요. / B 괜찮아요. 나도 화를 내서 미안해요.

7　A: I'm sorry I yelled at you like that.
　　B: It's all right. I do that, too, when I'm in a bad _____________.
　　A 당신에게 그렇게 소리를 질러서 미안해요. / B 괜찮아요. 기분 나쁠 때면 나도 그래요.

answer ▶　1 spirit　2 owe　3 crossed　4 apologize　5 pleasure　6 temper　7 mood

2 불평 · 조언

A 불평하는 표현

I'm in big trouble. / I'm in a lot of hot water. 저 큰일 났어요.

I'm at the end of the rope. 제가 곤란한 지경에 처했어요.

You're really **getting on my nerves**. 당신이 나를 짜증나게 하고 있어요.

That doesn't make any sense. 말도 안 돼요.

I can't **stand[take]** it any more. 더 이상 못 참겠어요.

Stop whimpering. 그만 좀 투덜거려.

I'm **fed up with[sick and tired of]** her arrogance. 난 그 여자의 교만에 질렸어.

I've had it. 난 겪을 만큼 겪었어요.

It's a pain in the neck. 그건 눈엣가시[골칫거리]예요.

Are you trying my patience? 내 인내심을 시험하는 건가요?

Come on! / Get off my **back**! 그만 좀 하세요!

This is too much. / This is going too far. 이건 너무 심해요.

You're kidding. 농담이겠죠. / Are you **pulling** my leg? 날 놀리는 건가요?

Shame on you. 부끄러운 줄 아세요.

B 불평에 대한 응답

Don't get **upset**. / Keep your shirt on. 화내지 마세요.

Calm down. / Take it **easy**. / Please, hold your horses! 진정하세요.

Put yourself in my **place[shoes]**. 내 입장에서 생각해보세요.

I don't **buy** that. 난 그 말을 믿지 않아요.

You asked for it. / (It) **Serves** you right. / You **deserve** this. 자업자득이에요. ('고소하다'는 의미)

He had it **coming** a long time. 그에게 그런 일이 일어날 줄 진작에 알았어요.

Mind your own **business**. 당신 일이나 잘 하세요.

Save your **breath**. 말해봤자 소용없어요.

Suit yourself. 마음대로 하세요.

C 조언하는 표현

Brace yourself up! 분발하세요!; 조심해요!

Why don't you give it a try? 한번 해보는 것이 어때요?

You had better not talk about it. 그 이야기는 하지 않는 것이 좋겠어요.

You had better take my word for it. 내 말을 진담으로 듣는 것이 좋겠어요.

He turned a deaf ear to my advice. 그는 내 충고에 귀를 기울이지 않았어요.

감각 익히기

▶ 다음 문장이나 대화를 완성하시오.

1 난 그것을 믿지 않아. I don't ____________ that.

2 그에게 그런 일이 일어날 줄 알았다. He had it ____________ a long time.

3 그녀의 고집에 질렸다. I am sick and ____________ of her obstinacy.

4 당신 때문에 짜증이 나요. You're getting on my ____________.

5 A: Let's buy that three-story house.
  B: Are you out of your ____________? Just for you and me?

  A 저 3층짜리 집을 삽시다. / B 제 정신이에요? 오로지 당신과 나를 위해서요?

6 A: I'm going to give my child some more medicine.
  B: Well, make sure you give him the correct ____________.

  A 아이에게 약을 더 줄 거야. / B 용량이 정확한지 확인해봐.

7 A: Why don't you get some rest? You seem to have trouble concentrating.
  B: Yes, I can't think ____________ now because I didn't get much sleep.

  A 좀 쉬는 게 어때요? 정신 집중하기 어려운 것 같군요. / B 네, 잠을 많이 자지 못해서 머릿속이 뒤죽박죽이에요.

answer ➤ 1 buy   2 coming   3 tired   4 nerves   5 mind   6 dosage   7 straight

1 의견

What do you think about this proposal? 이 제안에 대해서 어떻게 생각해요?

Could you give me some feedback on that? 그것에 대한 의견을 알려주시겠어요?

How did your interview go? 당신 인터뷰는 어떻게 되었어요?

What's she like? 그 여자는 어떤 사람이에요?

I mean it. / I'm serious. 내 말은 진담이야.

Let me put it this way. 그러면 이런 식으로 표현해볼게요.

Let me make myself clear. / Let me clarify myself. 좀더 분명하게 말해볼게요.

I'm afraid I'm not following you. 당신 말이 무슨 뜻인지 모르겠어요.

I'm not sure what you're getting at. 당신이 무슨 이야기를 하려는 건지 모르겠어요.

Don't beat around the bush. Come to the point. 말을 돌리지 말고 요점을 말하세요.

Well, this is strictly off the record. 이건 비밀이에요.

You took the words right out of my mouth! / You can say that again.
내 말이 바로 그 말이에요.

I can't possibly agree with you. 당신 의견에 동의할 수 없어요.

Not that I know of. 내가 알기로는 그렇지 않아요.

You've got to be kidding. / You can't be serious! 농담하시는 거죠.

I have reservations about... 나는 …이 좋거나 옳은지에 대해 확신할 수가 없어요.

✔ 감각 익히기

▶ 다음 문장이나 대화를 완성하시오.

1 내가 알기로는 그렇지 않아. _______________ that I know of.

2 내 말이 바로 그 말이에요. You can say that ____________.

3　A: I have _______________ about your plan to work rather than attend college.

　　B: But Mom, there is nothing to worry about.

A 난 네가 대학에 가지 않고 일하겠다는 계획이 석연치 않구나. / B 그렇지만 엄마, 걱정하실 것 없어요.

4　A: I hope your company can _______________ this temporary setback.

　　B: Me, too. I'm hoping our new projects will eventually bear fruit.

A 당신 회사가 이 일시적인 고전을 극복하기 바랍니다. / B 나도 그래요. 우리의 새 프로젝트가 결국 결실을 맺길 바라고 있어요.

5　A: This project couldn't have been completed without Caroline.

　　B: Yes. It was her _______________ that got it going.

A 캐롤라인이 없었더라면 이 프로젝트는 완수될 수 없었을 겁니다. / B 그래요. 그녀가 주도했기 때문에 실행되었지요.

6　A: What you're saying is totally _______________.

　　B: No, it isn't. It has absolutely everything to do with the issue.

A 당신 말은 전적으로 관련이 없는 이야기입니다. / B 아뇨. 모든 점에서 그 문제와 관련이 있어요.

7　A: I like this bike.

　　B: Why don't you go ahead and _______________ it out?

A 난 이 자전거가 마음에 들어요. / B 나가서 타보지 그래요?

answer ▶　1 Not　2 again　3 reservations　4 overcome　5 initiative　6 irrelevant　7 try

2　정보 교환

How do you want your steak cooked? 스테이크를 어떻게 요리해드릴까요?

How often do you eat out? 얼마나 자주 외식하세요?

How far is the destination from here? 여기서 목적지까지 얼마나 먼가요?

How do you like my new perfume? 내 새 향수 어때요?

Can you make yourself understood in English? 영어로 의사 소통할 수 있어요?

Did you hear the rumor that the mayor was arrested for fraud?
시장이 사기죄로 체포되었다는 소문 들었어요?

Don't change the subject. 화제를 바꾸지 마세요.

Let's drop it. 그 얘긴 그만하지요.

I don't have the slightest idea. 전혀 모르겠어요.

Your guess is as good as mine. 당신처럼 나도 모르겠어요.

(It) Beats me. / You've got me. 모르겠어요.

Now I've got it. 이제 알겠어요.

It's on the tip of my tongue. 생각이 날 듯 말 듯 하네요.

Off the top of my head... 얼핏 생각하기에는…

I hope I'm not **interrupting** anything. 말씀 도중에 죄송한데요.

Are you with me now? / Do you follow me? 내 말 이해하시겠어요?

I beg your pardon? / I'm sorry? 다시 말씀해주시겠어요?

✓ 감각 익히기

▶ 다음 문장이나 대화를 완성하시오.

1 모르겠어. ________________ me.

2 A: Will you go abroad to study?
   B: No, I'm not really ____________ out for studying.

   A 외국에 공부하러 갈 거니? / B 아니, 나는 공부에 맞지 않아.

3 A: Where did you study?
   B: I ____________ from Yale.

   A 어디서 공부하셨어요? / B 예일 대학을 졸업했어요.

4 A: What she did was so abominable.
   B: Is that why you had her ____________?

   A 그 여자의 행동은 혐오스러웠어. / B 그래서 그 여자를 해고한 겁니까?

5 A: Why did he ____________ up with his girlfriend?
   B: Well, he may have been disappointed in her.

   A 그가 왜 여자친구와 헤어졌지? / B 글쎄, 그녀에게 실망했을 거야.

6 A: Do you know why he didn't show up for the meeting?
   B: I'm afraid I don't have the ____________ idea.

   A 그가 왜 회의에 나오지 않았는지 알아요? / B 전혀 모르겠는데요.

answer ▶ 1 Beats   2 cut   3 graduated   4 fired   5 break   6 slightest

3 전화

Who is calling, please? 전화 하신 분은 누구시죠?

Just a minute. I'll connect you. 잠깐만요. 연결해드릴게요.

I'll put you through as soon as he's off the line. 그가 통화를 끝내면 연결해드릴게요.

Don't hang up. I'll put him on right away. 끊지 마세요. 곧 연결해드릴게요.

Let me transfer[switch] your call to him. 전화를 돌려드릴게요.

Can I take a message? / Would you like to leave a message? 메시지를 전해드릴까요?

Hold a moment. I'll see if he's in. 잠시만요. 계신지 알아볼게요.

Would you call back or hold on? 다시 전화하시겠어요, 아니면 기다리시겠어요?

The line is busy. 통화 중입니다.

I'm sorry he can't come to the phone. 지금 그분은 전화를 받으실 수 없습니다.

How soon do you expect him back? 그가 언제쯤 돌아오실까요?

How can I contact you? 당신에게 어떻게 연락할 수 있을까요?

You have (dialed) the wrong number. 전화를 잘못 거셨어요.

I'm afraid the phone is out of order. 전화가 고장인 것 같아요.

He might have taken the telephone off the hook. 그가 수화기를 내려놓았나 봐요.

I got disconnected. 전화가 끊겼어요.

▶ 다음 문장이나 대화를 완성하시오.

1 A: This is Seoul calling. Would you _____________ me with Mr. Smith?
   B: I'm sorry. He's not working today.

   A 서울에서 전화하는 겁니다. 스미스 씨와 연결해 주시겠어요? / B 죄송하지만 오늘은 그가 일하지 않습니다.

2 A: How can I contact you?
   B: You can _____________ me at 535-2770.

   A 당신에게 어떻게 연락할 수 있을까요? / B 535-2770번으로 연락하세요.

3 A: I'd like to call New York collect.
   B: Your _____________ is on the line. Go ahead.

   A 뉴욕에 수신자 부담 전화를 하고 싶습니다. / B 상대방이 나왔습니다. 말씀하세요.

answer ▶ 1 connect   2 reach   3 party

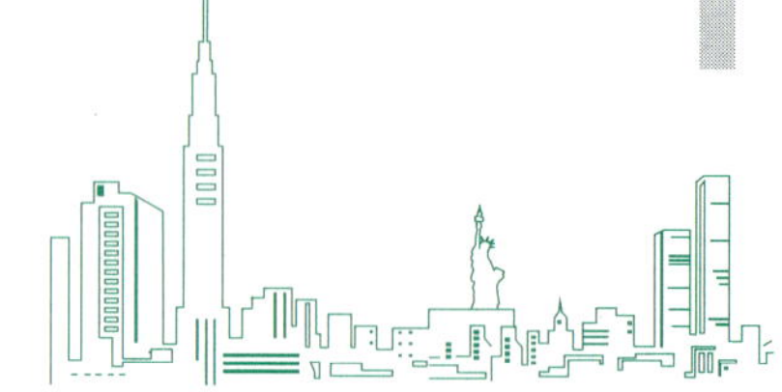

Unit 4 여행 / 기타 *

1 여행

A 공항 관련 표현

check-in counter 탑승수속 카운터	**boarding pass** 탑승권
aisle seat 통로쪽 좌석	**window seat** 창가 좌석
one way ticket 편도 비행기표	**round trip ticket** 왕복 비행기표
customs 세관	**immigration** 입국심사
take-off 이륙	**landing** 착륙
passport 여권	**disembarkation card** 입국신고서
clear customs 세관을 통과하다	**quarantine** 검역
oral declaration 구두 신고	**baggage claim area** 짐 찾는 곳
lost and found 분실물 창구	**traveler's check** 여행자 수표
currency 통화(화폐)	**reservation** 예약
confirm (예약) 확인하다	**reconfirm** 재확인하다

From which gate does NW720 leave? NW720번 비행기가 어느 탑승구에서 출발하나요?

What do I have to do when passing through customs? 세관을 통과할 때 어떻게 해야 합니까?

You must declare any fresh fruit or vegetables you're carrying.
가지고 있는 과일이나 야채를 신고해야 합니다.

What's the purpose of your visit?/ What brought you here? 여기 오신 목적이 무엇입니까?

I'd like to book a ticket to Seoul. / I'd like to make a reservation for a flight to Seoul. 서울 행 비행기표를 예약하고 싶습니다.

Will you put me on the waiting list? 저를 대기자 명단에 올려주시겠어요?

I'm a transit passenger for this flight. Can you tell me where to go?
비행기를 갈아타야 합니다. 어디로 가야 할까요?

Where can I exchange some foreign currency? 어디에서 환전할 수 있나요?

B 길 안내 관련 표현

intersection 네거리	**crosswalk** 횡단보도
sidewalk 인도	**pavement** 포장도로
traffic light 신호등	**parking lot** 주차장
underpass 지하도로	**overpass** 고가도로
subway 지하철	**corner** 모퉁이
dead end 막다른 골목	**alley** 골목
detour 우회	**layover** 도중 정거
stop sign 정지 신호	**one way sign** 일방통행 표시
downtown 도심	**block** 구획

Go straight ahead. 곧장 앞으로 가세요.

Go three blocks and turn left. 세 구획을 더 가서 왼쪽으로 도세요.

Follow Maple street for two blocks and the store is on the left. 메이플 가를 두 블록 따라가면 그 상점이 왼쪽에 있어요.

It will take about one hour to get there. 거기 가는 데 한 시간쯤 걸릴 거예요.

I'm a stranger here myself. 전 여기 초행이라서 모르겠는데요.

Take the elevator down two floors. 엘리베이터를 타고 두 층을 내려가세요.

Could you tell me how to get to the nearest bus stop? 가장 가까운 버스 정류장으로 가는 길을 알려주시겠어요?

Which platform does the train leave from? 기차가 어느 플랫폼에서 출발합니까?

How often do the buses run? 버스가 얼마나 자주 운행합니까?

You can get off at the next bus stop. 다음 정류장에서 내리세요.

How much is the bus fare? 버스 요금이 얼마지요?

✓ 감각 익히기

▶ 다음 표현을 완성하시오.

1	엘리베이터를 타다	______________ the elevator	take
2	서울 행 티켓을 예약하다	______________ a ticket to Seoul	book

　다음 문장이나 대화를 완성하시오.

1　A: Is this a direct flight to Washington D.C.?
　　B: No, ma'am. This flight has a 30-minute ____________ in Chicago.

A 이게 워싱턴으로 가는 직항 비행기인가요? / B 아니요, 시카고에서 30분간 도중 정거합니다.

2　A: Is this the right way to the Seoul Station?
　　B: Yes, just keep going east until you see a sign that ____________ "Seoul Station."

A 여기가 서울역으로 가는 길이 맞나요? / B 네, '서울역'이라고 쓰여 있는 표지가 보일 때까지 계속 동쪽으로 가세요.

3　A: Could you please give me a(n) ____________ call at 6:30 tomorrow morning?
　　B: Sure, ma'am. I'll give you a ring at 6:30 a.m.

A 내일 아침 6시 30분에 모닝콜을 해주시겠어요? / B 네, 부인. 6시 30분에 전화 드릴게요.

4　A: Where else would the CEO like to go this time?
　　B: He'd like to include Washington D.C. in his ____________.

A 그 CEO께서 이번에는 또 어디를 가고 싶어하실까요? / B 여행 일정에 워싱턴 D.C.를 포함하고 싶어하십니다.

5　A: Excuse me, where can I wash my ____________?
　　B: The restroom is just around the corner.

A 실례합니다. 어디서 손을 씻을 수 있나요? / B 화장실은 모퉁이를 돌아가시면 바로 있어요.

answer ➡　1 layover　　2 says　　3 wake-up　　4 itinerary　　5 hands

2 기타

A 식당 · 호텔 관련 표현

I'd like to book a table for two for tonight. 오늘 밤 2인용 좌석을 예약하고 싶습니다.

Let's split the bill. 절반씩 부담합시다.

Cash or charge? 현금인가요, 카드인가요?

I'll put it on my credit card. 신용카드로 결제하겠어요.

I think there's a mistake in the bill. 계산서에 착오가 있는 것 같아요.

What are you in the mood for? 무얼 하고[먹고] 싶어요?

I have a big appetite. 식욕이 좋아요.

I'd like some information on room rates. 객실 요금을 알고 싶은데요.

How much do you charge for a single? 싱글 룸은 얼마입니까?

I'd like to reserve a double room for this Saturday. 이번 토요일 더블 룸을 예약하고 싶습니다.
   cf. single room 1인용 객실 twin room 1인용 침대가 2개 있는 객실 double room 2인용 침대가 1개 있는 객실
   suite 침실에 응접실이 딸린 특실

Sorry, we're booked solid.(=~fully booked.) 죄송하지만 예약이 모두 찼습니다.

What is the deadline for checking in? 언제까지 체크 인을 해야 합니까?

Can I change my reservation for this Saturday to next Saturday? 이번 토요일 예약을 다음 주 토요일로 변경할 수 있을까요?

Can I extend my stay for another night? 하룻밤 더 묵을 수 있을까요?

I'd like to cancel my reservation for tonight. 오늘 밤 예약을 취소하고 싶습니다.

B 토론 · 회의 관련 표현

chairperson 의장	**minutes** 회의록
agenda 회의 안건	**floor** 발언권
claim the floor 발언권을 요청하다	**obtain the floor** 발언권을 얻다
have[take] the floor 발언하다	**move** 동의하다
second the motion 재청하다	**put the question to a vote** 표결에 부치다
unanimous consent 만장일치	**voting by ballot** 무기명 투표
be in favor of 찬성하다	**be against** 반대하다
abstention 기권	**pros and cons** 찬반양론

Could you be more specific? 좀더 구체적으로 말씀해주시겠어요?

Could you give me an example? 예를 들어주시겠어요?

Excuse me, but I don't follow you. 죄송하지만 잘 이해가 되지 않는데요.

Your presentation was very clear and to the point. 당신 발표는 아주 명료하고 적절했어요.

May I ask you a quick question? 간단한 질문을 해도 될까요?

I agree on that point. 그 점에 동의합니다.

That sounds reasonable to me. 합리적인 의견으로 들리네요.

I move that we should vote now. 투표에 부칠 것을 제의합니다.

I second the motion. 제의를 재청합니다.

The motion is carried. 제의가 가결되었습니다.

The motion is lost. 제의가 부결되었습니다.

This assembly stands adjourned until March 3. 회의를 3월 3일까지 정회합니다.

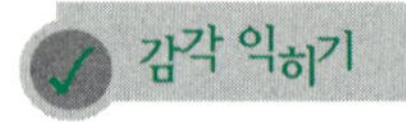

▶ 다음 표현을 완성하시오.

1 투표하다 ______________ a vote   cast

2 제의를 재청하다 ______________ the motion   second

3 예약이 완전히 차다 be booked ______________   solid

▶ 다음 문장이나 대화를 완성하시오.

1 I'd like to ______________ on that.

그것에 대해 의견을 말하고 싶은데요.

2 A: This is on me. It's my treat.
   B: No, let's go ______________.

A 이건 제가 낼게요. 제가 대접하는 거예요. / B 아니에요, 각자 계산하죠.

3 A: Let me pick up the ______________.
   B: Thank you for treating me to dinner.

A 내가 계산할게요. / B 저녁식사를 대접해주셔서 고맙습니다.

4 A: We'll ______________ a new president for the company.
   B: Yes, everyone should cast a vote.

A 우린 새 회장을 선출할 겁니다. / B 네, 모두 투표해야지요.

5 A: I'd like to book a concert ticket for this Saturday.
   B: Sorry, we're fully ______________.

A 이번 토요일의 콘서트 티켓을 예약하고 싶은데요. / B 죄송하지만 예약이 모두 찼습니다.

answer ▶ 1 comment   2 dutch   3 tab   4 elect   5 booked

Practice Test A

▶ 정답 및 해설 p.20

Part I **Questions 1~12** Choose the best answer for the blank.

1 A: Hi, I'm Jim Baker. I don't believe I __________ your name.
   B: Richard Hook, from New York.

   (a) got
   (b) knew
   (c) received
   (d) grabbed

2 A: What time do you want me to pick you up?
   B: You __________ it. I can be ready at any time.

   (a) claim
   (b) name
   (c) time
   (d) mean

3 A: Excuse me, I need to get out of the elevator.
   B: Sorry, I didn't know I was __________ your way.

   (a) jamming
   (b) interrupting
   (c) stopping
   (d) blocking

4 A: I wish walking for exercise were more fun.
   B: Yes, it can be very __________.

   (a) boring
   (b) beneficial
   (c) interesting
   (d) unwelcome

5 A: What if I can't get the contract?
   B: You've got nothing to __________ about. Your presentation was perfect.

   (a) fret
   (b) dilate
   (c) chafe
   (d) harass

6   A: Can you get the baby for me? I think her diaper's full.

      B: Okay, I'll ___________ her.

      (a) change
      (b) empty
      (c) clean
      (d) switch

7   A: Is there something specific I can help you find in our store?

      B: No, thanks. I'm just ___________.

      (a) gazing
      (b) peeking
      (c) watching
      (d) browsing

8   A: Is your company developing any new products these days?

      B: No, we're not as ___________ as we used to be.

      (a) innovative
      (b) forthcoming
      (c) professional
      (d) instrumental

9   A: What kind of salary does this position provide?

      B: Well, that is ___________ upon how much experience you have in the field.

      (a) reliant
      (b) factored
      (c) furnished
      (d) contingent

10   A: I feel terrible about forgetting to pick you up yesterday. I'm sorry.

      B: That's okay. No ___________ feelings.

      (a) hot
      (b) mad
      (c) lost
      (d) hard

11 A: Did you like the actor who played Julius Caesar in the play?

    B: Well, his __________ was not very convincing to me.

       (a) tactic

       (b) duplication

       (c) performance

       (d) personification

12 A: So, what do you think of this apartment? Doesn't it have an incredible view?

    B: It certainly does. It's quite __________.

       (a) fanciful

       (b) prominent

       (c) exuberant

       (d) impressive

숙어 (Idioms)

관용적으로 쓰이는 표현은 모두 숙어라고 볼 수 있지만, 일반적인 의미에서 숙어는 각 단어들의
사전적인 뜻만 조합해서는 이해하기 어려운 표현들을 가리킨다.

가령 deliver a speech (연설하다)와 같은 표현은 그 각각의 단어를 해석하면 의미를 짐작할 수 있는
'연어'이지만, know the ropes (요령을 배우다), pull one's leg (농담하다)와 같은 표현은 각 단어의
의미를 결합해도 그 뜻을 유추하기 어려운 '숙어'이다. 그러므로 숙어 학습에는 일정한 암기가
필수적이다.

TEPS 어휘 시험에서 숙어가 차지하는 비중은 그리 크지 않지만, 청해, 문법, 독해 등 다른 파트의
기본을 이루고 있으므로 철저한 숙지가 필요하다. 일상 대화에서 흔히 쓰이는 구어체 숙어 표현은
앞에서 다루었으므로 여기서는 그 외의 숙어 표현을 중심으로 살펴보기로 한다.

Unit 1 동사 중심의 숙어 *

1 be ~ go

<table>
<tr><td>

be cut out for ~에 적격이다

be here to stay 지속적인 현상으로 남다, 유행하다

beat around the bush 돌려서 말하다

bite one's tongue (타인을 화나게 할 말을) 하지 않다

boil down to 결국 ~로 귀결되다

break even 비용과 수입이 균등하다 *cf.* break-even point 손익분기점

break a leg 행운을 빌다, 잘하다, 힘내다

call it a day 하루 일과를 마치다

cut corners (돈·시간을 들이지 않고) 허술하게 일하다

come down with (병에) 걸리다

come close -ing ~할 뻔하다

</td><td>

drop a line 연락을 취하다

fall short of 부족하다

follow in one's footstep 모범[자취]을 따르다

get[have] a handle on 잘 이해하다, 제대로 다루다

get on one's nerves 신경에 거슬리다

get the hang of 요령을 터득하다

get nowhere 효과가 없다, 이루지 못하다

give credit 공로를 인정하다, 칭찬하다

go easy on 조금만 사용하다

go against the grain 성격에 맞지 않는다

</td></tr>
</table>

✓ 감각 익히기

▶ 다음 표현을 완성하시오.

1 하루 일과를 마칠 시간   time to call it a ___________   day

2 독감에 걸리다   come ___________ with flu   down

▶ 다음 문장이나 대화를 완성하시오.

1 How can someone tell if he's ___________ out for medical school?
그가 의대에 적합한 자질을 가지고 있는지 아닌지를 어떻게 말할 수 있겠는가?

2 What this issue ____________ down to is that the council doesn't want to spend more money.

이 논란은 결국 그 위원회가 돈을 더 쓰고 싶어하지 않는다는 것으로 귀결된다.

3 The government is struggling to get a __________ on illegal immigrants.

그 정부는 불법 이민자를 잘 다루려고 노력하고 있다.

4 Driving feels awkward when you're new to it, but it's easy once you get the _______ of it.

운전을 처음 할 때는 어색하게 느껴지지만, 요령을 터득하면 편안해진다.

5 The company refused to give researchers due __________.

그 회사는 연구원들에게 적절한 공로를 인정하지 않았다.

6 Stop beating around the __________ and tell me the truth.

뜸들이지 말고 진실을 말해라.

7 Online advertising is here to __________.

온라인 광고는 지속될 것이다.

8 I wanted to tell her what I really thought of her dress, but I just bit my __________.

그녀의 드레스에 대해서 내 생각을 말하고 싶었지만 말을 참았다.

9 His whining is getting on my __________.

그의 푸념 때문에 짜증이 난다.

10 I've worked all day on this, but I feel as if I'm getting __________.

나는 하루 종일 이 일을 했지만 전혀 진전이 없는 듯 느껴진다.

11 It goes against the __________ for William to admit that he's wrong.

자신이 잘못했다고 인정하는 것은 윌리엄의 성격에 맞지 않는다.

12 Go __________ on coffee and alcohol when you fly.

비행기 여행을 할 때는 커피와 술을 조금만 마셔라.

2 have ~ make

have a bee in one's bonnet (어떤 생각에) 사로잡히다

have a finger in every pie 모든 일에 관여하다

have[get/feel] butterflies in one's stomach (시험 같은 일을 앞두고) 불안하다, 속이 울렁거리다

have the final say 결정 권한을 가지다

have the nerve to (무례하게도, 과감히) 하다

hit the nail on the head 핵심을 찌르다

hit the road 떠나다, 여행을 시작하다

hit the spot 더없이 만족스럽다

hit the ceiling[roof] 격분하다

hold good 유효하다

keep abreast of (시류에) 뒤떨어지지 않다

keep one posted ~에게 (관심 있는) 정보를 계속 알려주다 (=keep one up-to-date)

know the ropes 요령을 알다

leave a lot to be desired 미진한 점이 많다

make ends meet 수지타산을 맞추다

make heads or tails of ~을 이해하다

감각 익히기

▶ 다음 표현을 완성하시오.

1 요령을 알다   know the __________   ropes

2 정보를 알려주다   keep one __________   posted

3 유효하다   hold __________   good

▶ 다음 문장이나 대화를 완성하시오.

1 Jane hit the __________ when she saw her grades.
제인은 학점을 보고 격분했다.

2 The new boss irritated some employees by seeming to want to have a __________ in every pie.
새 상사는 모든 일에 참견하고 싶어함으로써 몇몇 직원들을 짜증나게 했다.

3 She had the __________ to call me a liar.
그녀는 무례하게도 나를 거짓말쟁이라고 불렀다.

4   Ryan hit the ________________ on the head when he said the government spending is outrageous and unethical.

정부 지출이 터무니없고 비윤리적이라고 말했을 때 라이언의 말은 정곡을 찔렀다.

5   I still can't make ___________ or tails of what is going on with this show!

나는 이 쇼에서 어떤 일이 일어나고 있는지 전혀 이해할 수 없어!

6   He has had a ___________ in his bonnet all day, but he won't tell me what's wrong.

그는 하루 종일 어떤 생각에 사로잡혀 있었지만 무슨 일인지 내게 말하려 들지 않는다.

7   He had ___________ in his stomach in the morning of his wedding.

그는 결혼식 날 아침에 불안해 했다.

8   In many families, the mother has the final ___________ on the children's education and activities.

많은 가정에서 아동의 교육과 활동에 대한 최종 결정 권한을 가지는 것은 어머니다.

9   Keep ___________ of breaking news and sports headlines.

새로운 뉴스와 스포츠 표제들을 놓치지 말아라.

10 The company's products ___________ a lot to be desired.

그 회사의 생산품에는 부족한 점이 많다.

answer ➡ 1 ceiling   2 finger   3 nerve   4 nail   5 heads   6 bee   7 butterflies   8 say   9 abreast   10 leave

3 pay ~ spill

pay lip service (입으로만) 동의하다

pick up the tab[bill] 계산하다, 지불하다

pick up[gather/gain] the momentum 탄력이 붙다, 진전되다

play it by ear 임기응변으로 처리하다

poke one's nose into 쓸데없이 참견하다

pull a fast one 감쪽같이 속이다

pull one's leg 농담하다

pull the strings (은밀히) 영향력을 행사하다

pull one's weight 자기 몫의 역할을 하다

put the cart before the horse 일의 순서가 바뀌다

put your best foot forward 활기차게 착수하다, 최선을 다하다

ring a bell (기억은 안 나지만) 익숙하게 들리다

rise through the ranks 진급하다

sleep on it 시간을 두고 생각하다

smell a rat 수상쩍은 낌새를 알아채다

snap out of it 기운을 내다

spill the beans 비밀을 누설하다

✔ 감각 익히기

▶ 다음 표현을 완성하시오.

1 익숙하게 들리다　　　　　ring a ___________　　　　　bell

2 자기 몫의 역할을 다하다　　pull one's ___________　　　weight

▶ 다음 문장이나 대화를 완성하시오.

1 The boss was merely paying ___________; he never committed himself to it in any substantial way.

그 상사는 그저 말로만 동의하고 있었다. 그는 실질적으로 헌신한 적이 없었다.

2 I told her to stop poking her ___________ into our business.

나는 그녀에게 우리 일에 쓸데없이 참견하지 말라고 말했다.

3 He put the cart before the ___________ when he bought the house before he got the loan.

저당을 얻기 전에 집을 샀을 때 그는 일을 거꾸로 처리한 것이었다.

4   Every time I have dinner with Chris, he always makes me pick up the ___________.

내가 크리스와 저녁을 먹을 때마다 그는 늘 내가 계산하도록 만든다.

5   No matter what vocation you may select, you must learn to put your best ___________ forward.

어떤 직업을 선택하더라도 최선을 다하는 법을 배워야 한다.

6   They can't predict what will happen in tomorrow's game, so they decided to ___________ it by ear.

그들은 내일 게임에서 어떤 일이 일어날지 예측할 수 없어서 임기응변으로 대처하기로 결정했다.

7   Never accept a job offer the day you receive it. ___________ on it for a couple of days.

결코 직업 제의를 받은 당일에 받아들이지 말아라. 이틀간 시간을 두고 생각해라.

8   A: Frankly, I smell a ___________.
    B: Me, too. I'm convinced that something is definitely wrong here.

A 솔직히 말해 수상쩍은 낌새가 느껴져요. / B 나도 그래요. 틀림없이 뭔가 잘못된 게 있어요.

9   As long as Castro is alive, he will continue to pull the ___________ behind Cuba's political decisions.

카스트로가 살아 있는 한, 그는 쿠바의 정치적 결정에 영향력을 행사할 것이다.

10 He is depressed. You can't just tell him to ___________ out of it.

그는 우울한 상태다. 그저 기운을 내도록 노력하라고만 말할 수는 없다.

answer 1 lip service 2 nose 3 horse 4 tab 5 foot 6 play 7 Sleep 8 rat
9 strings 10 snap

4 start ~ watch

start from scratch (무(無)에서, 아무 것도 없는 상태에서) 새로 시작하다

start with a clean slate (과거를 정리하고) 새 출발하다

straddle the fence 형세를 관망하다

take breath away 숨 막힐 정도로 놀라다, 깊은 인상을 받다

take charge of 맡다, 처리하다

take one's time 천천히 하다

take place 발생하다

take turns 차례대로 하다

test the waters 가능성[성공] 여부를 살피다

throw in the towel 포기하다

toss[throw] one's hat in the ring 출마 의사를 밝히다

turn a deaf ear to ~을 듣지 않다

turn over a new leaf 습관 · 생활방식을 더 낫게 바꾸다

turn the table 상황을 역전시키다

watch one's step 말 · 행동을 조심하다

✓ 감각 익히기

▶ 다음 표현을 완성하시오.

1	생활방식을 바꾸다	turn over a new __________	leaf
2	무에서 새로 시작하다	start from __________	scratch
3	차례대로 하다	take __________	turns

▶ 다음 문장이나 대화를 완성하시오.

1 To take __________ of stress, it is important to identify sources of stress.
스트레스를 다루기 위해서는 스트레스의 근원을 밝히는 것이 중요하다.

2 If we were to start again with a clean __________ , how would we design a global communications infrastructure?
만일 우리가 새로 출발한다면, 전세계 통신 시설을 어떻게 디자인할까?

3 I'll be working as a clerk in a law firm to test the __________ before I decide if I really want to be a lawyer.
내가 정말로 변호사가 되기를 바라는지 결정하기 전에 사정을 살펴보기 위해서 나는 변호사 사무실에서 서기로 일할 것이다.

4   You can take your ____________ altering that dress; I don't need it right away.

그 드레스를 천천히 고쳐도 됩니다. 당장 필요한 것은 아니니까요.

5   Life is not measured by the number of breaths we take, but by the number of moments that take our ____________ away.

삶은 우리의 호흡 수에 따라 측정되는 것이 아니라 숨이 멎을 정도로 감동 받는 순간이 얼마나 많은가에 따라서 측정된다.

6   The Olympics takes ____________ every four years.

올림픽은 4년마다 열린다.

7   Will Hillary throw in the ____________?

힐러리가 포기할까?

8   She's seriously considering throwing her ____________ in the ring and declaring herself a candidate for the election.

그녀는 출마해서 선거 후보자로 나서겠다고 발표할 것인지를 진지하게 고려하고 있다.

9   Why do people turn a deaf ____________ to the cries of animal suffering?

왜 사람들은 고통 받는 동물의 외침에 귀를 기울이지 않는가?

10 Turn the ____________ on depression, fear and sadness.

우울, 두려움과 슬픔을 역전시켜라.

answer ➤ 1 charge   2 slate   3 waters   4 time   5 breath   6 place   7 towel   8 hat
          9 ear   10 table

Unit 2 전치사구 중심의 숙어 *

1 apart ~ for

apart from ~와는 별도로

around the clock 24시간 내내

around the corner 곧 다가오는

as of ~부터

at a loss 당황한

at length 마침내

at odds 다른, 상반된

at random 임의로

at stake ① 손실·피해를 입을 듯한 People's lives are **at stake**. 사람들의 생명이 걸려있다.
② (중요한 문제가) 걸려 있는 Few voters had any idea of the issues **at stake**. 투표를 하는 사람들은 거의 관련된 문제를 알지 못했다.

at the end of one's rope 인내력이 다하여; 진퇴양난에 빠져

beside the point 논지에서 벗어난

by and large 대체로

for a change 기분 전환으로, 일상적인 것 대신에

for all I know 내가 알기로는

for good 영원히

for good measure 여분으로, 덤으로

for nothing 공짜로

(not) for the life of me 나는 아무리 ~해도 알 수 없다.

✓ 감각 익히기

▶ 다음 표현을 완성하시오.

1	곧 다가올	around the __________	corner
2	24시간 내내 일하다	work around the __________	clock
3	4월 6일부터	as __________ April 6	of
4	임의로 선택된 몇 가지 역사적 사건	some historical events chosen at __________	random

1 The Bush administration and *The New York Times* are again at ______________ over national security.

부시 행정부와 뉴욕 타임즈는 국가 안전 문제에 대해 또 다시 의견을 달리한다.

2 I'm at the end of my ___________ with the kids.

나는 그 아이들에게 인내심의 한계를 느껴.

3 Anyway, all of this debate is ___________ the point.

어떻든 이 모든 논의들이 논지에 벗어나 있다.

4 A company that was temporarily barred from doing business in the state in 2005 has been ordered to leave the state for ___________.

2005년에 그 주에서 일시적으로 사업을 하지 못하도록 금지되었던 어떤 회사는 영원히 그 주를 떠나라는 명령을 받았다.

5 I cannot for the ___________ of me see why he married her.

그가 왜 그녀와 결혼했는지 도무지 이해할 수 없다.

6 I hardly know anyone in this town ___________ from you.

난 너를 제외하고는 이 마을에 아는 사람이 거의 없다.

7 He tossed in a couple of shirts for good ___________ and closed the suitcase.

그는 여분으로 셔츠 두 개를 던져 넣고 가방을 닫았다.

answer ▶ 1 odds   2 rope   3 beside   4 good   5 life   6 apart   7 measure

2 in ~ off

in one's shoes 다른 사람의 처지에

in the black 흑자로 *opp.* in the **red**

in the cards 일어날 가능성이 높은

in the nick of time 아슬아슬한 때에, 간신히

into the bargain 게다가, 덤으로

in the same boat 같은 처지의

let alone ~은 말할 것도 없이(= not to mention = not to speak of)

more often than not 대체로

more or less 거의, 다소

next to nothing 거의 없는

of late 최근에

off duty 비번 *opp.* **on** duty

off the hook 궁지에서 벗어나

off the top of one's head 즉석에서 생각할 때

▶ 다음 문장이나 대화를 완성하시오.

1 We hadn't got the money to phone home, let ___________ stay in a hotel.
우리는 호텔에 머무는 것은 말할 것도 없고 집에 전화할 돈도 없었다.

2 I wish I were in his ___________ with his great job and new car.
내가 좋은 직업과 새 차가 있는 그 사람과 같은 처지라면 좋겠다.

3 We're all in the same ___________, so let's not criticize each other.
우리 모두 같은 처지이니 서로 비난하지 맙시다.

4 More often than ___________, the arguments could have been avoided.
대체로 그 논쟁은 피할 수도 있었을 것이다.

5 After the company closed, investors were left with next to ___________.
그 회사가 문을 닫은 다음에 투자자들에게는 거의 아무 것도 남지 않았다.

6 I cannot think of any good examples off the ___________ of my head.
지금 당장은 좋은 예를 생각해낼 수 없어.

answer ▶ 1 alone   2 shoes   3 boat   4 not   5 nothing   6 top

3 **on**

<table>
<tr><td>

on and off 이따금

once and for all 완전히

on cloud nine 최고로 기분이 좋은 (=in the seventh heaven)

on hand 수중에 *cf.* in hand 고려 중인 / problem in hand 현안

on the contrary 오히려

on the dot 정각에

</td><td>

on the house (회사 또는 상점) 부담으로, 무료로

on the other hand 반면에

on the spot 현장에서, 즉시

on the tip of one's tongue 생각이 날 듯 말듯

on the whole 대체로

</td></tr>
</table>

✓ 감각 익히기

▶ 다음 문장이나 대화를 완성하시오.

1 After winning the lottery, he was on ___________ nine.

복권에 당첨된 후 그는 날아갈 듯 기뻤다.

2 Republicans have more cash on ___________ than Democrats.

공화당원들이 민주당원들보다 더 많은 현금을 수중에 가지고 있다.

3 We're leaving at 9:00 on the ___________.

우리는 9시 정각에 떠날 예정이다.

4 Your first drink is on the ___________.

첫 번째 음료는 무료입니다.

5 Her name is on the ___________ of my tongue; it could be Kathy or Karen or something.

그녀의 이름이 생각이 날 듯 말 듯해. 캐시인가 캐런인가 그럴 거야.

6 Any workers found breaking these rules will be fired on the ___________.

이 규칙을 어기는 것이 발각된 노동자는 즉시 해고될 것이다.

answer ▶ 1 cloud 2 hand 3 dot 4 house 5 tip 6 spot

4 **onto ~ worth**

onto something (중요한 것을 밝혀줄) 정보가 있는

out of date 구식의 *opp*. **up to** date

out of order 고장 난

out of place 부적절한

out of the blue 난데없이

out of the question 불가능한

over the counter 의사의 처방 없이 살 수 있는
cf. under the counter 은밀하게 불법으로 매매되는

through thick and thin 좋을 때나 나쁠 때나

under the weather 몸이 좋지 않은

up to one's ears 완전히 빠져 있는

worth one's salt (직무 수행이) 존중 받을 만한 *cf*. worth는 전치사가 아니고 형용사지만 전치사처럼 목적어를 취하므로 이 분류에 포함시켰음.

감각 익히기

▶ 다음 문장이나 대화를 완성하시오.

1 Over the __________ drugs are sold in pharmacies and other stores without a doctor's prescription.

OTC 약은 의사의 처방 없이 약국과 다른 가게에서 판매된다.

2 I felt out of __________ wearing shorts in the dining room.

나는 식당에서 반바지를 입고 있어서 어울리지 않는 듯이 느꼈다.

3 I think you could be __________ something here.

이 점에서 당신이 중요한 정보를 갖고 있으리라 생각한다.

4 Through __________ and thin, I'll stand right by your side.

좋을 때나 나쁠 때나 나는 당신 바로 옆에 있을 겁니다.

5 We're up to our __________ in love.

우리는 사랑에 홀딱 빠져 있다.

6 Yesterday, I ended up going to the doctors as I was a bit under the __________.

나는 어제 몸이 좋지 않아서 결국 병원에 갔다.

answer ▶ 1 counter   2 place   3 onto   4 thick   5 ears   6 weather

Unit 3 명사구 중심의 숙어*

a dime a dozen 싸구려의, 흔해빠진

all ears 잘 듣고 있는

all thumbs 손재주가 없는
cf. green thumb 원예에 재주가 있는

couch potato (소파에 앉아 포테이토 칩 등을 주로 먹으며) TV만 보며 소일하는 사람, 게으르고 비활동적인 사람

a feather in one's cap 만족스러운 성취

head over heels 완전히

hustle and bustle 소란함

nail in the coffin 심각한 해가 될 사건이나 행위

odds and ends 잡동사니

a piece of cake 식은 죽 먹기

second to none 어디에도 뒤지지 않는, 더 나은

storm in a teacup 공연한 소란

tongue in cheek 농담조로

top dog 세력가 *opp.* **under**dog

touch-and-go 불확실하고 위험한 상황

two cents' worth 어떤 주제에 대한 의견

ups and downs 상승과 하락, 부침

wear and tear 마모

✓ 감각 익히기

▶ 다음 표현을 완성하시오.

1 만족스러운 성취   a ___________ in one's cap   feather

2 공연한 소란   storm in a ___________   teacup

3 식은 죽 먹기   a piece of ___________   cake

4 도시의 소란에서 벗어나서   away from the ___________ and bustle of the city   hustle

5 잡동사니들이 가득 찬 서랍   a drawer full of ___________ and ends   odds

▶ 다음 문장이나 대화를 완성하시오.

1 German composer Robert Schumann led a life of extreme ___________ and downs.
독일 작곡가 로베르트 슈만은 극히 부침이 심한 삶을 살았다.

2 When I said we were going to go away on vacation, he was all __________.

우리가 휴가를 떠날 거라고 말했을 때 그는 열심히 귀를 기울였다.

3 Everyone feels they are all __________ when they embark on learning a new skill.

사람들은 모두 새로운 기술을 배우기 시작할 때 서툴게 느낀다.

4 Those antiques are a __________ a dozen.

그 골동품들은 흔한 싸구려다.

5 I'm head over __________ in love with her.

나는 그녀에게 완전히 빠졌어.

6 The hotel's restaurant is second to __________.

이 호텔의 식당은 어디에도 뒤지지 않는다.

7 Everyone likes to put in his or her two-cent's __________, but wouldn't it be nice to actually get paid for it?

사람들은 누구나 자신의 의견을 내놓고 싶어하지만, 그 의견에 대해 실제로 보상을 받는다면 멋지지 않을까?

8 She said it was a tongue-in-__________ comment and not meant to offend them.

그녀는 그것이 농담조의 말이었으며 그들을 불쾌하게 만들 의도가 없었다고 말했다.

9 These job losses are the final __________ in the region's coffin.

이 일자리들의 감소는 그 지역에 결정적인 타격을 미칠 것이다.

10 It had been __________-and-go for him in the hospital, but he had eventually recovered.

그는 병원에서 위험한 상황이었지만 점차 회복했다.

answer ▶ 1 ups 2 ears 3 thumbs 4 dime 5 heels 6 none 7 worth 8 cheek 9 nail 10 touch

Practice Test B

Part I   **Questions 1~12**   Choose the best answer for the blank.

1   A: This chocolate cake is fantastic! Did you make it yourself?
      B: Yep, _______________.

    (a) for good measure
    (b) by word of mouth
    (c) from scratch
    (d) by and large

2   A: Do you take reservations for dinner here?
      B: No, seating is on a first-come, first-served _______________.

    (a) policy
    (b) rule
    (c) principle
    (d) basis

3   A: I really need to spend more time with my family.
      B: Then you should try not to be _______________ so much.
    (a) at a loss
    (b) up for sale
    (c) on the road
    (d) out of order

4   A: I can't believe you won the race! Good job!
      B: Thanks, I'm surprised, too. I was _______________ at the end.

    (a) dog tired
    (b) onto something
    (c) testing the water
    (d) speaking my mind

5   A: May I use the conference room today?
      B: I don't know. Ask Margaret. She's _______________.

    (a) in time
    (b) in place
    (c) in order
    (d) in charge

6 A: I feel like I'm ______________.

    B: Don't worry. Things will get better soon.

       (a) off the hook
       (b) having the final say
       (c) making a difference
       (d) at the end of my rope

7 A: I'm having a party this weekend. Could you tell your colleagues about it?

    B: Sure, I'll ______________.

       (a) practice what I preach
       (b) play it by ear
       (c) bite my tongue
       (d) spread the word

8 A: So, you're only checking in one piece of luggage, sir. Is that right?

    B: Yes, I ______________.

       (a) travel light
       (b) put my best foot forward
       (c) start from scratch
       (d) know by heart

9 A: Have you enjoyed your stay here at the hotel, ma'am?

    B: Definitely. I'd give it ______________.

       (a) two thumbs up
       (b) a clean slate
       (c) a green thumb
       (d) my two cents

10 A: Are you going to run for election this year?

    B: No, I'm not going to ______________. There are already too many candidates.

       (a) keep my fingers crossed
       (b) dodge the bullet
       (c) run the show
       (d) toss my hat in the ring

11 A: Ted wasn't getting to the point in his presentation.

     B: I agree. He did seem to be ______________.

       (a) making a killing
       (b) throwing in the towel
       (c) taking our breath away
       (d) beating around the bush

12 A: This job would be so much easier if we ______________.

     B: Well, we'd better do things by the books.

       (a) went against the grain
       (b) cut corners
       (c) turned the tables
       (d) made ends meet

연어(Collocation)

연어는 관용적으로 짝지어 쓰이는 단어들의 조합으로, '연설하다(deliver a speech)', '조치를 취하다(take measures)', '소개 미팅(blind date)'처럼 두 단어 이상이 결합되어 함께 쓰이는 표현을 뜻한다. 크게 보아 관용적인 표현이라 할 수 있으나, Break my leg.(행운을 빌어줘.)처럼 단어들이 결합하여 원래 의미와 전혀 다른 의미를 만들어내는 숙어와는 달리 각 단어의 원래 의미가 살아 있는 조합이다.

연어 표현을 보고 해석하기는 어렵지 않으나, 실제로 회화나 작문에서 정확하게 사용하기는 쉽지 않다. 가령 '목적을 이루다'라는 말을 쓴다고 할 때도 make a success, reach[achieve/attain] a goal, accomplish[attain/achieve/fulfill] an objective, attain[accomplish] one's purpose와 같은 다양한 표현들이 있는데, 각 단어의 뉘앙스에 따라 어울리는 조합도 다르다. 이 각각의 조합이 깨지면 어색한 표현이 되므로 이러한 단어군을 덩어리(chunk)로 함께 기억하는 습관을 길러야 한다.

연어는 어휘 영역에서 전체적으로 14% 가량 골고루 출제되고 있으며, 숙어나 이어동사보다 훨씬 큰 비중을 차지한다. 실제로 영어 문장의 많은 부분이 이렇게 서로 어우러져 쓰이는 단어들의 결합으로 구성되어 있음을 생각하면, TEPS 시험에서 연어의 비중이 높은 것은 당연하다고 하겠다.

연어를 공부할 때 가장 좋은 방법은 결합을 이루고 있는 단어들의 한 쪽을 가리고 그것과 호응하는 단어를 기억할 수 있는지 확인하는 것이다. 여기서는 중요한 연어 표현을 쓰이는 상황에 따라 분류하고 의미상 관계가 있는 표현들끼리 모아 제시함으로써 정확한 이해와 기억을 돕고자 한다.

Unit 1 동사와 명사가 결합된 표현*

1 인사 · 소개 · 초대

throw a party 파티를 열다

hold a banquet 연회를 열다

bid farewell to ~에게 작별 인사하다

answer the phone 전화를 받다(= take[answer] a call) *cf.* answer the door 문을 열어주다

celebrate an occasion 행사를 축하하다

take a rain check 다음 기회를 이용하다

provide amenity 편의를 제공하다

overstay one's welcome 환영 받지 못할 정도로 오래 머무르다

▶ 다음 표현을 완성하시오.

1 어색한 분위기를 누그러뜨리다 ___________ the ice   break

2 다음 번 기회로 미루다 ___________ a rain check   take

▶ 다음 문장이나 대화를 완성하시오.

1 Do you want to ___________ a party that everyone will remember?
모든 사람들이 기억할 파티를 열고 싶으세요?

2 The basketball team will ___________ its annual banquet on April 29th.
그 농구팀은 매년 열리는 연회를 4월 29일에 개최할 겁니다.

3 Hundreds gathered to ___________ farewell to a Japanese journalist killed in Myanmar.
미얀마에서 살해된 일본인 기자에게 작별을 고하기 위해서 수백 명의 사람들이 모였다.

4 Don't ___________ the cell phone while charging.
충전 중에는 휴대전화를 받지 마세요.

answer ▶ 1 throw 2 hold 3 bid 4 answer

2 도움 · 약속

break one's promise[word] 약속을 어기다
opp. keep one's promise 약속을 지키다

make an appointment 약속하다

set a date for ~의 날짜를 잡다
cf. set an alarm 자명종 시계를 맞추다

run an errand 잔심부름을 하다

make way 길을 비켜주다

extend[express/offer] sincere gratitude[appreciation] 심심한 사의를 표하다

slip one's mind 깜빡 잊어버리다

take the responsibility 책임지다

give a ride[lift] 차를 태워주다

✓ 감각 익히기

▶ 다음 표현을 완성하시오.

1 도움을 주다   give a ___________   hand

2 약속을 지키다   ___________ one's word   keep

▶ 다음 문장이나 대화를 완성하시오.

1 Should we ___________ a date for the next meeting?

다음 회의 날짜를 잡아야 할까요?

2 She has got to ___________ responsibility for the failure of the deal.

그녀는 그 거래의 실패에 책임을 져야 한다.

3 Would you like me to ___________ you a ride to school?

내가 학교에 태워다 주기를 바라요?

4 To ___________ an appointment with a financial adviser, please complete the form below and click SEND.

재정 상담자와 약속을 잡으려면 아래 양식을 작성하여 '보내기'를 클릭해주세요.

5 I would like to ________ my sincere gratitude to all the professors in my undergraduate course.

저는 학부시절의 모든 교수님들께 깊은 감사를 표하고자 합니다.

answer   1 set   2 take   3 give   4 make   5 extend

fulfill a function 기능을 수행하다

play a part[role] 역할을 하다

reach adulthood 성인이 되다
cf. reach the zenith 정점에 이르다

perform a rite 의식을 치르다
cf. 통과의례: a rite of passage

pass judgment (비판적인) 판단을 내리다
cf. make a judgment 판단하다
　　 reserve judgment 판단을 보류하다

pay the price 대가를 치르다

face adversity 역경에 맞서다

run[take] the risk 위험을 무릅쓰다

take chances (위험할 수도 있는 일을) 해보다

follow a pattern 일정한 패턴을 따르다

spare no effort 노력을 아끼지 않다
cf. remain idle 아무 일도 하지 않다

take the initiative 주도권을 잡다
cf. take the lead 선도하다, 앞서가다

kick[break] the habit 습관을 버리다
cf. acquire[form] the habit 습관이 생기다

overcome hardship 고난을 극복하다
cf. clear a hurdle 장애를 극복하다

brave[weather] a storm 난관을 헤쳐 나가다

gain self-confidence 자신감을 얻다

✓ 감각 익히기

▶ 다음 표현을 완성하시오.

1 대가를 치르다　　　　__________ the price　　　　pay

2 운을 지나치게 믿다　　　__________ one's luck　　　push

▶ 다음 문장이나 대화를 완성하시오.

1 Labor unions have played a significant __________ in the recent debate.
노동조합은 최근의 논쟁에서 중요한 역할을 수행했다.

2 The president runs the __________ of assassination with every public appearance.
그 대통령은 대중에게 모습을 드러낼 때마다 암살의 위험을 무릅쓰고 있다.

3 Over 10 million smokers have succeeded in __________ the habit.
천만 명 이상의 흡연자들이 그 습관을 고치는 데 성공했다.

4 He's too quick to ___________ judgments about other people.

그는 너무나 성급하게 다른 사람에 대한 판단을 내린다.

5 The reality is that no one can drive until he/she ___________ a certain age.

실은 어느 누구도 일정한 나이에 이를 때까지는 운전을 할 수 없다.

answer 1 role 2 risk 3 kicking / breaking 4 make 5 reaches

4 인간 관계 · 감정 2

attract[draw] ones' attention 주의를 끌다

pay attention 관심을 기울이다
cf. merit[deserve] attention 관심을 받을 만하다

pay homage 경의를 표하다

pledge loyalty 충성을 맹세하다

take advice 충고를 듣다
cf. give advice 충고하다

accept apology 사과를 받아들이다

win[receive] acclaim 찬사를 받다
cf. receive a standing ovation 기립박수를 받다

gain in popularity 인기를 얻다

gain[win] acceptance[recognition] 인정을 받다
cf. gain notoriety 악명을 얻다

offer[convey/express] condolences 애도를 표하다

deal a blow 타격을 주다

improve morale 사기를 진작하다

✓ 감각 익히기

▶ 다음 표현을 완성하시오.

1 관심을 기울이다　　　　　___________ attention　　　　　pay

2 충고를 듣다　　　　　___________ advice　　　　　take

3 사과를 받아들이다　　　　　___________ apology　　　　　accept

▶ 다음 문장이나 대화를 완성하시오.

1 Anti-racist policies were gradually gaining ___________ at that time.

그 당시 반 인종차별주의적 정책이 점차 수용되고 있었다.

2 Small cars have gained in ____________ as gas prices have risen.

연료비가 오르면서 소형차의 인기가 높아졌다.

3 The closing of the factory dealt a devastating ____________ to the local economy.

그 공장이 폐쇄됨으로써 지역 경제에 극심한 타격을 주었다.

4 We ____________ condolences to James and his family for their tragic loss.

슬프게도 상을 당한 제임스와 그의 가족에게 애도의 뜻을 표합니다.

5 His work has never gained the international ____________ it deserves.

그의 업적은 마땅히 받아야 할 국제적 인정을 받지 못했다.

answer ▶ 1 acceptance　　2 popularity　　3 blow　　4 offer[convey/express]　　5 recognition

5 인간 관계 · 감정 3

bear animosity 반감을 품다
cf. bear[hold] a grudge 원한을 품다

win one's heart 마음을 사로잡다
cf. lose heart 실망하다

arouse sympathy 동정심을 일으키다

take offense 기분이 상하다

control[keep] one's temper 화를 참다
opp. **lose** one's temper 화를 내다

save face 체면을 지키다
opp. **lose** face 체면을 잃다

strike[touch] a chord 심금을 울리다

send shudder 전율을 느끼게 하다

face[confront] a dilemma 궁지에 처하다

spread discord 불화를 조성하다

turn sour (관계가) 틀어지다, 나빠지다

achieve an objective 목표를 달성하다
cf. achieve self-sufficiency 자급자족하다

coin a motto 좌우명을 만들다

✓ 감각 익히기

▶ 다음 표현을 완성하시오.

1 체면을 지키다　　　____________ face　　　　　　save

2 화를 내다　　　____________ one's temper　　　　　lose

▶ 다음 문장이나 대화를 완성하시오.

1 We now ____________ an embarrassing dilemma: should we stay or go?

지금 우리는 아주 곤란한 처지에 빠져 있어. 머물러야 할까, 가야 할까?

2 Her tale of woe struck a ____________ with him.

고뇌에 찬 그녀의 이야기는 그의 심금을 울렸다

3 We lose ____________ when we believe that no one cares for us.

아무도 우리를 좋아하지 않는다고 느낄 때 우리는 낙심한다.

4 Their relationship ____________ sour over a financial dispute.

금전적 문제에 대한 논쟁으로 그들의 관계가 틀어졌다.

5 Some people do not care how they ____________ their objectives; they contend that the end justifies the means.

목적을 어떻게 달성하는가에 관심을 기울이지 않는 사람들이 있다. 그들은 목적이 수단을 정당화한다고 주장한다.

answer ▶ 1 face   2 chord   3 heart   4 turned   5 achieve

6 회의

hold a meeting[conference] 회의를 열다
cf. hold a public forum 공개 토론회를 열다
　　hold a hearing 청문회를 열다

attend a conference 회의에 참석하다

set the agenda (다음에) 할 일(안건)을 정하다
cf. set priorities 우선순위를 정하다

identify the problem 문제를 밝히다

address an issue[problem] 문제를 거론하다

raise an issue 논제를 제기하다

get the gist of 요점을 파악하다

formulate a hypothesis 가설을 세우다

conduct a review/an interview 조사/인터뷰 하다

take[adopt] a stance 입장을 취하다
cf. change one's stance 입장을 바꾸다

reach[draw] a conclusion 결론에 도달하다

cast a vote 투표하다

get a majority 과반수를 차지하다

get the upper hand 우위를 차지하다

▶ 다음 문장이나 대화를 완성하시오.

1 He has set the ___________ for future work in this field.
그는 이 분야에서 미래에 해야 할 일을 결정했다.

2 The subject of cloning raises complex ethical ___________.
복제에 관한 문제는 복잡한 윤리적 논쟁을 일으킨다.

3 We need to ___________ a more positive stance toward globalization.
우리는 세계화에 대해 더욱 적극적인 입장을 취해야 한다.

4 He reached the ___________ that the universe was expanding.
그는 우주가 확장하고 있다는 결론에 이르렀다.

5 I only got the ___________ of what he was saying.
나는 그저 그의 말의 요지만 알아들었다.

answer ➤　1 agenda　　2 issues　　3 take　　4 conclusion　　5 gist

7 토론

take the floor 발언을 시작하다

make[give] a presentation 발표하다

have an argument 논쟁하다
cf. win/lose an argument 논쟁에 이기다/지다

lay[put/place] stress on 강조하다

arouse[raise] suspicion 의혹을 불러일으키다

attract criticism 비난을 초래하다

ring true 사실처럼 들리다

attach a condition 조건을 붙이다

accept a proposal 제안을 수용하다; 결혼신청을 받아들이다

suggest[propose] alternative 대안을 제시하다

speak nonsense 어처구니 없는 말을 하다

save one's breath 말을 삼가다

make a quip 재치 있게 답하다

change the subject 화제를 바꾸다
cf. drop the subject 화제를 더 이상 언급하지 않다

accept[face] the consequences 결과를 수용하다

settle a dispute 논쟁을 해결하다

✓ 감각 익히기

▶ 다음 표현을 완성하시오.

1 제안을 수용하다 ___________ a proposal accept

2 논쟁을 해결하다 ___________ a dispute settle

▶ 다음 문장이나 대화를 완성하시오.

1 At the meeting the new recruit took the ___________ to voice his dissent.
회의에서 신입 사원이 반대 의견을 발언하기 시작했다.

2 We can ___________ this argument if we present the facts clearly.
사실을 명확히 제시한다면 이 논쟁에서 이길 수 있다.

3 The course lays great ___________ on the importance of oral communication.
그 강좌는 구두 의사 전달의 중요성을 무척 강조한다.

4 It was a possible explanation, but it didn't quite ring ___________.
그것은 그럴 듯한 설명이었지만 전적으로 사실처럼 들리지는 않았다.

answer ➤ 1 floor 2 win 3 stress 4 true

8 언론 · 보도

make announcement 공지하다

issue a bulletin 뉴스 속보를 발표하다

get the scoop 특종 기사를 얻다

answer a questionnaire 설문지에 답하다

conduct a poll 여론 조사를 실시하다

place[run] an advertisement 광고를 게재하다

break the news (예상치 않았던) 소식을 알려주다

▶ 다음 문장이나 대화를 완성하시오.

1 I hate to ___________ the news, but I've lost my job.

이 소식을 알리고 싶지는 않지만, 나는 실직했어요.

2 The politician ___________ a press release expressing his opinion on the problem.

그 정치가는 그 문제에 관한 의견을 피력하는 보도 자료를 발표했다.

3 Recent ______________ conducted by *The Times* indicate strong support for the new senator.

타임 지가 실시한 최근의 여론 조사에 따르면 새 상원의원은 강력한 지지를 받고 있다.

4 The magazine is going to ___________ an educational ad for the next year.

그 잡지는 내년에 교육적인 광고를 게재할 것이다.

answer ▶ 1 break 2 issued 3 polls 4 run

9 학교

provide education 교육을 제공하다

eliminate illiteracy 문맹을 퇴치하다

offer a course 강의를 개설하다

take a course 수강하다

attend a lecture 강의에 참석하다
cf. audit a course 청강하다

drop a course 수강 취소하다

miss[cut] a class 수업에 빠지다
cf. play hooky(=play truant) 수업을 빼먹다

take a test 시험을 치르다

ace an exam 시험에서 최고 점수를 받다

hold[conduct] a workshop
워크숍을 열다

earn[receive/do] a degree
학위를 받다

win[gain] a scholarship 장학금을 받다

break new ground 새로운 분야를 개척하다
cf. groundbreaker 개척자

✓ 감각 익히기

▶ 다음 표현을 완성하시오.

1 수강하다   ___________ a course   take

2 장학금을 받다   win a ___________   scholarship

3 수업을 빼먹다   ___________ truant   play

▶ 다음 문장이나 대화를 완성하시오.

1 In order to ___________ equal opportunity, the federal government decided to subsidize education in poor communities.

평등한 기회를 제공하기 위해서 연방 정부는 빈곤한 지역에 교육 보조금을 지급하기로 결정했다.

2 Before you can add or ___________ a course, you must first discuss it with your advisor.

강의를 추가 신청하거나 취소하기 전에 먼저 지도교수와 상의해야 한다.

answer ▶ 1 provide   2 drop

10 회사

conclude[sign] a contract 계약을 체결하다
cf. strike a deal 계약하다

submit an estimate 견적서를 제출하다

file[place] an order 주문하다

fill an order 주문대로 완수하다

meet the demand 요구를 들어주다

meet the deadline 마감 기한을 맞추다

create a market 수요를 창출하다

occupy a niche 틈새를 차지하다
cf. niche market 틈새 시장

make inroads 진출하다

bear fruit 결실을 맺다

produce revenue 수익을 올리다

make money 돈을 벌다
cf. make a fortune 큰 돈을 벌다

launch a project 프로젝트를 시작하다

boost morale 사기를 높이다
cf. boost spending 소비를 조장하다

increase[enhance] efficiency
효율성을 높이다

follow suit 선례를 따르다
cf. follow guidelines 지침을 따르다

adopt a strategy 전략을 채택하다

have hegemony of 주도권을 잡다
cf. take the helm of 지휘권을 잡다

form an association 협회를 구성하다

✔ 감각 익히기

▶ 다음 표현을 완성하시오.

1 결실을 맺다　　　　　bear ___________　　　　　　　fruit

2 선례를 따르다　　　　follow ___________　　　　　　suit

▶ 다음 문장이나 대화를 완성하시오.

1 The company was not able to ___________ the deadline because of manufacturing delays. 그 회사는 제조공정의 지체 때문에 마감기한을 맞출 수 없었다.

2 For those products not available through online ordering, you can ___________ your order by phone, mail, fax, or e-mail. 온라인 주문으로 구할 수 없는 상품들은 전화, 메일, 팩스, 이메일로 주문할 수 있다.

3 Once you ___________ a contract, you are bound to its terms.
일단 계약을 체결하면, 그 조건에 따라야 한다.

answer ▶ 1 meet　2 place　3 sign

11 경영

strike a balance 균형을 맞추다
cf. tip a balance 균형을 깨다

correct an imbalance 불균형을 바로잡다

raise funds 기금을 모으다

realize assets 자산을 현금화하다

break an impasse[deadlock] 난국을 타개하다

find a panacea 만능 해결책을 찾다

gain momentum 탄력이 붙다

pay a dividend 배당금을 주다

fill a vacancy 결원을 채우다

reduce the workforce 직원 수를 줄이다
cf. cut employment 고용을 감축하다

assign a quota 할당량을 정하다

go (out) on a strike 파업하다

run a deficit 적자로 운영하다

charge a fee 요금을 청구하다

hold an auction 경매하다

✓ 감각 익히기

▶ 다음 표현을 완성하시오.

1 기금을 모으다   ___________ funds   raise

2 할당량을 정하다   ___________ a quota   assign

3 요금을 청구하다   ___________ a fee   charge

▶ 다음 문장이나 대화를 완성하시오.

1 The introduction of a minimum wage leads competitive employers to ___________ employment.
최소임금을 도입하면 경쟁적인 고용주들은 직원을 감축하게 된다.

2 Women's protests have been _________ momentum in Iran for the past several years.
지난 7년간 이란에서 여성의 항의가 점점 거세졌다.

3 Communities need to strike a _________ between environmental law and the ownership of private property.
지역사회에서는 환경법과 사유 재산 소유의 균형을 맞출 필요가 있다.

answer ➤ 1 cut   2 gaining   3 balance

12 경제

run a business 사업하다

fill one's shoes 임무를 대신 떠맡다

get fringe benefits 급여 외 혜택을 받다

drive a hard bargain 흥정을 잘 하다
cf. strike a bargain 흥정하다

incur a debt 빚을 지다

tighten one's belt 내핍 생활을 하다

feel the pinch 경제적으로 쪼들리다

file a tax return 소득세를 신고하다

impose tax 세금을 부과하다

impose a tariff 관세를 부과하다
cf. impose an embargo 수입 금지 조치를 취하다

levy[collect] tax 세금을 징수하다

lift a ban 규제를 없애다

fix[set] an exchange rate 환율을 정하다

open an account 계좌를 개설하다
cf. close an account 계좌를 없애다

check balance 잔고를 조회하다
cf. clear the balance 잔고를 정리하다

write[draw] a check 수표를 쓰다

cash the check 수표를 현금으로 바꾸다

bounce[dishonor] a check 수표를 부도 처리하다
cf. 입금: deposit / 출금: withdrawal / 계좌 이체: money transfer

handle finances 재정 문제를 다루다

hit rock bottom (경기가) 바닥을 치다

declare a boycott 불매운동을 선언하다
cf. stage a boycott 불매운동을 벌이다

cause inflation 인플레이션을 유발하다

✓ 감각 익히기

▶ 다음 표현을 완성하시오.

1	계좌를 만들다	___________ an account	open
2	소득세를 신고하다	___________ a tax return	file
3	사업하다	___________ a business	run
4	관세를 부과하다	impose a ___________	tariff
5	세금을 징수하다	___________ tax	collect
6	인플레이션을 야기하다	___________ inflation	cause

▶ 다음 문장이나 대화를 완성하시오.

1   She once told me that it would be hard to ___________ my shoes.

그녀는 내 임무를 대신 떠맡기가 어려울 거라고 일전에 말했다.

2   What really happens when you ___________ a check?

수표를 부도 처리하면 실제로 어떤 일이 일어납니까?

3   If products are defective, we will ___________ your money in full.

제품에 결함이 있다면, 완전히 환불해드릴 겁니다.

4   The vice president said he would ___________ a ban on transgenic crops.

그 부통령은 유전자 도입 곡물에 대한 금지 조치를 풀겠다고 말했다.

5   The United States imposed an economic, commercial, and financial ___________ on
Cuba in 1962.

미국은 1962년 쿠바에 경제적, 상업적, 재정적 수입 금지 조치를 단행했다.

6   The professional filmmakers declared a ___________ of new movies.

그 전문 영화 제작자들은 새 영화들의 불매 운동을 선언했다.

answer ➤ 1 fill   2 bounce   3 refund   4 lift   5 embargo   6 boycott

13 정치

gain power 권력을 얻다
cf. wield power 권력을 휘두르다

lose one's grip 권력을 잃다

abuse a privilege 특권을 남용하다
cf. exercise a privilege 특권을 행사하다

take office 취임하다

conclude[make] a treaty 조약을 체결하다

sign an accord 협정에 조인하다

issue a statement 성명을 발표하다

sign a waiver 포기 각서에 서명하다

dissolve the organization 조직을 해산하다

establish diplomatic relations 외교관계를 맺다

adopt a resolution 결의안을 채택하다

hold a referendum 국민투표를 실시하다

conduct an exit poll 출구 조사를 하다

launch a campaign 캠페인을 시작하다

wage an election campaign 선거 운동을 벌이다

rig the election 선거를 조작하다

win a close election 선거에 어렵게 이기다

✓ 감각 익히기

▶ 다음 표현을 완성하시오.

1 특권을 남용하다　　　　＿＿＿＿＿＿ a privilege　　　　abuse

2 성명을 발표하다　　　　＿＿＿＿＿＿ a statement　　　　issue

▶ 다음 문장이나 대화를 완성하시오.

1 It was not necessary to make ＿＿＿＿＿ with the Indians of Chapleau.
채플로의 인디언들과 조약을 맺을 필요는 없었다.

2 The newly elected president gave a speech to the nation before taking ＿＿＿＿＿.
새로 선출된 대통령은 취임하기 전에 국민에게 연설했다.

3 Costa Rica will ＿＿＿＿＿ a referendum on whether to enter a free trade pact with the United States.
코스타리카는 미국과 자유무역 협정을 맺을 것인지에 관한 국민투표를 실시할 것이다.

answer ➤　1 treaty　　2 office　　3 hold

14 군대 · 전쟁

enter the army 입대하다 *cf.* enter the war 참전하다	**lose[give] a battle** 전투에서 지다 *opp.* **gain**[win/have] a battle 전투에서 이기다
carry a gun 총기를 소지하다	**declare an armistice** 휴전을 선언하다
conduct a raid 급습하다	**dismantle nuclear weapons** 핵무기를 폐기하다
launch an attack 공격을 개시하다	**combat terrorism** 테러와 싸우다
incite a mutiny 폭동을 일으키다	**achieve unification** 통일을 이루다
deploy troops 군대를 배치하다	**inflict damage** 피해를 입히다
quell unrest 소동을 진압하다	**incur casualties** 사상자를 내다
wage war 전쟁을 일으키다	**repair the ravages** 피해[폐허]를 복구하다

감각 익히기

▶ 다음 문장이나 대화를 완성하시오.

1 This reorganization will enable a more vigorous effort to _____________ terrorism and other threats to national security.

이러한 조직 개편으로 말미암아 테러 및 국가 안전에 대한 다른 위협들과 싸우는 데 더욱 강력한 노력을 기울일 수 있을 것이다.

2 The latest automated hacking tools can _____________ damage across the world in a matter of minutes.

최근의 자동화된 해킹 수단은 몇 분 사이에 전 세계에 피해를 입힐 수 있다.

3 The powerful but controversial stem cells might be used to _____________ the ravages of heart attacks.

논란이 있기는 하지만 효과가 강력한 줄기 세포는 심장발작의 폐해를 치료하는 데 사용될 수 있을 것이다.

4 Today the police used tear gas to _____________ student unrest.

오늘 경찰은 학생들의 소요를 진압하기 위해서 최루가스를 사용했다.

answer ▶ 1 combat   2 inflict   3 repair   4 quell

15 사회

practice racial segregation 인종을 차별하다

eradicate racism 인종차별을 없애다

cut red tape 관료주의적 관행을 타파하다

conduct a census 인구 조사를 실시하다

inflate statistics 통계를 부풀리다

manipulate statistics 통계를 조작하다

deport an alien 외국인을 추방하다

stage a demonstration 데모하다
cf. stage a protest/strike/walkout 항의/파업하다

chant a slogan 슬로건을 외치다

make a scapegoat 희생양으로 삼다

breed poverty 빈곤을 낳다
cf. eradicate poverty 빈곤을 근절하다

감각 익히기

▶ 다음 표현을 완성하시오.

1 데모하다　　　　　　　　　__________ a demonstration　　　　　　stage

2 인종을 차별하다　　　　　　__________ racial segregation　　　　practice

3 외국인을 추방하다　　　　　__________ an alien　　　　　　　　deport

▶ 다음 문장이나 대화를 완성하시오.

1 The government promised to __________ red tape for small businesses.
정부는 소규모 사업체에 대한 관료주의적 행정 절차를 없애겠다고 약속했다.

2 NASA scientists __________ a census of nearby hidden black holes.
NASA의 과학자들은 가까이에 숨겨진 블랙홀의 숫자를 조사했다.

3 To __________ racism totally is difficult if not impossible because you are dealing with people's emotions and mindsets.
인종차별주의를 근절하는 것은 사람들의 감정과 습관적 사고방식을 다뤄야 하는 문제이므로 불가능하지는 않다 하더라도 어려운 일이다.

answer　1 cut　2 conducted　3 eradicate

16 법률

exercise the right 권리를 행사하다

enact a law 법을 제정하다

pass law 법을 통과시키다
cf. enforce law 법을 시행하다

observe[obey] law 법을 준수하다

render justice 정의를 부여하다, 재판하다

practice law 변호사로 개업하다

consult an expert 전문가와 상담하다

accept liability 책임을 지다

suspend a license 자격을 정지하다
cf. revoke a license 자격을 취소하다

conduct surveillance 감시하다

grant a parole 가석방하다

impose a quarantine 검역하다

✓ 감각 익히기

▶ 다음 표현을 완성하시오.

1 법을 통과시키다   __________ law   pass

2 법을 준수하다   __________ law   observe

▶ 다음 문장이나 대화를 완성하시오.

1 The senator called on all voters to __________ their right to choose the leaders of the country this coming election.

그 상원의원은 다가오는 선거에 나라의 지도자를 선택할 권리를 행사해달라고 모든 투표자들에게 요청했다.

2 The purpose of a trial is to render __________, and nothing else.

재판의 목적은 정의를 구현하는 것이지 그 밖의 다른 것이 아니다.

3 The punishments for driving on a __________ license can include a fine of up to $1,000 and up to six months in jail.

면허 정지 상태에서의 운전에 대한 처벌은 1,000달러까지의 벌금과 6개월까지 감금형을 포함할 수 있다.

answer ▶ 1 exercise   2 justice   3 suspended

17 재판

take action 고소하다; 조치를 취하다

file a suit 소송을 제기하다

dismiss the charge 고소를 기각하다
cf. dismiss an appeal 항소를 기각하다

issue a summons 소환장을 발부하다

take a witness stand 증인석에 서다

deny an accusation 혐의를 부정하다
(= deny charges)

make a false statement 거짓 진술하다

plead guilty (피고가) 죄상을 인정하다
opp. plead **not** guilty

commit forgery 위조하다

deliver[reach] a verdict 평결을 내리다

pass[pronounce] sentence 형을 선고하다

reduce a sentence 형량을 줄이다

serve one's sentence 형을 살다

win a case 승소하다

grant alimony 위자료를 주다
cf. grant custody 양육권을 주다

grant immunity 면죄부를 주다

grant amnesty 사면해주다

violate[invade] privacy 사생활을 침해하다

impose a fine 벌금을 부과하다

seize property 재산을 압류하다

✓ 감각 익히기

▶ 다음 문장이나 대화를 완성하시오.

1 US juries are increasingly reluctant to __________ death sentences.

미국 배심원들은 사형선고 내리기를 점점 더 꺼리고 있다.

2 We should not grant __________ to illegal immigrants living in our country.

우리는 우리나라에 살고 있는 불법 이민자들을 사면해주어서는 안 된다.

3 Three owners of the PDAs have filed a __________ claiming the devices are inherently defective.

그 PDA를 소유한 세 사람은 그 제품에 내적 결함이 있다고 주장하며 소송을 제기했다.

4 A man was jailed for conspiracy to __________ forgery.

어떤 사람이 위조 공모죄로 감옥에 갇혔다.

answer ▶ 1 deliver   2 amnesty   3 (law)suit   4 commit

18 건강 · 보건

catch a cold 감기에 걸리다
cf. come down with a virus 바이러스에 감염되다

contract disease 병에 걸리다

run a fever 열이 나다

sprain ankle 발목을 삐다

suffer an injury 부상을 당하다

abuse drugs 마약을 하다

practice medicine 의사로 개업하다

diagnose illness 병을 진단하다

prescribe an antibiotics 항생제를 처방하다

fill a prescription 처방전대로 약을 조제하다

give a shot[injection] 주사를 놓다

perform a surgery[surgical operation] 수술하다

administer first aid 응급 조치를 취하다

apply ointment 연고를 바르다
cf. apply a bandage 붕대를 감다

deliver a baby 출산하다

undergo cosmetic surgery 성형수술을 받다

excise a tumor 종양을 제거하다

develop complications 합병증을 일으키다

have a relapse 재발하다

regain consciousness 의식을 되찾다

fight a disease 질병과 싸우다

relieve[ease/alleviate] pain 고통을 덜어주다

gain[put on] weight 살이 찌다
opp. **lose** weight 살이 빠지다
cf. watch one's weight 체중을 조절하다

go on a diet 다이어트하다

감각 익히기

▶ 다음 표현을 완성하시오.

1 약을 먹다　　　　　__________ medicine　　　　　take

2 연고를 바르다　　　　　__________ ointment　　　　　apply

▶ 다음 문장이나 대화를 완성하시오.

1 The doctor __________ a course of antibiotics. 그 의사는 일련의 항생제를 처방했다.

2 At least 12 students __________ chickenpox despite receiving vaccinations against the disease. 예방접종을 받았음에도 불구하고 적어도 열두 명의 학생이 수두에 걸렸다.

3 1% of blood donors __________ injury, dizziness, and other problems. 헌혈자의 1퍼센트는 상처, 현기증, 그리고 다른 문제들을 겪는다.

4 Careful control of your blood sugar can lower chances of developing these __________.

혈당을 신중하게 조절하면 이런 합병증에 걸릴 가능성을 낮출 수 있다.

1 prescribed   2 contracted   3 suffer   4 complications

19 운동

do aerobics 에어로빅을 하다	**play football** 축구하다
run a marathon 마라톤을 하다	*cf.* play baseball/soccer 야구/축구하다
cf. run a lap 한 바퀴 돌다	**enter a tournament** 토너먼트에 출전하다
practice yoga[meditation] 요가[명상]하다	**set a new record** 신기록을 세우다
cf. practice judo 유도하다	**turn the table** 형세를 역전시키다
practice Taekwondo 태권도를 하다	**score an upset** 역전승을 거두다

감각 익히기

▶ 다음 표현을 완성하시오.

1 에어로빅을 하다   __________ aerobics   do

2 마라톤을 하다   __________ a marathon   run

▶ 다음 문장이나 대화를 완성하시오.

1 Be kind to yourself when you __________ yoga. Go slowly, especially in the beginning, and listen to your body. 요가할 때는 스스로에게 친절히 대하라. 특히 처음에는 천천히 하고, 당신의 몸에 귀를 기울여라.

2 Your child knows the rules of chess and is confident enough to ________ a tournament.

당신 아이는 체스의 규칙을 알고 있고, 토너먼트에 출전할 수 있을 만큼 자신감이 있어요.

3 Everybody did their best, but the team failed to break the __________.

모두 최선을 다했지만 그 팀은 신기록을 세우지 못했다.

1 practice   2 enter   3 record

20 컴퓨터 · 영상

film a documentary 다큐멘터리 영화를 찍다

gain access to the Internet 인터넷에 접속하다

access a website 웹사이트에 접속하다

enter a password 비밀 번호를 입력하다

create a home page/a database 홈페이지/
데이터베이스를 만들다

establish a website 웹사이트를 구축하다

surf the Internet 인터넷을 검색하다

retrieve data 자료를 검색하다

forward a message 메시지를 전달하다

attach a file 파일을 첨부하다

delete a file 파일을 지우다

▶ 다음 표현을 완성하시오.

1 인터넷을 검색하다 ____________ the Internet surf

2 웹사이트를 구축하다 ____________ a website establish

3 파일을 지우다 ____________ a file delete

▶ 다음 문장이나 대화를 완성하시오.

1 Learn how to __________ and grow a commercially viable website.

상업적으로 생존력이 있는 웹사이트를 구축하고 성장시키는 법을 배워라.

2 You may ____________ a file larger than 10MB by zipping up with WinZip or similar compression software.

윈집이나 유사한 압축 프로그램으로 포맷함으로써 10 메가바이트가 넘는 큰 파일을 첨부할 수 있다.

answer ➡ 1 establish 2 attach

Unit 2 형용사와 명사가 결합된 표현 *

1 인물 · 생활 · 학문

big day 중요한 날 *cf.* big shot 거물 long shot 가능성이 희박한 시도	**tough customer** 다루기 힘든 고객
black sheep 집안의 사고뭉치	**wet blanket** 흥을 깨는 사람
blank face 멍한 표정	**dead end** 막다른 골목
blind corner 궁지	**exterior call** 외부 전화
blind date 소개 미팅	**redeeming feature** 다른 결점을 보완할 만한 장점
blind spot 맹점	**final touch** 마지막 손질
blind faith 맹목적 신앙	**sheer happiness** 완전한 행복
broad smile 활짝 웃는 미소	*cf.* sheer amount 엄청난 양

big day 중요한 날
cf. big shot 거물
  long shot 가능성이 희박한 시도

black sheep 집안의 사고뭉치

blank face 멍한 표정

blind corner 궁지

blind date 소개 미팅

blind spot 맹점

blind faith 맹목적 신앙

broad smile 활짝 웃는 미소

cold feet 겁먹음

cold shoulder 냉대

cold sweat 식은땀

close call 위기일발

complete idiot 완전 바보

narrow escape 구사일생

long face 시무룩한 표정

senior citizen 노인
cf. tender age 어린 시절

tough customer 다루기 힘든 고객

wet blanket 흥을 깨는 사람

dead end 막다른 골목

exterior call 외부 전화

redeeming feature 다른 결점을 보완할 만한 장점

final touch 마지막 손질

sheer happiness 완전한 행복
cf. sheer amount 엄청난 양
  sheer immensity 엄청난 정도
  sheer absurdity 전혀 터무니 없는 일

tight corner 어려운 상황

classical music 고전음악

extensive reading 다독
cf. intensive reading 정독

golden rule 황금률

genetic engineering 유전공학

plain English 평이한 영어

prestigious college 명문대학

▶ 다음 표현을 완성하시오.

1 가능성이 희박한 시도   ___________ shot   long

2 열성적인 독서가   ___________ reader   avid

3 위기일발   ___________ call   close

▶ 다음 문장이나 대화를 완성하시오.

1 A: Will this road take me to the highway?
   B: No. It'll lead to a __________ end.

   A 이 길로 가면 고속도로가 나올까요? / B 아뇨, 막다른 골목에 이를 겁니다.

2 The members present expressed a __________ desire to keep the website going.

   참석한 회원들은 그 웹사이트를 계속 열어야 한다는 강한 욕구를 표명했다.

3 Motorists should hold the __________ wheel with two hands while driving.

   운전자들은 운전 시 두 손으로 핸들을 잡아야 한다.

answer ➤ 1 dead   2 strong   3 steering

2 사회 · 경제

abject poverty 극심한 가난

all-out war 전면전

absolute must 반드시 해야[있어야] 할 것

bitter strife 큰 싸움
cf. bitter blow 심한 타격

black marketing 암거래

civil war 내란

critical period 결정적 시기
cf. critical moment 결정적인[위급한] 순간

dire need 절박한 필요

drastic change 급진적 변화

firm reality 엄연한 현실
cf. grim reality 냉혹한 현실

heavy traffic 교통체증
cf. heavy rain 폭우
　　 heavy snow 폭설

interested party 이해 당사자

local autonomy 지방 자치

extended family 대가족
opp. **nuclear** family 핵가족
cf. nuclear inspection 핵 시찰

narrow margin 근소한 차이

petty crime 경범죄

popular vote 보통 선거

public opinion 여론

racial segregation 인종 차별

severe competition 치열한 경쟁
cf. extreme[fierce] competition 극심한 경쟁

brisk business 활기찬 사업

absolute necessities 필수품

bounced check 부도수표

blank check 백지수표

economic stagnation (=recession) 경기 침체

fiscal year 회계연도

industrial revolution 산업혁명

occupational consciousness 직업의식

overall crisis 전반적 위기

real estate 부동산
cf. personal estate 동산

total failure 총체적 실패

unearned income 불로소득

vested interest 기득권

vicious circle 악순환

rapid increase 급격한 증가
cf. steady increase 꾸준한 증가

tough measures 강력한 조치

▶ 다음 표현을 완성하시오.

1 교통체증   ___________ traffic   heavy

2 악순환   ___________ circle   vicious

3 극심한 타격   ___________ blow   bitter

▶ 다음 문장이나 대화를 완성하시오.

1 The Governor of Texas is under ___________ scrutiny for alleged abuses of power.
텍사스 주지사는 권력 남용 혐의로 엄중한 조사를 받고 있다.

2 The economic ___________ has become so serious that three companies in ten will have to cut employment.
경기 침체가 너무 심각해서 회사 열 곳 가운데 세 곳은 직원을 감축해야 할 것이다.

3 This program is an absolute ___________ for any designers.
이 프로그램은 어느 디자이너에게나 반드시 필요한 것이다.

4 Israel finds itself once again in a vicious ___________ of violence.
이스라엘은 또다시 폭력의 악순환에 빠지게 되었음을 알게 되었다.

answer ▶ 1 intense   2 recession   3 must   4 circle

endangered species 멸종 위기에 빠진 종
cf. threatened species 곧 endangered species에 속하게 될 동물

natural disaster 천재지변
cf. natural enemy 천적

natural resources 자연자원
cf. human resources 인적 자원

natural selection 자연도태

outer space 외계

wild life 야생동물

acute disease 급성 질환
opp. **chronic** disease 만성 질환
cf. acute pain 극심한 고통

electrical shock 감전

minor injury 경미한 부상
opp. **serious** injury

upset stomach 배탈

plastic surgery 성형수술

regular checkup 정기검진

side effects 부작용

complimentary ticket 초대권

live broadcast 생방송

prime time TV 시청률이 높은 황금 시간대

slapstick comedy 야단법석을 떠는 코미디

soap opera 연속극

affordable[reasonable] price 적절한 가격
cf. ridiculously expensive price 터무니없이 비싼 가격

fixed price 정찰 가격

late charge 과태료

real bargain 싼 물건

shopping spree 흥청망청 쇼핑하기
cf. shopaholic 쇼핑 중독자

impulsive shopping 충동 구매

✔ 감각 익히기

▶ 다음 표현을 완성하시오.

1 자연도태   natural ___________   selection

2 급성 질환   ___________ disease   acute

3 황금시간대   ___________ time   prime

4 충동 구매   ___________ shopping   impulsive

▶ 다음 문장이나 대화를 완성하시오.

1 ___________ injuries can be taken care of very simply in the home.

경미한 부상은 가정에서 쉽게 처리할 수 있다.

2 Scientific studies have shown that stress weakens our ___________ system.

스트레스가 면역 체계를 약화시킨다는 사실이 과학 연구에서 드러났다.

answer ▶ 1 Minor 2 immune

4 의견 표현 · 회의 관련

absolute certainty 절대적 확신

second thought 재고, 다시 생각함

broad hint 노골적 암시
cf. broad jest 저속한 농담

broad outline 개요
cf. in a broad sense 넓은 의미로

circumstantial evidence 정황 증거

complimentary remark 칭찬

colorful phrases 미사여구

confidential document 비밀 문서

double-edged remark 양의적 언급
cf. double-edged sword 양날의 칼

downright[outright] lie 새빨간 거짓말

foregone conclusion 뻔한 결론

false statement 거짓 진술

hard line 강경 노선

hasty decision 성급한 결정

hot issue 치열한 논쟁거리
cf. hot potato 곤란한 문제

keen interest 첨예한 관심

open question 해결되지 않은 질문

quick question 간단한 질문
cf. quick drink 가볍게 한잔
　　 quick bite 가벼운 요기
　　 quick learner 빨리 배우는 사람

rough guess 막연한 추측

scant evidence 빈약한 증거
opp. **solid** evidence 확실한 증거

strict confidentiality 극비

striking similarity 두드러진 유사성

tall story 허풍

unanimous agreement 만장일치

unfounded rumor 근거 없는 소문

white lie 선의의 거짓말

wishful thinking 희망사항

▶ 다음 표현을 완성하시오.

1 새빨간 거짓말   ___________ lie   downright/outright

2 치열한 논쟁거리   ___________ issue   hot

3 비밀 문서   ___________ document   confidential

4 만장일치   ___________ agreement   unanimous

▶ 다음 문장이나 대화를 완성하시오.

1 A: How about having a quick ___________ at the cafeteria over there?
B: I'll fix a sandwich for you after we go home.

A 저기 있는 간이 식당에서 가볍게 요기하는 것이 어때? / B 집에 도착한 후에 샌드위치를 만들어줄게.

2 ___________ decision on Kosovo may lead to destabilization of situation in the region.

코소보에 관한 성급한 결정은 그 지역 상황을 불안정하게 만들 수 있다.

3 Patriotism is indeed a double-edged ___________: it emboldens the blood just as it narrows the mind.

애국심은 실로 양면의 칼이다. 혈기를 왕성하게 하면서 동시에 마음을 편협하게 만든다.

answer ▶ 1 bite   2 Hasty   3 sword

기타 빈출 연어 표현

1 복합명사

tourist attraction 관광 명소

utility rates 공과금

borderline case 애매한 경우

ballot box 투표함

bull market (주식) 강세시장
cf. bear market 약세시장

chance meeting 우연한 만남

charity fund 자선기금

copy cat 모방하는 사람

court martial 군법회의

carbon copy 꼭 닮은 사람

current-account balance 경상수지

family tree 가계도

gender equality 남녀 평등

hunger strike 단식 투쟁

illiteracy rate 문맹률

installment sale 할부 판매

jet lag 비행기 시차로 인한 피로감

life expectancy 기대 수명

makeup exam 재시험

maternity leave 출산 휴가

motion sickness 멀미

ocean currents 해류

pep talk 격려하는 말

population density 인구 밀도

power cut[outrage] 정전

price range 가격대

price fluctuation 가격 변동

quality control 품질 관리

quality time 만족스러운 시간

senior staff 간부

sibling rivalry 형제자매 간의 경쟁 심리

status symbol 신분 상징

summit talk 정상 회담

superiority complex 우월감
cf. inferiority complex 열등감

technology transfer 기술 이전

test-tube baby 시험관 아기

transition period 전환기

work efficiency 작업 능률

wire transfer 송금

2 부사와 형용사가 결합된 표현

absolutely impossible 절대 불가능한

bitterly upset 무척 속상한

extremely profitable 이익이 아주 많은

fully furnished (가구가) 모두 갖추어진

highly critical 대단히 중요한

highly qualified 아주 적임의, 자격이 충분한

ridiculously cheap/expensive 터무니없이 싼/비싼

badly hurt 심하게 다친, 피해를 입은

deeply ashamed 대단히 부끄러워하는

extremely urgent 아주 긴급한

highly controversial 대단히 논란거리인

highly educated 고등 교육을 받은

highly skilled 고도로 숙달된

Practice Test C

▶ 정답 및 해설 p.22

Part I   **Questions 1~3** Choose the best answer for the blank.

1   A: You seem to ___________ breakfast a lot nowadays.
        B: That's because I'm usually running late in the mornings.

   (a) skip
   (b) prepare
   (c) cancel
   (d) fix

2   A: I have a backache. Do you have any painkillers?
        B: Sure, I have some you can ___________.

   (a) drink
   (b) eat
   (c) take
   (d) apply

3   A: I'm running a fever and I feel dizzy.
        B: Well, I'll ___________ some medicine for you.

   (a) describe
   (b) prescribe
   (c) inscribe
   (d) subscribe

Part II   **Questions 4~12** Choose the best answer for the blank.

4   The management and the union have finally ___________ their pay dispute.

   (a) removed
   (b) displaced
   (c) settled
   (d) completed

5   The scandal is expected to ___________ the headlines tomorrow.

   (a) hit
   (b) print
   (c) read
   (d) beat

6 The driver __________ serious head injuries in the crash.

(a) earned
(b) sustained
(c) contracted
(d) obtained

7 A witty comment inserted periodically in a serious story provides necessary comic __________.

(a) relief
(b) laughter
(c) support
(d) escape

8 Since the 1970s, Americans have argued whether adopting the extreme __________ of legalizing drugs would decrease drug use.

(a) measure
(b) habit
(c) standard
(d) action

9 Scientists __________ the analysis to test whether the new medicine actually worked as claimed.

(a) experimented
(b) conducted
(c) carried
(d) induced

10 The ambassador demanded that the embargo on imports from China be __________.

(a) degraded
(b) deleted
(c) turned
(d) lifted

11 An earthquake shook the eastern part of Japan last night, causing buildings to collapse and
____________ a typhoon.

(a) encouraging
(b) increasing
(c) triggering
(d) implying

12 The politicians tried to use politically ___________ terms as they discussed the sensitive issue.

(a) correct
(b) controversial
(c) ambivalent
(d) polite

구동사 (Phrasal verbs)

구동사는 동사에 전치사 혹은 부사가 결합하여 새로운 의미를 갖는 관용적 표현이다. 어려운 동사를 쓰기보다 기본적인 동사에 전치사나 부사를 붙여서 표현하는 편이 더 수월하기 때문에 구동사는 점점 더 많이 만들어져 널리 쓰이는 추세이다.

이런 추세에 따라, 가령 '연기하다'라고 말할 때 postpone보다는 put off를 쓰는 것이 더욱 일반적이고 자연스럽게 느껴진다. TEPS 어휘 시험에서 구동사가 차지하는 비중은 그리 크지 않고 출제 영역도 Part I에 한정되어 있지만 구어체뿐 아니라 문어체 영어에서도 광범위하게 쓰이고 있으므로 청해와 문법, 독해 등 전반적인 영어 실력을 높이기 위해서는 기본적으로 갖추어야 할 지식이다.

구동사는 동사 뒤에 붙은 전치사나 부사에 따라 의미가 달라져서 혼동을 일으키기 쉬우므로 반복적인 학습이 필요하다. 동일한 구동사가 여러 가지 의미로 쓰이는 경우가 허다하지만 여기서는 가장 일반적인 의미를 중심으로 정리하도록 한다.

1 abide by ~ bring up

abide by (규정을) 따르다

account for ① 설명하다 how to **account for** illusion (and hallucination) 환상(과 환각)을 설명하는 방법 ② 비중을 차지하다 Repeat purchases **account for** 70% of our sales. 반복 구매가 우리 판매의 70퍼센트를 차지한다.

add up 합계를 내다

ask for 요청하다

ask out 데이트를 청하다

apply for 신청하다

apply to 지원하다

back out (약속을) 지키지 않다

blow off (예정된 일을) 하지 않다

blow up 폭발하다

boil down 요약하다

break down 고장나다

break in[into] 침입하다, 방해하다

break out (전쟁·유행병·화재 등이) 돌발하다

break up[off] 관계를 끝내다

bring about 일을 야기하다, 초래하다

bring up 키우다

감각 익히기

▶ 다음 표현을 완성하시오.

1	칼로리의 숫자를 더하다, 총계를 내다	add __________ the number of calories	up
2	시합의 규칙을 따르다	abide __________ the rules of the contest	by
3	장학금을 신청하다	ask __________ a scholarship	for
4	돌발하다	break __________	out

▶ 다음 문장이나 대화를 완성하시오.

1 Home energy use _____________ for nearly 17 percent of the total U.S. greenhouse gas emissions.

가정용 에너지 사용은 미국에서 방출되는 온실가스 전체의 대략 17퍼센트를 차지한다.

2 It is wise to apply ___________ schools that have faculty with interests that fit with your own.

여러분과 같은 관심사를 가진 교수단이 있는 학교에 지원하는 것이 현명하다.

3 He wanted to ask her ___________ but was too shy.

그는 그녀에게 데이트를 신청하고 싶었지만 너무 수줍었다.

4 I can't believe you blew ___________ the exam today.

네가 오늘 시험을 치르지 않았다니 믿을 수 없다.

5 The secret of a long life seems to boil ___________ to four factors: diet, exercise, psycho-spiritual and social.

장수의 비결은 네 가지 요인으로 요약되는 듯하다. 즉 음식, 운동, 정신심리적 그리고 사회적 요인이다.

6 They had been going out for a couple of years before they broke ___________.

그들은 2년간 데이트를 해오다가 헤어졌다.

7 The bomb blew ___________ without any warning.

그 폭탄은 아무 예고 없이 폭발했다.

8 My car's broken ___________, so I came by taxi.

내 차가 고장이 나서 택시를 타고 왔다.

answer ▶ 1 accounts   2 to   3 out   4 off   5 down   6 up   7 up   8 down

call back ~ cut in

call back (다시) 전화하다

call for 요구하다

call off 취소하다

care for 좋아하다; 돌보다

carry out 임무를 수행하다

catch on (상황을) 파악하다

catch up with 남들이 알고 있는 것을 배우다, 따라잡다

check in ① (호텔) 투숙하다 Lodging where you can **check in** 투숙할 수 있는 숙소 ② (공항) 탑승 수속을 하다 You must **check in** at least one hour before your flight. 적어도 비행 시간 한 시간 전에 수속을 해야 한다.

cheer up 격려하다

chew over 심사숙고하다

chip in 돈을 각출[출자]하다

clear up (문제를) 해결하다; (날씨가) 개다

cloud over 구름이 잔뜩 끼다
opp. brighten up

come about 발생하다

come across ① 우연히 마주치다(=run across=run[bump] into). Have you ever **come across** such a horrible person in all your life? 평생 그렇게 끔찍한 사람을 본 적 있니? ② (+ as) 특정한 성격을 가진 것으로 보이다 She **comes across** as very self-confident. 그녀는 대단히 자신감이 있는 사람으로 보인다.

come by 획득하다

come out ① (비밀이) 밝혀지다 The details of the scandal **came out** in the press and she had to resign. 그 스캔들의 구체적인 내용이 신문에 유포되어서 그녀는 사임해야 했다. ② 발표[발매]되다 The band's new CD is **coming out** in September. 그 밴드의 새 CD가 9월에 발매될 것이다.

come up with (어떤 것을) 생각해내다

cook up (이야기·변명을) 꾸미다, 조작하다

count on 의지하다

cut down (비용을) 삭감하다, 줄이다

cut in (운전 시 또는 대화에) 끼어들다

▶ 다음 표현을 완성하시오.

1	요구하다	call __________	for
2	믿다	count __________	on
3	발생하다	come __________	about
4	해결책을 생각해내다	come __________ with a solution	up

▶ 다음 문장이나 대화를 완성하시오.

1 The government is carrying __________ test on growing genetically modified crops.

정부는 유전자 조작 곡물 재배에 대한 실험을 수행하고 있다.

2 Everyone else realized what was happening, but it took Henry ages to catch __________.

다른 사람들은 무슨 일이 일어났는지 깨달았지만, 헨리는 그것을 이해하는 데 아주 오래 걸렸다.

3 Pressure grew for salaries to catch __________ with inflation.

월급이 인플레이션을 따라잡아야 한다는 압력이 높아졌다.

4 Everybody chipped __________ to pay the bill.

모두들 조금씩 돈을 각출해서 그 청구서에 지불했다.

5 Europe's leaders have been chewing __________ the latest financial turmoil.

유럽 지도자들은 최근의 재정적 혼란을 심사숙고 해왔다.

6 I tried to cheer him __________.

나는 그를 격려하려고 애썼다.

7 Sometimes he seemed like a good old pal, but other times he came across __________ an unpleasant man.

그는 때로 괜찮은 사람처럼 보였지만 다른 때에는 불쾌한 사람으로 여겨졌다.

8 They cooked __________ some story to tell their parents.

그들은 부모님에게 말할 이야기를 꾸며냈다.

9 A car cut __________ and nearly caused an accident.

어떤 차가 끼어들어서 사고가 날 뻔했다.

answer ▶ 1 out 2 on 3 up 4 in 5 over 6 up 7 as 8 up 9 in

3 do away with ~ fix up

do away with 제거하다, 폐지하다

do without ~없이 지내다

draw up 차가 멈춰서다

dress up 격식에 맞게 차려입다

drop in[by] 예고 없이 방문하다

drop off ① 차를 태워 데려다 주다 Can you **drop** the kids **off** at school this morning? 오늘 아침에 아이들을 학교에 태워다 줄 수 있어요? ② 잠들다 I **dropped off** during the play and woke up when it ended. 난 그 연극이 진행되는 동안 졸다가 연극이 끝났을 때 깼어.

drop out (중도에) 그만두다

end up -ing 결국 ~ 되다

fall for ① 속아넘어가다 How could you **fall for** such an obvious trick? 어떻게 네가 그런 뻔한 속임수에 넘어갈 수 있었을까? ② 반하다 I was sure he'd **fall for** her. 그가 그녀에게 반할 줄 알았다.

fall through 수포로 돌아가다

figure out 이해하다

fill in ① 양식을 작성하다 (=fill out) I **filled in** the application form and posted it off. 나는 그 신청서를 작성해서 우편으로 부쳤다. ② (+ for) 다른 사람의 일을 대신하다 She's just had a baby, so we have hired someone to **fill in** for her. 그녀가 최근 아이를 낳았기에 우리는 그녀의 일을 대신할 사람을 고용했다.

fit in (with) 화합하다, 어울리다

fix up (날짜·회의를) 정하다

✓ 감각 익히기

▶ 다음 표현을 완성하시오.

1 정장을 차려입다　　　　　　dress __________　　　　　　　　　　up

2 다음 주 회의를 정하다　　　　fix __________ a meeting for next week　　up

▶ 다음 문장이나 대화를 완성하시오.

1 A lot of restrictions on imports have been done __________ with.
수입품에 대한 많은 규제가 폐지되었다.

2 She dropped __________ of college and went straight into a good job.
그녀는 대학을 그만두고 곧바로 좋은 직업을 얻었다.

3 I always end __________ putting my foot in it.
나는 결국에는 늘 실수를 저지르고 만다. *put one's foot in it은 '실수하다'라는 숙어

4   They met at a friend's house and fell ____________ each other immediately.

그들은 친구의 집에서 만나 곧바로 서로에게 반했다.

5   Their plans to go hiking Saturday fell ____________ because it rained.

토요일에 등산을 가려는 계획은 비 때문에 무산되었다.

6   I didn't ____________ in with the other people working there, so I left and found another job.

나는 그곳에서 일하는 사람들과 잘 어울리지 못했기 때문에 그만두고 다른 직업을 구했다.

answer 1 away   2 out   3 up   4 for   5 through   6 fit

Unit 2 G~O*

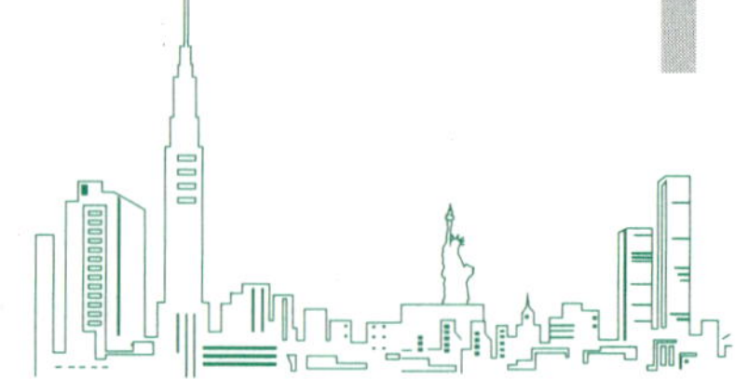

1 get along with ~ get to

get along with (동료 등과) 잘 지내다; (연구 등을) 해나가다

get at ① 비난하다 His boss always **gets at** him for arriving late. 그의 상사는 그에게 늦게 온다고 언제나 비난한다. ② 말하려 하다 What are you **getting at**? 무슨 말을 하려는 거냐?

get away with 나쁜 일을 저지르고도 벌을 받지 않다

get by 그럭저럭 헤쳐나가다

get down to 진지하게 일을 시작하다

get in touch with(=reach= contact) 접촉하다, 연락하다

get through ① 어려운 상황을 끝까지 견디다 The refuges will need help to **get through** the winter. 겨울을 나기 위해서 피난민들은 도움이 필요할 것이다. ② 전화로 연결하다 I tried calling her mobile phone, but I couldn't **get through**. 나는 그녀의 핸드폰에 전화를 걸어보았지만 연결이 되지 않았다.

get to 화나게 하다

✓ 감각 익히기

▶ 다음 표현을 완성하시오.

1 핵심적인 문제에 착수하다   get __________ to the key question   down

2 교수님과 잘 지내는 법   how to get ________ with your college professor   along

▶ 다음 문장이나 대화를 완성하시오.

1 A: What do you think she's getting __________?
B: I've no idea what she wants.
A 그녀가 무슨 말을 하려는 거라고 생각해요? / B 그녀가 무엇을 원하는지 전혀 모르겠어요.

2 Israel can get __________ without American aid.
이스라엘은 미국의 원조 없이도 그럭저럭 헤쳐나갈 수 있다.

3 To get _________ the hardest journey we need take only one step at a time, but we must keep on stepping.

힘든 여행을 견뎌나가려면 한 번에 그저 한 걸음씩만 옮기면 되지만 계속해서 걸음을 옮겨야 한다.

4 I want to get in __________ with my old friends.

난 옛 친구들과 연락하고 싶어.

5 Don't let her get __________ you; she's just in a bad mood.

그녀 때문에 화내지 말아요. 그녀는 그저 기분이 좋지 않은 상태예요.

answer   1 at   2 by   3 through   4 touch   5 to

2 give in ~ go through

give in ① 그만두다 I couldn't finish the crossword puzzle and had to **give in** and look at the answers. 나는 크로스워드 퍼즐을 완성할 수 없어서 포기하고 답을 보아야 했다. ② 굴복하다 Never **give in**; never surrender. 절대로 굴복하지 마라. 절대로 항복하지 마라.

give off 발산하다

give out 배부하다, 공표하다

give up 포기하다

go away 떠나다, 도망가다

go in for (특정한 일을) 즐기다

go in with 단합하다, 가입하다

go over 복습하다

go through 경험하다

✓ 감각 익히기

▶ 다음 표현을 완성하시오.

1 도망가다   go __________   away

2 빛을 발산하다   give __________ light   off

▶ 다음 문장이나 대화를 완성하시오.

1 When you give __________ caffeine, you're likely to experience withdrawal symptoms.

카페인 섭취를 그만두면 아마도 금단현상을 겪을 것이다.

2 The government has said all along that it will never give __________ to terrorist threats.

정부는 테러리스트의 위협에 결코 굴복하지 않겠노라고 계속 말해왔다.

3 Why does God allow us to go __________ trials and tribulations?

신은 왜 우리에게 시련과 고난을 겪도록 하시는가?

4 I don't go in __________ golf much.

나는 골프를 그리 즐기지 않는다.

5 We went __________ our notes before the exam.

우리는 시험 전에 노트를 복습했다.

answer ▶ 1 up　2 in　3 through　4 for　5 over

3 hand down ~ hold up

hand down ① 물려주다 **hand down skills** 기술을 물려주다 ② 공식적인 결정을 내리다 **hand down a sentence** 판결을 내리다

hand in 제출하다

hand out 나눠주다

hand over 넘겨주다

hang around 빈둥거리다

hit upon[on] 갑자기 생각해내다

hold back 억제하다

hold down 억압하다

hold off 연기하다

hold on (전화를 끊지 않고) 기다리다

hold up ① (이동 중에) 지체시키다 Sorry I'm late, but my flight was **held up**. 늦어서 미안해요, 비행기가 연착되었어요. ② 강도질을 하다 An armed robber **held up** the bank yesterday. 무장 강도가 어제 은행을 털었다. ③ 떠받치다 The roof is **held up** by massive stone pillars. 그 지붕은 거대한 돌기둥들로 떠받쳐져 있다.

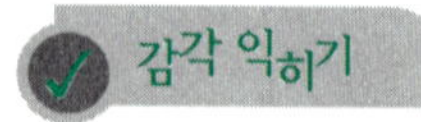

감각 익히기

▶ 다음 표현을 완성하시오.

1 숙제를 제출하다　　　　hand _______ homework　　　　in

2 눈물을 참다　　　　hold _______ tears　　　　back

▶ 다음 문장이나 대화를 완성하시오.

1 The jewelry has been handed __________ in my family for generations.

그 보석은 우리 가족에게 몇 세대 동안 전수되었다.

2 It took us ages to hit __________ a solution.

우리가 해결책을 생각해내는 데는 무척 오래 걸렸다.

3 I was held __________ by the terrible traffic and arrived half an hour late for my appointment.

나는 극심한 교통 체증에 지체되어 약속보다 30분 늦게 도착했다.

4 My daughter likes to hang __________ with older kids after school.

내 딸은 방과 후에 나이가 더 많은 아이들과 시간을 보내기 좋아한다.

5 Let's hold __________ the parade for just a little bit longer.

퍼레이드를 조금 더 연기합시다.

answer ▶ 1 down   2 upon   3 up   4 around   5 off

4 keep on ~ long for

keep on 계속하다

lay off 정리해고 하다

lay out ① 돈을 쓰다 They **laid out** thousands of pounds on their wedding reception. 그들은 결혼식 피로연에 수천 파운드를 썼다. ② 설계하다 **Laying out** Web pages involves a bit of wizardry. 웹 페이지를 설계하려면 약간의 묘기가 필요하다.

lead to (결과)에 이르다

leave out 배제하다

let down 실망시키다

let up (비·바람이) 그치다

long for 갈망하다

▶ 다음 표현을 완성하시오.

1 이력서에 쓰지 않아야 할 열 가지 사항   Ten things to leave ________ of your CV   out

2 불멸을 갈망하다   long ________ immortality   for

► 다음 문장이나 대화를 완성하시오.

1 He kept _________ trying and succeeded in the end.
그는 계속해서 노력하여 마침내 성공했다.

2 Yahoo is planning to lay _________ hundreds of employees in an effort to increase its profitability.
야후는 수익성을 높이기 위한 노력으로 수백 명의 직원을 정리 해고할 계획이다.

3 The investigation led _________ the arrest of a number of suspects.
그 조사로 말미암아 많은 용의자가 체포되었다.

4 The Pakistani President reiterated his resolve not to let _________ the Kashmiri people.
파키스탄의 대통령은 카시미르 종족을 실망시키지 않겠다는 결심을 되풀이해서 말했다.

answer ▶ 1 on 2 off 3 to 4 down

5 look after ~ occur to

look after 돌보다

look for 찾아보다

look forward to 고대하다

look into 조사하다

look out 조심하다

look up ① (사전 등) 찾아보다 I didn't know the correct spelling, so I had to **look it up** in the dictionary. 나는 정확한 철자를 몰라서 그것을 사전에서 찾아보아야 했다. ② 향상되다 The economy is **looking up**. 경기가 좋아지고 있다.

make out ① 작성하다 **make out** a check 수표를 작성하다 ② 이해하다 try to **make out** what had really happened 실제로 일어난 일을 이해하려고 노력하다 ③ 식별하다 **make out** a ship through the fog 안개 속에서 배를 알아보다

make up ① (+ for) 보충하다 **make up** for lost time 잃어버린 시간을 보충하다 ② (+ with) 화해하다 How to **make up** with a friend 친구와 화해하는 법 ③ 화장하다 **make up** heavily 진하게 화장하다

mess up 망치다

move out 이전하다

narrow down 범위를 줄이다

occur to 생각이 떠오르다

 감각 익히기

▶ 다음 표현을 완성하시오.

1 화성에서 생명체를 찾아보다   look ______ life on Mars   for

2 피난민들을 돌보다   look ______ the refugees   after

▶ 다음 문장이나 대화를 완성하시오.

1 We'll look ______ the problem and come back to you when we have the information.
그 문제를 조사하고 정보를 얻은 다음에 다시 연락하겠습니다.

2 Didn't it occur ______ you to help me when you saw how much trouble I was in?
내가 얼마나 힘든 상황에 처해 있는지 봤을 때 나를 돕겠다는 생각이 들지 않던가요?

3 I'm looking forward ______ meeting you.
저는 당신을 만나기를 고대하고 있습니다.

4 Move out ______ your comfort zone.
당신이 편안하게 느끼는 곳에서 벗어나라.

5 Look ______; you're going to drop that!
조심해, 그걸 떨어뜨리겠어!

6 She completely messed ______ the interview.
그녀는 인터뷰를 엉망으로 만들었다.

answer ▶ 1 into   2 to   3 to   4 of   5 out   6 up

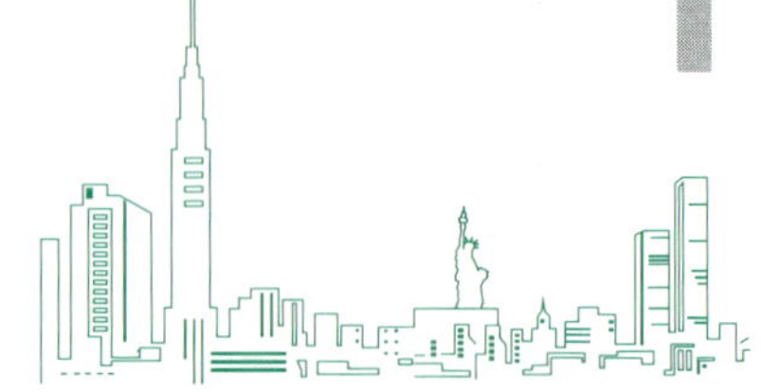

1 **pass away ~ pull up**

pass away 죽다

pass down 물려주다

pass up 기회를 잡지 않다

pay off 이득이 되다

pick on 놀리다, 비난하다

pick out 고르다

pick up ① 태워오다, 찾아오다 Will you **pick** me **up** after the party? 파티가 끝난 후 나를 데리러 올래요? ② 개선되다 His health has **picked up**. 그의 건강 상태가 좋아졌다. ③ 빨리 배우다 She **picked up** Spanish in six months. 그녀는 6개월 만에 스페인어를 배웠다.

point out 지적하다

press for 촉구하다

pull away from (몸을) 피하다

pull up 정차하다, 중지하다

✔ 감각 익히기

▶ 다음 표현을 완성하시오.

1 시골의 전통을 물려주다 pass a country tradition ______ down

2 청소년과 십대가 부모를 피하려는 이유
the reason why adolescents and teens pull away ______ parents from

▶ 다음 문장이나 대화를 완성하시오.

1 She passed ______ the opportunity to go to university because she'd been offered a job.
그녀는 직업을 제안 받았기에 대학에 갈 기회를 마다했다.

2 Sales picked ______ a bit during the Christmas period.
크리스마스 기간 동안 판매가 약간 늘었다.

3　He pointed _______ that I only had two weeks to get the whole thing finished.

그는 내가 그 일을 모두 끝내는 데 2주가 남았을 뿐이라고 지적했다.

4　The committee agreed to press _______ changes in the current financing system.

그 위원회는 현행 금융 체계의 변화를 촉구하는 데 동의했다.

5　You can pick _______ a liar by the nervous way they act.

불안하게 행동하는 태도로 보아 거짓말한 사람을 골라낼 수 있다.

6　The investment is beginning to pay _________.

그 투자에서 이익이 나기 시작하고 있다.

answer　1 up　2 up　3 out　4 for　5 out　6 off

2　put back ~ run out of

put back 후퇴시키다, 방해하다

put in 설치하다

put off 연기하다

put on ① 입다[쓰다/신다] I **put** my raincoat **on** and went out. 나는 비옷을 입고 나갔다. ② 살이 찌다 He's **put on** a lot of weight since he gave up smoking. 그는 담배를 끊은 이후로 체중이 많이 늘었다.

put out ① 불을 끄다 Please **put** that cigarette **out**. 그 담뱃불을 꺼주세요. ② 방영하다 Most of the stuff they **put out** isn't worth watching. 거기서 방영되는 프로그램들 대부분이 시청할 만한 가치가 없다.

put through 전화를 연결하다

put up with 참다

reach out for 달성하려고 노력하다

read through 통독하다

read up on 연구하다

refer to ① 의미하다 The asterisk **refers to** a footnote. 별표는 각주를 뜻한다. ② 언급하다 **refer to** the subject several times 그 주제를 여러 차례 언급하다 ③ 참조하다 Please **refer to** our catalog for details. 세부적인 사항은 우리 카탈로그를 참조하세요. ④ 의뢰하다 The doctor **referred** me **to** a skin specialist. 그 의사는 나를 피부전문의에게 보냈다.

rip off 바가지를 씌우다

round out 마무리하다, 완성하다

rule out 배제하다

run for 출마하다

run out of 고갈되다

▶ 다음 표현을 완성하시오.

1 중요한 경제적 개혁을 이루려고 노력하다   reach ______ for major economic reforms   out

2 새로운 중앙 난방 시스템을 설치하다   put ______ a whole new central heating system   in

3 회장직에 출마하다   run ______ the presidency   for

▶ 다음 문장이나 대화를 완성하시오.

1 The concert's been put ______ because the singer's got a throat infection.

그 가수의 목에 염증이 생겼으므로 그 음악회는 연기되었다.

2 Could you put me ______ to extension 222 please?

내선 222번에 연결해주시겠어요?

3 The police have ruled ______ suicide and are treating it as a case of murder.

경찰은 자살의 가능성을 배제했고 그것을 살인 사건으로 다루고 있다.

4 The term "groupware" refers ______ software designed to be used by several computer users at once.

'그룹웨어'라는 용어는 몇몇 컴퓨터 이용자들이 동시에 사용하도록 고안된 소프트웨어를 뜻한다.

5 Buttermilk rolls and pumpkin cake rounded ______ the holiday table.

버터밀크 롤빵과 호박 케이크가 축제일의 식탁을 완벽하게 마무리했다.

6 Tourists are worried they'll get ripped ______.

여행자들은 바가지를 쓰게 될 것을 염려한다.

7 I can't put ______ with my neighbor's noise any longer.

나는 내 이웃의 소음을 더 이상 참을 수 없다.

answer   1 off   2 through   3 out   4 to   5 out   6 off   7 up

3 see through ~ straighten up

see through 끝까지 지속하다

set about 착수하다

set back 지연시키다, 저지하다

set up ① 설치[설립]하다 Will you be able to **set up** my PCs? 내 컴퓨터를 조립해주시겠어요? ② 회사를 세우다 **set up** an import business 수입 업체를 설립하다

settle down 정착하다

settle for (가능한 것을) 수용하다

show off ① 과시하다 He wanted to **show off** his new sound system. 그는 새로운 음향 시스템을 과시하고 싶어했다. ② 돋보이게 하다 The shirt really **showed off** his new tie. 그 셔츠 때문에 그의 새 넥타이가 돋보였다.

slim down ① 살을 빼다 He's **slimmed down** since he had his heart attack. 심장 발작을 일으킨 후로 그는 살이 빠졌다. ② 직원 수를 줄이다 The coal industry has **slimmed down**. 그 석탄회사는 감원했다.

speak out 솔직하게 터놓고 말하다

stand by ① (누군가를) 지지하다 They would **stand by** us no matter what happens. 무슨 일이 있더라도 그들은 우리를 지지할 것이다. ② 대기하다 The emergency services were **standing by** waiting for the plane to land. 비행기가 착륙하기를 기다리면서 응급 구조대가 대기하고 있었다.

stand up for 지지 · 옹호하다, 편들다

step down[aside] 은퇴하다

straighten up 똑바로 서다; 말끔하게 정돈하다

✔ 감각 익히기

▶ 다음 표현을 완성하시오.

1 차선책을 받아들이다　　　settle _________ second best　　　**for**

2 건강이 좋지 않아 물러나다　　　step _________ due to poor health　　　**down**

▶ 다음 문장이나 대화를 완성하시오.

1 They had a lot of difficulties in implementing the project, but the team saw it _________ successfully.

그 팀은 그 프로젝트를 이행하는 데 많은 어려움을 겪었지만 그것을 끝까지 성공적으로 이끌어갔다.

2 It's time to stand _________ for freedom and stop the abuse of power.

이제 자유를 지지하고 권력 남용을 저지할 때다.

3 The largest beef recall has set _________ negotiations to ship U.S. beef to Japan and South Korea.

최대 규모의 쇠고기 회수로 말미암아 미국 쇠고기를 선적하여 일본과 남한에 보내려는 협상이 지연되었다.

4 People are afraid to speak _______ in oppressive political regimes.

억압적인 정치 체제하에서 사람들은 터놓고 말하기를 두려워한다.

5 Are you ever going to settle _______ and get married?

정착하고 결혼할 생각이 조금이라도 있는 거냐?

answer ➡ 1 through 2 up 3 back 4 out 5 down

4 take after ~ turn over

take after 닮다

take down 기록하다

take in ① 받아들이다 He still hasn't **taken in** his father's death. 그는 아직 부친의 죽음을 받아들이지 못했다. ② 속이다 Don't be **taken in** by their promises. 그들의 약속에 속지 말아라.

take it upon oneself 책임지다

take off ① 큰 진전을 이루다 His business has really **taken off**. 그의 사업이 상당히 성공했다. ② 이룩하다 The flight for Dublin **took off** on time. 더블린 행 비행기가 정각에 이륙했다.

take on ① 책임을 지다 She **took on** the task of indexing the book. 그녀는 그 책에 색인 다는 일을 맡았다. ② 고용하다 We're not **taking on** any new workers at this time. 우리는 현재로선 새로운 직원을 고용하지 않을 것이다.

take over 인수하다

take to ① 좋아하다 I **took to** her immediately. 나는 즉시 그녀를 좋아하게 되었다. ② 습관이 들다 He's **taken to** wearing a baseball cap since his hair started thinning more noticeably. 머리칼이 눈에 띄게 줄기 시작하면서 그는 야구모자를 쓰는 습관이 들었다.

take up ① (시간, 공간) 차지하다 This file **take up** a lot of space. 이 파일은 많은 공간을 차지한다. ② (취미, 습관) 가지다 He has **taken up** jogging. 그는 조깅하는 습관이 들었다.

think over 숙고하다

throw up 토하다

tone down 완곡하게 말하다

turn around (의견·태도 등을) 바꾸다; (추세가) 반전되다

turn down ① (볼륨, 온도 등) 낮추다 Could you **turn** the music **down** a little? 음악의 볼륨을 조금 낮춰주시겠어요? ② 거절하다 They offered her the job, but she **turned** it **down**. 그들은 그녀에게 직업을 제안했지만 그녀는 거절했다.

turn out ① 예상 밖의 결과를 낳다 It looked as if we were going to fail, but it **turned out** well in the end. 우리가 실패할 것처럼 보였지만 결국에는 좋은 결과가 나왔다. ② 참석하다 Thousands **turned out** for the demonstration. 수천 명이 그 데모에 참석했다.

turn over (경찰에) 넘겨주다; 인도하다; (일·책임을) 인계하다

 감각 익히기

▶ 다음 표현을 완성하시오.

1 거절하다   turn __________   down

2 속이다   take __________   in

▶ 다음 문장이나 대화를 완성하시오.

1 I've thought it ________ and have made up my mind.
나는 그것을 심사숙고하고 마음을 정했다.

2 The Minister tried to tone ________ what she had said when the press started attacking her.
언론이 공격을 시작하자 수상은 자신이 말했던 내용을 더 완곡하게 표현하려고 노력했다.

3 The companies are temporarily out-of-favor but are in the process of turning ________.
그 회사들이 일시적으로 이익을 내지 못하고 있지만 추세가 반전되고 있다.

4 He takes ________ his mother.
그는 그의 어머니를 닮았다.

5 The court ordered the company to turn ________ their financial records.
법원은 그 회사에게 재정 기록을 넘겨줄 것을 명령했다.

answer ▶ 1 over   2 down   3 around   4 after   5 over

5 wait on ~ wrap up

wait on 시중들다

walk out 파업하다

watch out 조심하다

wear off 효과가 없어지다

wear out 닳아서 사용할 수 없게 하다

wind up ① (벌어진 일 때문에) 어떤 상황에 처하다 People are **winding up** in debt. 사람들이 빚을 지는 상황이 되고 있다. ② 끝내다 I'd like to **wind up** the meeting soon. 저는 곧 회의를 끝내고 싶군요.

wipe out 전멸시키다, 제거하다

work out ① 해결하다 **work out** differences 불일치를 해결하다 ② 운동하다 He **works out** at the gym every day. 그는 매일 체육관에서 운동한다.

wrap up ① 포장하다 **wrap up** a birthday present 생일 선물을 포장하다 ② 매듭짓다, 요약하다 Every meeting is **wrapped up** with a speech from the manager. 모든 회의가 매니저의 연설로 끝난다.

감각 익히기

▶ 다음 표현을 완성하시오.

1 닳게 하다   wear ________   out

2 식당에서 시중들다   wait _______ in a restaurant   on

▶ 다음 문장이나 대화를 완성하시오.

1 General Electric Employees walked _________ demanding an end to what they feel is unfair overtime practices.

GE 직원들은 불공정한 초과근무라고 여겨지는 관행을 끝내기를 요구하며 파업했다.

2 Even though he had bad news, he tried to _______ up his speech on a positive note.

비록 나쁜 소식이 있었지만 그는 긍정적인 어조로 연설을 마무리 지으려고 노력했다.

3 A meteor crashing into the planet wiped the dinosaurs _______.

혹성에 떨어진 운석이 공룡을 전멸시켰다.

4 I couldn't work _______ all the answers to the crossword puzzle.

나는 크로스워드 퍼즐의 답을 모두 찾아낼 수는 없었다.

5   That wraps things _________, so we'll end this meeting.

이것으로 일이 마무리되었으므로, 우리는 회의를 끝낼 것입니다.

6   The anesthetic wore _________ and my tooth started hurting.

진통제의 효력이 다해서 이가 아프기 시작했다.

7   Watch _________ for toys marketed on the Internet.

인터넷에서 거래되는 장난감을 조심해라.

answer ➡   1 out   2 wind   3 out   4 out   5 up   6 off   7 out

Practice Test D

▶ 정답 및 해설 p.23

Part I **Questions 1~12** Choose the best answer for the blank.

1 A: My call to Japan has been ___________.
   B: No problem. I'll reconnect it.

   (a) sliced up
   (b) cut off
   (c) held up
   (d) stopped off

2 A: You're reading another book? Wow, you've really turned into quite a bookworm.
   B: I don't think I ___________ that category yet. It's just my second book of the year.

   (a) drop in
   (b) come in
   (c) enter into
   (d) fall into

3 A: I'm sick and tired of all this rain.
   B: I know. I wish it would ___________.

   (a) die down
   (b) cool off
   (c) let up
   (d) beat down

4 A: What a beautiful, sunny day. You shouldn't have cancelled our plans to go to the beach!
   B: Sorry, you're right. I thought it was going to ___________.

   (a) dry up
   (b) black out
   (c) cloud over
   (d) brighten up

5 A: I'm going boat racing this weekend. But don't worry. I'll be careful.
   B: Please do, and ___________ rocks in the water.

   (a) drive off
   (b) go against
   (c) stay away from
   (d) look forward to

6 A: Congratulations on the award. Sorry I missed the ceremony.

   B: That's all right. Not many people ____________ to see it.

   (a) stood by

   (b) came out

   (c) sat down

   (d) moved in

7 A: Do you like this suit? It's seems too formal.

   B: Well, it'll be good for occasions where you have to ____________ .

   (a) drop in

   (b) dress up

   (c) wear out

   (d) look on

8 A: May I have a friend proofread my paper before I submit it?

   B: Sure, you can ask someone to ____________ .

   (a) look it over

   (b) read up on it

   (c) see it through

   (d) watch out for it

9 A: Are you ready for your big presentation today?

   B: No, I'm really nervous. I wish we could ____________ .

   (a) put it off

   (b) stop it up

   (c) cross over it

   (d) push through it

10 A: Mr. Goldberg, are you able to attend our investor's meeting tomorrow?

   B: Certainly. I've ____________ myself to be there.

   (a) picked on

   (b) gone in with

   (c) decided upon

   (d) taken it upon

11 A: Did you really see a bear when you were camping?

    B: Yes, of course! Did you think it was just some story I ___________?

       (a) made off

       (b) spoke out

       (c) cooked up

       (d) passed away

12 A: How do you like your new colleague?

    B: He ___________ as being pretty intelligent to me.

       (a) fits in

       (b) gets around

       (c) shows up

       (d) comes across

유의어 (Synonyms)

유의어는 비슷한 의미를 가지고 있고 한국어로는 동일하게 번역되지만 그 뉘앙스와 쓰임새가 다른 단어들을 가리킨다. 가령 accident와 incident는 모두 '사고, 사건'으로 번역되는 단어들이라서 차이가 없어 보이지만 accident는 '우연적으로 일어나는 사고,' incident는 '누군가의 의도에 따라서 일어나는 사고'를 뜻한다. 따라서 911사태와 같은 테러 행위는 accident가 아니라 incident이다. 이처럼 우리 말로는 동일하게 번역되기 때문에 세심한 주의를 기울이지 않으면 유의어의 의미 차이를 구별하기가 쉽지 않다.

TEPS 어휘 시험에서 유의어가 차지하는 비중은 크지 않지만 비교적 난이도가 높은 문제에 속하므로 어휘 시험의 점수를 높이기 위해서는 반드시 주의를 기울여야 할 부분이다. 유의어를 학습하기 위해서는 단어들이 문장 속에서 실제로 어떻게 쓰이는지, 그 정확한 의미와 쓰임새를 파악하도록 노력해야 한다.

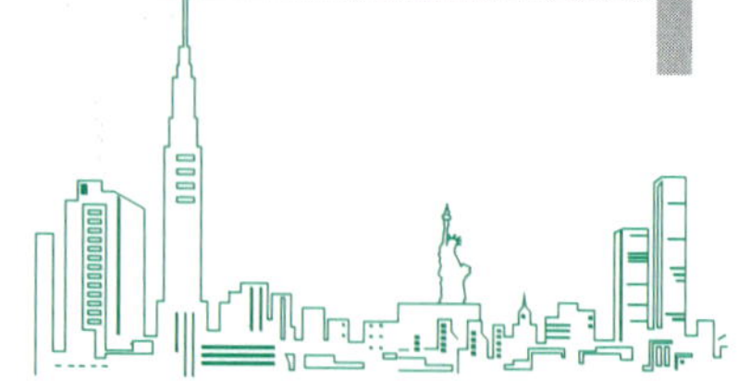

1 명사 1

accident (돌발적인) 사고 | **incident** (의도된) 사건

a hit-and-run **accident** 뺑소니 사고
an actual[real-life] **incident** 실화

admission 입학, 입회 | **admittance** 입장

gain **admission** to a university/the WTO 대학/세계무역기구에 입학[입회]하다
gain **admittance** to a theater 극장에 입장하다

appointment (의사, 변호사 등과의) 약속 | **promise** (의도를 담은) 약속
engagement (공식적) 약속; 약혼 | **date** (이성과의 만남) 약속

an **appointment** with the doctor 의사를 만날 약속
a **promise** to deal with it immediately 그것을 즉시 처리하겠다는 약속
a previous lunch **engagement** 점심 선약
a **date** with one of the guys from my class 내 급우 한 명과의 데이트 약속

awareness (주제, 문제, 상황에 대한) 이해, 인지 | **consciousness** (집단의) 믿음, 견해, 감정

a general lack of **awareness** about safety issue 안전 문제에 대한 전반적인 이해 결핍
political/national/public **consciousness** 정치적/국민적/공공 의식

bust (신체 부위, 특히 치수를 잴 때) 가슴, 흉상 | **breast** (여성의) 유방 | **chest** 흉부

measure the hips, waist, and **bust** 엉덩이, 허리, 가슴 둘레를 재다
breastfeeding 모유 수유
chest pains 흉통

cause (of) (물리적, 직접적) 원인 | **reason (for)** (추상적, 논리적) 이유

the underlying **cause** of many illnesses 많은 질병의 근원적 원인
the **reason** for her visit 그녀가 방문한 이유

> **environment** (자연적, 사회적) 환경
> **circumstances** (특정 상황에 영향을 미치는) 사실, 정황
> **surroundings** (어떤 장소에 존재하는) 모든 물체
> **situation** (특정 시간, 장소에 내재하는) 조건들

a safe working **environment** 안전한 작업 환경
a beautiful **surroundings** 아름다운 주위 환경
an unusual **circumstances** 특이한 정황
an economic/social/employment **situation** 경제적/사회적/취업 상황

감각 익히기

▶ 다음 어구나 문장에 알맞은 어휘를 고르시오.

1 선약　　　　a previous (promise / appointment / engagement)

2 The Nanjing (accident / incident) remains a highly controversial episode in Sino-Japanese relations.

난징 사건은 중국과 일본의 관계에서 대단히 논쟁의 여지가 있는 사건으로 남아 있다.

3 Take this as my (engagement / promise) to you that I will be on your side.

이것을 내가 당신 편이 될 거라는 약속으로 받아들여주세요.

4 What were the (causes / reasons) of the American Civil War?

미국 남북전쟁의 원인은 무엇이었는가?

5 The well-being of children depends greatly on the economic (circumstances / environment) of their families.

아이들의 복지는 대체로 그들 가족의 경제적 상황에 달려 있다.

6 The Office of (Admissions / Admittance) provides information to high school students preparing for college.

입학 본부는 대학을 준비하는 고등학생들에게 정보를 제공한다.

answer → 1 engagement　2 incident　3 promise　4 causes　5 circumstances
　　　　6 Admissions

fault (책임져야 할) 사실, (내재적) 결함
error (무의식적인) 실수
blunder (부주의에서 비롯된) 실수
mistake (잘못된 판단으로 인한) 실수

an technical **fault** 기술적 결함
an **error** in our calculation 우리의 계산 착오   a typing **error** 타이핑 실수
the most unbelievable **blunder** 가장 터무니 없는 실수
grammar **mistake** 문법 실수

flock (양, 염소, 새) 떼
swarm (벌, 곤충) 떼
herd (소) 무리
school[shoal] (물고기) 떼

a **flock** of sheep 양 떼
a **swarm** of flies/bees/ants 파리/벌/개미 떼
a **herd** of cattle/elephants 소/코끼리 무리
a **school** of dolphins/whales 돌고래/고래 떼

salary (계약서에 명시된) 봉급
wage (일당, 시급 등의) 임금

an annual **salary** of $45,000 4만 5천 달러의 연봉
daily/hourly/weekly **wage** 일당/시급/주급

price (지불해야 할) 가격
cost (생산) 원가, 비용

the **price** of electricity 전기료
the **cost** of rebuilding the theater 극장 재건 비용

proceeds (판매, 투자) 수익
compensation 보상금, 수당

the **proceeds** from the house sale 주택 매매 수익
disability **compensation** programs 장애 보상 프로그램

profit (물질적, 경제적) 이익
advantage (다른 것보다 나은) 장점, 이점
benefit (유익한) 혜택

gross **profit** 총이익   net **profit** 순이익
the **advantage** of a good education 훌륭한 교육의 이점
the potential **benefits** of the deal 거래의 잠재적 혜택

rent (집 · 자동차) 임대료

fare 교통비

charge 청구 금액

fee (전문가 혹은 기관에 내는) 수임료

rate (비율이 달라지는) 공공요금

an annual **rent** of $80,000 연간 8만 달러의 임대료
tuition **fee** 수업료
air/bus/train/taxi **fare** 항공/버스/기차/택시 요금
tax **rates** 세율   a low **rate** of interest 낮은 이자율
a small admission **charge** 저렴한 입장료

schedule 일정(표)

plan 계획

a busy/tight **schedule** 바쁜/빡빡한 일정
an economic/spending **plan** 경제적인/소비 계획

sign (일반적) 서명하다

autograph (유명인사의) 자필 서명

A trade agreement was **signed** today. 오늘 교역 협정이 조인되었다.
Frank Sinatra's **autograph** 프랭크 시나트라의 자필 서명

trip (비교적 짧은) 여행

tour 관광 여행

travel (장거리) 여행

voyage 항해

a business/fishing/field **trip** 사업/낚시/현지 여행
travel the world/country 세계/국내를 여행하다
walking **tours** 도보 여행
a **voyage** of exploration 탐험 항해

unification 통일

homogenization 균질화

the **unification** of Italy 이탈리아의 통일
the global **homogenization** process 전 세계의 균일화 과정   **homogenized** milk 균질화된 우유

✓ 감각 익히기

▶ 다음 어구나 문장에 알맞은 어휘를 고르시오.

1 수업료   tuition (rates / fee / charge)

2 공과금   utility (rates / fee / charge)

3 특혜   special (advantage / benefit)

4 A: You're dressed up. What's the (matter / occasion)? 정장을 입었네요. 특별한 일 있어요?
   B: I have an interview this afternoon. 오늘 오후에 면접이 있어요.

5 A: Has Susan quit office? 수잔이 회사를 그만두었나요?
   B: No, she is on maternity (leave / vacation). 아뇨, 출산 휴가 중이에요.

6 He says the new designs are the culmination of more than 30 years of trying to undo his early (fault / error / mistake).

그 새로운 디자인은 이전의 잘못을 되돌리기 위해 30년 넘게 기울인 노력의 극치라고 그는 말한다.

7 When negotiating a (salary / wage), use your judgment to evaluate the situation and take the right approach.

임금을 협상할 때, 잘 판단하여 상황을 평가하고 올바른 접근 방법을 택하라.

8 In economics, a (price / cost) is the value of money that has been used up to produce something.

경제에서 비용은 어떤 것을 생산하는 데 이용된 돈의 가치를 말한다.

9 Provide fair (proceeds / compensation) to employees, such as competitive salaries, overtime pay, bonuses, and profit-sharing.

경쟁력 있는 임금, 초과근무 수당, 보너스, 이윤 분배와 같은 공정한 보상을 피고용인에게 제공하세요.

10 This is a tentative outline (schedule / plan) published to allow attendees to make appropriate travel plans.

이것은 참석자들이 적절한 여행 계획을 세울 수 있도록 발표된 대략적인 일정 시안이다.

11 Fans spent thousands of pounds on fake (signs / autographs) of sports stars such as David Beckham.

팬들은 데이비드 베컴과 같은 스포츠 스타들의 가짜 사인에 수천 파운드를 썼다.

12 Many stars aren't adverse to a touch of Botox or even a (trip / travel) to the plastic surgeon.

많은 스타들은 보톡스 주사를 접하거나 성형외과 의사를 찾아가는 것에 반대하지 않는다.

answer → 1 fee   2 rates   3 benefit   4 occasion   5 leave   6 mistake   7 salary   8 cost   9 compensation   10 schedule   11 autograph   12 trip

3 형용사

---

ambiguous 모호한   **ambivalent** 양면적인

an **ambiguous** statement 모호한 진술
an **ambivalent** attitude toward technology 기술에 대한 양면적 태도

---

available 이용할 수 있는   **affordable** 구입할 수 있는(비싸지 않은)

the information freely **available** on the Internet 인터넷에서 무료로 이용할 수 있는 정보
affordable price 비싸지 않은 가격

---

complete 완전히 구비한   **perfect** 완벽한

a **complete** Shakespeare 셰익스피어 전집
perfect results 완벽한 결과

---

eligible (법적으로) 선출 자격이 있는   **qualified** (철저한 훈련을 받아) 자격을 갖춘

eligible voters 선출 자격이 있는 투표자
fully **qualified** accountants 충분히 자격을 갖춘 회계사

---

embarrassed 당황한, 창피한   **ashamed** (도덕적) 수치심을 느끼는

I felt so **embarrassed** about my mistake. 나는 내 실수에 너무 당황했다.
He is extremely **ashamed** of his behavior last night. 그는 어젯밤의 행동이 몹시 수치스러웠다.

---

ethnic (문화, 관습 등으로 구분된) 민족의   **racial** (혈통으로 구분된) 인종의

ethnic restaurants/music 민속 음식점/음악
racial prejudice/discrimination 인종적 편견/차별

---

hilarious 몹시 들뜬, 우스운   **convivial** 유쾌한
enthusiastic 열광적인

hilarious jokes 몹시 우스운 농담
a **convivial** atmosphere at the reunion 동창회[친목회]의 유쾌한 분위기
an **enthusiastic** welcome to the proposal 제안에 대한 열광적 환영

<table>
<tr><td>irritated 짜증난</td><td>disturbed 불안한, 혼란스러운</td></tr>
<tr><td>anxious 걱정스러운</td><td>furious 분개한</td></tr>
</table>

I was **irritated** at the long delay. 나는 오래 지체되어 짜증이 났다.
I was profoundly **disturbed** by the violence. 나는 그 폭력에 극히 불안했다.
I was **anxious** about the test. 나는 그 테스트에 대해 걱정했다.
I was **furious** at not being invited to the party. 나는 그 파티에 초대되지 않아 화가 났다.

<table>
<tr><td>realistic (그림 · 책 · 게임 등이) 실제처럼 보이는</td><td>virtual (명목상으로는 그렇지 않지만) 실제상의</td></tr>
</table>

the amazingly **realistic** table tennis game 놀라울 정도로 진짜 같은 탁구 게임
a **virtual** monopoly 실제적 독점

<table>
<tr><td>vulnerable 상처 입기 쉬운, 취약한</td><td>susceptible (병에) 걸리기 쉬운</td></tr>
</table>

the most **vulnerable** group in our society 사회의 가장 취약한 집단
susceptible livestock 병에 걸리기 쉬운 가축

 감각 익히기

▶ 다음 어구나 문장에 알맞은 어휘를 고르시오.

1 우스운 농담 모음집   the (hilarious / enthusiastic) joke collection

2 가상 현실   the (realistic / virtual) reality

3 인종 차별   (racial / ethnic) discrimination

4 A: Thanks for inviting me.
   B: Come in. Make yourself (comfortable / convenient).

   A 초대해주셔서 고맙습니다. / B 들어오셔서 편히 계세요.

5 A: How was the new play?
   B: It was not (intellectual / intelligent / intelligible) to me.

   A 새로 나온 연극은 어땠어요? / B 나는 이해가 되지 않았어요.

6 MIT will make the materials for nearly all its courses freely (available / affordable) on
   the Internet over the next ten years.

   MIT는 앞으로 10년간 거의 모든 강의 자료를 인터넷에서 공짜로 이용할 수 있게 할 것이다.

7 *BANG!* is a book about the (complete / perfect) history of the universe.

〈뱅!〉은 우주의 전 역사에 관한 책이다.

8 You must meet certain requirements in order to be (eligible / qualified) for Medicaid.

국민 의료 보조제도의 혜택을 받으려면 몇 가지 요건을 충족시키셔야 합니다.

9 The girls were too (embarrassed / ashamed) to exercise despite wanting to keep fit.

그 소녀들은 건강한 몸을 유지하고 싶었음에도 불구하고 운동하는 것을 너무 창피해 했다.

10 The theatre promotes cultural understanding through (ethnic / racial) dance, music and art.

그 극장은 민속적인 춤, 음악, 미술을 통해서 문화적 이해를 진작시킨다.

11 There is increased anxiety that an individual's genetic heritage may be (vulnerable / susceptible) to unwanted prying.

개인의 유전적 혈통이 원치 않는 탐색을 당하기 쉽다는 우려가 커지고 있다.

answer 1 hilarious　2 virtual　3 racial　4 comfortable　5 intelligible　6 available
7 complete　8 eligible　9 embarrassed　10 ethnic　11 vulnerable

4 동사

act (특정한 이유로) 행동하다	**behave** (특정한 방식으로) 행동하다
conduct (조직적인 방식으로) 일하다	**perform** (복잡한 임무를) 수행하다

I'm **acting** on the advice of my lawyers. 나는 변호사의 충고에 따라 행동하고 있다.
You **behaved** like a complete idiot! 너는 완전히 바보처럼 행동했어!
He **conducted** an impressive electoral campaign. 그는 인상적인 선거 운동을 벌였다.
He will **perform** the experiments to test this hypothesis. 그는 이 가설을 시험하기 위해서 그 실험을 할 것이다.

allow (누군가에게 어떤 일을) 허락해주다	**grant** (탄원·간청을) 들어주다
permit (어떤 일을) 허용하다	

I'm not **allowed** to drive my dad's car. 나는 아버지의 차를 운전하도록 허락을 받지 못했다.
They urged the government to **grant** an amnesty to all political prisoners. 그들은 정부에게 모든 정치범을 사면해주도록 촉구했다.
The use of mobile phone is not **permitted** inside the aircraft. 기내에서 휴대 전화의 사용은 허용되지 않는다.

doubt ~이 아닐 거라고 생각하다   **suspect** ~일 거라고 생각하다

He promised to come, but I **doubt** he will. 그는 오겠다고 약속했지만, 나는 그렇지 않을 거라고 생각한다.
Police **suspected** that she had some connection with the robbery. 경찰은 그녀가 그 강도사건과 모종의 관련이 있을 거라고 의심했다.

interrupt 중단하다   **interfere** 간섭하다

She tried to explain, but he **interrupted** her in mid-sentence. 그녀가 설명하려 했지만 그는 그녀의 말을 중간에 가로막았다.
I don't think your mother has the right to **interfere** in our affairs. 너의 어머니께서 우리 관계에 간섭하실 권리는 없다고 생각해.

operate (기기를) 조종하다, 작동하다   **handle** (도구를) 쓰다, 처리하다
maneuver (교묘하게) 조작하다, 원하는 바를 얻다

You should not **operate** machinery after taking this medication. 이 약을 복용한 후에 기계를 작동해서는 안 됩니다.
The new computer can **handle** massive amounts of data. 새 컴퓨터는 방대한 자료를 처리할 수 있다.
He quickly **maneuvered** himself into a managerial position. 그는 재빨리 교묘한 수를 써서 매니저의 자리를 얻었다.

realize (모르던 사실을 점차) 깨닫다   **recognize** (사람·사물을) 알아보다

I've just **realized** how much I miss him. 내가 그를 얼마나 그리워하는지를 이제야 깨달았다.
I hardly **recognized** you with a beard. 턱수염을 길러서 너를 알아보지 못할 뻔했어.

rectify (실수·문제를) 시정하다   **revise** (견해·판단을) 바꾸다, (글 등을) 개선하다, 수정하다
reform (불공정하고 그릇된 상황을) 개혁하다

I am anxious to **rectify** this situation. 나는 이 상황을 정말 시정하고 싶다.
a **revised** edition 개정판
The healthcare system must be radically **reformed**. 건강 관리 체계를 철저히 개혁해야 한다.

rotate (중앙의 고정된 물체 주위를 원으로) 회전하다   **circulate** (체계·지역 내에서) 순환하다

The earth **rotates** 360 degrees every 24 hours. 지구는 24시간마다 360도를 회전한다.
a machine designed to **circulate** warm air 더운 공기를 순환시키도록 고안된 기계

▶ 다음 어구나 문장에 알맞은 어휘를 고르시오.

1 실수를 시정하다   (rectify / reform) mistake

2 인터뷰를 하다   (perform / conduct) an interview

3 불법 이민자들을 사면하다   (allow / grant) an amnesty to illegal immigrants

4 A: What are you looking for?
B: My car keys. I must have (misplaced / replaced / displaced) them.

A 무얼 찾고 있어요? / B 내 차 열쇠들이요. 내가 엉뚱한 곳에 잘못 두었나봐요.

5 A: It's going to rain.
B: (Bring / Take) your umbrella with you.

A 비가 올 거예요. / B 우산을 가져가세요.

6 Never (doubt / suspect) that a small group of thoughtful, committed citizens can change the world.

생각이 깊고 헌신적인 시민들의 소 집단이 세상을 변화시킬 수 있다는 것을 결코 의심하지 마라.

7 Never (interrupt / interfere) your enemy when he is making a mistake.

네 적이 실수를 저지르고 있을 때는 절대로 중단시키지 말아라.

8 How do mobile phone networks (operate / handle)?

이동 전화망은 어떻게 작동되는가?

9 The suspect (implored / pleaded) not guilty to the charge, but the jury found him guilty.

그 용의자는 그 혐의에 대해 무죄라고 주장했으나, 배심원들은 그를 유죄라고 생각했다.

10 The two men were convicted of (distributing / disseminating) antigovernment leaflets.

그 두 남자는 반정부 팸플릿을 유포한 혐의로 유죄 판결을 받았다.

answer ▶ 1 rectify   2 conduct   3 grant   4 misplaced   5 Take   6 doubt   7 interrupt   8 operate   9 pleaded   10 distributing

유사 형태의 단어

alternate 교대하는; 교체되는

alternate periods of good and bad weather
좋은 날씨와 나쁜 날씨가 번갈아 이어지는 시기

alternative 대안

The treatment is offered as an **alternative** to surgery.
그 치료법은 수술에 대한 대안으로 제안되었다.

carefree 걱정이 없는

those **carefree** days of childhood 근심 없던 어린 시절

careless 부주의한

careless driving 부주의한 운전

comparable (비교할 만큼) 유사한

comparable studies 비견될 만한 연구

comparative 비교의; 상대적인

a **comparative** analysis of a large number of studies 많은 연구의 비교 분석

complement 보완하다

This project is intended to **complement** federal programs.
이 프로젝트는 연방 프로그램을 보완할 예정이다.

compliment 칭찬하다

Everybody **complimented** her on the way she handled the emergency. 모두들 그녀가 비상사태를 처리한 방식에 대해 칭찬했다.

comprehensive 포괄적인

a **comprehensive** guide to courses in the U.S. universities
미국 대학들의 강의에 대한 포괄적 안내

comprehensible 이해할 수 있는

a clear **comprehensible** document 이해할 수 있는 명료한 문서

confident 자신하는

a **confident** manner 자신감 있는 태도

confidential 비밀의

confidential information 비밀 정보

confirm 확인하다

Bring something with you that **confirms** your identity.
귀하의 신원을 확인할 것을 가져오세요.

conform 순응하다

Part of her charm was her refusal to **conform**.
그녀의 매력의 일부는 순응하기를 거부한다는 점이다.

considerable 상당한

a matter of **considerable** importance 상당히 중요한 문제

considerate 사려 깊은

It was very **considerate** of you to include me.
나를 포함해주다니 무척 사려 깊으시군요.

contemptuous 경멸하는

a **contemptuous** laugh 경멸에 찬 웃음

contemptible 경멸할 만한

a **contemptible** liar 경멸스러운 거짓말쟁이

credible 믿을 수 있는 — a **credible** witness 믿을 만한 증인
credulous 잘 믿는 — **credulous** investors 속기 쉬운 투자자들

economic 경제의 — **economic** growth 경제 성장
economical 경제적인, 절약하는 — the most **economical** way to run your own business
자신의 사업을 운영하는 가장 경제적인 방법

effect 효과 — an adverse/beneficial **effect** 역효과/선효과
affect 영향을 미치다 — The disease **affects** many different organs of the body.
그 질병은 신체의 여러 기관에 영향을 미친다.

equivalent 동등한 — This amount of exercise is **equivalent** to walking about three miles.
이 운동량은 3마일을 걷는 것에 버금간다.
equivocal (진의를 가리기 위해) 모호한 — an **equivocal** response 회피적 응답

evolve 발전하다, 진화하다 — Computer software will continue to **evolve** in response to users' needs.
컴퓨터 소프트웨어는 사용자의 필요에 부응하여 계속 발전할 것이다.
revolve 회전하다 — The planets **revolve** around the sun. 혹성들은 태양 주위를 회전한다.

flagrant 명백한; 악명 높은 — a **flagrant** disregard for the law 법에 대한 적나라한 무시
fragrant 향기로운 — **fragrant** herbs 향기로운 허브

gem 보석 — a ring set with precious **gems** 보석이 박힌 반지
germ 병균 — the **germ** that causes ordinary sore throats 일반적인 인후염을 일으키는 병균

historic 역사적으로 중요한 — a **historic** event 역사적 사건
historical 역사의 — **historical** research/evidence 역사 연구/증거

human 인간의 — the study of **human** behavior 인간 행위 연구
humane 인도적인 — **humane** treatment of prisoners 죄수들에 대한 인도적 대우

imaginary 상상의 — an **imaginary** friend 가상의 친구
imaginative 상상력이 풍부한 — the **imaginative** solutions 창의적인 해결책

ingenious 독창적인 — an **ingenious** plan 독창적인 계획
ingenuous 순진한 — an **ingenuous** boy 순진한 소년

| **inquire** 문의하다 | **inquire** about tickets 티켓에 대해 문의하다 |
| **require** 요구하다 | **require** urgent treatment 긴급한 치료를 요하다 |

| **literal** 문자 그대로의 | a **literal** translation 직역 |
| **literate** 글자를 아는 | Only 20 percent of women in the country are **literate**. 그 나라 여성의 20퍼센트만이 글을 읽고 쓸 줄 안다. |

| **momentary** 순간적인 | a **momentary** silence 일시적 침묵 |
| **momentous** 중대한 | a **momentous** decision 중대한 결정 |

| **moral** 도덕적인 | **moral** standards 도덕적 기준 |
| **morale** 사기 | boost **morale** 사기를 드높이다 |

| **object** 목적 | the **object** of cutting costs 비용을 절감하려는 목적 |
| **objective** 목표 | the principal **objective** of the department 그 부서의 주요한 목표 |

| **objectionable** 못마땅한, 불쾌한 | **objectionable** scene 불쾌한 장면 |
| **objective** 객관적인 | **objective** assessment 객관적 평가 |

| **rebuke** 비난하다 | He had to take the **rebuke** with a smile his face. 그는 미소를 띠고 그 비난을 받아들여야 했다. |
| **revoke** 취소하다 | After the third accident, her driver's license was **revoked**. 세 번째 사고 이후 그녀의 운전 면허증이 취소되었다. |

respectable 존중할 만한	a **respectable** citizen 점잖은 시민
respectful 존경하는	You should be more **respectful** of other people's points of view. 너는 다른 이들의 관점을 더욱 존중해야 한다.
respective 각각의	their **respective** merits 각각의 장점

sensible 양식이 있는	a **sensible** person 양식이 있는 사람
sensitive 민감한	**sensitive** instruments 민감하게 반응하는 기구
sensual 관능적인	a **sensual** experience 관능적인 경험

| **spatial** 공간의 | **spatial** planning 공간 설계 |
| **spacious** 널찍한 | a **spacious** apartment 널찍한 아파트 |

| **successful** 성공적인 | a **successful** businessman 성공한 사업가 |
| **successive** 연속적인 | **successive** bankruptcy 연속적인 파산 |

Practice Test E

▶ 정답 및 해설 p.24

Part I **Questions 1~5** Choose the best answer for the blank.

1 A: David, try some of my homemade ice cream.
  B: Thanks, I'd been hoping you'd offer some. It looks _____________.

   (a) adorable
   (b) appetizing
   (c) attractive
   (d) artificial

2 A: Are you busy Thursday evening?
  B: I'm afraid so. I already have a(n) __________ then.

   (a) engagement
   (b) encounter
   (c) arrangement
   (d) schedule

3 A: Good evening. How many are in your ____________?
  B: There are four of us, and we'd like a table by the window, please.

   (a) company
   (b) party
   (c) crowd
   (d) bunch

4 A: Are all the rooms already booked?
  B: No, we have some ____________.

   (a) available
   (b) affordable
   (c) uncharged
   (d) incomplete

5 A: Excuse me. Could you take a picture of us with this camera, please?
  B: Sure, if you can show me how to ____________ it.

   (a) operate
   (b) run
   (c) handle
   (d) maneuver

6   Failure can be of great benefit if it helps one to learn how to _____________ problems so it does not happen again.

(a) reform
(b) revise
(c) restore
(d) rectify

7   Frank was _____________ when he heard that he was getting a promotion.

(a) enamored
(b) ecstatic
(c) captivated
(d) passionate

8   Some believe globalization will lead to _____________, creating a world in which everything will look, sound, and feel the same.

(a) internationalism
(b) unilateralism
(c) homogenization
(d) diversification

9   The destruction of a habitat is _____________ to the destruction of all the species that live in that habitat.

(a) interchangeable
(b) equivalent
(c) reciprocal
(d) equalized

10   The greatest _____________ of the rapid growth of industrialization is the rising epidemic of obesity.

(a) downside
(b) fallback
(c) deficit
(d) negativity

11 Garlic can help prevent strokes and thin the blood by preventing the formation of blood
_____________.

(a) cramps
(b) chunks
(c) clumps
(d) clots

12 With impressive 3D graphics, the details and scenery in this new computer game look incredibly _____________.

(a) realistic
(b) virtual
(c) apparent
(d) truthful

The TEPS

Reading
Comprehension

독해

- TEPS 독해 영역은 Part I의 빈칸완성형 16문제, Part II의 주제 · 세부사항 · 추론형 21문제, Part III의 응집력(일관성) 파악형 3문제로 이루어져있다.

- 문학, 언어, 역사 등 인문과학, 정치, 경제, 법률, 사회과학, 과학, 의학, 환경 등 다양한 내용의 지문과 실생활에서 접할 수 있는 신문, 잡지 기사, 광고, 공고, 지시문, 주문서 등 여러 유형의 지문을 이해하는 전반적인 독해력을 측정하는 영역이다.

- TEPS 990점에서 400점을 차지하는 독해 영역에서는 '1지문 1문제'라는 원칙 하에 45분 동안 40문제를 풀어야 한다.

- 속도와 논리력을 요구하는 TEPS 독해에 적응하기 위해서는 다양한 유형의 문제에 맞는 다양한 독해기술을 사용할 줄 알아야 한다.

- 기본 어휘 실력을 배양하고 영어 문단의 구성과 각 문장의 구조에 대해 숙지하는 것이 중요하다.

1 Part I

한 단락의 글 안에서 비어있는 부분을 채우는 형식의 문제이다. 빈칸의 위치와 관련해서 글의 흐름을 파악한 후에 맥락에 맞는 표현을 골라야 한다.

예제

다음 글의 빈칸에 들어갈 가장 적절한 내용을 고르시오.

The investigation of the recently burnt down National Bank building was concluded today. Careless smoking of local construction workers seemed to be the culprit. It was also determined that the city fire department failed to thoroughly examine the unsafe building just a year ago. Mayor Mike Clayton demanded that the three fire officers bearing responsibility for the fiasco be reassigned. "Such a ____________ should never happen again," Clayton said.

(a) blatant abuse of taxpayer's money
(b) fire attributable to human negligence
(c) tragic loss of fire department personnel
(d) breach of National Bank building security

최근 화재로 소실된 국립은행 건물에 대한 수사가 오늘 종결되었다. 인근 건설인부들의 부주의한 흡연이 화재 원인으로 추정되었다. 또한 시 소방당국에서 바로 일 년 전에 이 안전하지 못한 건물을 철저하게 검사하지 못 했다는 사실도 밝혀졌다. 마이크 클레이턴 시장은 이 대화재에 책임이 있는 세 명의 소방 관리들을 재 배치해 야 한다고 요구하면서 "인재로 인한 이런 화재가 결코 재발되어서는 안 된다"고 말했다.

빈칸이 본문 끝부분에 있으므로 전체 내용을 요약하거나 결론짓는 내용을 찾아야 한다. burnt down, smoking, fiasco 등 화재와 관련된 단어가 계속 반복되므로 결론에서도 같은 내용을 고르면 된다. 따라서 정답은 (b).

culprit 범죄자, 피의자   thoroughly 철저하게   bear 가지다, 견디다   fiasco 큰 실수   reassign 재배 치하다, 다시 할당하다   blatant 뻔뻔한   attributable to ~에 기인하는   negligence 태만   breach 위반

2 **Part II**

글의 주제나 제목, 대의, 세부사항 파악, 필자의 태도, 추론 등에 대해 묻는 전형적인 독해 문제이다. 문제의 유형에 따라 골라 읽기, 훑어 읽기, 추측하기 등의 방법을 사용하면 훨씬 효율적으로 문제를 풀 수 있다. 특히 시간 배분이 중요한 파트이다.

예제

In the classroom, effective learning is not guaranteed just by following proper teaching methods. The degree to which students feel their teacher knows them as individuals and cares about their learning has much to do with the students' willingness to open their minds to learn. Students appreciate learning from teachers who welcome their questions and who allow them to express opposing viewpoints. Moreover, when students see that their teacher is ready to sacrifice time in order to help them, it provides the opportunity for the teacher to communicate his or her values to them.

Q What is the main point of the passage?

(a) Getting good grades depends upon having good teachers.
(b) Teachers should encourage students to express their opinions.
(c) Teachers should pay more attention to their teaching methods.
(d) Showing concern for students is an important way of promoting learning.

교실에서 단지 적절한 교수법을 따른다고 해서 효율적인 학습이 보장되는 것은 아니다. 교사가 자신들을 개인적으로 얼마나 알고 있으며 또한 자신들의 학습에 대해 배려하는지 학생들이 느끼는 정도는 학생들이 기꺼이 배우려는 마음을 여는 것과 관계가 많다. 학생들은 자신의 질문을 환영하고 반대되는 견해까지 표현하게 해주는 교사에게 배우는 것을 감사하게 여긴다. 더욱이 학생들이 교사가 자신을 도와주기 위해 기꺼이 시간을 낼 준비가 돼있음을 알게되면, 교사는 자신의 가치관을 학생들에게 전달해줄 기회를 얻게 된다.

영어 문단에서는 대개 첫 문장에 주제가 제시되는 편이지만 not ... but이나 however 등이 나오면 그 다음 부분이 주제문인 경우가 대부분이다. 이 글 역시 두 번째 문장에서 효율적인 학습법이 적절한 교수법에 의해 보장되는 것이 아니라, 학생이 교사의 인간적인 배려에 더 마음을 열고 학습에 열중한다는 주제를 제시한다. 그러므로 이 글의 요지는 교사가 학생에 대해 관심을 보여주어야 한다는 (d)이다.

▷ **effective** 효율적인　**appreciate** 감사히 여기다　**opposing** 반대되는　**sacrifice** 희생하다

3 **Part III**

한 문단에서 내용의 흐름이 부자연스러운 문장을 찾는 문제이다. 주제문으로 제시되는 첫 문장 이후의 네 문장 중에서 응집력이 떨어지는 한 문장을 고르면 된다. 독해 총 40문항 중 3문항밖에 되지 않지만 배점이 다소 높은 편이다.

Certain long-standing expectations of marriage are commonly held. (a) Traditionally, marriage has been understood to be a social bond between a man and a woman. (b) This marks the start of a family, according to societal norms, as children are expected next. (c) Not only are there children, but also aunts, uncles and grandparents, creating something like a community. (d) Then, after having children, parents are assumed to embark on another new transition, namely, from spouses to parents.

결혼에 대해 일반적으로 오랫동안 기대되어 온 것들이 있다. (a) 전통적으로 결혼이란 남자와 여자의 사회적 결합으로 이해된다. (b) 그 다음으로 자녀가 기대되기 때문에, 결혼은 사회적 규범에 따라 가족의 시작을 나타낸다. (c) 자녀뿐만 아니라 이모와 삼촌, 조부모들이 함께 일종의 공동체를 만들어낸다. (d) 따라서 자녀가 생긴 후에 부모는 새로운 전이, 즉 배우자에서 부모로 옮겨가는 전이를 시작한다고 여겨진다.

가족에 대한 오래된 개념에 관해 설명하는 글이다. 남녀가 부부에서 다시 부모로 전이되는 과정을 다루는데, (c)번은 그 이상의 관계를 다루기 때문에 범위가 지나치게 넓어졌다.

▷ **longstanding** 오래 지속되는　**norm** 규범, 표준　**assume** 추정하다; 떠맡다　**embark** 착수하다; 태우다, 승선시키다 **transition** 변천, 전이

4 그래프로 보는 **Part**별 출제 경향

(1) Part I

지문의 마지막 부분에 빈칸이 있는 문제가 가장 많이 출제되었고, 내용 면에서는 인문·사회과학의 출제도가 높은 편이다.

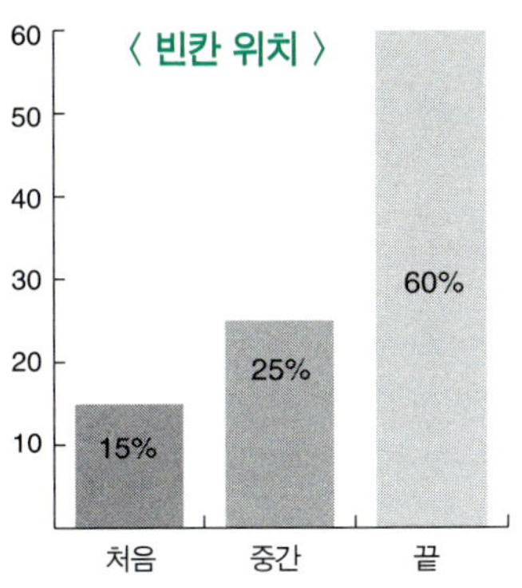

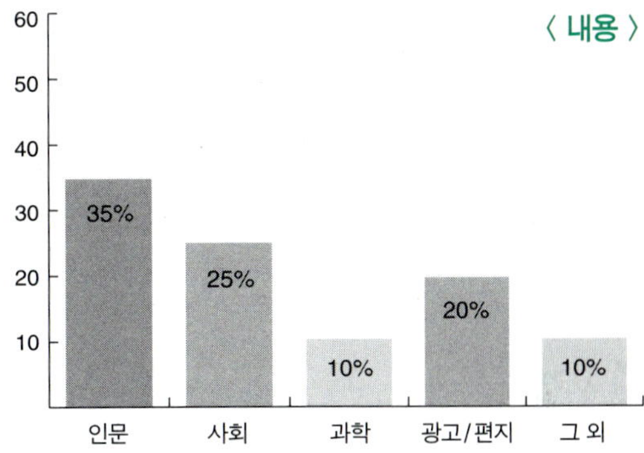

(2) Part II

가장 많은 시간을 요하는 세부사항 문제가 많은 편이고, 추론 문제는 3문제 정도 출제된다. 내용 면에서는 인문, 사회 등 학술적인 글 외에도 실용적인 글(기사나 공고 등)이 다수 출제되었다.

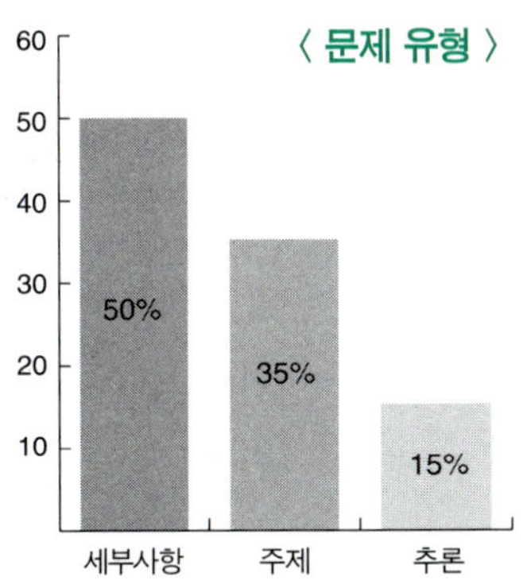

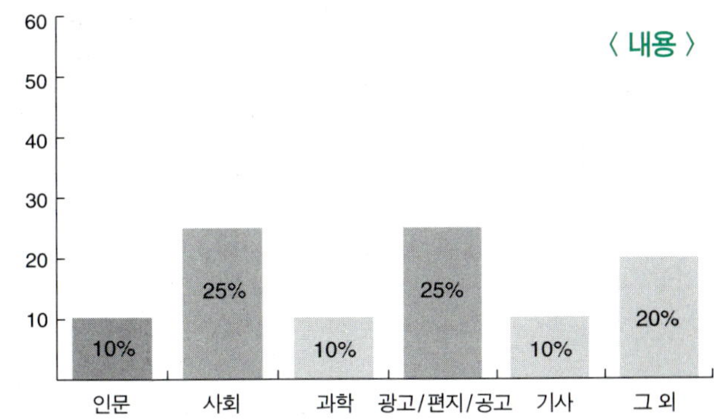

(3) Part III

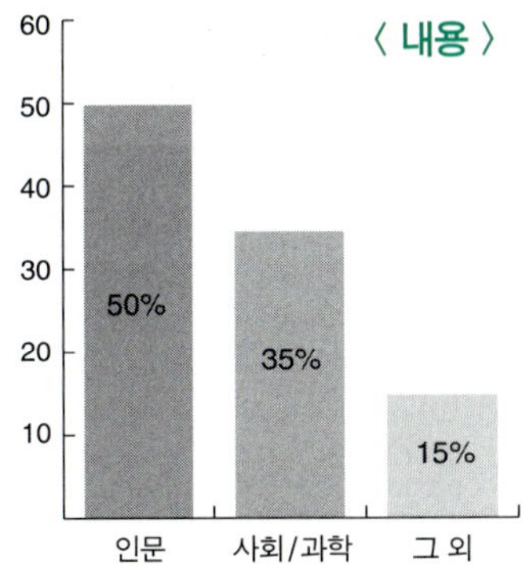

글의 논리적인 전개와 흐름을 얼마나 잘 파악하는지 측정하는 문제이기 때문에 인문, 사회, 과학 영역 지문의 출제가 두드러진다.

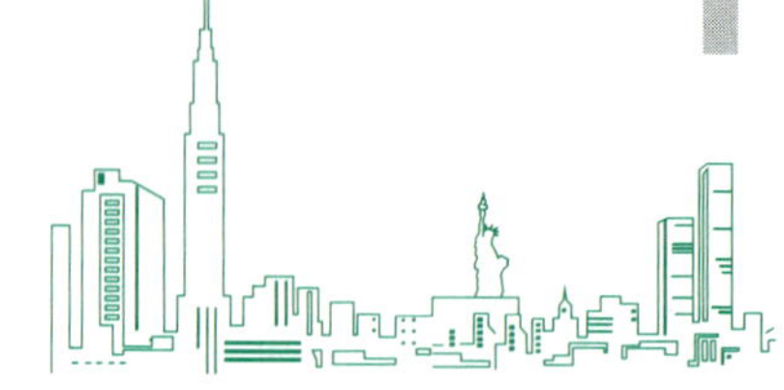

Unit 1 문장 완성하기 *

문제 들여다보기

- ○ '문장 완성하기' 문제란 한 단락 안에 비어있는 부분을 적절하게 채워줄 단어나 어구를 찾는 형식의 문제를 말한다. 출제자가 말하려는 바가 무엇인지를 파악한 후에 그 주제와 빈칸 사이의 관계, 혹은 글의 전반적인 흐름을 알아내는 능력을 측정하는 문제라고 할 수 있다.

- ○ 빈칸의 위치가 글의 앞인지, 중간인지, 아니면 마지막 부분인지에 따라 지문을 읽는 방법도 조금씩 달라진다. 따라서 글의 내용이 인문학이냐 자연과학이냐를 따지기보다 빈칸의 위치를 확인하는 것이 급선무이다.

예제

One of the most noteworthy faces engraved in American currency is a brave Native American woman named Sacagawea. She grew up with her native Shoshone people, and her father was the chief. Unfortunately, she was taken captive and was sold to a French Canadian named Charbonneau. During the early 1800s, the government funded the Lewis and Clark expeditions to further navigational knowledge. Along their voyage, the explorers stopped in the same village where Sacagawea happened to live. There they received her hospitable aid, medical advice, and environmental guidance. She was truly a(n) _______________________.

(a) victim of the terrible system of slavery
(b) invaluable contributor to the expedition
(c) great leader of the Shoshone people
(d) founding member of democracy in America

미국 동전에 그려진 인디언 여성에 관한 이야기이다. 용감하게 운명을 개척해나가다가 미국 정부의 후원을 받은 탐험대에 큰 도움을 주었다는 내용이므로, 결론에는 그 인디언 여성이 미국 역사에 크게 기여했다는 이야기가 나와야 한다. 따라서 정답은 (b). 빈칸이 가장 뒤에 왔으므로 문두의 주제문을 다시 한 번 아우르는 내용을 기대하며 이야기의 흐름을 따라 읽으면 정답을 고를 수 있다.

▷ **noteworthy** 주목할 만한　　**currency** 통화　　**captive** 포로　　**fund** 자금을 제공하다; 기금　　**expedition** 원정
further 증진하다, 촉진하다　　**navigational** 항해의

↳ 번역은 정답 및 해설 p.26 참조

1 독해 포커스 – 논리 찾기

TEPS 독해는 시간이 생명이다. 무조건 모든 문장을 해석하다가는 시간이 부족해서 쩔쩔매기 쉽다. 그보다는 모르는 단어나 구조가 혼동되는 표현이 나오더라도 당황하지 말고 맥락에 따라 미루어 짐작할 능력을 갖추도록 연습해야 한다.

각 부분 부분을 해석하는 능력도 물론 중요하다. 그러나 문장의 전반적인 구조와 논리적인 흐름을 찾아내는 '독해의 눈'을 키우면 주제를 잘 파악할 수 있고, 그 뒤의 내용도 어느 정도 예측할 수 있을 것이다.

(1) 앞의 이야기와 뒤의 이야기가 순조롭게 이어지는 경우 – 병렬

The bankruptcy in the 18th century meant not only <u>the failure</u> of the banker but also __________ to the depositors and borrowers.

(a) success   (b) hardship   (c) opportunity   (d) harmony

> **독 / 해 / 포 / 인 / 트**
>
> not only와 but also는 유사한 맥락의 어구를 연결하므로, failure와 유사한 내용의 단어가 필요하다. 정답은 (b).
>
> **번역** 18세기의 파산은 은행가의 실패뿐만 아니라 예금자와 채무자의 곤란도 의미했다.
>
> **keywords** bankruptcy 파산, 도산   despositor 예금자   borrower 채무자, 빌리는 사람   hardship 곤란, 고생   harmony 조화, 융화

(2) 앞의 이야기와 반대되는 이야기가 이어지는 경우 – 대조

In spite of <u>abundant harvest</u> for the two years, __________ still persists.

(a) anarchy   (b) confusion   (c) malnutrition   (d) illiteracy

> **독 / 해 / 포 / 인 / 트**
>
> in spite of(~에도 불구하고)는 역접 어구이므로, 빈칸에는 abundant harvest와 반대되는 내용이 와야 한다. 따라서 정답은 (c).
>
> **번역** 2년 동안 풍작이었는데도 불구하고 여전히 영양실조가 지속된다.
>
> **keywords** abundant 풍부한   persist 지속하다; 고집하다   anarchy 무정부 상태   confusion 혼동; 혼란   malnutrition 영양실조   illiteracy 문맹

(3) 먼저 주제가 나오고 주제를 뒷받침해주는 예가 제시되는 경우 – 예시

As the methods of warfare have changed, the ___________ of war has increased. For example, the War of 1812 cost the United States about $120,000 per day. But World War II cost it about $250,000,000 per day.

(a) cost   (b) method   (c) war   (d) effect

> ◼ 독 / 해 / 포 / 인 / 트
>
> for example은 앞의 내용에 대한 예를 이끄는 연결어이다. 따라서 cost에 대한 이야기가 나와야 하므로 정답은 (a).
>
> **번역** 전쟁의 방법이 바뀌면서 전쟁 비용도 증가했다. 예를 들어 미국은 1812년 전쟁 당시 매일 12만 달러 정도의 경비를 소요했다. 그러나 제2차 세계대전 당시에는 매일 2억 5천만 달러 정도를 지출했다.
>
> **keywords** warfare 전쟁; 투쟁

(4) 어떤 현상의 원인이 나오고 그 뒤에 그 결과가 나오는 경우 – 인과

Since people in the company prefer action to talk all the time, too long discussion is mostly ___________.

(a) necessary   (b) optional   (c) essential   (d) rare

> ◼ 독 / 해 / 포 / 인 / 트
>
> 말보다 행동이 선호된다는 이유가 나오므로 긴 토론을 꺼린다는 결과가 뒤따라야 한다. 정답은 (d).
>
> **번역** 회사에 다니는 사람들은 언제나 말보다 행동을 좋아하기 때문에 너무 긴 토론은 대개 드문 편이다.
>
> **keywords** prefer A to B B보다 A를 선호하다   optional 마음대로 선택 가능한

(5) 같은 내용이 나란히 나오는 경우 – 동격

It is better to read one book six times than to read six books just once. If you read several books only once, it will mean merely an accumulation of ___________ interest, the burdensome accumulation of modern days without real value.

(a) profound   (b) obvious   (c) superficial   (d) significant

> ◼ 독 / 해 / 포 / 인 / 트
>
> comma로 연결되는 동격이므로 진정한 가치 없이 힘들게 축적한 것에 불과하다는 내용을 찾아보자. 정답은 (c).
>
> **번역** 책 여섯 권을 한 번만 읽는 것보다는 책 한 권을 여섯 번 읽는 편이 더 낫다. 책 여러 권을 한 번만 읽는다면 이는 단지 피상적인 관심거리만 축적한다는 것, 다시 말해서 진정한 가치 없이 현대의 날들을 힘들게 축적하는 것이다.
>
> **keywords** burdensome 부담이 되는, 고된   accumulation 축적

2 빈칸의 위치

(1) 빈칸이 글의 앞부분에 있으면 대개 글의 주제를 찾는 문제이다.

- 영어의 문단은 주로 주제문을 먼저 밝히고 세부적인 사실이나 보충 설명을 한 후 결론(주제–세부 설명–요약)을 내리는 3단계 구성을 취한다. 따라서 빈칸이 문단의 앞부분에 있다면 주제를 묻는 경우가 대부분일 수밖에 없다.

- 결론 부분까지 글을 빠르게 읽어보면서 반복되는 어휘나 개념이 있는지 확인한다. 그 후 선택지에서 결론 문장과 비슷한 내용을 찾아보면 정답에 도달할 수 있다.

- 빈칸을 제외한 나머지 부분은 주제문에 대한 예시나 증거, 사실 등인 경우가 많으므로 그런 부분은 건너뛰고 전체적인 흐름에 주목하자.

출제포인트 ➡ 첫 문장에 주제문이 나오지 않고 독자의 호기심을 끌 만한 일반적인 견해나 생각이 먼저 제시된 후에 주제문이 나오는 경우도 있다. 그러므로 첫 문장을 무조건 주제문으로 단정지어서는 안 된다. 특히 독자를 설득하기 위한 글(광고문이나 지지를 호소하는 글)에서는 이러한 구성이 자주 눈에 띈다.

예제 1

Many educators struggle with the issue of ________________. At any given grade level, there may be wide discrepancies in the academic abilities of the students. One proposed solution to this is to attempt to objectively measure the students' academic abilities. The common method of choice is standardized testing, and if a student fails to pass the exam he is prevented from progressing to the next grade. But many people strongly disagree with such a black-and-white approach to the problem.

(a) how to create a classroom of similarly adept students
(b) what material should be included on tests
(c) whether students who fail should be held back
(d) when to give slack and when to discipline students

> **◤ 독 / 해 / 포 / 인 / 트**
>
> 첫 문장에 많은 교육자들이 갈등하는 문제라고 제시되어 있으며, 두 번째 문장에 학생의 지적 능력에 편차가 많다는 설명이 나온다. 그러므로 교육자들이 학생들의 지적 능력에 대해 이견을 보인다고 볼 수 있다. 따라서 정답은 (a).
>
> **번역** 많은 교육자들이 어떤 방식으로 실력이 비슷한 학생들을 한 학급으로 구성할지에 대해 고민하고 있다. 어느 학년의 경우라도 학생들의 학력에는 큰 편차가 있게 마련이다. 이 문제에 대해 제안된 해결책 하나가 학생들의 학력을 객관적으로 평가해보자는 것이다. 가장 일반적으로 선택되는 방법은 표준화 시험인데, 이 시험을 통과하지 못하는 학생은 다음 학년으로 진학할 수 없다. 그러나 많은 사람들은 이 문제에 대한 이러한 흑백논리식 접근 방식에 대해 강력하게 반대한다.
>
> **keywords** discrepancy 불일치   objectively 객관적으로   standardized 표준화된   adept 능숙한   discipline 훈육하다   give A some slack A에게 기회를 주다, 여유를 주다

One of the distinctions between East and West is that each has a unique ________________.
Whereas in the Far East the popularized blood type theory is dominant, in the West it is
horoscopes. In the West, asking an acquaintance for his blood type would seem bizarre.
Likewise, in the East, asking a friend her horoscope sign might seem a bit strange. Yet, asking
for blood types and horoscopes in the East and West, respectively, each serves the same
purpose. They claim to convey compatibility, character strengths and weakness, and they are
even believed by some to predispose one to certain behavior or destiny.

(a) scientific understanding of human behavior

(b) method of matchmaking for marriage

(c) superstition when it comes to analyzing someone's personality

(d) set of situations in which to apply blood type theory

독 / 해 / 포 / 인 / 트

첫 문장에 동양과 서양 간에 차이가 있다는 내용이 제시되었다. 두 번째 문장에서는 동양은 혈액형 이론이, 서양은 점성술이
주도적이라고 자세히 설명되었으므로 정답은 이 두 가지를 모두 포함하는 (c)이다.

번역 동양과 서양의 큰 차이점 중에 사람의 성격을 분석할 때 각기 독특한 미신을 갖고 있다는 것이 있다. 극동지방에서는 혈액형
이론이 주도적인 반면 서양에서는 점성술이 인기이다. 서양에서 지인에게 혈액형이 무엇이냐고 묻는다면 이상할 것이다. 마찬가지로
동양에서 친구에게 별자리가 뭐냐고 묻는 것은 약간 이상할 수도 있다. 그러나 동양에서 혈액형을, 그리고 서양에서 별자리를 물어보는
것은 실은 그 목적이 동일하다. 이는 친화성과 성격상의 장단점을 나타낸다고 받아들여지며, 심지어 특정한 행동이나 운명을 미리
알려준다고 여겨지는 경우도 있다.

keywords distinction 구별   dominant 우세한   horoscope 점성술   acquaintance 친지   bizarre 기이한   convey
전달하다; 시사하다   compatibility 화합성, 친화성; 양립성; 호환성   predispose 미리 알려주다

(2) 빈칸이 글의 중간에 있으면 서두에서 언급한 주제를 보충 설명하는 경우가 많다.

○ 주제를 좀더 분명하게 드러내기 위해 구체적인 사실이나 예, 증거 등을 제시하기도 한다.

○ 빈칸 앞뒤의 문장을 잘 읽어보고 어떤 연결고리가 숨어있는지 찾아본다.

출제포인트 1 ▶ 최근의 출제 경향을 보면 구체적인 내용을 묻는 경우가 늘어나고 있다. 따라서 일반적인 논리 전개를 이해하는 것과 아울러 개개의 맥락을 파악하는 노력도 아끼지 말아야 한다.

예제 1

The word "fallacy" is used in various ways. One use of the word is to designate a mistaken idea or false belief, like the "fallacy" of believing that all people are honest. But logicians use the term ________________________. A fallacy is a type of incorrect argument. It is customary in the study of logic to reserve the term "fallacy" for argument which may be psychologically persuasive, but incorrect. This type of argument may seem to be correct but it proves not to be so.

(a) to pronounce a moral judgment on a given subject

(b) in the narrower sense of an error in reasoning or in argument

(c) without intending any one particular meaning at all

(d) as a way of referring to a person who gives a misleading argument

---

📗 독 / 해 / 포 / 인 / 트

fallacy라는 용어가 어떤 상황에서 사용되는지 설명하는 글이다. 처음에는 일반적인 용도에 대해 간단한 도입 설명을 제시하고 역접의 접속사 but 이하에서 본격적인 주제가 드러난다. 빈칸 다음에 다시 한 번 정리된 내용으로 미루어 정답은 (b)이다. '(a) 주어진 주제에 윤리적인 평가를 내리기 위해, (c) 특정한 의미를 전혀 의도하지 않고, (d) 잘못된 논쟁을 하는 사람을 가리키는 방법으로'는 답이 될 수 없다.

번역 '오류'라는 용어는 다양하게 사용된다. 이 용어는 잘못된 생각이나 거짓된 믿음을 나타내기도 하는데, 모든 사람이 정직하다고 믿는 '오류'가 바로 그 예이다. 그러나 논리학자들은 이 용어를 논리나 논쟁에서의 실수라는, 좀더 좁은 의미로 사용한다. 오류는 일종의 부정확한 논쟁이다. 논리학에서 '오류'라는 용어는 심리적으로 설득력이 있으나 부정확한 논쟁에 관습적으로 사용된다. 이러한 유형의 논쟁은 정확해 보일 수도 있지만 실은 그렇지 않다고 입증된 것이다.

keywords fallacy 오류　designate 지적하다　mistaken 틀린, 잘못된　reserve 예정해두다, 유보하다　persuasive 설득력이 있는　pronounce 전달하다, 선고하다; 표명하다; 발음하다

연결어와 맥락

기능	단독 사용되는 연결어	뒤에 절이 나오는 연결어	뒤에 명사가 나오는 연결어
대조	on the other hand / in contrast / nevertheless / but / yet	although / even though / whereas / while	in spite of / despite
추가	in addition / furthermore / moreover / besides	and	another / additional
예시	for example / for instance		an example of / such as / like
결론, 요약	in conclusion / in summary / in short		
결과	accordingly / therefore / as a result		

예제 2

When the word "quality" is mentioned, most people think first of defect-free products. But this traditional manufacturing-oriented view of quality has been broadened considerably in recent years. Today, high quality means pleasing customers. It includes more than merely protecting them from annoyances. The aesthetics and practicality of the final product are what is important now. _________________, Japanese automotive manufacturers have focused on detailed, functional designs. They have implemented such conveniences as user-friendly buttons and levers for controlling lights, stereos, and directional signals.

(a) Finally   (b) In addition   (c) For example   (d) Instead

> **독 / 해 / 포 / 인 / 트**
>
> quality라는 말의 의미 변화에 대한 일반론이 먼저 설명되고 빈칸 뒤에 구체적인 예가 나오므로 필요한 접속사는 (c)이다.
>
> **번역** '품질'이라는 단어가 언급될 때 대부분의 사람들은 우선 결점이 없는 제품에 대해 생각한다. 그러나 품질에 대한 이 전통적인 제조 우선적 견해는 최근 수년간 상당히 범위가 확장되었다. 오늘날 높은 품질이란 고객을 만족시킨다는 뜻이 되었다. 여기에는 단순히 고객을 성가시게 하지 않는다는 이상의 의미가 들어있다. 지금은 최종 생산물의 미학과 실용성이 중요해졌다. 예를 들어 일본의 자동차 제조사는 꼼꼼하면서도 기능적인 디자인에 주력한다. 그들은 운전자가 사용하기 편리한 조명 조절이나 오디오, 지시등 용 버튼과 레버 장치를 설치했다.
>
> **keywords** defect–free 무결점의   -oriented ~지향의, 경향의   considerably 상당히   annoyance 골칫거리, 성가신 것   aesthetics 미학   automotive 자동차의   implement 도구를 설치하다   conveniences 편리한 설비

(3) 빈칸이 글의 마지막 부분에 있으면 변형된 주제문이나 주제문의 부연설명이 정답이다

○ 문장 완성형 문제에서 가장 많이 출제되는 유형이다.

○ 첫 문장에서 주제문을 잘 살펴보고 그 후에 주제문과 대립되거나 추가적인 내용이 들어가는지 확인해본다. 이러한 유형의 문제에서는 주제문의 내용이 어휘나 표현만 약간 변형되어 답으로 제시되는 경우가 많다.

출제포인트 ➡ 글의 중간에 but, though, however, other, another, unexpectedly, surprisingly 등의 어휘가 나오면 끝까지 자세하게 읽어봐야 한다. 특히 마지막 문장의 앞부분에 빈칸이 있으면 '그럼에도 불구하고 사실은 아니다'처럼 글의 내용을 살짝 비틀었다가 다시 원 주제로 돌아가는 경우가 있다.

예제 1

In the sprawling grounds of China's Forbidden City, once home to the imperial palace of the Ming and Qing Dynasties, one small shop is in the midst of a brewing controversy. Star Café, an American coffee chain, is a contentious presence there. Its rocky six-year presence in one of China's most revered historical icons has finally culminated in a motion in Congress to have it closed. "As long as it stays in the imperial palace, it poses a challenge to our traditional culture," says the lawmaker who submitted the motion. It appears that

________________________________.

(a) if some politicians have their way it may be banished

(b) it is more popular among youth than older generations

(c) the profitability of the coffee chain is being affected

(d) its plans for expansion will need to be put on hold

◼ 독 / 해 / 포 / 인 / 트

첫 문장에서 controversy가 중심 개념으로 떠오른 이후 contentious, rocky, challenge 등 논쟁과 관련된 용어들이 연달아 나온다. 따라서 결론에도 논쟁과 연관된 내용이 나와야 하므로 정답은 (a)이다.

번역 한때 명청시대의 황궁이었던 중국 자금성의 넓게 뻗은 대지에서 한 작은 상점이 논쟁의 중심이 되고 있다. 여기서 미국의 커피 체인인 스타 카페가 논쟁적인 존재로 자리를 잡았기 때문이다. 중국에서 가장 존경 받는 역사적 상징에서 6년 동안 힘들게 버티던 이 상점은 결국 인민회의에서 폐쇄 동의안을 받기에 이르렀다. 이 동의안을 제출한 의원은 "이 가게가 황궁에 남아있는 한 우리 전통문화에 대한 도전이 될 것"이라고 말했다. 일부 정치가들이 자기 의견을 고수한다면 그 상점은 추방될 것으로 보인다.

keywords sprawling 넓게 퍼진   brewing 끓어오르는   contentious 다투기 좋아하는   rocky 장애가 많은, 곤란한; 바위가 많은   revere 존경하다   culminate 정점에 이르다   motion 동의, 발의   banish 추방하다

Dear Sir or Madam:

On May 1, we ordered and subsequently received an electric mixer, model GM29. We paid for the order with our credit card. When we decided to order it instead of model GM19, your sales representative assured us that it is more durable and efficient than the older model. However, we have now used the grinder for a week, and it does not work efficiently. A button on it has also already broken. We are therefore returning it. We think you should ________________.

Yours truly,
Carl and Lisa Campbell

(a) refund our full purchase price
(b) pay for the damage caused
(c) exchange it with the GM29 model
(d) cancel our order as soon as possible

◼ 독 / 해 / 포 / 인 / 트

처음에 전기믹서기를 구입했다는 내용이 나오다가 중간에 등장한 역접의 접속사 however 이후부터 사용상의 문제점이 조목조목 지적되고 있다. 마지막에 반품하겠다는 내용이 나오므로 정답은 (a)이다.

편지글에서는 우선 받는 사람과 보내는 사람을 확인해야 한다. 은행이나 신용카드 회사, 일반 회사 등이 보내는 사람일 경우 주제가 보통 첫 문장에 나온다. 반면 고객이 회사에 편지를 보낼 경우에는 but, however 뒤에 주제가 나올 때도 종종 있다.

번역 담당자 귀하

5월 1일에 전기믹서기 GM29를 주문하고 후에 물건을 배송 받았습니다. 대금은 신용카드로 결제했습니다. 우리가 GM19 대신 이 모델을 주문하기로 결정할 당시 귀사의 판매 담당원은 이 모델이 이전 모델보다 내구성과 효율성이 뛰어나다고 장담했습니다. 그러나 이 믹서기를 지난 일주일 동안 사용해본 결과 전혀 효율적이지 않습니다. 누름단추 하나는 이미 고장이 났습니다. 따라서 우리는 이 제품을 반환하려고 합니다. 우리가 결제한 금액을 전액 환급해주시기 바랍니다.

칼과 리사 캠벨 드림.

keywords subsequently 따라서　sales representative 판매직원　assure 보증하다　durable 오래가는　grinder 분쇄기

3 구조 포커스

문장들의 연결 관계를 이해하고 총체적으로 글의 흐름을 파악하려면 까다로운 문장 구조를 잘 분석할 줄 알아야 한다. 수식어가 길게 나열되거나 삽입된 표현이 있어서 주어와 동사의 구별이 잘 되지 않는다거나 동사가 여러 개 나와서 어느 것이 본문의 동사인지 한눈에 쉽게 들어오지 않는다면 기본적인 문장 구조부터 차근차근 검토해봐야 할 것이다.

이 코너에서는 독해에 필수적인 문장의 구조에 대해 짚어보기로 한다.

(1) 주어와 본동사 찾기

동사가 두 개 연달아 나올 경우 두 번째 동사가 전체 동사가 되므로 두 번째 동사 앞에서 끊어본다. 무엇이 전체 주어이고 무엇이 전체 동사인지 한눈에 볼 수 있다면 그만큼 문장 구조 파악이 쉬워진다.

Ⓐ 관계절이 있는 경우

1. **The current issues** <u>we have</u> / **should be taken care of**.

   ↳ 우리가 갖고 있는 현안들이 처리되어야만 한다.

   ▶ we have가 주어인 The current issues를 수식하므로 동사는 그 뒤의 should be taken care of이다.

2. **The house** <u>whose roof is painted green</u> / **is** quite impressive.

   ↳ 지붕이 초록색으로 페인트칠 된 저 집은 상당히 인상적이다.

   ▶ whose roof is painted green이 주어인 The house를 수식하므로 동사는 그 뒤의 is이다.

3. **The glass** <u>you are drinking out of</u> / **hasn't been washed**.

   ↳ 네가 지금 마시는 유리잔은 씻지 않은 것이다.

   ▶ you are drinking out of 가 주어인 The glass를 수식하므로 동사는 그 뒤의 hasn't been washed이다.

4. **The most important attitude** <u>which you will have to develop</u> in order to learn a foreign language successfully / **is** that learning a language requires constant practice.

   ↳ 외국어를 성공적으로 배우기 위해 발전시켜야 할 가장 중요한 마음가짐은 외국어를 배우는 데는 끊임없는 연습이 필요하다는 것이다.

   ▶ which you will have to develop가 주어인 The most important attitude를 수식하므로 동사는 그 뒤의 is이다.

1. That the woman told a lie / was evident.
　　　　　주어　　　　　　　동사

↘ 그 여자가 거짓말을 했다는 것은 분명하다.

▶ That the woman told a lie라는 명사절이 주어이다.

2. Whoever meets the woman / will praise her courage against violence.
　　　주어(복합관계절)　　　　　동사

↘ 그 여자를 만나는 사람은 누구라도 폭력에 맞서는 그녀의 용기를 칭찬할 것이다.

▶ whoever는 anyone who로 바꿔쓸 수 있다.

3. To think before you act / is better than to be embarrassed after you act.
　　　주어(부정사구)　　동사

↘ 행동에 앞서 생각하는 것이 행동한 후에 난처해하는 것보다 낫다.

4. The military look of these models / was intended to focus on today's lifestyles.
　　　주어(명사구)　　　　　　동사

↘ 이 모델들의 밀리터리룩은 현대의 생활방식에 초점을 맞추기 위해 의도된 것이다.

C 삽입구문이 있는 경우

1. Music, <u>the writer tell us</u>, / can be a cure for loneliness.
전체 문장의 주어　　삽입구문　　　동사

↘ 음악은, 작가가 말하기를, 고독의 치유책이 될 수 있다고 한다.

2. The bride made a list of all the guests who <u>she thought</u> / were important.
　　　　　　　　　　　　　　　　삽입문장　　관계절의 동사

↘ 신부는 자신이 중요하다고 생각하는 모든 하객 명단을 작성했다.

▶ she thought는 who were important라는 관계절 중간에 끼어든 삽입문장이다. 관계절에서 동사 두 개가 연달아 나오므로 두 번째 동사가 관계절의 동사이다.

3. Vitamin C, <u>discovered in 1932</u>, is said to be a secret to a long life.
전체 문장의 주어　　　삽입구문　　동사

↘ 1932년 발견된 비타민 C는 장수의 비법이라고들 한다.

▶ discovered in 1932는 which was discovered in 1932라는 관계절을 줄인 것이다. 이런 식으로 과거분사나 현재분사가 삽입되는 경우는 무척 흔하다.

D 도치 – 부정어, 형용사(또는 분사), 가정법 등에서 주어와 동사가 도치되는 경우가 종종 있다.

1. Nowhere is the conflict more crucial than in politics.
   동사 주어
   ↳ 정치보다 더 갈등이 결정적인 곳도 없다.
   ▶ 부정어 nowhere가 강조되어 문두로 나가면서 주어 the conflict와 동사 is가 도치된 구조.

2. Singing in the rain were several men dressed in black.
   동사 주어
   ↳ 검은 옷을 차려입은 몇몇 남자들이 빗속에서 노래를 부르고 있었다.
   ▶ Singing in the rain이 문두로 강조되어 나가면서 주어인 several men과 동사인 were가 도치된 구조.

3. Had Kate had his address, she would have contacted him.
   동사 주어
   ↳ 케이트가 그의 주소를 알고 있었더라면 그에게 연락했을 것이다.
   ▶ 접속사 if가 생략되면서 주어인 Kate와 동사인 had의 자리가 도치된 구조. 문장 앞에 동사가 나왔다고 해서 의문문으로 착각해서는 안 된다.

4. What will happen in the future no one can tell.
   목적어 주어 동사
   ↳ 미래에 어떤 일이 벌어질지는 아무도 알 수 없다.
   ▶ 목적어가 문두로 나갈 경우에는 주어와 동사의 어순에 변화가 생기지 않는다.

(2) 명사를 꾸며주는 부분 찾기

명사에 두 단어 이상의 수식어구가 따라올 경우에는 어디까지가 수식어구인지 반드시 확인해야 한다. 특히 주어에 수식어구가 따라올 때 본동사를 잘 찾아두자.

A 명사 + 형용사절

1. As a man who has achieved a high level of status, I can say like this.
   주어 관계절
   ↳ 상당한 수준의 지위를 이룬 사람으로서, 나는 이렇게 말할 수 있다.

2. Let's find a quiet place where we can take a rest.
   관계절
   ↳ 쉴 만한 조용한 곳을 찾아보자.

3. The tourists will take the first plane that leaves from Portland.
   관계절
   ↳ 여행객들은 포틀랜드에서 떠나는 첫 비행기를 탈 것이다.

 명사 + 현재/과거분사

1. There is **something** immediately disturbing about this solution.

   ↘ 이 해결책에 대해 직접적으로 신경 쓰이는 것이 있다.

2. Have the courage of your convictions but be sure they are **your own convictions** not coming out of others' mind.

   ↘ 당신의 신념에 대해 용기를 갖되, 그 신념이 다른 이들의 마음에서 나온 것이 아니라 당신 자신의 것이라는 점은 확실히 알고 있으라.

3. We can supplement our own ideas with **information and data** gathered from our reading, our observation, and so forth.

   ↘ 우리는 우리가 독서하고 관찰한 것 등에서 얻은 정보와 자료로 우리 생각을 보완할 수 있다.

4. Our civilization is the sum of the **knowledge and memories** accumulated by the generations that have gone before us.

   ↘ 우리의 문명은 우리를 앞섰던 세대들이 축적한 지식과 기억의 총합이다.

C 명사 + 형용사구

1. **A friend** in need is **a friend** indeed.
   주어   보어
   ↘ 아쉬울 때 도와주는 친구가 진짜 친구이다.

2. The old man was always **the first** to come and **the last** to leave.

   ↘ 그 노인은 언제나 가장 먼저 오고 가장 늦게 떠났다.

3. The teachers were shocked at **the boy's solution** similar to their own.

   ↘ 교사들은 그 소년의 해법이 자신들의 것과 유사하다는 데 깜짝 놀랐다.

4. We tried any **method** possible.

   ↘ 우리는 가능한 모든 방법을 시도해 보았다.

5. There is no **way** out.

   ↘ 나갈 길이 없다.

4 어휘 포커스

독해의 기본은 어휘력이다. 전체적인 글의 흐름을 파악하고 문장 구조를 분석할 줄 알더라도 핵심적인 단어의 의미를 모른다면 어느 정도까지 예측은 하더라도 필자의 정확한 의도를 놓칠 수 있다. TEPS 독해 문제는 기본적인 영역 내에서 주로 출제되므로 관련 빈출 어휘 위주로 공부하면 훨씬 더 유리한 고지를 점할 수 있을 것이다.

(1) 건강

현대인의 최대 관심사는 '몸'이다. 우리 몸에 대한 관심은 '건강, 질병, 웰빙' 등으로 발전하게 마련이다. TEPS 독해에도 이와 관련된 문제들이 꾸준히 출제되고 있으므로 관련 어휘에 주목해야 하겠다.

예제

According to a survey recently released, American women do not pay much attention to their cholesterol. Statistics reveal that heart disease is the leading cause of death among women, but this does not seem to be enough to scare them into watching over their health more carefully. Women are actually more likely to recall their weight in high school than know their cholesterol level. This leaves researchers and cardiologists feeling uneasy over the future of heart health. If women do not begin taking note soon ___________________.

(a) medical experts may have to revise their predictions
(b) their lack of exercise will lead to unhealthy lifestyles
(c) the heart disease pandemic may become worse
(d) the weight gain problem for high schoolers will result in needless deaths

---

독 / 해 / 포 / 인 / 트

미국 여성이 콜레스테롤 수치에 신경을 쓰지 않는다는 첫 문장은 여성 심장병의 심각성으로 이어진다. 결론에서는 이런 상황이 계속되다가는 심장병이 점차 확산되리라는 예측이 주어져야 하므로 정답은 (c)이다.

번역 최근 발표된 조사에 따르면 미국 여성들이 콜레스테롤 수치에 크게 신경을 쓰지 않는다고 한다. 통계에 따르면 여성의 주요 사망 원인이 심장병인데도 이 사실이 여성들이 자신의 건강에 좀더 주의를 기울이게 할 정도로 위협적이지는 않은 것 같다. 사실 여성들은 고등학교 때의 체중은 기억할지라도 콜레스테롤 수치는 잘 모른다. 이 때문에 학자들과 심장병 전문의들은 심장 건강의 미래에 대해 염려하고 있다. 여성들이 주의를 기울이기 시작하지 않는다면 곧 심장병은 더욱 악화될 것이다.

keywords leading cause 주 원인   cardiologist 심장병 의사   note 주의, 주목   pandemic 유행병(=epidemic) ailment / disease / illness 병

disorder 질환, 장애

dementia 치매

coma 혼수상태

insomnia 불면증

anorexia 거식증

migraine 편두통

osteoporosis 골다공증

stroke 뇌졸증

fatal disease 불치병

euthanasia 안락사

contagious / infectious 전염의

epidemic 유행병

convalescence 회복, 요양

disabled 불구가 된

outpatient 외래 환자

obesity 비만

diabetes 당뇨병

abortion 낙태

miscarriage 유산

transplant 이식

transfusion 수혈

artery 동맥

vein 정맥

acupuncture 침술

overdose 과다 복용

immune system 면역 체계

application 바르는 약

specific medicine 특효약

panacea 만병 통치약

plastic[cosmetic] surgery 성형수술

face-lifting 주름 제거수술

respiration / breathing 호흡

sanitary 위생적인

workout 운동

medical checkup 건강 검진

fitness test 체력 테스트

down in the dumps 우울하게

out of sorts 활기가 없는

exhausted / languid 지친, 피로한

(2) 과학

현대인의 화두가 '몸'이라면, 현대사회는 과학과 정보화 시대라고 할 수 있다. 과학이나 컴퓨터 등에 관한 글에서 다소 낯선 어휘에 막혀 곤란했던 경험이 누구나 있을 것이다. 새로운 학문과 지식에 대한 어휘력은 필수이다.

예제

Scientists studying cells often encounter the same pervasive problem: it is difficult to examine live specimens under a microscope. The techniques that have been devised to do this often kill the cells, and even those that keep them alive look only at slices through each cell, rather than seeing the whole thing in three dimensions. But scientists are exploring ways of ___________________________. It is hoped that this will open new scientific breakthroughs. For if live cell activity could be observed, new ways of understanding cell biology might result.

(a) using microscopes to observe dead cells

(b) making cells less sensitive to disease

(c) looking at cells that are still alive

(d) slicing cells in such a way that they can be seen

독 / 해 / 포 / 인 / 트

현미경으로는 살아있는 표본을 관찰하기가 어렵다는 문제가 거론된 후 But 이하에서 과학자들이 새로운 방법을 추구한다는 내용이 이어지고 있다. '(a) 죽은 세포를 관찰하기 위해 현미경 사용하기, (b) 세포를 질병에 둔감하게 만들기, (c) 여전히 살아있는 세포 보기'는 새로운 방법의 예가 되지 못하므로 정답은 '(d) 세포가 보일 수 있게끔 단면으로 잘라내기'이다.

번역 세포를 연구하는 과학자들은 어디서나 동일한 문제에 종종 직면한다. 바로 현미경으로는 살아있는 표본을 관찰하기 어렵다는 문제이다. 이를 위해 고안한 기술로는 종종 세포가 죽게 되고, 세포를 죽지 않게 만드는 기술의 경우에도 3차원에서 전체를 보기보다 각 세포의 단면만 볼 수 있다. 그렇지만 과학자들은 세포가 보일 수 있도록 단면으로 잘라내는 방법을 모색하고 있다. 이 방법은 과학의 새로운 돌파구가 되리라 기대된다. 살아있는 세포의 활동이 관찰된다면 세포생물학을 이해하는 새로운 방식이 나올 수 있기 때문이다.

keywords pervasive 만연한   specimen 표본   microscope 현미경   breakthrough 돌파구, 혁신적인 성공

molecular biology 분자생물학

nanotechnology 나노 테크놀로지

biotechnology 생명공학

ergonomic 인간환경공학의

genetic engineering 유전공학

GMF(=genetically modified food) 유전자 변형 식품

android 인조인간

rover 우주 탐사선

space probe 우주 탐색기, 탐사용 로켓

launch (배, 로켓) 발사하다

meteor 유성

asteroid 소행성

aurora borealis 북극광

catalysis 촉매 작용

enzyme 효소

electrolysis 전기 분해

element 원소

periodic table 원소 주기표

chromosome 염색체

antioxidant 항산화제

convection 대류, 환류

genetics 유전학

metabolism 신진대사

metamorphosis 변태

secretion 분비작용

solidification 응고

epicenter (지진의) 진원지

dune 사구

entropy 엔트로피

expansion 팽창

nuclear fusion 핵융합

fuel rod 연료봉

nuclear reactor 원자로

chain reaction 연쇄 반응

semiconductor 반도체

isotope 동위원소

antigen 항원

colony 집단, 군체

decomposer 분해자

microcosm 미소 생태계

Practice Test 1

▶ 정답 및 해설 p.26

Part I **Questions 1~14** Read the passage. Then choose the option that best completes the passage.

1   Ever get the feeling something special is about to happen and wish you could capture the moment? Now with Magiky HD2 in your pocket that memory can be archived forever. Whether it's a breathtaking landscape or just one of life's little moments, Magiky captures it in crystal-clear detail. This _______________________ is something you will want to have on hand for every occasion.

(a) credit card
(b) new mp3 player
(c) compact camera
(d) pair of enhanced eyeglasses

2   The brain consists of clever little interconnected cells known as neurons. Adhesives known as glials connect these masses of neurons. With the facilitation of the glial cells, neurons exchange and transfer information at their exits and entrances known respectively as axons and dendrites. The axons conduct signals away from the cell's nucleus, while the dendrites receive the incoming information. All of this makes _______________________.

(a) the brain a particularly complex organ
(b) human intelligence superior to animals'
(c) the precise functions of neurons a highly debated topic
(d) interpreting nerve signals from the eyes a key brain function

3   *Lives Apart* is a fictional novel set in an unnamed Middle Eastern country. The coming-of-age story follows a young boy's struggle with friendship, family, immigration, and most importantly, himself. The protagonist, Sawi, portrays the life of a privileged Shiite who happens to have a Sunni as a best friend. With a gradual growth of inner courage and strength, Sawi tries to preserve the friendship against the influences of a culture that would rather break it apart. As you can imagine, the story is both _______________________.

(a) irrelevant and outdated

(b) malicious and judicious

(c) far-fetched and humorous

(d) inspirational and confrontational

4   When conducting research, it is important to be well acquainted with the resources pertinent to your particular field. There are many special reference works devoted to individual fields such as history, political science, and literature. Each of these fields has its own body of materials — encyclopedias, handbooks, indexes, abstracts, almanacs, yearbooks, dictionaries, and so on. These overall subject guides are _______________________. They acquaint you with the major writings in your chosen field, listing not only encyclopedias and handbooks but also bibliographies, abstracts, and periodical indexes that tell you where you can find further information.

(a) located in the reference section

(b) very useful for writing novels

(c) arranged by year of publication

(d) your single most helpful research aid

5   Pollutants can affect the environment with varying degrees of severity depending on ______________________. Surface water transports the poisons to places that cannot be contaminated directly. Lakes are good for long-term storage of pollutants while they release some of their contamination to rivers. Rivers are particularly beneficial in that they act as a natural cleansing system for the earth. No matter how much poison is dumped into them, they will take it away to the ocean eventually.

(a) the purification method used in treatment

(b) the kind of water system they are dumped into

(c) whether they are processed by a purification plant

(d) how toxic the particular materials are to living things

6   A proposed new city ordinance is being hotly contested by local taxi drivers. In researching drivers' opinions of the proposal, my first impression was received rather bluntly. "I don't like GPS," my first interviewee, the Tibetan immigrant, Niphan Phunt told me. The upset cab driver announced that he would strike and more drivers would join him. The city proposes to ______________________. Cab drivers cringe at such a thought, denouncing the systems as infringements of privacy. One of the features of such devices is the ability to locate and track the drivers in their cars.

(a) install GPS technology in all city cabs

(b) cut all cab drivers' salaries by 5% next quarter

(c) raise gasoline prices throughout the metropolitan area

(d) require taxi drivers to pay a fee for entering certain high-traffic areas

7 The ancient Greeks had a unique ___________________. The training was offered by an older, more scholarly man. He would teach the younger boy to read, hunt, tend to his family, and do other things considered to be an important part of what constituted being a man. This training took on different forms in different parts of Greece. For example, in Sparta, boys were expected to become warriors while in Athens greater emphasis was placed on the intellect.

(a) way of teaching boys and girls important skills

(b) understanding of what values should be taught in school

(c) philosophy based on the ideas of old scholarly men

(d) system of educating their young boys to become "true men"

8 Synesthesia is a sensational reaction which intermixes more than two senses, and is believed to be experienced by 1 in 23 persons. These individuals ___________________. Such persons claim to be able to smell a sight or see a taste. For example, they may smell the color yellow, or see a musical note as having a certain color. It can also cause one to regard numbers as having certain personalities.

(a) are the subject of new research

(b) live with an intermingling of senses

(c) see images whenever they hear certain sounds

(d) have great difficulty distinguishing tastes and colors

9 Army ants have long been known for their incredible ability to form long orderly lines, marching together to and from their nest. The ants travel in a single dense column when returning to their nest. Alongside this single column, two lanes of ants travel in the opposite direction, away from the nest. This creates a kind of three-lane highway of army ants, which can stretch for as far as 150 yards from the ant nest and comprise hundreds of thousands of insects. The ants' ability to _________________ is quite impressive.

(a) find their way back to their home

(b) find food so far away from their nest

(c) defend themselves from attacking insects

(d) march this way in such an organized manner

10 In his novel, *The Picture of Dorian Gray,* Oscar Wilde tactfully constructs a narrative that depicts the ensuing tragedies of self-indulgent living. In this sophisticated atmosphere of the English elite, Lord Henry passes along witty epigrams that have life-changing impact on Dorian. _________________, as the story unravels, we discover that this clever, urbane man has less to offer than his words really propose. Dorian's application of Henry's advice entangles him in the clutches of hedonism. It quickly becomes clear to the reader, though not to the protagonist himself, that in many ways, it is Lord Henry who is responsible for this character's downward moral spiral.

(a) However

(b) By contrast

(c) Therefore

(d) Likewise

11 The Eastern Sierra Mountains is a great place for taking scenic photographs and welcomes photographers all year round. Many renowned photographers have chosen Eastern Sierra landscapes for their subject matter. Ansel Adams and Vern Clevenger, for instance, both passionately captured the splendor of the area and shared their images with the world. The attraction of the picturesque area stems from the fabulous array of photographic opportunities that it offers all yearlong, from the marvelous wildflowers of spring to the fabulous fall colors. Indeed, every season _________________________ .

(a) attracts many tourists

(b) promises great shots

(c) features top quality photographs on display

(d) gives beginners the chance to learn from famous photographers

12 _________________________ is a process that follows a sequential pattern. The nuclear reactions inside stars produce helium out of hydrogen. When a star has used up its primary nuclear fuel — hydrogen — it forms heavier elements, such as carbon, oxygen, and iron, through other nuclear processes. Eventually, the star explodes and becomes a supernova. In this process, the elements are expelled into space. Then, new accumulations and protostars are formed from these gases. The Sun is an example of a "second-generation" star formed through such a process.

(a) The way energy is produced in space

(b) The ongoing nuclear reactions in our sun

(c) The explosions that give birth to new stars

(d) The absorption of exploded interstellar material

13 When taking pictures, it is best to try to frame your subject with an odd number of objects in the foreground or background. An odd number is better than an even number because it is more challenging for your brain to take in an asymmetrical image. It forces your eyes to move throughout the image to digest it. The most effective number for framing is a group of three. This rule of threes is especially compelling when you are shooting close ups. Regardless of the kind of photo, however, taking photos according to this principle will _________________.

(a) divide the image into thirds

(b) fix the viewers' attention on the subject

(c) result in a more mentally stimulating composition

(d) liberate you from the fear of taking bad photographs

14 It is the nature of language to help us reduce our world to the level of comprehensibility. It helps by freezing the infinite, ongoing process of reality into fixed, finite objects. It also helps by enabling us to _________________. We could not possibly have a name for every separate object in the world, so to make our world intelligible, we must bunch things together into categories. In this way, every word is a class word or generalization, representing not one particular idea, object, or person, but a whole class of ideas, objects or persons.

(a) generalize fixed objects

(b) better remember obscure facts and details

(c) devise new terms for unfamiliar ideas, objects, or persons

(d) understand that any term may actually be used in different ways

Unit 2 주제와 대의 찾기*

문제 들여다보기

- 아래와 유사한 형식의 문제라면 주제와 대의를 찾는 문제라고 할 수 있다.

  What is the best title of the passage? / What is the topic of the passage?
  What is the purpose of the passage? / What does the passage mainly discuss?

- 지문을 전체적으로 빠르게 읽고 대략적인 내용을 이해하면서 주제와 대의를 파악하고 답을 고른다. 주제는 글의 전반적인 내용을 담으면서도 지나치게 일반론으로 흘러서도, 또한 일부 내용만을 좁게 다뤄서도 안 된다.

- 영어단락은 대부분 첫 문장이 주제문이므로 첫 문장만 읽고 주제와 전체 내용을 파악하는 경우도 많다. 첫 문장에 나왔던 주어나 동사가 형태만 바뀌어서 다시 나올 경우 주제문일 가능성이 높다. 글의 대의는 대개 문두에 있으며, 글 끝에서 다시 요약하기도 한다.

출제포인트 ▶ 첫 문장이 주제문이 아니라 독자의 관심을 끄는 도입문이라면 대개 그 후에 반전을 통해 강조하는 경우가 많다. 반전에는 *however*, *but*, *although*, *while*, *whereas*, *surprising* 등의 표현이 사용되기도 한다.

예제

Studies on the effects of increasing Internet use are yielding disturbing trends. One study of the general population found that 8.1 million Americans are spending upwards of 40 hours a week on the Net. If this is so, they are probably not doing much else: not much socializing, going to movies, eating out, or supervising their children. Not surprisingly, studies suggest that volunteering is decreasing while loneliness is increasing. If these trends continue, the extent of most persons' socializing will soon be limited to interaction on a screen.

Q What is the passage mainly about?

(a) The dangerous effects of not socializing enough
(b) Research findings on the results of excessive Internet use
(c) Internet addiction among college students
(d) New measures against Internet abuse

첫 문장에 인터넷 사용이 늘면서 부정적인 결과가 조사되었다고 나와있고, 마지막 문장에도 이런 경향이 이어지면 사람들이 컴퓨터를 통해서만 인간관계를 맺을 것이라는 예측이 있으므로 정답은 (b).

▷ yield 산출하다 upward(s) of ~보다 이상; 약~ socialize 교제하다 addiction 중독

↳ 번역은 정답 및 해설 p.28 참조

1 독해 포커스 – 훑어 읽기

영어로 된 글을 빠른 시간에 정확하게 이해하기란 결코 쉬운 일이 아니다. 그보다는 각각의 맥락에 가장 적합한 여러 독해 기법을 체득하는 것이 더욱 현실적인 해결책이 될 수 있다. 특히 TEPS 독해처럼 시간 관리가 필수인 시험에 대비하려면 서두를 읽으면서 앞으로 어떤 내용이 전개될지 예측해보는 연습을 하는 것이 주제나 대의를 파악하는 데 큰 도움이 된다. 또한 글의 주제문과 핵심어 등 주요 단어만 골라 읽는 방법도 아주 효과적인 전술이다. 즉, 모든 내용을 세세하게 이해하기보다는 주제문과 핵심어, 연결어 등 중요한 부분만 표시를 해가면서 읽는 편이 유리하다.

주제를 파악하는 문제에서는 주제어와 글의 흐름만 파악하면 아까운 시간을 낭비하지 않고 신속하게 정답을 찾을 수 있다.

(1) 서두부터 읽기

예제 1

▶ 다음 서두를 읽어보자.

The purpose of advertising is to sell products, but this does not mean that good advertisements must be entertaining or sexually appealing…

Q 그 뒤에 어떤 내용이 나온다고 추측할 수 있는가?

(a) Good advertisements can enliven our routine life.
(b) Advertising is a particular plan for selling products.

▶ 이제 글의 전문을 읽어보자.

The purpose of advertising is to sell products, but this does not mean that good advertisements must be entertaining or sexually appealing. Humorously entertaining and sexy ads tend to win awards, but they seldom sell products. It is well known in the advertising industry that consumers respond to such ads by remembering the joke, the music, or the attractive model, but forget the product — or worse, they connect the ad with the rivals. Advertising is sales strategy, not entertainment.

◥ 독 / 해 / 포 / 인 / 트

서두에서 광고의 목적은 상품을 판매하는 데 있다고 정의한 후 광고의 여러 측면을 살펴보고, 마지막 문장에서 광고는 오락이 아니라 판매 전략이라고 다시 요약하므로 정답은 (b)이다. 전체 주제나 대의만 알고 싶다면 첫 문장만으로도 충분하다.

번역 광고의 목적은 제품을 판매하는 것이지만 그렇다고 해서 좋은 광고가 반드시 오락적이거나 성적 매력이 넘쳐야 한다는 의미는 아니다. 재미있거나 성적 매력이 넘치는 광고가 광고상을 휩쓰는 경향이 있으나 제품 판매에는 크게 도움이 되지 못한다. 소비자들이 그러한 광고의 농담이나 음악, 매력적인 모델은 기억하지만 그 제품은 망각하거나, 심지어는 경쟁 광고를 연상하는 경우까지 있다는 사실은 광고계에 잘 알려져있다. 광고는 오락이 아니라 판매 전략이다.

keywords entertaining 재미있는, 유쾌한   appealing 매력적인   consumer 소비자   strategy 전략

▶ 다음 서두를 읽어보자.

To All Employees,

At the latest Board of Directors meeting, it was decided that we need a new campaign slogan to make our corporate image more attractive.

Q 이 글을 쓴 목적은 무엇일까?

(a) To ask for opinions on the new company slogan

(b) To solicit ideas for a new company slogan

(c) To explain how the company plans to improve its image

(d) To encourage creativity in the workplace

▶ 이제 글의 전문을 읽어보자.

To All Employees,

At the latest Board of Directors meeting, it was decided that we need a new campaign slogan to make our corporate image more attractive. Although our current slogan has been used with efficacy for some time, we are now ready to move on to the next stage. Please bring out the best of your creative abilities, and submit attractive slogans of your own. Your ideas will be collected when we meet again in two weeks. Remember, think outside the box!

Regards,
James Forest

◤ 독 / 해 / 포 / 인 / 트

편지나 공고문에서는 주로 첫 문장에 단도직입적으로 주제가 밝혀진다. 서두에서 새로운 company slogan이 필요하다고 강조되고 그 후에 부연설명이 이어졌으므로 정답은 (b)이다. company slogan이라는 단어만 보고 성급하게 (a)를 답으로 골라서는 안 된다.

번역 모든 직원들에게 알립니다.
지난 이사회에서 좀더 매력적인 기업 이미지를 위해 새로운 캠페인 표어가 필요하다는 결정이 내려졌습니다. 현재의 표어가 지난 얼마 동안 효율적으로 사용되었으나 이제 우리는 다음 단계로 도약할 시점에 이르렀습니다. 여러분의 창의력을 최대한 발휘하여 여러분만의 매력적인 표어를 제출하시기 바랍니다. 여러분의 아이디어들은 2주 후의 회의 때 규합될 예정입니다. 틀에 박힌 생각에서 벗어날 것을 명심하십시오!
제임스 포레스트

keywords board of directors 이사회   corporate 법인, 회사   efficacy 효율   solicit 부탁하다, 청하다   outside the box 진부한 사고나 습관에서 벗어나

예제 3

▶ 다음 서두를 읽어보자.

Romance languages such as Spanish, French, Portuguese, and Italian developed from ancient Latin.

Q 이 글의 제목으로 무엇이 적당할까?

(a) The effects of Latin on European dialects
(b) Romance languages and their historical roots
(c) Dante's contribution to romance language styles
(d) The differences between Italian and other languages

▶ 이제 글의 전문을 읽어보자.

Romance languages such as Spanish, French, Portuguese, and Italian developed from ancient Latin. After the collapse of the Roman Empire, each region decided to follow the dialect of the most populous city of the time. The Spaniards followed Madrid; the French, Paris; and the Portuguese, Lisbon. Yet the Italians had trouble deciding on an official language. Thus a group of Italian scholars chose to base the language on the style found in the works of Dante, which is a blend of lyrical poetry and common street colloquialism.

🔖 독 / 해 / 포 / 인 / 트

첫 문장에 현대의 로망스어들이 라틴어에서 발전했다는 내용이 나오므로 서두만 보아도 정답 (b)를 고를 수 있다. 로마 제국 멸망 이후 다른 유럽 언어들은 당대 인구가 많은 지역의 언어를 표준어로 사용했으나(Yet) 이탈리아어만은 단테의 작품에서 유래했다는 설명이 이어지고 마지막에 요약이나 결론은 따로 나오지 않는다. Yet이라는 접속사에 지나치게 신경쓰지 말고 처음 생각을 밀고 나가면 된다.

번역 스페인어, 프랑스어, 포르투갈어, 이탈리아어 등 로망스어는 고대 라틴어에서 발전했다. 로마 제국이 몰락한 후에 각 지역은 당대에 가장 인구가 많은 도시의 방언을 따르기로 결정했다. 스페인은 마드리드를, 프랑스는 파리를, 그리고 포르투갈은 리스본의 언어를 따랐다. 그러나 이탈리아인들은 공식 언어를 결정하는 데 어려움이 있었다. 그래서 일단의 이탈리아 학자들은 단테의 작품에서 발견되는, 서정시와 구어체를 합한 문체를 띠는 언어를 선택하기로 했다.

keywords Romance languages 로망스어(스페인 · 프랑스의 말과 같이 라틴어에서 유래하는 언어)   collapse 붕괴
populous 사람이 많은   lyrical 서정적인   colloquialism 구어체 표현

이렇게 글의 주제문과 핵심어를 중심으로 훑어 읽는 방법은 글의 요지를 파악해야 하는 주제 및 대의 찾기 문제에 가장 적합하다.

▶ 다음 글을 읽으면서 주제문과 핵심어, 연결어 등 중요한 부분에 밑줄 표시를 해보자.

African elephants have a complex way of communicating. In addition to communicating by making noises, elephants can also convey messages by making vibrations in the ground. Then other elephants far away feel these vibrations through their trunk or feet. Small differences in the vibrations tell elephants which animal produced them. Although this underground communication system was discovered 14 years ago, it was not known until recently that elephants were so skilled at distinguishing one vibration pattern from another. Studies have shown that when a group of African elephants stomp and run away from an enemy in one place, elephants in other places listen to the ground vibrations as a warning.

Q What is the main topic of the passage?

(a) Where elephants live

(b) How elephants communicate

(c) Why elephants' trunks are important

(d) What elephants do when enemies attack

◥ 독 / 해 / 포 / 인 / 트

글의 주제를 묻는 문제. <u>a complex way of communicating</u>, <u>in addition to</u>, <u>by making vibrations</u>가 밑줄 표시 되어야 할 이 글의 중요 부분이다. communicating, making vibrations 등 반복되는 핵심어를 통해 이 글이 코끼리들의 의사전달 방식에 대한 내용임을 짐작할 수 있다. 정답은 (b).

번역 아프리카 코끼리는 복잡한 방식으로 의사를 소통한다. 이 코끼리들은 소리로 의사소통을 할 뿐만 아니라 땅을 울리게 해서 의사를 전달하기도 한다. 그러면 먼 곳에 있던 다른 코끼리들이 코나 발을 통해 그 진동을 느낀다. 코끼리들은 진동의 사소한 차이로도 어떤 동물이 그 진동을 내는지 구별할 수 있다. 땅을 이용하는 이 의사소통 체계는 14년 전에 발견되었지만, 코끼리들이 어떤 진동 패턴을 아주 능숙하게 다른 것과 구별한다는 점은 최근에야 밝혀졌다. 연구 결과에 따르면, 한 장소에서 일단의 아프리카 코끼리들이 발을 구르면서 적에게서 달아날 때 다른 곳에 있던 코끼리들도 그 땅의 진동을 경고로 알아듣는다고 한다.

keywords vibration 진동   trunk (코끼리의) 코; 나무 줄기   distinguish 구별하다

지금까지 살펴본 예제들과 같이, 주제 문제에서는 주제어와 글의 흐름만 파악하면 시간을 낭비하지 않고 신속하게 정답을 찾을 수 있다.

예제 5

▶ 이번에는 밑줄 친 주요한 어구들만 확인해보자.

After months of planning, <u>my trip is finally underway</u>. I am now here in Northern Mexico, and <u>after enjoying three days</u> of mouth-watering food, exotic culture, and friendly smiles, I can proudly say I have no regrets about coming here. I spent my first day <u>exploring my host city</u>, examining the bullet-riddled car of the bandit-turned-revolutionary Pancho Villa at a museum, standing in awe at the majestic architecture of the main cathedral, and feigning understanding of abstract murals memorializing events from the city's illustrious past. At the end, the day was topped off with a heaping plate of steaming beef tortillas. With an amazing day like that to begin the trip, I predict <u>exciting things ahead</u>. Come visit my blog again tomorrow for more adventures.

Q What is the main purpose of the passage?

(a) To offer a tourist's impression of a locale's sights and tastes

(b) To educate readers on the cuisine and cultural traditions in the city

(c) To convey the benefits of planning ahead before traveling to Mexico

(d) To review the best places to go when vacationing in Northern Mexico

---

독 / 해 / 포 / 인 / 트

이 글의 주 목적을 묻는 문제. my trip is finally underway, enjoying three days, exploring my host city, exciting things ahead 등의 어구에서 여행객의 감상문이라는 단서를 얻을 수 있다. 정답은 (a).

번역 몇 달간의 계획 끝에 드디어 여행을 하고 있다. 지금 나는 멕시코 북부지방에 와있다. 군침이 흐를 정도로 맛있는 음식과 이국적인 문화, 사람들의 다정한 미소를 사흘이나 즐기고 나니 여기 온 것에 대해 아무런 후회가 없다고 자랑스럽게 단언할 수 있다. 여행 첫날에는 머물고 있는 도시를 탐험했는데, 박물관에서는 산적이었다가 혁명군으로 전향한 판초 비야의 총알이 박힌 차를 살펴보고, 장엄한 성당 건축물을 경외에 찬 눈으로 바라보고, 도시의 빛나는 과거의 사건을 기념하는 추상적인 벽화를 보면서 이해하는 척하기도 했다. 첫날은 푸짐한 뜨거운 쇠고기 토티야 요리로 마감했다. 이렇게 멋진 날로 여행을 시작하면서 나는 앞으로도 흥미진진한 일이 일어나기를 기대하고 있다. 더 많은 모험담을 듣고 싶다면 내일 이 블로그를 다시 방문하길 바란다.

keywords underway 여행[진행] 중인　bullet-riddled 벌집처럼 총알자국이 난　revolutionary 혁명가　awe 외경심 feign ~인 체하다, 가장하다　mural 벽화　illustrious 화려한, 유명한　top off 마무리하다　tortilla 멕시코 지방의 납작한 옥수수 빵　locale 현장, 장소; 배경, 무대

이와 같이 주제나 대의를 찾는 문제에서는 모든 내용을 세세하게 이해하기보다는 주제문과 핵심어, 연결어 등 중요한 부분만 표시를 해가면서 읽는 편이 유리하다.

2 구조 포커스

(1) 끊어 읽기

단어를 하나하나 읽다가는 빠른 시간 안에 글을 읽고 내용을 파악해야 하는 주제 찾기 문제를 제대로 풀 수가 없다. 수식어가 여럿 있거나 한 문장이 길어질 때는 의미나 구조에 따라 끊어 읽어야 해석하기가 수월하다.

연습 1

▶ 다음 글을 단어 하나하나 해석해가며 읽어보자.

To understand and appreciate what their organization strives for, workers need to hear about its people, its values, and its history.

▶ 이제 의미와 문장의 구조에 따라 끊어서 다시 읽어보자.

To understand and appreciate / what their organization strives for, / workers need to hear / about its people, its values, and its history.

> ▶ **To understand and appreciate /** 동사 appreciate의 목적어가 길기 때문에 일단 목적어 앞에서 끊는다.
> ▶ **what their organization strives for, /** 관계절이 끝나는 곳에서 끊는다.
> ▶ **workers need to hear /** 동사 hear 뒤에 전치사구가 나오므로 일단 전치사 앞에서 끊는다.
> ↘ 그들의 조직이 무엇을 얻으려고 노력하는지 이해하고 인식하기 위해 노동자들은 그 조직의 사람과 가치, 역사에 대해 들어볼 필요가 있다.

의미나 구조에 따라 끊어보면 내용도 훨씬 간단명료해지고 이해의 속도도 그만큼 빨라진다는 점을 확인할 수 있다.

연습 2

▶ 다음 글을 단어 하나하나에 신경써서 읽어보자.

New Deal programs such as the Federal Deposit Insurance Corporation and the Social Security Act created dozens of agencies and acts, many of which still exist to this day.

▶ 이제 의미와 문장의 구조에 따라 끊어서 다시 읽어보자.

New Deal programs / such as the Federal Deposit Insurance Corporation and the Social Security Act / created dozens of agencies and acts, / many of which still exist to this day.

> ▶ **New Deal programs /** 주어 뒤에 such as 가 나오므로 일단 끊는다.
> ▶ **created dozens of agencies and acts, /** 관계절 앞에서 끊는다.
> ↘ 미국 연방예금보험공 사와 사회보장법 등의 뉴딜 계획은 수십 개의 정부기관과 법령을 만들어냈고, 그 중 대다수가 오늘날까지 현존하고 있다.

앞의 예에서 볼 수 있듯이 글을 읽으면서 사선(slash) 몇 개만 표시해도 문장을 훨씬 더 절도있게 끊어서 이해할 수 있다.

연습 3

▶ 다음 글을 단어 하나하나에 신경써서 읽어보자.

In a bid to further encourage foreign investment in the manufacturing field, the government has decided to provide subsidies for local governments purchasing land for the purpose of leasing or sale to foreign investors.

▶ 이제 의미와 문장의 구조에 따라 끊어서 다시 읽어보자.

In a bid to further encourage / foreign investment in the manufacturing field, / the government has decided / to provide subsidies for local governments purchasing land / for the purpose of leasing or sale to foreign investors.

> ▶ **In a bid to further encourage /** 동사 encourage의 목적어가 길기 때문에 일단 목적어 앞에서 끊는다.
> ▶ **foreign investment in the manufacturing field, /** 명사 뒤에 전치사가 연결되어 나올 경우 함께 이어준다.
> ▶ **the government has decided /** 동사 decided의 목적어가 길기 때문에 일단 목적어 앞에서 끊는다.
> ▶ **for the purpose of leasing or sale to foreign investors.** 독립적인 전치사구이므로 그 앞에서 끊는다.

> ↳ 제조 분야에서의 외국 투자를 더욱 격려하는 차원에서, 정부는 외국 투자가들에게 임대하거나 판매할 목적으로 토지를 구입하는 지방자치단체에 보조금을 제공하기로 결정했다.

(2) comma(,)를 해결하자

문장 안에서 가장 빈번하게, 또한 중요하게 등장하는 문장부호는 다름아닌 comma(,)이다. comma의 여러 기능을 잘 파악하고만 있어도 독해의 눈을 키우는 데 도움이 된다.

Ⓐ 관계사와 comma

1. The old lady left for Boston, where she was going to visit her daughter.

   > ↳ 그 노부인은 보스턴으로 떠났고, 거기에서 딸을 방문할 예정이다.
   > ▶ comma 뒤의 관계사 where는 '그리고 거기에서'로 이어서 해석한다. 이 문장에서는 '그리고 보스턴에서'가 된다.

2. He lost the game, which proved that he did not prepare for it enough.

   > ↳ 그는 경기에서 패했고, 이는 그가 충분히 준비하지 못했음을 입증했다.
   > ▶ comma 뒤의 관계사 which는 '그리고 그것은'으로 이어서 해석한다. 이 문장에서는 '그리고 그가 졌다는 사실은'이라고 보면 된다.

B 분사와 comma

1. He sat on his sofa, talking to the girl in a blue dress.

   ↘ 그는 소파에 앉아 파란 드레스를 입은 소녀에게 말했다.

   ▶ comma 뒤에 나오는 분사는 '그리고 ~했다'로 이어서 해석한다. 이 문장에서는 '그리고 그는 말했다'라는 의미이다.

2. The students went out of the room, waving their hands to their teacher.

   ↘ 학생들이 방에서 나와 선생님에게 손을 흔들었다.

   ▶ comma 뒤에 나오는 분사는 '그리고 ~하다'로 이어서 해석한다. 이 문장에서는 '그리고 그들은 손을 흔들었다'라는 의미이다.

3. Light emitted by the aurora is mostly dominated by emissions from atomic oxygen, resulting in a greenish glow.

   ↘ 오로라가 방출하는 빛은 주로 원자 상태의 산소 방출에 좌우되며 이는 초록색 빛을 낸다.

   ▶ 이 문장에서 comma 뒤에 나오는 분사는 '그리고 초록색 빛을 발산한다'라는 의미이다.

C 동격의 comma

1. Synesthesia, a sensational reaction, intermixes more than two senses at a time.

   ↘ 공감각, 다시 말해서 감각적 반응은 두 개 이상의 감각을 동시에 혼합하는 것이다.

   ▶ 낯설거나 어려운 어휘 뒤에 comma가 나오면 동격을 나타내는 경우가 많다. 이 문장에서는 '공감각, 다시 말해서 감각적 반응'의 뜻이다.

2. When two people speak at once, it does not always mean an interruption, a violation of someone's rights.

   ↘ 두 사람이 동시에 말한다고 해서 그것이 언제나 방해, 즉 누군가의 권리를 침해하는 것을 의미하지는 않는다.

   ▶ '방해, 즉 한 사람의 권리를 침해하는 것'이라는 의미이다.

D colon(:)

There are usually three different kinds of chocolate: white, milk, and dark.

   ↘ 보통 화이트, 밀크, 다크의 세 종류가 있다.

   ▶ colon은 어떤 내용을 설명하거나 인용할 때 주로 사용한다.

3 어휘 포커스

(1) 경제 · 재산

돈과 관련된 주제는 무궁무진한데, 특히 경제, 경영, 외환, 보험, 재산 등의 내용은 TEPS 독해에 빠지지 않고 등장한다.

예제

Market research is a method of gathering information, usually for the purposes of inventing or improving a product. The research itself is done by collecting data from individuals or a group. Through market research studies, companies can find out about their target population. They can also identify current and potential customers in the process. The data that is collected in this research can be critical to the success of the final product.

Q What is the main purpose of the passage?

(a) To describe the way research is usually conducted
(b) To encourage companies to improve their products
(c) To illustrate the importance of having a target population
(d) To explain what market research is and why it is important

---

독 / 해 / 포 / 인 / 트

첫 문장에 시장 조사의 정의가 내려져있다. 그 뒤에는 시장 조사의 구체적인 방법과 아울러 이것이 상품 판매에 얼마나 중요한가 하는 내용이 나오므로 이 글을 쓴 목적은 (d)에 드러나있다.

번역   시장 조사란 정보를 수집하는 하나의 방식으로, 대개 어떤 제품을 만들거나 개선하려는 목적으로 진행된다. 조사 자체는 개인이나 집단에서 자료를 수집하는 것으로 진행된다. 회사들은 시장 조사 연구를 통해 표적 인구층에 대해 알아낼 수 있다. 또한 이 과정에서 현재의 고객과 미래의 예상 고객까지 확인할 수 있다. 이 조사에서 수집된 자료는 최종 상품의 성공에 결정적인 요소가 될 수 있다.

keywords market research 시장 조사   invent 발명하다; 창조하다   current customer 현재 고객   potential customer 미래에 고객이 될 가능성이 있는 사람

M&A(=merger and acquisition) 합병과 인수

foreign exchange reserve 외환 보유고

conglomerate 거대 기업

cash cow 돈벌이 사업

downsizing / restructuring 구조 조정

bull market (주식) 강세 시장

bear market (주식) 약세 시장

downturn 경기 침체

rock-bottom price 최저가

hike 가격 인상

monopoly 독점

embargo (수출) 금지

commodity price 생필품 가격

high-end 고가의

rate of return 수익률

unemployment rate 실업률

unemployment benefit 실업 수당

moratorium 지불 유예 기간

auditor 회계 감사원

tax revenue 세금 수입

tax evasion 탈세

tax rebate 세금 환급

deduction 공제액

real estate transaction 부동산 거래

Federal Reserve 미국 연방 준비 이사회

policy 보험증권

liability insurance 책임자 보험(피보험자가 타인의 손해 배상 책임을 지게 될 때, 그로 인해 생기는 피보험자의 손해를 보상해줄 것을 목적으로 하는 보험)

premium 보험료(1회 납기분)

investment 투자

dividend 배당금

regulation 규제

remittance 송금

default 채무 불이행

liquidation 청산, 파산

haggle 값을 깎다

rip-off 바가지

reasonable / affordable 값이 적당한

allowance 수당, 용돈

mortgage 저당, 대부금

fringe benefit 부가급부

(2) 정치 · 법

현존 정치인이나 현재 정치적으로 이슈가 되는 시사적인 글이 TEPS 독해에 그대로 출제되지는 않는다. 그러나 일반적이고 개연성이 있는 내용이라면 얼마든지 지문으로 활용될 수 있다.

예제

The U.S. government responded in various ways to the Great Depression in the U.S. The downturn began with the stock market crash on October 29, 1929. Between 1933 and 1938, President Roosevelt initiated a series of programs called the New Deal with the goal of bringing relief, recovery, and reform to America. New Deal programs such as the Federal Deposit Insurance Corporation and the Social Security Act created dozens of agencies and acts, many of which still exist to this day.

Q What is the best title for the passage?

(a) The U.S. Economy and Inflation
(b) Famous Politicians in the 1930s
(c) Government Measures to Overcome the Depression
(d) The Long-lasting Effects of the New Deal

독 / 해 / 포 / 인 / 트

이 글의 제목으로 가장 적당한 것을 고르는 문제이다. 서두에서 대공황에 대처하는 다양한 방법이 있었다고 제시되었으며 그 뒤에 구체적인 사실이 열거되었다. 따라서 주제문을 변형한 (c)가 정답이다.

번역 미국 정부는 미국의 대공황 당시 다양한 방식으로 대처했다. 1929년 10월 29일 주식시장의 폭락으로 경기 침체가 시작되었다. 1933년에서 1938년 사이에 루즈벨트 대통령은 미국에 구제, 회복, 개혁을 가져온다는 목적으로 뉴딜정책이라는 일련의 프로그램을 창시했다. 연방예금보험공사와 사회보장법 등의 뉴딜 계획은 수십 개의 정부기관과 법령을 만들어냈고, 그 중 대다수가 오늘날까지 현존하고 있다.

keywords Great Depression 대공황   initiate 시작하다   relief 구제, 구조

ruling party 여당

majority leader 다수당 원내 총무

policy maker 정책 입안자

candidate 후보

general election 총선

referendum 국민투표

ballot 투표 용지

campaign 선거 운동

canvass 선거 유세, (선거 전의) 여론 조사

constituency 선거구민

public opinion poll 여론 조사

incumbent 현직 의원

bribery 뇌물 수수

impeachment 탄핵

veto 거부권

summit talk 정상회담

regime 통치, 정권

international relations 국제 관계

diplomatic immunity 면책 특권

law enforcement officer 경찰관

crackdown 단속; 탄압

custody 구금, 양육권

amnesty 특사

zero-tolerance policing 무 관용[가차 없는] 경찰 단속

driving under the influence 음주운전

child molestation 아동 학대

shoplifting 좀도둑질

drug-trafficking 마약 거래

mugging 폭력강도

ransom 몸값

litigation 소송, 기소

D.A.(=district attorney) 지방검사

deliberation (배심원의) 심의

probation 집행유예

rehabilitation 사회복귀, 재활

interrogate 심문하다

overrule 기각하다, 무효화하다

plea bargain 유죄 답변 교섭(피고가 유죄를 인정하는 대신 검찰 측이 형량을 감하여 구형하는 협상)

execution 처형, 강제 집행

estrangement 불화, 소외

Practice Test 2

▶ 정답 및 해설 p.28

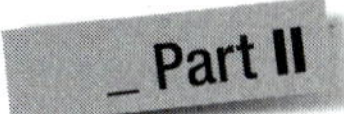

Questions 1~12 Read the passage and the question. Then choose the option that best answers the question.

1 Chocolate is a popular component in snacks and desserts. There are usually three different kinds: white, milk, and dark. Dark chocolate is known to be the healthiest since it is closest to the original form. All three kinds of chocolate come from the seeds of a cacao tree, which is the source of their caffeine content. The amount of caffeine in chocolate is fairly small, however.

Q. What is the best title for the passage?

(a) Kinds of Chocolate
(b) Facts about Chocolate
(c) Where Chocolate Comes From
(d) Why Chocolate Contains Caffeine

2 Are you concerned about the quality of education that students in this community receive? Would you like to share your opinions on how to improve our school? Here is your chance. The Board of Education wants to hear what you have to say at an upcoming town meeting. All opinions shared will help the board make better plans to prepare for the next school year. The first meeting scheduled for parents and other members of the community will take place on May 25th at the school.

Q. What are readers mainly being asked to do?

(a) Plan ahead for next school year
(b) Meet new teachers at the school
(c) Attend a town meeting about education
(d) Vote for new Board of Education members

3 Fingerprint and eye scanners have been launched to improve border control and prevent identity fraud. Passengers flying from London's Heathrow are being invited to take part in a trial of the latest biometric recognition systems. It is hoped that this trial will help call attention to the point that biometric technology is not something for the future; it's a solution that will work in the present. Proponents are already predicting it will play a big role in helping secure countries' borders in the future.

Q. What is the passage mainly about?

(a) Future uses of biometric technology

(b) Pilot testing of an airport security program

(c) The problems of border control and identity fraud

(d) The advantages of the new design of Heathrow airport

4 Knowledge of a language enables you to combine words to form phrases, and phrases to form sentences. If you truly know a language you will be able to produce new sentences never spoken before and to understand sentences never heard before. The linguist Noam Chomsky refers to this ability as part of the creative aspect of language use. So when you speak, you create new sentences, and in listening you understand new sentences created by others.

Q. Which of the following is the best title for the passage?

(a) The Creative Ability to Innovate in Language

(b) How Humans Communicate with Each Other

(c) How to Acquire a New Language

(d) Noam Chomsky's Theory on Language

5   The aurora borealis is a spectacular natural color light show that occurs in the night skies of the northern hemisphere from September through October and from March to April. Auroras are produced by the collision of ions in the magnetosphere with the atoms in the Earth's upper atmosphere. Light emitted by the aurora is mostly dominated by emissions from atomic oxygen, resulting in a greenish glow. In addition to visible light, auroras emit infrared, ultraviolet, and x-rays.

Q. What is the passage mainly about?

(a) The identity and cause of the aurora borealis
(b) The aurora borealis's location in the hemisphere
(c) The reasons the Earth's atmosphere reflects light
(d) The different kinds of light emitted in the magnetosphere

6   Colfax Avenue has been described as Denver's most famous and colorful street. It is a place that has welcomed all kinds of people — poets, drug addicts, and the homeless, for example. The area has also been crippled by a high crime rate that has kept businesses from moving there. That reputation may now become a thing of the past, however. New zoning laws have been enacted by the city and the number of police in the area has increased. It is hoped that this will attract more businesses and drive down crime.

Q. What is the best title for the article?

(a) New Laws May Improve Street
(b) Crime Rate Dropping on Colfax
(c) Police Enforce New Drug Laws
(d) Businesses Coming Back to Denver

7 The Alcon blue butterfly is found throughout Europe and Northern Asia. It is unique among most insects in that its caterpillar larvae share a parasite-host relationship with ants. After hatching, the caterpillar's diet is restricted to certain kinds of plants, but it soon drops to the ground where its larva-like odor attracts ants and dupes them into thinking it is one of their own. Instinctively, the ants carry the caterpillar back to their nest and feed it. The parasitic caterpillar then begins consuming the ants' larvae inside their nest. Meanwhile, the ants continue to bring it additional food, which the virulent burgeoning larva also eats. The ants' only defense is to change their larva chemicals to make it more difficult for other caterpillars to mimic.

Q. What is the passage mainly about?

(a) Deception techniques of a European insect species
(b) The odor emission ability of Alcon blue caterpillars
(c) The behavior of a parasitic caterpillar and its host ant colony
(d) Protection measures taken by ants against a parasitic caterpillar

8 Remember your childhood memories of camping — roasting marshmallows over an open fire, sleeping under the starlit sky, and breathing the cool, fresh air? Well, you can relive those times and create even more memories for yourself and your children in one of the many campgrounds in the Arkland National Forest. Most camping areas are equipped with piped water and flush toilets. Private campgrounds may also offer RV hookups, showers, stores, and food service. Come to the Visitors Bureau and pick up a campground map to start building camping memories for your children.

Q. What is the main purpose of the passage?

(a) To remind readers of their childhood memories
(b) To promote the benefits of camping with children
(c) To attract readers to use park campgrounds
(d) To distinguish public campgrounds from private ones

9 Reducing the amount of electricity we use can have a big impact. For example, if every household in America replaced just one 75-watt incandescent bulb with a 19-watt compact fluorescent one, it would be like removing over 500,000 vehicles from the road annually. Also, a one-degree change in the thermostat is the environmental equivalent of offsetting 2,000,000 vehicles. Even better, if you lower the water temperature on your hot water heater, you will have helped take the equivalent of 4,700,000 cars off the road.

Q. What is the passage mainly about?

(a) Ways to save electric energy

(b) The benefits of taking cars off the roads

(c) The steps to reduce traffic congestion

(d) Reasons why light bulbs should be changed

10 The Golden Palace is like an exquisite work of art in terms of both visual appeal and taste. The 34-foot-tall ceiling, iron chandeliers and candelabras, and original china create an elegant atmosphere, while the floor to ceiling windows offer views of the mountains to enjoy with your entrée. The food is also a work of art. Freshly baked bread and pastries are created daily to accompany our award-wining menu of sustainable and organic items. Attire is collared shirts and long pants for men and dresses, skirts, or evening pantsuits for women.

Q. What is the Golden Palace?

(a) A famous piece of architecture

(b) An upscale restaurant with a dress code

(c) A fancy Chinese buffet-style restaurant

(d) An expensive store selling fine dining décor and clothing

11 Most people have no qualms about associating the word "tribe" with Africa. The notion of tribe is so ingrained and so customary that it seems to many to be a natural, acceptable fit. Few readers would question the validity of depicting an African as a tribesman or tribeswoman, or the depiction of an African's motives as tribal. However, as most scholars in the field concur, the use of "tribe" promotes misleading stereotypes and assumptions in terms of both history and culture. It confounds accurate views of African realities by perpetuating the idea that African identities and conflicts are in some way more primitive than those in other parts of the world.

Q. What is the main idea of the passage?

(a) An accurate view of Africa begins with understanding its history.
(b) Despite popular usage, "tribe" is riddled with derogative connotations.
(c) African tribal members despise foreigners' depiction of them as primitive.
(d) The notion of identity in Africa is more complex than most scholars realize.

12 Inspiring employees to perform their best is a key skill for business leaders. This does not imply, however, that employees need a motivational talk that repeats lofty mission and industry buzzwords. To understand and appreciate what their organization strives for, workers need to hear about its people, its values, and its history. So smart leaders tell stories. They periodically gather their employees around the corporate campfire to recall the legends and share new tales. By touching the hearts as well as the minds of their employees, they create a legacy of experience that inspires generations.

Q. What is the best title for the passage?

(a) The Motivational Power of Storytelling
(b) The Need for Strong Business Leaders
(c) The Requisite Skills for Smart Leaders
(d) The Importance of Business Meetings

Unit 3 세부사항 확인하기*

문제 들여다보기

- 아래와 유사한 형식의 문제라면 세부사항에 대해 묻는 문제이다.

  Which of the following is true according to the passage?
  Which of the following is correct according to the announcement?
  Which of the following is correct about…?

- 지문은 물론 선택지 내용까지 모두 검토해야 하기 때문에 독해 영역에서 가장 시간이 많이 걸리는 문제이다. 정답 이외의 선택지들은 지문의 정보를 틀리게 말하는 식으로 구성된다. 선택지의 내용을 먼저 확인하고 본문에서 사실 여부를 파악하는 방법으로 시간을 절약해보자.

- 문제의 종류는 지문의 세부적인 내용을 전반적으로 묻는 유형과 특정 부분을 골라서 묻는 유형 두 가지로 나뉜다. 첫 번째 유형의 문제라면 지문을 더 꼼꼼히 확인해야 한다.

- 세부사항을 묻는다고 해도 궁극적으로는 주제문과 연관된 내용을 묻는 경우가 많다. 따라서 주제문의 의도를 정확히 파악하고 지문을 빠르게 읽으면서 선택지와 대조해가며 정답을 골라야 한다.

출제포인트 1 ▶ 지문에 특정한 숫자나 연도, *only*, *solely*, *mainly*, *both*, *altogether* 등 단독·전체를 뜻하는 표현이 있을 경우 특히 유의한다.

출제포인트 2 ▶ 또한 지문과 선택지에서 시제나 조동사를 반드시 확인한다. 조동사의 과거형은 가정법을 뜻할 수도 있으므로 주의!

출제포인트 3 ▶ 선택지가 긴 것이 답일 가능성이 상당하므로 (d)부터 역순으로 확인해봐도 좋다.

Once pollutants and contaminants have entered a person's body, they can be very difficult, if not impossible, to get rid of. A recent study measured the contamination levels in adults in Spain. Results were the same both for people who lived in the city and for those who lived in more rural areas. It found that 100% of the study participants had substances in their bodies that could affect their health. These substances entered the body through food, water, or even air.

Q Which is correct about the contaminants?

(a) They affected both animals and people.
(b) They were found in city and rural people.
(c) They entered the body mainly through water.
(d) They caused 100% of the persons to become sick.

contaminants만을 찍어서 묻는 유형 같지만 실은 contaminants가 이 글의 주제이므로 지문의 전반적인 내용을 묻는다고 할 수 있다. '(a) 동물과 사람 모두에게 영향을 끼친다, (c) 주로 물을 통해 인체에 들어온다, (d) 모든(100%) 사람들을 아프게 만든다'에는 both ~ and, mainly, 100% 등 전체를 나타내는 표현이 함정으로 사용되었다. 특히 네 번째 문장의 could affect their health는 건강에 영향을 줄 수도 있다는 것이지 100% 영향을 준다는 뜻은 아니므로 (d)는 정답이 될 수 없다. 도시민과 시골 사람 모두에게서 오염물질이 발견되었다고 했으므로 정답은 (b)이다. 이처럼 본문의 정보를 일부 변형시킨 선택지가 제시되는 경우가 많다. 세부사항 문제는 끝까지 방심하지 말자.

▷ **pollutant / contaminant** 오염물질(pollutant는 사람에게 불쾌감을 주는 정도의 오염물질인 반면 contaminant는 생명에 지장을 줄 수도 있는 강한 오염물질을 뜻함) **substance** 물질 **affect** 영향을 주다

↘ 번역은 정답 및 해설 p.29 참조

1 독해 포커스 – 골라 읽기

특정한 정보를 찾아야 할 때 이에 관련된 어휘나 내용만을 골라서 읽으면 훨씬 더 시간을 절약할 수 있고, 보다 정확하게 정보를 찾을 수 있다. 밑줄 친 부분에 유의하며 다음 예제들을 살펴보자.

(1) 선택지의 내용을 확인해가며 읽기

예제 1

People spend <u>several billion dollars</u> a year on dietary supplements, and yet there is no proof that they actually work as claimed. Ginkgo does not help memory. Echinacea does not fight colds. One recent study even found that taken antioxidants like vitamin A and E in pill form <u>might actually be harmful</u>. Studies have shown that a <u>good diet, not pills</u> is the safest and best way to stay healthy. People who eat lots of fruits and vegetables that are rich in antioxidants are <u>less likely to get cancer</u>, and they tend to live longer.

Q Which of the following is correct according to the passage?

(a) Consuming ginkgo in pill form <u>is harmful</u>.
(b) Taking in antioxidants <u>reduces the chance of cancer</u>.
(c) Selling dietary supplements is <u>a million-dollar</u> industry.
(d) Following <u>a balanced diet along with supplements</u> is best.

독 / 해 / 포 / 인 / 트

전체 지문을 정독하기보다 필요한 내용만 골라서 읽는다. (a)의 is harmful은 본문의 might actually be harmful과는 차이가 있다. 특히 수치와 관련해서 (c)의 a million은 본문의 several billion과 다르다. 본문과 가장 유사한 내용의 선택지 (b)가 정답이다.

번역 사람들은 매년 음식 보조제에 수십억 달러를 소비하지만, 그러한 것들이 주장되는 만큼 효능이 있는지에 대해서는 아직 뚜렷한 증거가 없다. 은행은 기억력에 도움이 되지 못한다. 에키나키아가 감기를 물리치지도 못한다. 심지어 최근 연구 결과에 의하면 비타민 A나 비타민 E 등의 항산화제를 정제로 먹으면 해가 될지도 모른다고 한다. 연구 결과들은 정제가 아닌 올바른 식습관이야말로 건강을 유지하는 데 가장 안전한 최선의 방법임을 보여준다. 항산화제가 풍부한 과일과 채소를 많이 먹는 사람들은 암에 걸릴 확률이 적고 장수하는 경향이 있다.

keywords dietary 음식물의   supplement 보충제   ginkgo 은행나무   echinacea 에키나키아(국화과의 식물) antioxidant 항산화제

The family unit plays an important role in society. Families provide companionship, security, and a measure of protection. In today's modern society there are many different types of family structures, but the <u>most common</u> family type is composed of a father, a mother, and children. This kind of structure is called a nuclear family. It is considered the ideal structure for a family for various reasons. Compared to other family types, it can provide <u>more stability</u> and a <u>better distribution of duties</u>. No two nuclear families are alike, however, and the <u>strength of relationships</u> within the family can vary widely.

Q Which is correct about the nuclear family compared to other family types?

(a) It is <u>less common</u>.

(b) It provides <u>more stability</u>.

(c) It allows parents to earn <u>more income</u>.

(d) It is characterized by <u>strong family relationships</u>.

■ 독 / 해 / 포 / 인 / 트

핵가족에 대해 올바르게 표현한 선택지를 고르는 문제. most common, ideal, more stability, distribution of duties 등 핵가족의 특징적인 요소들을 골라내 보면 (b)를 정답으로 선택할 수 있다. 마지막 문장에서는 가족 내에서 관계의 힘이 다양하다고 했지, 강하다고 하지는 않았으므로 (d)는 정답이 될 수 없다.

번역 가족 단위는 사회에서 중요한 역할을 담당한다. 가족은 교제, 안전, 보호책을 제공한다. 현대사회에는 다양한 유형의 가족 구조가 존재하지만, 가장 기본적인 가족 형태는 아버지와 어머니, 자녀로 구성되어있다. 이런 유형의 구조는 핵가족이라 불린다. 핵가족은 여러 면에서 이상적인 가족 구조로 평가된다. 핵가족은 다른 가족 유형에 비해 안정성을 더 많이 제공하며 의무 배분도 더 효율적이다. 그러나 어떤 핵가족도 동일하지 않으며, 한 가족 내에서 관계의 강도는 크게 다를 수 있다.

keywords companionship 교제, 교우 관계   security 보호, 안전   nuclear family 핵가족   stability 안정성

The Global Times Daily is a world-renowned newspaper that prints stories you cannot find anywhere else. <u>Leaders in all industries</u> rely on us to make decisions that shape the world. With a subscription, now you can have that power, too. Subscribe now to enjoy exclusive <u>savings off the cover price</u>, including <u>free unrestricted access to our web archive</u> of over 30,000 articles. A <u>subscription for seven-days</u> of news delivery to your doorstep is only $7 per week — that's $1 a day! Call us at (888) GT-DAILY and get in touch with what's really happening in the world.

Q Which of the following is included with a subscription?

(a) <u>Discounts to online</u> savings

(b) Access to the <u>website for seven days</u>

(c) Copies of a magazine for <u>industry leaders</u>

(d) Permission to <u>view previously published articles</u>

신문 구독의 혜택에 대해 세세하게 묻는 문제이다. (a)의 Discounts to online savings는 본문의 exclusive savings off the cover price와 다르고, (b)의 Access to the website for seven days는 본문에서 제시된 subscription for seven-days와 다르다. (c)의 Copies of a magazine for industry leaders는 본문의 leaders in all industries를 이용한 함정이다. 정답은 본문의 free unrestricted access to our web archive를 바꿔 표현한 (d)이다.

번역 〈글로벌 타임스 데일리〉는 다른 어디에서도 찾아볼 수 없는 이야기를 발행하는 세계적인 명성의 신문입니다. 모든 업종의 지도자들이 이 세계를 이루는 결정을 내리기 위해 우리에게 의존합니다. 귀하도 우리 신문을 구독하시면 그러한 힘을 얻을 수 있습니다. 지금 구독하셔서 정가보다 저렴한 독점 할인을 받으시고 3만 건이 넘는 기사를 보유한 우리 웹사이트를 무료로 자유로이 이용하세요. 매일 여러분의 현관까지 배달되는 구독료가 일주일에 겨우 7달러, 즉 하루에 1달러입니다! (888) GT-DAILY로 전화를 주시면 이 세계에서 실제로 벌어지는 일들을 만나실 수 있습니다.

keywords subscription 예약 구독   cover price 정가, 표시 가격   unrestricted 무제한의, 자유로운   archive 아카이브 (여러 파일을 하나로 압축한 것)

(2) 숫자에 주목해서 읽기

예제

The future of grocery shopping will belong to Internet grocers — at least, that is what Annex, Inc. is hoping. Annex and other Internet grocers, <u>together have millions</u> of customers who turn to them for convenience. Sarah is a typical example. Once a week, this <u>part-time business consultant</u> and full-time mother fills the family pantry by sitting down <u>at her computer for 15 minutes</u>. "I like how easy and fast it is" says the 37-year-old mother. Still, the future has not yet come, however. The cyber grocer <u>has yet to ring up any profits</u>, and does not expect to until late 2010.

Q Which of the following is correct according to the passage?

(a) Annex is <u>not profitable yet</u>.

(b) <u>Annex has millions</u> of customers.

(c) Sarah is a business <u>consultant for Annex</u>.

(d) Sarah's groceries are <u>delivered within 15 minutes</u>.

(b)는 Annex and other Internet grocers이어야 지문과 같은 내용이 된다. 새러가 근무하는 직장에 대한 단서가 없고 인터넷 장보기가 15분 걸리는 것이지 15분 만에 배달되는 것이 아니므로 (c), (d) 모두 지문과 다르다. 마지막 문장의 The cyber grocer has yet to ring up any profits에서 아직 수익이 없음을 짐작할 수 있으므로 정답은 (a)이다.

번역 장보기의 미래가 인터넷 식료품상의 것이라는 것은 적어도 아넥스 주식회사가 희망하는 내용이라고 하겠다. 아넥스와 그 외 인터넷 식료품상들에는 편리성을 위해 그들에게 의지하는 수백만의 고객들이 있다. 새러가 전형적인 예이다. 전업주부이면서 경영 컨설턴트로 활동하는 그녀는 일주일에 한 번 컴퓨터 앞에 15분 동안 앉아 가족의 식료품 저장실을 채운다. "정말 쉽고 빨라서 좋아요."라고 이 37세의 주부는 말한다. 그러나 (바라던) 미래가 이미 도래했다고는 할 수 없다. 온라인 식료품상은 아직 수익을 올리지 못했고 2010년 후반까지도 그럴 것 같다.

keywords turn to ~에 의지하다, ~에게 도움을 청하다   pantry 식료품 저장실   revenue 수입   ring up 수익을 올리다

(3) 여러 견해를 비교해보며 읽기

In 1872, <u>Charles Darwin</u> proposed in his book *The Expression of Emotion in Man and Animals* that <u>facial expressions are biologically based and universal</u> among humans. However, the celebrated anthropologist <u>Margaret Mead</u> thought <u>the smile was a cultural behavior</u> that varied between societies. It was not until the 1960s that a psychologist, <u>Paul Ekman, decided to settle the argument</u>. He traveled the world, showing pictures of facial expressions to people of different cultures. He found that, even in the remote jungles, expressions like a <u>joyful smile conveyed the same emotional meaning</u>.

Q Which of the following is correct according to the passage?

(a) Ekman traveled the world taking pictures of people.
(b) Mead thought the smile has universal meaning.
(c) Ekman found that Charles Darwin's proposal was wrong.
(d) Darwin thought that facial expressions were a feature shared by all cultures.

독 / 해 / 포 / 인 / 트

다윈, 미드, 에크먼 등 학자가 세 명이나 언급되었으므로 각자의 견해를 명확하게 구분해야 정답을 고를 수 있다. 다윈은 얼굴 표정이 보편적이라고 생각한 반면 미드는 미소가 사회마다 다르다고 여겼고, 에크먼은 둘 중에서 누가 맞는지 입증해보려고 했다. 따라서 얼굴 표정이 모든 문화에서 공유된다는 다윈의 견해를 설명한 (d)가 정답이다.

번역 1872년 찰스 다윈은 저서 〈인간과 동물의 감정 표현〉에서 얼굴 표정이 인간 사이에서 생물적으로 동일하며 보편적이라고 했다. 그러나 유명한 인류학자 마가렛 미드는 미소가 사회마다 다른 문화적 행위라고 생각했다. 1960년대가 되어서야 심리학자 폴 에크먼이 이 문제를 해결하기로 결심했다. 그는 세계를 여행하면서 얼굴 표정이 담긴 사진들을 다른 문화권의 사람들에게 보여주었다. 그는 먼 정글에서조차 즐거운 미소가 똑같은 감정적 의미를 전달하는 것을 밝혀냈다.

keywords celebrated 유명한 anthropologist 인류학자 argument 논쟁 convey 전달하다

2 구조 포커스

(1) paraphrase

영어 지문에서는 한 단어나 문장을 여러 번 반복해 사용하는 대신 비슷한 의미의 단어나 대명사, 또는 비슷한 내용의 문장을 사용하여 달리 표현하는데, 이를 paraphrase라고 한다. 형태는 다르더라도 의미하는 바가 동일한 부분을 빨리 파악할수록 독해의 속도와 이해력이 빨라진다. 무엇보다 지문의 내용을 paraphrase한 문장이 선택지에 있다면 그것이 정답일 가능성이 매우 높다.

○ 두 문장의 내용을 확인해보자.

1. a. You can have <u>free access</u> to our <u>web archive of many articles</u>.

   ↘ 많은 기사를 보유한 우리 웹 아카이브를 무료로 이용하실 수 있습니다.

   b. You will be permitted to <u>view our previously published articles with no charge</u>.

   ↘ 부가 요금 없이 이전에 발행되었던 기사를 보실 수 있을 것입니다.

   ▶ free access는 view…with no charge, web archive of many articles는 previously published articles로 바뀌었다.

2. a. The cyber grocer <u>has yet to</u> <u>ring up any profits</u>.

   ↘ 그 사이버 청과상은 아직 아무런 이득도 올리지 못했다.

   b. The cyber grocer is <u>not profitable yet</u>.

   ↘ 그 사이버 청과상은 아직 이득이 없다.

   ▶ ring up any profits라는 표현이 profitable로, 부정의 의미를 지닌 has yet to가 not…yet으로 바뀌어 (b)는 좀더 직설적인 문장이 되었다.

3. a. <u>It</u> was <u>not until the 1960s</u> <u>that</u> a psychologist, Paul Ekman, decided to settle the argument.

   ↘ 1960년대가 되어서야 심리학자 폴 에크먼이 그 논쟁을 종식시키기로 결심했다.

   b. A psychologist, Paul Ekman, decided to settle the argument in the 1960s.

   ↘ 심리학자 폴 에크먼은 1960년대에 그 논쟁을 종식시키기로 결심했다.

   ▶ (a)는 it…that 강조구문을 사용하여 not until the 1960s를 강조한다.

4. a. Once pollutants and contaminants have entered a person's body, they can be very difficult, <u>if not impossible</u>, to get rid of.

　↘ 일단 오염물질이 인체에 들어가면, 불가능한 정도는 아니더라도, 제거하기가 몹시 힘들다.

b. It is quite difficult to remove pollutants and contaminants in a person's body.

　↘ 인체 속의 오염물질을 제거하기는 무척 어렵다.

▶ (a)는 if not impossible이라는 삽입어구를 통해 difficult를 한층 강조한다.
　if any, if ever, if only, if at all 등도 비슷한 용도로 사용된다.

5. a. Studies have shown that a <u>good diet, not pills</u> is the safest and best way to stay healthy.

　↘ 약이 아닌 좋은 식이요법이 건강을 유지하는 데 가장 안전한 최선의 방법이라는 연구 결과들이 나왔다.

b. <u>Not pills but a good diet</u> is the safest and best solution to be healthy according to some studies.

　↘ 몇몇 연구에 의하면 약이 아닌 좋은 식이요법이 건강을 유지하는 데 가장 안전한 최선의 해결책이라고 한다.

▶ (a)처럼 not A but B 대신 B not A를 사용하는 경우가 종종 있다.
　ex. Chemicals were used to dye clothes, not heal wounds. 화학물은 옷을 염색할 때 사용되었지, 상처를 치유하는 데 사용되지 않았다.

6. a. Alarmed by the growing foreign presence, <u>the government</u> quickly <u>established</u> the city as a penal colony.

　↘ 정부는 외국인들이 증가하는 데 놀라 곧 그 시를 범죄자 식민지로 제정했다.

b. <u>The penal colony</u> <u>was initiated</u> due to increasing immigration.

　↘ 그 범죄자 식민지는 이민자 증가로 인해 제정되었다.

▶ 각 문장에서 강조하는 바를 능동태와 수동태를 이용하여 부각시켰다. (a)에서는 '정부'가, (b)에서는 '범죄자 식민지'가 부각된다.

7. a. <u>One in four</u> women will experience domestic violence in her lifetime.

　↘ 여성 4명 중 1명이 일생 중에 가정 폭력을 경험할 것이다.

b. <u>A quarter of</u> all women will be victims of domestic violence.

　↘ 모든 여성의 4분의 1이 일생 중에 가정 폭력의 피해자가 될 것이다.

▶ 숫자를 나타내는 표현은 다양하다.
　one in four는 25% / a quarter / a fourth로, half of them은 50%로 바뀐다. 특히 a quarter는 1/4 / 15 minutes / 25 cents / '학기(4학기제의 한 학기)' 등 맥락에 따라 다양한 의미로 사용될 수 있다.

8. a. <u>Few stores refused to</u> accept the card.

↳ 그 카드를 거부한 가게는 거의 없었다.

b. <u>Almost all the stores agreed to</u> accept the card.

↳ 대부분의 가게가 그 카드를 받겠다고 했다.

▶ (a)에서는 부정의 뜻을 지닌 few와 refuse가 결합하여 결국 (b)처럼 긍정의 뜻을 나타낸다.

9. a. The story was <u>beyond my understanding</u>.

↳ 그 이야기는 내 이해를 넘어섰다.

b. I <u>could not understand</u> the story.

↳ 나는 그 이야기를 이해할 수 없었다.

▶ (a)는 긍정문처럼 보이지만 '이해할 수 없었다'라는 부정의 뜻이다. 그 외에도 above, far from, free from, the last, anything but 등이 들어가는 문장은 긍정문이면서도 부정적인 의미를 띤다.

ex. The girl is **above** telling a lie. 그 소녀는 거짓말할 아이가 아니다.

It is **far from** answering the question. 질문에 전혀 답변이 되지 못했다.

The politician was **free from** political pressure. 그 정치가는 정치적인 압박을 전혀 받지 않았다.

She is **the last** person to leave us. 그녀는 절대로 우리를 떠나지 않을 것이다.

The movie was **anything but** ordinary. 그 영화는 전혀 평범하지 않았다.

(2) 비교 표현

A 원급이나 비교급을 이용해 최상급의 의미를 나타내는 경우

1. Nothing is <u>more</u> precious <u>than</u> time.

↳ 시간보다 더 소중한 것은 없다. ▶ 시간이 가장 소중하다.

2. It cannot be <u>better</u>. / It cannot be <u>worse</u>.

↳ 더 좋을 수가 없다. ▶ 가장 좋다. / ↳ 더 나쁠 수가 없다. ▶ 가장 나쁘다.

3. Richard is <u>as</u> brave a man <u>as</u> England ever produced.

↳ 리처드는 영국이 낳은 가장 용감한 남자이다.

4. The girl is <u>as</u> kind <u>as</u> could be.

↳ 그 소녀는 그 누구보다도 친절하다.

B no more … than : 둘 다 ~가 아니기는 마찬가지이다

Michelle is <u>no more</u> smart <u>than</u> Michael.

↘ 미셸과 마이클 둘 다 머리가 좋지 않다.

C no more than: 겨우(= only)

He will stay here <u>no more than</u> two days.

↘ 그는 이틀만 여기 머물 것이다.

D no less ~ than: 둘 다 아니다

Michelle is <u>no less</u> smart <u>than</u> Michael.

↘ 미셸과 마이클 둘 다 머리가 좋지 않다.

E no less than: 적어도(=at least)

He will stay here <u>no less than</u> two days.

↘ 그는 적어도 이틀은 여기 머물 것이다.

F not so much A as B: A라기보다는 B이다

The indirect ads do <u>not</u> call attention to the product <u>so much as</u> they call attention to the brand name.

↘ 간접 광고는 제품 자체보다는 브랜드 네임에 더 관심을 보이게 한다.

3 어휘 포커스

(1) 교육

입시 제도나 외국어 교육, 사교육 등 우리의 현재 실정에 관련된 주제는 물론이고 외국의 교육 현장에 대한 구체적인 내용도 독해 지문에 빈번하게 등장한다.

예제

All parents of children at Judson Valley Preschool must sign out their child each day before taking him or her home. The sign-out sheets are kept with the teachers. Additionally, each family will be given ID cards to authorize pickup of their child. The parent or any other authorized person must present their ID card when picking up the child. Also, please remember that all children must be picked up by 6:00 p.m.. After 6:00 p.m. there will be a late charge of $5 for every 15 minutes added to their next bill.

Q Which of the following is correct according to the announcement?

(a) Children must wear an ID card at all times.
(b) The school requires ID cards to be shown for pickup.
(c) Children must sign the sign-out sheet when they leave.
(d) Parents can pick up after 6 p.m. without any extra charge.

◤ 독 / 해 / 포 / 인 / 트
방과 후에 학생을 데려가는 방법에 대한 공고문이다. 교사와 학부모, 학생의 역할, 추가 금액 등을 본문에서 확인해보자. 학교에서 신분증을 요구한다는 (b)가 정답이다.

번역 저드슨밸리 프리스쿨의 학부모들은 매일 자녀를 집에 데려가기 전에 서명을 해야 합니다. 서명 장부는 교사들이 보관하고 있습니다. 또한 각 가족은 자녀를 데려가는 권한이 있다는 신분증을 받게 됩니다. 자녀를 데려갈 때 학부모나 그 외 권한이 있는 사람은 신분증을 제시해야 합니다. 또한 오후 6시까지 자녀를 데려가야 한다는 점을 명심하십시오. 오후 6시 이후에는 15분마다 5달러의 추가 금액이 다음 번 교육비에 부가됩니다.

keywords preschool 보육원, 유치원   sign out 외출 시 서명하다   authorize ~에게 권한을 주다   charge 요금, 부담

transcript 성적 증명서

report card 성적표

credit 학점

faculty 교수진

comprehensive examination 종합시험

diploma 졸업장

audit 청강

curriculum vitae / résumé 이력서

drop-out 중퇴자

enrollment 등록

application form 입학 원서

aptitude 적성

private tutoring 개인 교습

cram school 사설 학원

graduate school 대학원

dissertation 학위 논문

prerequisite 기초 필수 과목

liberal arts 교양 과목

core curriculum 핵심 교육 과정

mentor 조언자, 스승

mentoring program 선후배 학습 지도 프로그램

academic advisor 지도 교수

teacher's license 교원 자격증

tenure track 종신 재직권

corporal punishment 체벌

on academic probation (낙제, 처벌된 학생의) 가급제 기간

tuition fee 수업료

intermission (수업 후의) 휴식 시간

primary education 초등 교육

P.T.A. 부모 교사 모임

homeschooling 자택 학습

prestigious school 명문교

correspondence education 통신 교육

education board 교육위원회

nursery 보육학교

immersion 몰입 교육(외국어 집중 훈련)

learning 학문

well-versed ~에 정통한

educational expenses 교육비

audio-visual materials 시청각 교재

(2) 대중 매체(신문 · 방송 · 광고)

현재의 커뮤니케이션 수단이 과거보다 많이 확장되었다 하더라도 신문이나 방송, 광고 등의 힘은 여전하다. 커뮤니케이션에 관련된 중요 어휘를 점검해보자.

예제

Advertisers may choose a direct or indirect approach to marketing products. Ads that adopt the indirect approach do not call attention to the product so much as they call attention to the brand name or try to associate the name with a certain style, feeling, or consumer. For example, three controversial television ads were recently released for the express purpose of creating controversy and attracting media attention. It was actually a very cunning advertising approach. Even though little was said in the ads about their products, the company benefited greatly from the publicity.

Q Which of the following is correct according to the passage?

(a) The ads were intended to spark debate.
(b) Indirect ads associate a brand with celebrities.
(d) The three ads distracted attention from the company.
(d) Indirect ads do not reveal a company's brand name.

◪ 독 / 해 / 포 / 인 / 트

광고의 두 유형을 비교하는 것처럼 시작되지만 결국은 간접광고에 대해서만 설명되어 있다. 세 번째 문장의 for the express purpose of creating controversy and attracting media attention을 (a) The ads were intended to spark debate.와 연결시킬 수 있는지 확인하는 문제이다. 간접광고는 브랜드를 스타일, 감정, 소비자와 연상시키지 연예인과 연결시키지는 않으므로 (b)는 정답이 될 수 없다. 정답은 (a).

번역 광고주들은 제품을 마케팅하면서 직접 혹은 간접 접근 방식을 택한다. 간접 접근 방식의 광고는 제품을 강조하기보다 브랜드 이름을 환기하거나, 그 이름을 특정한 스타일이나 감정, 또는 소비자와 연결하려 한다. 예를 들어 최근 논쟁적인 텔레비전 광고 세 편이 논쟁을 일으키고 언론의 관심을 끌려는 특별한 목적으로 방영되었다. 이는 대단히 노련한 광고 접근법이었다. 광고에 상품에 대한 언급이 거의 없었는데도 회사는 이 광고로 큰 이득을 보았다.

keywords adopt 채택하다　call one's attention to... ~의 주의를 …로 환기시키다　not so much A as B A라기보다는 B이다　controversial 물의를 일으키는　express 특별히 명시된, 정확한　publicity 광고, 홍보　celebrity 명사, 연예인　distract 주의를 딴 데로 돌리게 하다

classified ad 항목별 광고

bulletin board 게시판

circulation 발행 부수

subscription 신문 구독

tabloid journalism 대중적인 신문

in-depth news coverage 심층 취재

copyright 저작권

censorship 검열

correspondent 특파원, 투고자

editor-in-chief 편집장

editorial 사설

celebrity 유명인, 연예인

personality 명사

invasion of privacy 사생활 침해

op-ed 사설란의 맞은편(서명이 든 특집기사가 실리는 면)

newsstand (길거리의) 신문이나 잡지 판매대

obituary 부고

feature 특집 기사

scoop 특종 기사

exclusive story 독점 기사

wrap-up 간추린 뉴스

insert 광고 전단

national broadcast 국영 방송

broadcast service 방송 서비스

rebroadcasting 중계 방송

nationwide hookup 전국 중계 방송

prime time 황금 시간대

program rating 시청률

TV subscription rate 시청료

satellite broadcasting 위성방송

satellite communication 위성통신

jamming 전파 방해

control room 라디오나 TV의 조정실

public service advertising 공익 광고

advertising agency 광고 대행사

CF(=commercial film) 광고 방송

informercial 정보 광고

serial drama 연속 드라마

trailer (영화) 예고편

UCC(=user created contents) 손수 제작물

mass psychology 대중 심리

Practice Test 3

▶ 정답 및 해설 p.30

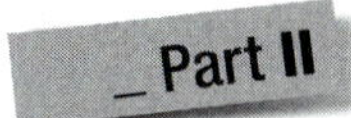

Part II　**Questions 1~12**　Read the passage and the question. Then choose the option that best answers the question.

1　Blimps have many different uses in modern times. Because blimps have a unique way of attracting attention, companies like to use them to advertise their products. Blimps are also used for studying the environment. For example, scientists use blimps to study air pollution because of their decent maneuverability at varying altitudes. Additionally, the U.S. Navy uses blimps for patrolling areas. In Scotland, blimps were even used to search for the mysterious Loch Ness Monster.

Q. According to the passage, which of the following is correct about blimps?

(a) They are used by scientists to study birds.

(b) They were used to advertise for the Navy.

(c) They are used to study pollutants in the atmosphere.

(d) They were used by the Navy to search for the Loch Ness Monster.

2　A ten-day festival in Guatemala themed to showcase the beauty of Korean culture is attracting hundreds of residents there to enjoy Korea's traditional music, dance, and even breakdancing performances. The festival features a mix of Western and traditional Korean string instruments that are being used to introduce traditional music from Korea to local residents. It is the second part of a Korea-Guatemala cultural exchange that started in 2006. The festival kicked off on Thursday and will feature Korean movies, performances by the National Dance Company of Korea, the Korea National Ballet, and breakdancers.

Q. Which of the following is correct about the festival according to the article?

(a) It is scheduled to end on Thursday.

(b) It features both traditional and Western instruments.

(c) It is the first cultural exchange between Korea and Guatemala.

(d) It includes live appearances by well-known movie celebrities.

3 For many years, I was dissatisfied with my job in Australia. I was making plenty of money and living comfortably, but something was missing. So after much thought, I decided to go to Vietnam and volunteer in Ho Chi Minh City helping disadvantaged children. I am happy to say now that I feel more fulfilled than ever. I work at a non-profit school and shelter for street kids, and I have found it to be very rewarding. Of course, sometimes life here is hard, but when I realize that these kids would be on the street if they were not here in school, I am glad to be doing my part to help.

Q. What is the writer doing now?

(a) Working in Australia
(b) Living as a homeless teen in a shelter
(c) Attending school in Ho Chi Minh City
(d) Helping street kids at a school in Vietnam

4 In the story, *Girl of Her Dreams*, Diana is completely at the mercy of her emotions. She is very sentimental about her family and easily moved to tears by the poems of the First World War. The romantic music she regularly listens to only serves to further penetrate her love-stricken heart. Even watching movies and reading novels arouse deep feelings that erupt into tears. It also seems that she is especially captivated by the romanticisms of the 19th-century world.

Q. Which of the following is correct about Diana?

(a) She listens to songs about the First World War.
(b) She finds the passion of the 19th-century attractive.
(c) She regularly enjoys romantic movies and novels.
(d) She cries whenever she sees photos of her family.

5   All employees are invited to attend the annual company picnic. It will be held at Bryan Park on Saturday, November 22. As always, we will be distributing the employee of the year award at the picnic. This year we are extremely pleased to announce that our grand prize is two tickets for a cruise aboard the Princess of the Caribbean! Transportation to and from the port of call is not included. The total value of the prize is $475! We want to say a special thank you to Sun Land Entertainment for generously donating this prize. Please come to the picnic and find out who the lucky employee is this year. You never know, it could be you!

Q. What is the grand prize?

(a) Two airplane tickets
(b) A gift card worth $475
(c) A cruise for two aboard a ship
(d) Tickets to Sun Land theme park

6   One in four women will experience domestic violence in her lifetime. With such surprising statistics, it is quite possible that someone you care about is or will be a victim of abuse. That is why Zerivon Wireless created Helpline. By providing wireless phones and funds to such women, Helpline gives victims of abuse a vital link to emergency services and other support systems. Please support Helpline by dropping your old wireless phone, battery, charger and any other accessories into the Helpline bin in our stores. Your donation will help us fight the problem of domestic violence.

Q. Which of the following is correct according to the advertisement?

(a) Half of all women are victims of domestic violence.
(b) Helpline donates recycled phones to poor families.
(c) Helpline provides victims of abuse with counseling.
(d) Used cell phone equipment can be donated in the stores.

7 A new study suggests that Neanderthals' large hands were probably too clumsy to make effective use of advanced Stone Age technology or to perform delicate tasks such as carving. This supports the traditional understanding that early modern humans outlived the Neanderthals because of their superior use of the same kinds of tools. The smaller, slimmer hands of early modern humans were better suited to holding a complex tool with a handle, such as a hammer.

Q. Which of the following is correct about Neanderthals according to the passage?

(a) Their hands grew large from using tools.
(b) They lived during the advanced Stone Age.
(c) Their big hands could not use complex tools.
(d) They outlived early modern humans.

8 The recent meeting between Japanese and Indonesian heads of state in Jakarta, Indonesia has produced positive results for both sides. An Economic Partnership Agreement was signed by both countries, calling for Indonesia to remove tariffs on Japanese automobiles and auto parts by 2016, and taxes on Japanese electronic devices by 2010. It also requires Japan to immediately scrap tariffs on almost all industrial products imported from Indonesia.

Q. Which of the following is correct according to the passage?

(a) The meeting took place in Japan.
(b) Indonesia has to remove automobile tariffs at once.
(c) Japanese products will not be charged tariffs until 2010.
(d) Tariffs on most Indonesian industrial products are to be lifted.

9   Inflation is a special term used in economics. It refers to the fact that as salaries and prices rise, the value of the dollar diminishes. Its effect can be illustrated clearly by comparing the price of common goods today with the same item in previous years. For example, a couple decades back, a movie ticket cost only 25 cents. But today it is not uncommon to be charged $9.50! In only two generations, prices have increased exponentially. In essence, that is inflation, when the cost of something expands.

Q. Which of the following is correct according to the passage?

(a) The higher prices of movie tickets caused inflation.
(b) The dollar becomes more valuable as wages increase.
(c) Movie tickets increased from 25 cents to $9.50 in only one generation.
(d) Inflation can be depicted by comparing past and present prices of the same item.

10   Like so much of New Zealand's scenery, the coastline is very diverse in character. In the far southwest of the South Island are the fjords. Here precipitous mountainsides plunge straight into the sea with beech forest almost reaching down to the high tide line. At the other end of the country, in Northland, there are long stretches of ocean beach facing the open sea and backed by extensive sand dunes in which there are occasional lagoons. Between these northern and southern extremes are many other ocean beaches.

Q. Which of the following is correct according to the passage?

(a) The Northland has many fjords.
(b) The coastland is forested in the southwest.
(c) New Zealand has a very diverse population.
(d) There are various kinds of mountains in New Zealand.

11 Ushuaia, the southernmost city in the world, has an interesting history. Located off the tip of Argentina, it was originally home to native tribes of Ona and Yámana peoples. From the sixteenth century onward, Europeans settled the area as explorers, sea lion hunters, immigrants, and missionaries all began to arrive. Alarmed by the growing foreign presence, in 1884 Argentina quickly established the city as a penal colony like Britain's Australia. Many of the early structures in the town were built by the prisoners, who spent much of their sentence cutting down trees in the forest and raising wooden edifices. They also built the now-famous End of the World train, the southernmost railway in the world.

Q. Which of the following is correct about Ushuaia?

(a) Its construction was based on the example of Australia.
(b) Among the early European immigrants were British convicts.
(c) The penal colony was initiated due to increasing immigration.
(d) The End of the World train was used to transport the prisoners.

12 There is increasing evidence that children are vulnerable to health problems stemming from inactivity and a high-fat diet. A study in the *Journal of the American Medical Association* about teenagers and young adults who died suddenly showed that 60 percent of the teens had fatty streaks in the coronary artery, which pumps blood to the heart. One in four males and one in eight females also had plaque buildup, both early signs of heart disease.

Q. Which of the following is correct according to the passage?

(a) The fat was in the artery that carries blood from the heart elsewhere.
(b) The percentage of boys who had fatty streaks was higher than that of girls.
(c) The early signs of heart disease are inactivity and a high-fat diet.
(d) Lack of exercise and excessive fat intake are causing the health problems.

Unit 4 추론하기 *

문제 들여다보기

○ 아래와 유사한 형식의 문제라면 추론 문제라고 할 수 있다.

> Which of the following can be inferred from the passage?
> What can be inferred about the writer from the passage?
> Which of the following is most likely to be supported by the author?

○ 지문에 직접 언급되지는 않더라도 함축되어 있는 내용을 추론하는 문제이다. 그렇다고 지문에 기초하지 않는 상식이나 배경 지식을 바탕으로 추론해서는 안 된다.

○ 지문의 내용을 그대로 재진술하거나 지문에서 지나치게 벗어난 선택지가 있다면 우선 배제하는 편이 더 정확하다.

출제포인트 ➡ 추론 문제도 주제와 관련된 경우가 많으므로 주제문과 결론의 내용을 반드시 확인해보자.

○ 또한 Part II에는 다음과 같은 유형의 문제도 출제된다.

> What is the writer's attitude about…?
> What is the overall tone of this passage?
> What topic will most likely be discussed next?
> What will most likely be the subject of the next paragraph?
> Where would you most likely to find this passage?

○ 글쓴이의 태도나 느낌을 묻는 문제에서는 감정을 나타내는 표현(주로 형용사)에 유의한다.

○ 뒤에 나올 내용을 예측하는 문제에서는 문단의 마지막 부분에서 단서를 찾아본다.

○ 앞에서 나왔을 내용을 예측하는 문제에서는 문단의 시작 부분에서 단서를 찾는다.

Quantum theory and the theory of general relativity cover two separate domains. The first deals with phenomena on the atomic scale, while Einstein's theory concerns gravitation. So if it were possible to construct a single theory for both, we would have a unified view of the whole range of physical phenomena, from single electrons to entire galaxies. Achieving this unification is easier said than done, of course. At first glance, the two theories are hopelessly ill-matched: the quantum world is a bitty one of particles and energy jumps, while Einstein's view of gravity deals with vast, curving planes of space and time.

Q What can be inferred about the writer from the passage?

(a) He favors merging the two theories.

(d) He believes Einstein's theory should be updated.

(c) He has already devised a unifying theory.

(d) He thinks quantum theory is superior to Einstein's.

🔖 두 대상을 비교하는 글에서는 추론 문제가 많이 출제되는 경향이 있다. 이 글에서는 두 이론, 즉 양자이론과 일반 상대성이론의 차이점과 합일점에 대해 다루고 있다. 가정법을 이용한 세 번째 문장의 we would have a unified view에서 필자의 견해를 추론해 볼 수 있다. 따라서 정답은 (a).

▷ **quantum** 양자　**domain** 영역　**gravitation** 중력　**electron** 전자　**unification** 통합, 단일화　**particle** 분자
plane 면, 평면

↳ 번역은 정답 및 해설 p.31 참조

1 독해 포커스

주어진 글을 바탕으로 추론할 때는 단어나 구에 함축된 의미를 찾아보거나 감정과 관련된 표현에 주목해야 한다.

(1) 한 단어나 짧은 구 · 절에 함축된 의미 찾아보기

A The novel impresses the reader throughout with <u>harrowing implications</u> for our present pursuits in the biotechnology field.

↘ 독 / 해 / 포 / 인 / 트

harrowing, miserable 등 단어의 어감만으로도 필자의 부정적인 견해를 알아차릴 수 있다.

번역 그 소설은 생명공학 분야에서 현재 인간이 추구하는 것에 대한 처참한 함축을 통해 독자에게 시종일관 강한 인상을 준다.

keywords harrowing 비참한　　implication 함축, 언외의 의미

B These radical thinkers wanted to <u>do away with</u> the highbrowed opinion most people had of art.

↘ 독 / 해 / 포 / 인 / 트

do away with, ignore, disagree 등이 나오면 그 뒤의 내용에 대해 부정적이라고 추측해 볼 수 있다.

번역 이 급진적인 사상가들은 대부분의 사람들이 예술에 대해 품고 있는 지식인인 척하는 견해를 없애고 싶어했다.

keywords highbrowed 지식인인 척하는

C As we search through our mental files on language, syntax and social know-how, we mentally shift gears and see the statements <u>in a new light</u>.

↘ 독 / 해 / 포 / 인 / 트

new, other, another 등이 나오면 대안이나 다른 생각이 제시될 것이라고 추측해볼 수 있다.

번역 언어와 통사론, 사회적 지식 등에 대한 우리의 정신적인 파일을 살펴보면서, 우리는 마음속으로 방식을 바꾸고 그 이야기를 새로운 관점에서 보게 된다.

keywords know-how 방법, 요령　　shift gear 방식을 바꾸다

D The foreigner was disappointed at their <u>apparent / seemingly</u> kindness.

> **독 / 해 / 포 / 인 / 트**
>
> 이 문장에서 apparent, seemingly 등은 '실제로는 그렇지 않다'는 의미로 사용되었다.
>
> **번역** 그 외국인은 그들이 겉으로만 친절한 척하는 데 실망했다.
>
> **keywords** apparent 외관상의; 명백한   seemingly 외관상의

E It makes absolutely no sense at first and briefly <u>may appear / seem</u> confusing.

> **독 / 해 / 포 / 인 / 트**
>
> at first, briefly, appear, seem 등의 표현은 '실제로는 그렇지 않다'는 의미를 함축한다.
>
> **번역** 그것은 처음에는 완전히 아무 의미도 없고 약간은 혼란스럽게 보일지도 모른다.
>
> **keywords** absolutely 완전히, 전혀   briefly 잠시 동안; 간단히   confusing 당황케 하는, 헷갈리는

F They wanted to show that art does <u>not need to have any other purpose than</u> to simply be beautiful.

> **독 / 해 / 포 / 인 / 트**
>
> 부정 비교문으로 긍정의 뜻(오로지 아름다워야 한다)을 나타낸다.
>
> **번역** 그들은 예술이 그저 아름다워야 한다는 것 이외의 다른 목적이 있을 필요가 없다는 것을 보여주고 싶어했다.

예제

▶ 다음 글을 읽고 필자가 시험에 대해 지니고 있는 감정이나 판단 등을 나타내는 표현을 찾아보자.

Dear Mr. Stuart,

Thank you for your comments related to my newspaper article on exam pressures. I agree with you that we should blame parents and teachers for creating this pressure to perform on exams. I failed math in middle school, even though I had excelled in it. I was always so tense and nervous that I could not answer any of the questions on the tests properly. I made many silly mistakes. As you correctly pointed out, there are unfortunately many students who go through the same anxiety.

Sincerely,

Jessica McCann

Q What is the writer's attitude toward exams?

(a) Critical   (b) Curious

(c) Indifferent   (d) Appreciative

독 / 해 / 포 / 인 / 트

should blame, tense and nervous, silly mistakes, unfortunately, the same anxiety 등 '비난, 예민, 실수, 불안'을 뜻하는 부정적인 표현이 연속적으로 등장한다. 이를 통해 시험에 대한 필자의 비판적인 태도가 잘 드러난다. 필자의 태도를 묻는 문제에서는 이와 같이 형용사 등의 표현에 주의하자. 또한 긍정 · 부정 · 무관심 · 비판 등에 관련된 어휘에도 익숙해지자. p.365의 〈빈출 어휘 점검〉을 참고할 것. 정답은 (a).

번역 스튜어트 씨에게

시험의 압력에 대한 제 신문 기사에 대해 언급해주셔서 감사 드립니다. 시험에 대해 이런 스트레스를 만들어낸 학부모와 교사를 비난해야 한다는 당신의 의견에 동의합니다. 저는 중학교 때 수학을 아주 잘했는데도 낙제를 했습니다. 저는 늘 너무 긴장하고 불안해서 문제에 제대로 답을 쓰지 못했습니다. 어리석은 실수도 많이 저질렀지요. 귀하가 정확하게 지적하신 대로 저와 똑같은 불안 증세를 경험하는 학생들이 불행히도 많습니다.

진심으로,

제시카 매컨 드림

keywords excel in ~에서 빼어나다, 탁월하다   nervous 예민한, 불안한   anxiety 불안, 걱정   indifferent 무관심한
appreciative 감사하는

2 구조 포커스

(1) 접속사

Ⓐ and가 A and B 의 의미로 사용될 때

and는 동등한 자격의 두 대상을 연결하거나 순차적으로 내용을 이어준다. A and B 구문에서는 B가 무엇인지부터 확인한 후에 병렬관계의 A를 찾는 편이 더 빠르다.

1. Between 1933 and 1938, President Roosevelt initiated a series of programs called the New Deal with the goal of bringing <u>relief, recovery</u>, and <u>reform</u> to America.

   ↘ 1933년에서 1938년까지, 루즈벨트 대통령은 미국에 구제, 회복, 개혁을 가져온다는 목적으로 뉴딜정책이라는 일련의 프로그램을 시작했다.

   ▶ relief, recovery와 reform이 and로 연결된다.

   ▷ relief 구제, 구조   reform 개혁, 개선

2. The students were required to develop the skills <u>to understand</u> and <u>to analyze</u> the articles.

   ↘ 학생들은 기사를 이해하고 분석하는 기술을 개발하도록 요구되었다.

   ▶ to understand와 to analyze가 and로 연결된다.

   ▷ analyze 분석하다

3. Partnership Agreement was signed by both countries, calling for Indonesia to remove <u>tariffs</u> on Japanese <u>automobiles</u> and <u>auto parts</u> by 2016, and <u>taxes</u> on Japanese electronic devices by 2010.

   ↘ 양국 간에 제휴 협정이 서명되었고, 인도네시아는 2016년까지 일본의 자동차와 자동차 부품에 대한 관세를, 그리고 2010년까지 일본 전자기기에 대한 세금을 철회하도록 요구되었다.

   ▶ automobiles와 auto parts가 연결되고 tariffs와 taxes가 연결된다.

   ▷ partnership 협력, 제휴   agreement 협정; 일치   tariff 관세   device 장치, 기구

Ⓑ and가 and then의 의미로 사용될 때

앞에서부터 나온 순서대로 해석한다.

1. It would be the first tomb of an Aztec ruler, and could provide an extraordinary window into Aztec civilization at its height.

   ↘ 그것은 아즈텍 통치자의 첫 번째 무덤일 수 있으며, 절정기 아즈텍 문명에 특별한 창 역할이 되어줄 수도 있다.

   ▷ Aztec 아즈텍 족(멕시코 원주 민족)   extraordinary 특별한   at one's height ~의 절정에, ~가 한창일 때

2. The whole process takes less than a billionth of a second to convert excess light energy into heat, and it is harmlessly dispersed.

↳ 과다한 빛에너지를 열로 전환시키는 모든 과정은 10억분의 1초도 걸리지 않고, 그것은 다시 무해하게 분산된다.

▷ billion 10억 convert 전환시키다 disperse 분산시키다; 퍼뜨리다

C not only A but also B / both A and B 등도 A and B와 유사한 의미이다.

1. She speaks not only Japanese but also Italian.

= She speaks Japanese and Italian.

↳ 그녀는 일본어는 물론이고 이탈리아어도 할 줄 안다.

2. The reference book is both helpful and interesting.

= The reference book is helpful and interesting.

↳ 그 참고서는 도움이 될 뿐만 아니라 재미도 있다.

D 주의해야 할 or의 의미

and와 상반되는 것 같은 or가 '혹은'이 아니라 '즉, 다시 말해서'라는 의미나 '~이든지'의 의미로 쓰이기도 하므로 주의해야 한다.

1. Some students in that school are suffering from dyslexia, or an inability to read letters.

↳ 그 학교의 일부 학생들은 난독증, 즉 글자를 읽지 못하는 증세로 고통을 겪고 있다.

▶ 난독증, 다시 말해서 글자를 못 읽는 증세

2. The residents of the city, old or young, gathered to say good bye to the mayor.

↳ 그 도시의 시민들, 노인이나 젊은이 모두 시장에게 작별인사를 하려고 모였다.

▶ 늙은 사람이건 젊은 사람이건 모두

(2) 부정어로 강조하기

not, no, nothing 등은 주로 부정문에 사용되는 표현이다. 그러나 무언가를 부정하는 대신 오히려
강조하기 위해 부정어가 사용되는 경우가 종종 있다.

A 부정어구를 두 번 사용해 긍정의 뜻을 표현하는 경우

1. Today it is <u>not</u> <u>uncommon</u> to be charged $9.50!

   ↘ 오늘날 9달러 50센트가 부가되는 것은 꽤 흔한 일입니다!

   ▶ 흔하지 않은 일이 아니다. → 꽤 흔한 일이다.

2. The new project was <u>not</u> <u>without</u> any problem.

   ↘ 그 새 계획에는 상당히 문제가 있었다.

   ▶ 아무 문제가 없는 것이 아니다. → 상당히 문제가 있다.

3. There is <u>no</u> time when he will <u>not</u> get hurt.

   ↘ 그는 늘 다치곤 한다.

   ▶ 그는 다치지 않을 때가 없다. → 늘 다친다.

4. Snakes usually do <u>not</u> bother us <u>unless</u> we bother them.

   ↘ 우리가 뱀을 괴롭힐 때만 뱀이 보통 우리를 괴롭힌다.

   ▶ 우리가 뱀을 괴롭히지 않으면 뱀도 우리를 괴롭히지 않는다.

B 부정문의 형태로 긍정의 뜻을 강조하는 경우

1. The new house we moved is <u>not so bad</u>.

   ↘ 우리가 이사한 새 집은 꽤 쓸 만하다.

   ▶ 그렇게 나쁘지 않다. → 꽤 쓸 만하다.

2. It is a matter of <u>no small importance</u>.

   ↘ 그것은 아주 중요한 일이다.

   ▶ 작은 중요성이 있는 일이 아니다. → 아주 중요하다.

3. <u>Not a few books</u> were collected to help the poor children.

   ↘ 가난한 아이들에게 도움이 되도록 상당히 많은 책들이 수거되었다.

   ▶ 적지 않다. → 상당히 많다.

4. The black backpack is <u>no bigger than</u> the yellow one.

  ↘ 검은 배낭은 노란 배낭과 크기가 같다.

  ▶ 노란 배낭보다 크지 않다. → 같은 크기이다.

C 부정어가 관용적으로 긍정의 뜻으로 쓰이는 경우

1. He did <u>not</u> finish his homework <u>until</u> midnight.

  ↘ 그의 숙제가 자정에야 끝이 났다.

  ▶ 자정까지 끝나지 않았다. → 자정에야 끝냈다.

2. It will <u>not</u> be long <u>before</u> they see each other again.

  ↘ 그들은 곧 다시 만나게 될 것이다.

  ▶ 다시 만나기까지 오래 걸리지 않을 것이다. → 곧 만나게 된다.

3. There is <u>no</u> rule <u>but</u> has exceptions.

  ↘ 예외 없는 규칙이란 없다.

  ▶ 전부 다 예외가 있다.

D 해석에 주의해야 할 not … as 표현

1. The same thing may <u>not</u> happen in Korea <u>as</u> in the U.S.

  ↘ 그와 같은 일이 미국과는 달리 한국에서는 일어나지 않을 것이다.

2. The researchers found that prenatal screening is <u>not</u> so accurate <u>as</u> once thought.

  ↘ 과거에 생각되었던 것과는 달리 산전 검사가 그렇게 정확하지 않다는 것을 연구자들이 알아냈다.

3 어휘 포커스

(1) 문학 · 언어 · 태도

독해 지문에서 가장 난이도가 높은 문제가 나오는 부분이다. 기본 어휘를 숙지해 두어야만 내용을 이해할 수 있는 경우도 있으므로 고득점을 원한다면 확실히 익혀두자. 또한 태도와 관련된 어휘는 일단 호의적인 것인지 비판적인지부터 확인해 두어야 태도를 묻는 문제에서 시간을 절약할 수 있다.

예제

Few novels in English have received more attention than *Pride and Prejudice*. Because it is one of the great works in English literature, critics in very generation reexamine and reinterpret it. Still, *Pride and Prejudice* remains a largely misunderstood English work. Few recognize that it is an extended, exploratory, dangerously subversive art, neither harmlessly decorative nor picturesquely provincial. The irony that is the secret of the perfect self-sufficiency of *Pride and Prejudice* goes largely unnoticed.

Q What can be inferred about the novel?

(a) Critics understand it but general readers do not.
(b) Critics reexamine it to look for the source of the irony.
(c) It is generally believed to be more straightforward than it actually.
(d) It refutes the idea that art has tremendous power to be subversive.

독 / 해 / 포 / 인 / 트

영문학사에서 위대한 작품으로 인정 받으면서도 오해되는 부분이 많은 어떤 소설에 대한 글이다. 추론 문제에서는 틀린 선택지를 먼저 골라내는 것이 정답을 더 빠르게 찾는 지름길이 되는 경우도 많다. 따라서 틀린 내용을 하나씩 지우다 보면 (c)를 정답으로 골라낼 수 있다.

번역 〈오만과 편견〉보다 더 관심을 받은 영국 소설은 거의 없다. 영문학에서 가장 위대한 작품의 하나이기 때문에 바로 우리 세대의 평론가들은 이 작품을 재검토하고 재해석한다. 그런데도 〈오만과 편견〉은 아직도 오해를 받고 있는 영국 작품으로 남아있다. 사람들은 이 소설이 집중적이고 탐험적이고 위험할 정도로 파괴적인 작품이지, 순진하게 장식적이거나 그림같이 전원적인 것은 아니라는 사실을 거의 인식하지 못한다. 〈오만과 편견〉의 완벽한 자족성의 비밀이 되는 이 아이러니를 대개의 사람들은 알아채지 못한다.

keywords extended 집중적인, 철저한; 연장한　　exploratory 탐험적인　　subversive 전복하는, 파괴적인　　provincial 시골의; 편협한　　unnoticed 남의 눈에 띄지 않는　　straightforward 솔직한, 간단한　　refute 논박하다　　tremendous 엄청난

○ 빈출 어휘 점검 ○

literacy 글을 읽고 쓰는 능력

copyright 저작권

plagiarism 표절

critique 비평

literary criticism 문예 비평

definition 정의

cliché 진부한 표현

metaphor 은유

euphemism 완곡 어법

hyperbole 과장법

rhyme 운율

irony 풍자, 반어법

protagonist 주인공

context 맥락

stereotype 상투적인 문구; 고정 관념

unconscious impulse 무의식적 충동

extensive reading 다독

intensive reading 정독

mystery story 추리소설

suspense 지속적 긴장감, 서스펜스

dyslexia 읽기 장애, 난독증

colloquial 구어체의

language acquisition 언어 습득

bilingual 이중 언어의

coinage 신조어

universal grammar 보편 문법

complimentary 칭찬하는

approving 승인하는, 만족한

persuasive 설득력 있는

affirmative / positive 긍정적인

dissenting 이의가 있는

unfavorable 비판적인

compelling 강제적인

disgruntled 불만족스러운

reserved 삼가는

indecisive 우유부단한

undetermined 결단을 못 내리는

apathetic 무관심한

nonchalant 태연한, 아랑곳하지 않는

equitable 공정한

(2) 환경 · 자연재해

과학의 발전에는 환경파괴, 자연재해 등 부정적인 결과도 뒤따른다. 시사성 있는 신문 · 잡지의 글을 꾸준히 선호하는 경향이 있는 TEPS 독해의 지문으로 자주 채택되는 영역이다.

예제

The South Chinese Tiger is one of the ten most endangered species in the world. Only 20~30 cats are estimated to live in the wild, but many doubt there are any left at all as for the past thirty years no photographic evidence has been able to confirm that they still exist. Scientists were briefly encouraged, however, when a hunter proudly showed a photo claiming to be the elusive cat in 2006. The long-awaited evidence seemed so genuine and believable. It was convincing enough for government officials to begin promoting tourism to the region and to draft plans for a special conservation area. But scientists became increasingly skeptical as efforts to corroborate the picture continued without success.

Q Which of the following statements would the writer most likely agree with?

(a) The South Chinese Tiger is probably just a myth.
(b) Scientists are usually too skeptical to trust good evidence.
(c) The photograph of the South Chinese Tiger is not actually real.
(d) Government officials should continue using the photo to attract more tourists.

독 / 해 / 포 / 인 / 트

필자의 견해를 묻는 문제이다. seemed so genuine, increasingly skeptical, without success 등에서 필자가 이 사진에 대해 의심을 품는다는 것을 알 수 있다. 따라서 필자는 아마도 그 사진이 진짜가 아닐 것이라는 내용의 (c)에 동의할 것으로 보인다.

번역 남중국호랑이는 세계 멸종 위기 동물 10종 가운데 하나이다. 20~30마리의 호랑이만이 야생에서 산다고 추정되지만, 그들의 존재를 확인시켜줄 만한 사진 증거가 지난 30년간 없었기 때문에 많은 이들이 한 마리도 남지 못했으리라 추측했다. 그러나 2006년에 한 사냥꾼이 숨기 잘하는 이 호랑이의 사진이라며 자랑스럽게 한 사진을 제시했을 때 과학자들은 잠시 고무되었다. 오랫동안 기다려온 이 증거물은 정말 진본인 것 같고, 믿을 만해 보였다. 이 증거에 확신을 얻은 관리들은 그 지역의 여행을 홍보하고 특별 보호지구에 대한 계획을 짜기 시작했다. 그러나 그 사진의 진위 여부를 확인하려는 시도가 계속 무위로 끝나자 과학자들은 점차 의심을 품게 되었다.

keywords endangered species 멸종 위기의 품종   elusive 남의 눈을 피하는, 교묘히 잘 빠지는   genuine 진짜의 conservation 보호, 보존   skeptical 회의적인, 믿지 않는   corroborate 확인하다   myth 신화, 꾸며낸 이야기

빈출 어휘 점검

alternative energy 대체에너지

energy crisis 에너지 위기

ecosystem 생태계

sustainable 자연 파괴 없이 무한정 유지되는

ecoactivist 환경 보호 운동가

ecoawareness 환경의식

ecocide 환경 파괴

endocrine disruptor 환경 호르몬

rain forest 열대우림

deforest 벌채하다

recyclabe waste 재활용 쓰레기

separate collection 분리 수거

disposables 일회용품

garbage disposal 음식 찌꺼기 처리기

exhaustion 자원 고갈

hybrid car 휘발유와 전기 병용 승용차

extinction 멸종

exhaust gas 배기가스

emission 배기가스 배출

nuclear waste disposal 핵폐기물 처리

fallout 낙진

radiation detector 방사능 측정기

radioactive rain 방사능 비

acid rain 산성 비

yellow dust warning 황사 경보

global warming 지구온난화

ozone layer 오존층

pollutant 오염물질

decontamination 오염 제거

oil spill 기름유출

oil spill clean-up 유출된 기름 수거

canalization 운하 개설

catastrophe 대참사; 큰 재앙

casualties 사상자

landslide 산사태

avalanche 눈사태

glacier 빙하

tidal wave 해일

tornado 미국 중서부의 폭풍

turbulence 난기류

volcanic earthquake 화산 지진

Practice Test 4

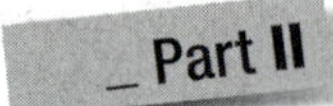

Part II   **Questions 1~8**   Read the passage and the question. Then choose the option that best answers the question.

1   Adam Hartwell loves animals, and he has often tried to get as close to them as possible in nature. This has sometimes created some very dangerous situations. In the Grand Canyon, he was once chased by a bighorn sheep. In Florida, he touched a sleeping shark. He even came face-to-face with a big mountain lion, although that one was a near life-ending mistake. All of these encounters did not prepare him, however, for the one he had this year. It was his most dangerous, most crazy animal encounter yet.

Q. What topic will most likely be discussed next?

(a) Hartwell's love for animals and nature
(b) Hartwell's scary encounter with a mountain lion
(c) An especially deadly meeting with a wild creature
(d) The serious tragedy that ended the life of Hartwell

2   Advertising campaigns for top fashion designers are expected to be cutting-edge and cause maximum impact. But the question is, "At what point should advertisers draw the line?" In the case of one prominent Italian designer, that line may have been crossed. One of Giovanni & Co.'s latest ads features images that some claim might incite violence against women. The government wants them pulled. Politicians say it may contribute to domestic violence when men think they own women as possessions.

Q. What can be inferred from the article?

(a) Giovanni & Co. had a history of running controversial ads.
(b) Italian designers are very conservative about advertising.
(c) Clothing sales are increasing due to the media attention.
(d) The Giovanni & Co. ads were intended to get attention.

3   Emperor Ahuizotl was an empire-builder who extended the Aztecs' reach as far as Guatemala. A contemporary of Columbus, he was also the last emperor to complete his rule before the Spanish Conquest. There is renewed interest in this ruler as of late stemming from the possible discovery of his tomb. Mexican archaeologists using ground-penetrating radar have detected underground chambers they believe contain the remains of Ahuizotl. It would be the first tomb of an Aztec ruler ever found, and could provide an extraordinary window into Aztec civilization at its height.

Q.   What can be inferred from the passage?

(a) Ahuizotl was killed by Columbus's soldiers.

(b) Ahuizotl built the underground chambers for defense.

(c) The locations of Aztec tombs had eluded historians for some time.

(d) The Mexican archaeologists are using a more powerful radar than before.

4   During the Victorian era, art was regarded as a tool for social and educational enlightenment. But some intellects and artists strongly disagreed with such a dogmatic view and pushed forward the Aestheticism movement. These radical thinkers wanted to do away with the highbrowed opinion most people had of art. They wanted to show that art does not need to have any other purpose than to simply be beautiful.

Q.   What can be inferred from the passage?

(a) The Aestheticism movement was short-lived.

(b) Proponents of Aestheticism favored copying old art forms.

(c) Victorian society was more critical of art than Aesthetic thinkers.

(d) Victorian art was more beautiful than that of the Aesthetic artists.

5 The study of what makes something humorous is actually quite scientific. For instance, researchers have found that humorous statements often follow the principle of incongruity. Consider this joke as an example: "Why won't sharks attack lawyers? Professional courtesy." It makes absolutely no sense at first and briefly may appear confusing. But then, in a flash, as we search through our mental files on language, syntax and social know-how, we mentally shift gears and see the statements in a new light. It is then that we notice the incongruity, the surprising play on words and twist of logic. That is what makes us laugh.

Q. What can be inferred from the passage?

(a) Good jokes are often confusing.

(b) Humor stems from the incongruity of appearance and reality.

(c) To be humorous, a joke must deal with universally known facts of life.

(d) Incongruity refers to the use of words and logic in unexpected ways.

6 It is a basic fact that plants need light to survive. Light is necessary for photosynthesis, which provides them with energy to grow. Too much light can be damaging, however, so plants have a way of surviving in environments where there is excessive sunlight. They protect their leaves through a process called photoprotection. The whole process takes less than a billionth of a second to convert excess light energy into heat, which is harmlessly dispersed. This works by way of a small number of certain key molecules that change their shape when too much light is absorbed. The identities of these molecules were uncovered in a recent study by British scientists.

Q. What will most likely be the subject of the next paragraph?

(a) The way photoprotection works

(b) The recent research by UK scientists

(c) The importance of protecting from sunlight

(d) The methods plants use to survive too much light

7   Come visit Barntree Canyon. Our canyon tours on horseback guarantee an unforgettable experience. When you first see the canyon, you will not believe your eyes. As you travel down the narrow footpaths along the canyon wall, stunning rock castles will seem to reach the clouds as they tower overhead. Looking at the strange formations reaching for the sky, the breathtaking vistas, and the horizons with no end in sight, you will be amazed by the sheer beauty of nature. Book your visit today by calling 1-800-781-9901.

Q. What can be inferred about Barntree Canyon?

(a) Its trails may not be suitable for vehicles.

(b) It contains many diverse ecosystems.

(c) It is a natural habitat for wild horses.

(d) It offers many backcountry campsites.

8   In the futuristic world created in the book *Moon Rising*, liberal eugenics policies have crafted a society where residents live "perfect" engineered lives. Only top-notch humans are allowed to have offspring using eugenically desirable genes from their ancestors. This exclusive use of biotechnology causes the human race to be divided into two groups: Valids and Invalids. The Valids are genetically engineered, while the Invalids are the products of natural conception. Being considered of lower class, the Invalids are given menial jobs and looked down upon. The novel impresses the reader throughout with harrowing implications for our present pursuits in the biotechnology field.

Q. Which of the following points is *Moon Rising* most likely trying to make?

(a) Being divided into classes promotes harmony in society

(b) People have value even if they are genetically engineered

(c) Prejudice is especially prominent in the scientific community

(d) Scientific possibilities should be tempered by ethical guidelines

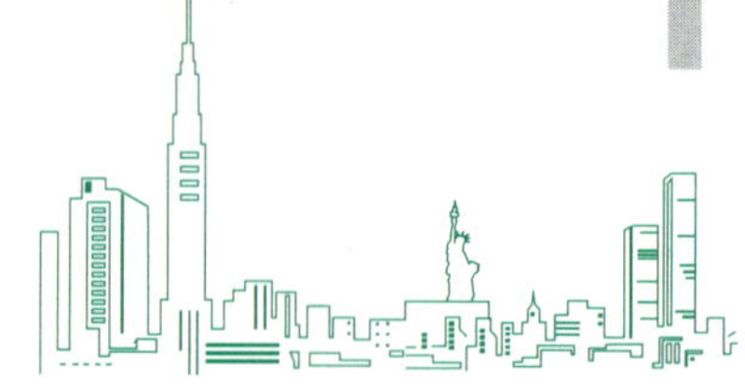

Unit 5 일관성 찾기 *

문제 들여다보기

- Part III에는 흐름이 어색하고 전체 글의 일관성에서 벗어난 부분이 무엇인지 고르는 문제가 출제된다. 한 문단에서 주제문의 역할과 글이 논리적으로 전개되는 과정을 얼마나 잘 파악하는지 측정하는 문제이다.

- 한 문단은 반드시 하나의 주제에 대한 내용으로만 이루어져야 한다는 원칙을 잊지 말자. 일단 첫 문장을 읽고 지문의 주제를 확인한 후에 글의 구성이 원인-결과, 예를 포함한 설명, 대조, 비교문 등인지 살펴본다.

예제

Nowhere is the planetary crisis more threatening than in the Arctic. (a) Within our lifetime, animals like the polar bear could face extinction. (b) The environmental group WWF monitors the numbers of over 1,300 animals worldwide. (c) Scientists believe that such animals in the Arctic are fading faster than at any other time in human history. (d) If things do not change soon this habitat may no longer be able to support its present species.

🏷 지구의 환경 위기가 극명하게 드러나는 북극의 실태가 이 글의 주제이다. 단적인 예로 북극곰 같은 동물이 북극에서 곧 멸종할지 모른다는 구체적인 내용이 이어진다. 이런 유형의 문제에서는 단순히 동일한 단어나 어구가 나온다고 해서 주제가 통일성을 갖고 이어지는 것은 아니라는 점에 유의해야 (b)를 답으로 골라낼 수 있다.

▷ **planetary** 행성의, 지구의　**Arctic** 북극　**extinction** 멸종; (불) 진화　**WWF**(= World Wildlife Fund) 세계 야생 생물 기금　**habitat** 서식지, 환경

↳ 번역은 정답 및 해설 p.33 참조

1 독해 포커스 – 예측하기

모든 글에는 나름의 논리가 있게 마련이다. 따라서 글을 읽으면서 그 후의 내용을 어느 정도는 예측해 볼 수 있다. 뒤에 나올 내용을 미리 예측해보는 연습은 특히 Part III의 문제를 푸는 데 도움이 된다.

연습 1

▶ 왼쪽의 1번 문장을 읽은 후 오른쪽의 2a와 2b 중에서 1번 문장 다음에 이어질 문장을 고르고 다시 왼쪽의 2번 문장에서 자신의 선택이 맞는지 확인해보자. 이런 식으로 5번 문장까지 예측과 확인을 이어가며 연습해보자.

1 Everyone should pay attention to his or her salt intake.

2a Nearly one in three Americans has high blood pressure, but most people will not have serious health problems.

2b Nearly one in three Americans has high blood pressure, and 90 percent will eventually develop it if they do not change their diet.

2 Nearly one in three Americans has high blood pressure, and 90 percent will eventually develop it if they do not change their diet. (=2b)

3a Your body needs 1,500 milligrams of sodium every day for basic functions like carrying nutrients to cells.

3b You should be aware of your blood pressure and be careful about your sodium intake.

3 You should be aware of your blood pressure and be careful about your sodium intake. (=3b)

4a Moreover, some are even more vulnerable to the effects of sodium than others.

4b Moreover, some are even more tolerant to the effects of sodium than others.

4 Moreover, some are even more vulnerable to the effects of sodium than others. (=4a)

5a Being overweight, African-American, or a senior, for instance, increases your chances of being salt-sensitive.

5b Being overweight, African-American, or a senior, for instance, does not increase your chances of being salt-sensitive.

5 Being overweight, African-American, or a senior, for instance, increases your chances of being salt-sensitive. (=5a)

■ 독 / 해 / 포 / 인 / 트

1–2–3–4–5번의 글을 연달아 이어보면 염분 섭취량과 건강에 대해 일관성 있게 글이 전개된다는 점을 확인할 수 있다.

번역 모든 사람은 자신의 소금 섭취량에 유의해야 한다. 3명 중 1명 꼴의 미국인이 고혈압이며, 식습관을 바꾸지 않으면 90퍼센트가 결국 고혈압이 될 것이다. 당신은 당신의 혈압을 알고, 나트륨 섭취량에도 주의해야 한다. 더욱이 다른 사람보다 더 나트륨 섭취에 취약한 사람들도 있다. 예컨대 과체중이거나 흑인, 노인이라면 소금에 민감해질 가능성이 더 높다고 하겠다.

keywords intake 섭취량　　develop (병을) 발생시키다; 발달시키다　　sodium 나트륨　　vulnerable 약한, 상처받기 쉬운 tolerant 내성이 있는

연습 2

▶ 뒤에 나올 내용을 예측해보면서 다음 글을 알맞게 이어서 읽어보자.

1 Around the world, people are making big changes in the way they eat, shop, and travel.

2a As a matter of fact, this new lifestyle cannot be understood totally new.

2b This new model is summed up in a single acronym: LOHAS, or "Lifestyle of Health and Sustainability."

2 This new model is summed up in a single acronym: LOHAS, or "Lifestyle of Health and Sustainability." (=2b)

3a As you might expect, Lohasians frown on excessive consumption, but this does not necessarily extend to a distaste for luxury.

3b As you see, Lohasians do not accept luxury goods at all which may affect their lifestyle.

3 As you might expect, Lohasians frown on excessive consumption, but this does not necessarily extend to a distaste for luxury. (=3a)

4a To the contrary, many of them recognize the practical benefit of buying a $500 purse and using it for 20 years, rather than having a cheap one that lasts only a few months.

4b For example, many of them believe that it is acceptable to buy a cheap purse which may last only a few months.

4 To the contrary, many of them recognize the practical benefit of buying a $500 purse and using it for 20 years, rather than having a cheap one that lasts only a few months. (=4a)

5a Luxury goods that cost a lot may give us some benefits.

5b Luxury goods that are well-made should also cost more.

5 Luxury goods that cost a lot may give us some benefits. (=5a)

◤ 독 / 해 / 포 / 인 / 트

1-2-3-4-5번의 문장을 이어서 읽어보면 건강과 환경에 대한 새로운 생활방식인 '로하스'에 대한 일관성 있는 글임을 확인해볼 수 있다.

번역 전세계에서 사람들이 먹고 쇼핑하고 여행하는 방식에 큰 변화가 일어나고 있다. 이 새로운 방식은 LOHAS라는 하나의 약어, 즉 '건강과 지속 성장의 생활방식'으로 요약될 수 있다. 당신이 예상하는 대로, 로하스인들은 과소비에 찬성하지 않지만 그렇다고 그들이 호사를 싫어한다고 확대 해석할 필요도 없다. 사실 그들 중에는 500달러짜리 지갑을 구매해서 20년 동안 사용하는 편이 겨우 몇 달밖에 안 가는 싸구려 지갑을 사는 것보다 실용적이라고 인정하는 이들도 많다. 값이 비싼 사치품이 우리에게 이득을 줄 수도 있는 것이다.

keywords acronym 약어 sustainability 지속 성장성 frown 얼굴을 찌푸리다, 찬성하지 않다 distaste 싫증, 혐오 luxury 사치, 호사; 고급품 benefit 이익, 이득

2 구조 포커스

(1) 전치사구

호흡이 긴 문장을 읽을 때 가장 주의할 점은 어디서 끊어 읽기를 하느냐는 것이다. 일단은 주어와 동사를 나누고, 그 다음에는 수식 부분을 찾아야 하는데, 이때 주의할 것이 바로 전치사구이다. 전치사구는 따로 독립해서 사용되거나 동사와 연결되고, 때로는 전치사 뒤에 나와야할 목적어인 명사가 앞으로 도치되기도 한다.

Ⓐ 단독으로 사용되는 전치사구

전치사구를 따로 떼어내서 해석한다.

1. John Lindsay was running for mayor of New York **at the time of the drought**.
가뭄의 시기에
　↳ 존 린지는 가뭄의 시기에 뉴욕 시장으로 입후보했다.

2. The team did quite well **at the presentation**.
발표회에서
　↳ 그 팀은 발표회에서 꽤 잘해냈다.

3. **Because of the tax cuts**, the educational system of the high school have reached an
감세 때문에
all-time low.
　↳ 감세 때문에 고등학교의 교육 체제가 그 어느 때보다 침체기를 맞았다.

Ⓑ 동사와 연결되어 사용되는 전치사구

동사와 연관 지어서 해석한다.

1. Elephants were so skilled at **distinguishing** one vibration pattern **from** another.
A와 B를 구분하다
　↳ 코끼리들은 어떤 진동 패턴과 다른 진동 패턴을 구별하는 데 매우 능숙하다.

2. The messenger **informed** the lady **of** her husband's sudden death.
A에게 B에 대해 알려주다
　↳ 심부름꾼이 부인에게 그녀의 남편이 급사했다고 알려주었다.

3. He **persuaded** her **out of** buying a new sports car.

   A를 설득해서 B하지 못하게 하다

   ↘ 그는 그녀를 설득해서 새 스포츠카를 사지 못하게 했다.

동사 뒤의 목적어가 긴 경우 전치사를 확인해두면 해석하는 데 도움이 된다.

1. It has **fooled** thousands of readers and quite a few reviewers **into** believing it was

          목적어

based on the true stories of real individuals.

   ↘ 그것은 수천 명의 독자와 꽤 많은 평론가들을 속여서 그것이 실제 인물의 진짜 이야기에 기초한다고 믿게 만들었다.

   ▶ A가 B하도록 속이다.

2. The woman **attributed** her success as a capable spokesperson **to** her parents' love

          목적어

and care.

   ↘ 그 여성은 유능한 대변인으로 성공한 것을 부모의 사랑과 배려 덕택으로 돌렸다.

   ▶ A를 B 탓으로 돌리다.

ⓒ 전치사만 남아있는 경우

관계절이나 수동태 문장 등에서 어순이 도치되면서 전치사 뒤에 목적어가 없는 경우에는 그 목적어를 찾아야 한다.

1. The invalids were looked down **upon**.

   ↘ 병약자들은 무시당했다.

   ▶ 주어인 The invalids가 look down upon의 목적어.

2. His mother needs someone to take care **of**.

   ↘ 그의 어머니는 (자신이) 돌봐줄 사람이 필요했다.

   ▶ someone이 take care of의 목적어.

3. We should pay more attention to the world we live **in**.

   ↘ 우리는 우리가 사는 세계에 더 관심을 가져야 한다.

   ▶ the world가 in의 목적어.

(2) 가정 · 양보 · 추측

지금 있는 그대로가 아닌 다른 것을 가정하거나 추측 · 양보하는 표현은 특정한 사항을 강조할 때 주로
사용되기 때문에 글의 핵심을 포착할 때 중요한 단서가 되기도 한다. 더욱이 어느 정도 난이도가 있는
문장에서는 이러한 표현이 빈번하게 사용된다.

Ⓐ if가 사용되는 경우에는 가정법임이 분명하게 드러난다.

1. If people were to follow healthy eating guidelines, up to 70,000 deaths could be
   prevented.

   ↘ 사람들이 건전한 식사 지침을 따른다면 7만 건 이상의 죽음을 방지할 수 있을 것이다.

2. Many people could die due to the effects of unhealthy diets if no change is made.

   ↘ 아무런 변화도 일어나지 않는다면 건강하지 못한 식습관의 결과로 많은 사람들이 죽을 수도 있다.

Ⓑ unless는 부정의 뜻을 지닌 가정법 표현이다.

1. The world will face another war unless immediate action is taken.

   ↘ 즉각적인 조처가 취해지지 않는다면 이 세계는 또 다른 전쟁에 직면하게 될 것이다.

2. It will be prohibited unless the residents agree.

   ↘ 주민들이 동의하지 않는다면 그것은 금지될 것이다.

Ⓒ if가 사용되지 않는 경우에는 조동사의 과거형 등으로 가정의 뜻을 나타낸다.

1. Without them, the world would lack such powerful inspiration.

   ↘ 그들이 없었다면 이 세계에는 그렇게 강력한 영감이 부족할 것이다.

2. Should he have some money, he would donate it to the fund.

   ↘ 그가 돈이 좀 있었다면 그 기금에 기부했을 것이다.

D 양보를 나타내는 다양한 표현

1. A true gentleman **would** not have said so to the disadvantaged boy.

   ↘ 진정한 신사라면 불우한 소년에게 그런 말을 하지는 않았을 것이다.

2. **Smart as he is**, he does not care about others at all.

   ↘ 그는 비록 똑똑하지만 다른 이들에 대해 전혀 신경 쓰지 않는다.

3. **Whatever** you may say about him, I will stand by him.

   ↘ 네가 그에 대해 뭐라고 말하더라도, 난 그 사람을 지지할 것이다.

E 그 외 미래의 가능성을 나타내는 표현들

1. a prospective customer

   ↘ 팔아줄 만한 사람
   ▶ 지금은 고객이 아니지만 앞으로 고객이 될 수 있다는 의미.

2. a bride-to-be

   ↘ 미래의 신붓감
   ▶ 미래에 신부가 될 가능성이 있다는 의미.

3. a possible death

   ↘ 있음직한 죽음
   ▶ 죽을 수도 있다는 의미.

4. a fatal dose

   ↘ 치사량
   ▶ 결국 죽음에 이를 정도의 양.

3 어휘 포커스

(1) 공학 · 컴퓨터 · 자연과학

현대인으로서 우리는 그 어느 때보다 발전된 문명의 도움을 많이 받고 있다. 자연과학이나 컴퓨터, 공학 등도 일부 전문가만의 영역이 아니라 전반적인 우리의 생활에 깊숙이 연관되어 있다. 이러한 분야에서 사용되는 기본 어휘에 주목하자.

예제

Single neurons in the brain can distinguish subtle sound frequencies far more effectively than even the human ear. (a) An auditory neuron can be amazingly selective to a very specific frequency of sound, down to practically a tenth of an octave. (b) The auditory nerve that carries signals from the ear to the cortex, by comparison, has an ability to detect sound that is thirty times less sensitive. (c) This extreme sensitivity of the auditory neuron is even existent in musically untrained individuals, studies have found. (d) Similar studies also found that musical training enhances individuals' ability to hear sounds and detect vibratory emissions.

독 / 해 / 포 / 인 / 트

이 글의 주제는 인간의 귀보다 두뇌의 청각 뉴런이 훨씬 더 예민하다는 것이다. 따라서 청각 뉴런의 민감성을 구체적으로 설명하는 내용이 뒤에 이어져야 한다. (d)의 Similar studies만 보면 글이 자연스럽게 이어지는 것 같으나 내용이 비약했으므로 함정이다.

번역 　두뇌에 있는 단독 뉴런이 미묘한 소리 주파수를 인간의 귀보다 더 효과적으로 알아낼 수 있다. (a) 청각 뉴런은 특정한 소리 주파수에 놀랄 정도로 선택적이어서 실제로 한 옥타브의 10분의 1정도까지도 확인할 수 있다. (b) 이와 비교해, 귀에서 대뇌피질로 신호를 전달하는 청각 신경은 30배나 덜 민감한 소리를 탐지할 수 있다. (c) 여러 연구 결과에 의하면 청각 뉴런의 극단적인 민감성은 음악 훈련을 받지 않은 사람에게도 존재한다고 한다. (d) 비슷한 연구에 의하면 음악 훈련이 소리를 듣고 진동 방출을 탐지하는 개개인의 능력을 향상시킨다고 한다.

keywords 　neuron 신경 단위, 뉴런　　frequency 주파수, 진동수; 빈번　　auditory 청각기관의　　cortex 대뇌피질　　enhance 향상시키다　　vibratory 진동하는　　emission 발산, 방사물

◎ 빈출 어휘 점검 ◎

traffic (컴퓨터) 정보 소통량

throughput (컴퓨터) 정보 처리량

switching (컴퓨터) 전환

interface (컴퓨터) 인터페이스

file sharing 파일 공유

hypertext 하이퍼텍스트(막대한 양의 정보를 컴퓨터로 검색하는 기술)

security update 보안 프로그램 업데이트

backing storage 보조 기억 장치

clipboard 일시 기억 영역

batch processing 자료 일괄 처리

demo 테스트용 프로그램

troubleshoot 컴퓨터 고장을 고치다

debug 프로그램의 잘못을 수정하다

retrieve 정보를 검색하다

voice recognition 음성 인식

artificial-voice technology 음성 합성 기술

speech synthesis 음성 합성

e-commerce 전자 상거래

e-currency 전자 화폐(= cybercash)

cyberspace 사이버 공간

cyberfraud 사이버 사기

cyber crime 사이버 범죄

cybercafé 인터넷 카페

internet penetration 인터넷 보급률

ubiquitous computing 컴퓨터 환경

image processing 화상 정보 처리

IP address 인터넷 규약 주소

netspeak 인터넷 은어

tablet (마우스를 움직이는) 직사각형 판

text 문자로 된 데이터

wideband 광대역

cracker / hacker 해커

virtual reality 가상 현실

firewall 방화벽

access 기억 장치에서 정보를 호출하다

activate (컴퓨터를) 가동시키다

compatibility 호환성

architecture 시스템 구조

wafer 회로판

(2) 역사 · 문화 · 사회

컴퓨터와 과학이 우리의 현실이라면 역사와 문화는 우리의 기반이다. 예전에는 미국이나 영국 등 서양사에 대한 이해를 묻는 문제가 많았으나 근래에는 그 외 여러 문화와 사회에 대한 지문도 등장한다. 또한 역사 속의 위인이나 시대상을 반영하는 인물에 대한 지문도 출제된다.

예제

During the Yuan dynasty in China, a rich diversity of cultural achievements was unleashed. (a) Cultural integrity and careful cultivation had always been hallmarks of Chinese society. (b) Among these, the development of drama and the novel and the increased use of the written vernacular were particularly impacting. (c) Western musical instruments were also introduced during this time and further enriched the Chinese performing arts. (d) Further advances were realized, too, in the fields of travel literature, cartography and geography, and scientific education.

독 / 해 / 포 / 인 / 트

주제문의 핵심 표현은 a rich diversity of cultural achievements. '(b) 다양한 장르의 개발, (c) 서양 악기의 도입, (d) 여러 학문 분야의 발전' 등이 이러한 맥을 이어가는데 (a)만은 문화의 완전성과 세련도 등 전혀 다른 방향으로 나가고 있다.

번역 중국 원나라 시대에는 풍부하고 다양한 문화적 업적이 풀려 나왔다. (a) 문화적 완전성과 세심한 세련도는 언제나 중국 사회의 특징이었다. (b) 그 중에서 극의 발전과 소설, 그리고 문어체 중국어 사용 증가가 특히 영향력을 행사했다. (c) 또한 이 시대에 양악기가 도입되어 중국 공연예술을 더욱 풍요롭게 했다. (d) 기행문학과 서예, 지리, 과학 교육 분야에서도 더 많은 발전이 이루어졌다.

keywords unleash 속박을 풀다　integrity 완전; 고결　cultivation 세련, 우아; 양성, 교화; 경작　hallmark 특징 vernacular 국어, 방언　cartography 지도 제작(법)

● 빈출 어휘 점검 ●

heritage 전통, 유산

convention 관습, 풍습

artifact 문화 유물, 인공물

remains 유적

cultural assets 문화재

historical view 역사관

archaeology 고고학

crusade 십자군

paternal lineage 부계 승계

polyandry 일처다부

prehistoric 선사시대의

feudalism 봉건제도

monarchy 군주제도

Reformation 종교 개혁

Restoration 왕정 복고

the Curia 로마 교황청

cardinal 추기경

audience 알현, 접견

civil war 내전

all-out war 총력전

conventional warfare 재래식 무기

warmonger 전쟁 도발자

armistice 휴전

truce line / cease-fire line 휴전선

anachronism 시대 착오

mythology 신화

oracle 신탁

popular culture 대중문화

fad 일시적 유행

indiscriminate 차별이 없는

class discrimination 계급 차별

gender equality 남녀 평등

disparity 불균형

emancipation 해방

adaptation 순응

alienation 소외

collective behavior 집단 행동

synergy 협력 작용

labor union 노동조합

social security 사회보장

Part III   Questions 1~8   Read the passage. Then identify the option that does NOT belong.

1   The city of Macao in China is believed to have derived its name from the Temple of A-Ma. (a) According to legend, the temple was constructed on the site where a young lady ascended to heaven. (b) The legend says a fishing crew was facing death in a severe storm on the open sea. (c) Then, suddenly, this woman appeared and guided them safely ashore. (d) Even today this area continues to be dangerous to ships, and many vessels are lost at sea.

2   In 1965, New York City faced a severe drought. (a) Researchers concluded that the water supply was in fact sufficient to maintain the city's needs, but insufficient to maintain the city's habits. (b) So citizens were encouraged to change their habits of excessive water consumption. (c) John Lindsay was running for mayor of New York at the time of the drought. (d) But what saved New York was not the call to change citizen behavior, but the construction of vast new reservoirs.

3   I was 18 years old when I began experiencing back pain. (a) It was horrifically painful and I sought treatment from my doctor. (b) He told me my spine was not shaped properly and started me on a treatment program of spinal adjustments. (c) Depending on the cause of the pain, treatment for back pain can also include surgery, physical therapy, and even dieting. (d) This program did not help much, however, and eventually I was told surgery was my only choice.

4   It is important to keep in mind that golfing is just a game. (a) Very few ever become good enough to make a living as professional golfers. (b) However, professionals can make a lot of money by playing golf. (c) So it is best not to take golf too seriously. (d) Unless you plan on making it your career, just relax and enjoy playing golf with friends.

5 The construction of a desalination plant in Australia was recently put on hold when government officials learned that dinosaur bones, teeth, and vertebrae were located under the site. (a) The $3 billion plant was scheduled to begin providing fresh water to citizens of Melbourne by 2011. (b) Melbourne is located in the state of Victoria in the southeastern part of Australia. (c) Now that goal looks like it will not be reached as scientists will be given a chance to excavate the area before digging begins. (d) Because of the excavations, the project will probably be delayed until at least 2015.

6 Until recently, when a car reached the end of its useful life, it was the owner's responsibility to dispose of it. (a) Often, this meant that cars were simply abandoned. (b) This caused considerable expense to the customer and serious environmental damage. (c) If the damage to the environment continues, the world will be unsafe for living. (d) Now some companies are trying to change this by disposing of cars in a cheap, environmentally friendly manner.

7 Calligraphy has come a long way from its traditional roots. (a) In the past, calligraphy was practiced by scholars and had deep philosophical meaning. (b) Today, however, it is often used merely to achieve a certain design effect. (c) Designers commonly choose effects that suit their personal preferences. (d) The calligraphy designs can even be produced on computer now.

8 If you have diabetes, your body cannot make or properly use insulin. (a) This leads to high blood glucose levels in your blood. (b) Healthy eating is a critical part of controlling these levels. (c) The high levels, in turn, can have various detrimental effects on the body. (d) They can cause, among other symptoms, fatigue, increased urination, and thirst.

GRAMMAR

DIRECTIONS

This part of the exam tests your grammar skills. You will have 25 minutes to complete the 50 questions. Be sure to follow the directions given by the proctor.

1. A: I never thought it would rain this much.
B: It's _____________ than we have ever had.
(a) much
(b) more
(c) many
(d) the most

2. A: Was your job promotion worth it?
B: Yes, certainly, except for the long hours I have _____________.
(a) work
(b) to work
(c) working
(d) being worked

3. A: How did you do so well on the test?
B: I don't know. _____________ I thought it'd be hard, it was easy.
(a) As
(b) Because
(c) Rather than
(d) Even though

4. A: Did you get permission from your boss to take the vacation?
B: No, I _____________ I cannot leave at this time.
(a) told
(b) am told
(c) was told
(d) was being told

5. A: Hi, I'd like to buy _____________.
B: Sorry, we're all sold out.
(a) hamster
(b) a hamster
(c) the hamster
(d) any hamster

6. A: _____________ are you going to get to work?
B: I will take the subway.
(a) Why
(b) How
(c) When
(d) Where

7. A: Can you recommend a good place to eat?
B: Gino's Restaurant _____________ great food. I've been there several times.
(a) has
(b) had
(c) will have
(d) has been having

8. A: Fixing that meal looks like a lot of work.
B: It's not. It's actually a pretty easy meal _____________ .
(a) make
(b) making
(c) to make
(d) being made

9. A: Do you think I should get a haircut and perm or just dye my hair?
B: Get both, _____________ I mean a haircut and a perm.
(a) which
(b) by which
(c) whatever
(d) whichever

10. A: Everyone at the meeting was disappointed you weren't there.
B: Sorry, I _____________ attended if I hadn't been so sick.
(a) must've
(b) might've
(c) would've
(d) should've

11. A: I really think our son needs a new tutor.

B: What's wrong with the one he _________ since last year?

(a) has
(b) had
(c) has had
(d) has been having

12. A: I really can't make friends with Priscilla. She's so rude.

B: You're not alone. Everyone has _________ getting along with her.

(a) trouble
(b) troubles
(c) a trouble
(d) the trouble

13. A: Do you suppose school will be cancelled because of the weather?

B: No, _________.

(a) I don't think it really
(b) I don't really think so
(c) I'm thinking not really
(d) I'm not really thinking so

14. A: Are you almost done? I need to use the computer.

B: Just give me _________.

(a) few minutes more
(b) more few minutes
(c) a few more minutes
(d) a more few minutes

15. A: Mark shaved his head yesterday.

B: That _________ true. I just saw him and he still has hair.

(a) can't be
(b) couldn't be
(c) can't have been
(d) couldn't have been

16. A: There's a rumor that Bill is moving to Africa. Did you know?

B: Yes, I heard _________.

(a) once that he said
(b) him say that once
(c) he that once said it
(d) that him say it once

17. A: Where are you going tonight?

B: The same place I _________ every Tuesday night—the Internet café.

(a) go
(b) will go
(c) am going
(d) had been going

18. A: How much time will it take him to fix our washing machine?

B: _________ at three, the repairman should be done by five, I think.

(a) Began
(b) Beginning
(c) Having begun
(d) Having began

19. A: Have you decided which dress to buy?

B: Yes, the _________ my favorite.

(a) yellow and blue is
(b) yellow and blue are
(c) yellows and blues is
(d) yellows and blues are

20. A: How many are attending the company party?

B: The boss asked that every employee _________ there.

(a) is
(b) be
(c) to be
(d) is being

21. None of his classmates could understand Makiko, ______________ had recently moved from Japan.

(a) that
(b) who
(c) whom
(d) which

22. For people who ______________, winter can be a difficult time of year.

(a) depressed
(b) depressing
(c) are depressed
(d) are depressing

23. There are many kinds of plants that ______ be kept indoors without the need for direct sunlight.

(a) can
(b) must
(c) might
(d) should

24. Every morning before leaving the house, Linda looked in the mirror and told ______ that everything would go well that day.

(a) it
(b) her
(c) itself
(d) herself

25. His new book released in June deals with what parents with children at puberty ______________ know.

(a) can
(b) shall
(c) ought to
(d) may well

26. More and more drivers are taking public transportation to work, ______________ the government's call to save energy.

(a) honor
(b) to honor
(c) honoring
(d) having honored

27. ______________ to Bali has become a popular choice for many newlyweds in Asia.

(a) Go
(b) To go
(c) Going
(d) Having gone

28. The investors thought the business proposal was not workable ______________ they decided not to contribute money.

(a) so
(b) but
(c) unless
(d) although

29. This coming fall, Channel 6 ______________ a new lineup of television programs.

(a) featuring
(b) will feature
(c) has featured
(d) will have featured

30. Walter was very careful not to tell anyone about Nancy's secret, ______________ that doing so would make her upset.

(a) know
(b) to know
(c) knowing
(d) having known

31. __________ by their rivals, the players no longer had any hope of winning the championship.

(a) Defeat
(b) Defeated
(c) To defeat
(d) Defeating

32. __________, Sarah realized that Larry would probably be late to work.

(a) To hear his accident
(b) Hearing the accident
(c) Hearing of the accident
(d) She heard of his accident

33. The medicine Kelly took for her cold ______ very sleepy while at work.

(a) causing her to be
(b) caused her to feel
(c) caused her feeling
(d) causing feelings that were

34. An economic slowdown ______ a country can have a major effect on its trading partners.

(a) in
(b) to
(c) on
(d) for

35. The puppy Mr. Wilson bought turned out to be exactly what his children __________.

(a) want
(b) had wanted
(c) have wanted
(d) have been wanting

36. On her first day as a flight attendant, Nicole __________ food to some of the passengers.

(a) forgot to serve
(b) forgets being served
(c) forgets serving of the
(d) was forgotten in serving

37. Collecting and identifying new species were primary purposes of the jungle expedition, __________ the condition of the environment.

(a) to also assess
(b) assessing along with
(c) along with assessing
(d) also in order to assess

38. Everyone suspected the janitor of stealing the money __________ it was actually Greg who took it.

(a) that
(b) until
(c) while
(d) even so

39. The politician lost credibility after it was revealed that he __________ bribes throughout his career.

(a) accepted
(b) has accepted
(c) was accepting
(d) had been accepting

40. __________, Colleen made a lot of money from tips.

(a) A fancy restaurant
(b) As a fancy restaurant
(c) Being a fancy restaurant
(d) It being a fancy restaurant

Part III　**Questions 41~45**

Identify the option that contains an awkward expression or an error in grammar.

41. (a) A: You look sleepy. Are you feeling tired today?
(b) B: Yes, I didn't get enough sleep last night.
(c) A: Why not? Couldn't you fall asleep?
(d) B: I had to work lately into the night.

42. (a) A: Honey, have you fixed the faucet yet?
(b) B: Not yet, but I'll get to it this weekend.
(c) A: Please do. I really need you doing it.
(d) B: I'll make sure to fix it. I promise.

43. (a) A: Did the teacher say what the reward is for solving the puzzle?
(b) B: Yes, the one whoever finds the answer will get a prize.
(c) A: In that case, I'm going to try hard to find the solution.
(d) B: Good luck with that. I looked at it and it's pretty hard.

44. (a) A: I really need to use the computer right now.
(b) B: Just wait your turn. I'm not finished yet.
(c) A: But you were on it for thirty minutes already.
(d) B: Wait just a little longer and I'll be through.

45. (a) A: Is there Mr. Blackstone living there?
(b) B: No, I think you've dialed the wrong number.
(c) A: Oh, I'm very sorry for troubling you, then.
(d) B: That's quite all right. Please check the number again.

Part IV   Questions 46~50

Identify the option that contains an awkward expression or an error in grammar.

46. (a) Parents were outraged over an incident that occurred yesterday. (b) Their children were waiting at a bus stop for the school bus to pick them up. (c) The bus driver was late and in her hurry failed to slow down before reaching the stop. (d) She sped past, hit a puddle, and soaked the kids, left them to wear the wet clothes all day.

47. (a) Swallowing gum is not as harmful as it is often perceiving. (b) Our digestive system is designed to discard whatever cannot be digested. (c) So even though gum cannot be digested well, it can still be discarded as waste. (d) This does not mean, however, that it is a good idea to swallow gum.

48. (a) For resorts, maintaining perfect skiing conditions has become a sophisticated task. (b) Many ski resorts using snow-makers to help coat the slopes with the right kind of snow. (c) These can be controlled by a computer system that reads the weather conditions all over the slopes. (d) The computer system then uses this data to produce the proper amount and type of snow.

49. (a) Tattoos are created by injecting ink under a person's skin. (b) The ink is injected using a tattoo machine. (c) The machines can make between 80 to 150 punctures per second. (d) Because they puncture the skin, it is important that sterilized machines may be used.

50. (a) In 1967, Henry Hill organized a daring robbery that was almost a failure. (b) Hill's men planned to steal $420,000 from an air cargo terminal at JFK International Airport. (c) His problem was that an armed guard kept the key to the money storage room. (d) It had not been that they were able to duplicate that key, they could not have stolen the money.

This is the end of the Grammar section. Do NOT move on to the next section until instructed to do so. You are NOT allowed to turn to any other section of the test.

Vocabulary

DIRECTIONS

This part of the exam tests your vocabulary skills. You will have 15 minutes to complete the 50 questions. Be sure to follow the directions given by the proctor.

1.   A: Guess what? We finally got the big
        Wilkins contract!
     B: Great. Now, that's good __________.

     (a) news
     (b) words
     (c) feelings
     (d) sounds

2.   A: There's no talking during the test,
        Ted!
     B: I'm sorry. I just needed to __________
        an eraser.

     (a) rent
     (b) lend
     (c) borrow
     (d) loan

3.   A: I tried to call you last night, but the
        phone was busy.
     B: Oh, I was __________ with my mom
        on the other line.

     (a) chatting
     (b) calling
     (c) muttering
     (d) vocalizing

4.   A: So, are you nervous about meeting
        Annie's parents for the first time
        tonight?
     B: Yes, I'm quite __________ about it.

     (a) anxious
     (b) impressed
     (c) untied
     (d) cautious

5.   A: When are you expecting your baby?
     B: I'm __________ next month.

     (a) ripe
     (b) matured
     (c) due
     (d) delivered

6.   A: I don't believe I've had the __________.
        I'm Edward Elton.
     B: How do you do, Mr. Elton? I'm
        Emma Johnson.

     (a) handshake
     (b) introduction
     (c) pleasure
     (d) meeting

7.   A: Does 7 p.m. __________ your
        schedule?
     B: No, let's make it at 8.

     (a) fill
     (b) fit
     (c) match
     (d) meet

8.   A: Thanks for repaying me.
     B: You're welcome. Now let's call it
        __________.

     (a) even
     (b) fair
     (c) equal
     (d) stable

9. A: Where's the report? It's long overdue.
   B: I'm terribly sorry. I will turn it in
      __________ .

   (a) immediately
   (b) certainly
   (c) readily
   (d) urgently

10. A: Harry's really been __________ lately.
    B: He broke up with his girlfriend last
       week.

    (a) on the warpath
    (b) down in the dumps
    (c) under the weather
    (d) on cloud nine

11. A: Why did Billy get in trouble at
       school?
    B: Because he __________ to the
       teacher.

    (a) talked back
    (b) dropped in
    (c) asked around
    (d) caught on

12. A: I'm sorry, but that's as low as I can
       go on this item.
    B: Well, then I'm afraid I'll have to
       __________ .

    (a) overreach
    (b) pass
    (c) reject
    (d) sidestep

13. A: Do you like your new place out in
       the country?
    B: Yes, it's so calm and __________ .

    (a) rustic
    (b) austere
    (c) amicable
    (d) sedate

14. A: Does Becky really earn more than
       her husband?
    B: Yeah, she's the __________ of the
       family.
    (a) stakeholder
    (b) housekeeper
    (c) breadwinner
    (d) spendthrift

15. A: How long will you be __________ ?
    B: I'll be gone for three weeks.

    (a) absent
    (b) departed
    (c) outbound
    (d) withdrawn

16. A: How much do you think it will cost
       to fix my car?
    B: A lot. I'll probably have to __________ .

    (a) break the bank
    (b) pass the buck
    (c) pay my dues
    (d) fit the bill

17. A: I'm always so hungry. Do you know
       any way to keep myself from eating
       so much?
    B: One of the best solutions to that
       problem is increasing your water
       __________ .

    (a) intake
    (b) digestion
    (c) congestion
    (d) gulping

18. A: Sorry to keep you waiting. I'll be
       right with you in a minute.
    B: That's all right. __________ your
       time.

    (a) Count
    (b) Make
    (c) Keep
    (d) Take

19. A: Do you have an itinerary for the trip yet?

B: No, but I'll give you the __________ once the reservation is confirmed.

(a) basics
(b) facts
(c) details
(d) items

20. A: I think you __________ the exit.

B: Really? I didn't see a sign.

(a) took
(b) missed
(c) crossed
(d) lost

21. A: When's the latest I can cancel this reservation?

B: Twenty-four hours __________, sir.

(a) after
(b) later
(c) prior
(d) ago

22. A: What did your boss say about your proposal?

B: He asked me to __________ the idea until a later time.

(a) revamp
(b) annul
(c) confiscate
(d) shelve

23. A: I don't know what to do. All my investments are in one company and it's not doing well.

B: Well, first of all, you should consider __________ your investments.

(a) disabling
(b) distributing
(c) diversifying
(d) differentiating

24. A: I wish I hadn't told Marcus my secret.

B: Don't worry. He's a trustworthy __________.

(a) conservative
(b) confidant
(c) safeguard
(d) preservative

25. A: Thank you for house sitting while I was away. Is there any way I can repay you for your kindness?

B: Really, it was no trouble at all. There's no need for __________.

(a) copayment
(b) retribution
(c) compensation
(d) reimbursement

Part II Questions 26~50

Choose the best answer for the blank.

---

26. After taking a bite of the donut, he took a __________ of the hot coffee.

(a) shot
(b) lick
(c) sip
(d) puff

27. Children who watch TV are ________ to ads urging them to buy from an early age.

(a) opened
(b) exposed
(c) revealed
(d) presented

28. As it is the most __________ car, the Meadowlark gets the best mileage of any car in its class.

(a) convenient
(b) comfortable
(c) economical
(d) sufficient

29. The doctors could not explain how the woman had been healed, so they decided it was a(n) __________.

(a) secret
(b) miracle
(c) complication
(d) phenomenon

30. There is no hope for our environment without a drastic cutback in automobile engine __________.

(a) exhaustions
(b) discharges
(c) combustions
(d) emissions

31. Ryan's mother launched into a ________ when she learned he had failed the test.

(a) polemic
(b) retort
(c) tirade
(d) outburst

32. One of the most important requirements for judges is to learn to put aside __________ and examine arguments solely on their merits.

(a) reasons
(b) feelings
(c) rationales
(d) indifference

33. In the absence of __________ trust, business partners can have a hard time believing each other.

(a) independent
(b) mutual
(c) neutral
(d) complacent

34. The new hotel lobby offers ___________ such as a café and a reading room.

(a) amenities
(b) faculties
(c) utilities
(d) casualties

35. The company must do a better job at ___________ its products on the Internet so new customers can be reached.

(a) marketing
(b) broadcasting
(c) spreading
(d) forwarding

36. In modern Zimbabwe, the average life expectancy has ___________ from 70 to 38 in recent years because of AIDS.

(a) lapsed
(b) dwindled
(c) slowed
(d) lingered

37. Mark Taylor's books are always well researched, as can be seen by his ___________ of 20 books and 120 articles.

(a) bibliography
(b) directory
(c) manuscript
(d) preface

38. Although the new theory is gaining acceptance in the West, there are still many academics who view it ___________.

(a) positively
(b) skeptically
(c) reluctantly
(d) aggressively

39. Admitting her mistake, Jane ___________ her pride and confessed that she was wrong.

(a) supplanted
(b) squandered
(c) subjected
(d) swallowed

40. Many competitive athletes are ___________ to perform by a desire to be recognized as the best.

(a) skilled
(b) effected
(c) motivated
(d) impressed

41. The government plans to revise the law to make it more ___________ with national economic goals.

(a) compatible
(b) contingent
(c) continual
(d) compromising

42. By putting the events of a story in order, children can develop a knowledge of ___________.

(a) sequence
(b) routine
(c) alternation
(d) procedure

43. To put an end to the power struggle, the party ___________ control of the National Assembly to opponents.

(a) ceded
(b) deserted
(c) rendered
(d) dispensed

44. There is no need to worry about spending money on food as all meals on the cruise are ___________.

(a) affordable
(b) complimentary
(c) discounted
(d) available

45. The professor ___________ several times during her lecture, making it hard for students to follow the topic.

(a) divulged
(b) engaged
(c) overturned
(d) digressed

46. A check for $500 is ___________ with this letter to cover travel expenses.

(a) wrapped
(b) enclosed
(c) packaged
(d) embedded

47. The editors invite scholars to submit ___________ reporting original research and methodologies relevant to the study.

(a) issues
(b) headlines
(c) editions
(d) manuscripts

48. Massage therapy can help ___________ pain after surgery, resulting in a quicker recovery.

(a) relieve
(b) oppress
(c) deliver
(d) dismiss

49. The writer's prideful self-confidence leads him to openly express his belief in the ___________ of his own value system.

(a) disparity
(b) arrogance
(c) diligence
(d) superiority

50. Proponents of the candidate are afraid the scandal may ___________ his reputation.

(a) tarnish
(b) discolor
(c) desiccate
(d) contaminate

This is the end of the Vocabulary section. Do NOT move on to the Reading Comprehension section until instructed to do so. You are NOT allowed to turn to any other section of the test.

Reading Comprehension

DIRECTIONS

This part of the exam tests your ability to comprehend reading passages. You will have 45 minutes to complete the 40 questions. Be sure to follow the directions given by the proctor.

1. Residents in several small mountain towns in Peru are recovering today after a large rockslide sent mud and debris crashing down on homes last night. At least 2,000 people are believed to have been killed by the large boulders and mud that tumbled down the mountainside. The _____________________ occurred around midnight last night in northwest Peru. The high number of deaths came as many residents had no warning and were unable to escape from their homes. Oscar Fernandez, a mayor of one of the towns, said only about 12 of its 750 inhabitants are known to have survived. "Our village was completely destroyed," Fernandez said.

(a) lightning storm
(b) deadly rockslide
(c) heavy flooding
(d) terrorist attack

2. There is hope for people who have trouble getting enough exercise. According to a study, counting your steps could be the key to boosting your physical activity. Researchers provided one group of subjects with pedometers, small devices that count each step, while the other group had no pedometers. The results showed that those who used the pedometers increased physical activity by just over 2,000 steps, or about 1 mile of walking per day. In addition to increasing exercise, the pedometers were also found to be associated with big increases in exercise and weight loss, and improvements in blood pressure. So it appears that the best way to make sure you get all the exercise you need is to _____________________.

(a) walk regularly
(b) count your steps
(c) exercise in a group
(d) make an exercise chart

3. From a distance, it's a postcard image. But get a bit closer to Mount Fuji, and you'll find something that spoils the scenery. Japan's iconic mountain has a garbage problem — a stark contrast to a country known for its cleanliness. For Ken Noguchi, _________________________. Noguchi is Japan's most famous alpinist. Over several expeditions, his international team has removed 80 tons of trash from Everest. But now Noguchi has a problem closer to home on his mind — Mount Fuji.

(a) the trash can be considered art
(b) the litter is an eyesore that must be removed
(c) the mountain represents the strength of the nation
(d) the climb is not much of a challenge compared to Everest

4. Immigrants to the US need to be prepared to adjust to its unique and expensive health care system. In most countries, the government pays for health care for its citizens, but in the US individuals are responsible to pay for the costs themselves. It is a very expensive pay-for-services system. So most residents have an insurance policy to keep their expenses low. Without insurance, an office visit to see a doctor for a minor illness costs between $100 and $200; pregnancy and delivery care costs at least $6,000; a simple surgical procedure with 2 nights in the hospital is at least $8,000. This is why immigrants are advised to _________________________.

(a) stay healthy and eat well
(b) purchase health insurance
(c) carry their insurance cards from overseas
(d) get an appointment to see a doctor without delay

5. Hikers are advised to be extra careful in the spring as they enjoy the outdoors. Springtime means ticks are active, and ticks can be especially dangerous as they can transmit the bacteria that cause Lyme disease. You can protect yourself by ___________________. Avoid the areas ticks prefer. Cool, moist environments, such as shaded grasses, shrubs, and leaves under oak trees are all likely places. When hiking, regularly examine yourself for ticks and remove them promptly. Wear light-colored clothing and tuck pants into boots or socks so that ticks will be more visible. Apply a tick repellent to clothing.

(a) following these precautions
(b) keeping away from damp areas
(c) staying indoors during the spring
(d) spraying insect repellant before hiking

6. The North Pole is basically just a vast block of ice floating on water, but many countries are interested in owning a part of it. The seabed there may contain deposits of oil, minerals, and natural gas. There are also important shipping routes that pass through the region. The interest in owning the area made headlines recently, when a small Russian submarine placed its country's flag on the Arctic seabed under the North Pole. The seabed there is part of the country's landmass, Russia claimed. That proclamation sparked similar claims within days by Denmark, Canada, the US, and Norway. The incident was a surprising reminder that ______________.

(a) a simple flag can have great meaning
(b) more monitoring is needed of Russian submarines
(c) everyone wants to claim the North Pole for themselves
(d) oil is still one of the world's most important resources

7. With the great number of companies and products to choose from, many consumers are turning to ethical principles to help them decide what to buy. This is much different from the way many consumers choose their purchases. Most consumers choose products they believe are better based on quality, popularity, brand, etc. Ethical consumers, however, choose their products based on which manufacturers or products better benefit society. So, for example, if one of the companies is known to donate some of their profits to charity, ethical consumers will choose to buy its product. In this way, ethical consumers _______________________.

(a) are being targeted by advertisers
(b) support companies they believe in
(c) show their concern for the environment
(d) can have a great influence on advertising

8. In the famous literary work *Symposium*, a circle of educated philosophers congregate to enjoy a festive evening of drinks, food, and good conversation. The work mainly depicts ______________. At the gathering, each man contributes his own depiction of what love is. As the evening progresses, each man's definition of love accumulates and leads to the grand finale of Socrates' golden speech, the climax.

(a) the greatest speech Socrates ever heard
(b) a philosophical conference on various topics
(c) historical perspectives on ancient Greek festivals
(d) various philosophical speculations on the topic of love

9. Water is a precious resource. Without it, life would not exist. So we should all be conscious about water conservation. Any amount of waste can be harmful. Even _________________ can have a big impact. For example, if everyone in America used just two minutes less water each morning and at night while brushing teeth, showering, shaving, washing, etc., the cumulative savings would be more than the amount of fresh water consumed in an entire year by New York, Chicago, Los Angeles and Houston — combined.

(a) saving just a little amount each day
(b) keeping our fresh water supplies clean
(c) building more water treatment facilities
(d) educating children about water conservation

10. My first experience of _________________ was quite exciting for me. I was living on an island, where I had been asked by the UN to help scientists monitor a volcano. One day our alarm went off, indicating that a tremor had been detected near the volcano. I was excited. One of the scientists invited me to go with her to get a little closer to see what was happening. Once we got nearer, we could see puffs of hot smoke coming out of the center. Looking closer, we then saw hot rocks tumbling out and rolling down the mountainside. Soon, lava began flowing down, too. It was both beautiful and scary.

(a) a mountain hike
(b) living on an island
(c) a volcanic eruption
(d) being an emergency rescuer

11. I will never forget the time I _____________________. The Africa Rally is famous for its beautiful yet treacherous course, and this competition certainly lived up to that reputation. The cars wound through every terrain imaginable, from arid sand to muddy streams, dense jungle to grassy savannah. Curious onlookers would come out to see the commotion as we whizzed through villages; animals would pause in their grazing with a nervous glance. The whole experience was one I will never forget. Although I finished in eleventh place, I feel no regret for not winning the trophy. The reward of being a part of this world-renowned race, of experiencing Africa, was a prize no trophy room can contain.

(a) saw the famous Africa Rally
(b) won a trophy in the Africa Rally
(c) traveled throughout Africa to see the sights
(d) raced a sports car across the African continent

12. There is one fundamental reason for the differences in a dialect within a culture. Specifically, the differences can be attributed to communicative isolation between groups. Indeed, they tend to increase in proportion to the degree of isolation. The changes that occur in the language spoken in one area or group do not necessarily spread to another. These changes are confined to a single group of speakers who are in regular contact with one another. So it seems dialectal diversity develops when people _____________________.

(a) move from place to place and acquire linguistic differences
(b) keep in contact with others in a distinct group
(c) innovate new terms and accents
(d) are separated from each other geographically and socially

13. I consider myself pretty tolerant as a manager. I seldom fire employees for not completing assignments on time. As long as employees do their best and admit their mistakes, I try to keep them on the payroll. However, _______________________. Failing to meet a deadline is bad enough; not taking responsibility for the failure is even worse. Whether a traffic jam, a computer crash, or a coworker contributed to the tardiness, the ultimate responsibility rests with the employee himself. I expect my employees to be courageous enough to admit that.

(a) there are some things that no CEOs tolerate
(b) the one thing I cannot put up with is an excuse
(c) I do fire employees for not finishing their work
(d) an employee who cheats or steals will be let go

14. The ancient Greeks created _______________________. One form of this kind of mnemonics would be associating a vivid visualization with a word or phrase. If one wanted to memorize a word such as "opulent," one could visualize the word with shimmering diamonds in each letter. Another approach of mnemonics would use the numerical system (one, two, three, four, etc.) with a visual associative rhyming system (e.g. one is a bun, two is a shoe, three is a tree, four is the door, etc.). So if one wanted to memorize the alphabetical order of something one could devise a rhyming scheme using the letters of the alphabet.

(a) the system of education used in many countries today
(b) rhymes to help them remember important facts and terms
(c) a memorizing technique to more easily remember information
(d) unique ways of learning new vocabulary in other languages

15. For years, no one was able to positively identify the woman in the famous Mona Lisa painting by Leonardo da Vinci. Some had suggested that the smiling woman may have been da Vinci's mother, a lover, or even the artist himself. _____________________, thanks to the discovery of some handwritten notes in a book dating to 1503, there is now more certainty of her identity. Scholars say the handwriting indicates that Lisa Gherardini, the wife of a wealthy merchant in Florence, Italy, was in fact the real woman behind the Mona Lisa smile.

(a) But
(b) Then
(c) Meanwhile
(d) As a result

16. Most commercial diets are actually not as effective as advertised. Many of the diets are simply aimed at making money by selling prepackaged food plans. These prepackaged foods rarely work without significant effort, such as exercise or more dieting. Other diet plans encourage habits such as eating on smaller plates or gulping gallons of water to feel full. These are also not helpful. _____________________, research shows that "yo-yo dieting," or constantly losing and gaining weight, may be more harmful than obesity. Another kind that is almost as dangerous as it is effective includes radically unbalanced diets, such as all-grapefruit diets.

(a) Furthermore
(b) For example
(c) In conclusion
(d) On the other hand

17. A crash between a police car and a teen on a bicycle sparked protests in the streets of Cairo, yesterday. Following the accident, young people poured out onto the streets, setting the police car on fire and chasing the officers away with sticks and stones. The crowds shouted in protest, calling on police to apologize and drive more carefully. The accident occurred in the main downtown shopping area of Cairo at around 3 pm on Friday. Witnesses reported that the police car ran a red light and struck the bicyclist without slowing.

Q. What is the main topic of the article?

(a) A protest by police
(b) An accident that caused unrest
(c) The dangers of running a red light
(d) The poor driving of police in Cairo

18. People who have a negative attitude may be putting their own health at risk. A recent study has shown that pessimists do not live as long as optimists. The 9-year study was conducted in the Netherlands and involved more than 900 men and women. The researchers in the study looked at cardiovascular health and found that pessimists die sooner of heart disease. They also die sooner of other causes and suffer from more health problems in old age. For example, pessimists are more likely to develop memory loss.

Q. What is the best title for the passage?

(a) The Way to Be Happy in Life
(b) Memory Loss in the Netherlands
(c) Negative Attitude and Poor Health
(d) The Reasons People Have Negative Attitudes

19. If you enjoy Yuma National Park please show your love and support by donating to the Yuma Fund. Your tax-deductible gift of $35 or more makes possible vital projects in the park, including trail repairs, historic preservation, scientific research, wildlife management, and major projects like the Yuma Falls Restoration. You will also automatically receive a year's subscription to our park magazine, *Yuma Trails*. Every issue is full of interesting articles, colorful photographs, and information on how donations are being used to improve the park.

Q. What are readers mainly being asked to do?

(a) Subscribe to Yuma Trails magazine
(b) Contribute to the Yuma Fund
(c) Help the park by volunteering
(d) Support the Yuma Falls Restoration project

20. Regular exercise may be as effective in helping people overcome depression as antidepressants. That was the conclusion drawn by psychologists in a recent study comparing exercise and antidepressants. After four months of participating in the study, nearly half of the people who took the antidepressant improved, while about 60% of those who exercised showed improvement. The researchers speculate that exercise may increase the amount of the chemicals in the brain that help us feel good.

Q. What is the main point of the passage?

(a) Exercise may help those who are depressed.
(b) Exercise and depressants have different results.
(c) Antidepressants should not be taken while exercising.
(d) Psychologists have discovered what causes depression.

21. In order to prevent the use of liquids, gels, and aerosols in explosive devices, passengers may only carry a limited amount of such substances aboard an airplane. All liquids should be carried in containers with a capacity no greater than 100ml. The containers should be placed in a transparent re-sealable plastic bag of a maximum capacity of 1 liter. Passengers may carry only one plastic bag. As oversized or additional plastic bags may be confiscated by security personnel, it is advised that excess amounts be checked in with your luggage.

Q. What is the announcement mainly about?

(a) Security inspection procedures
(b) Restrictions on transporting liquids
(c) Size and weight limits for baggage
(d) Customs policies on foods and drinks

22. Carved vegetables make some of the most fabulous materials for centerpieces, especially for buffets or dinner table settings. Best of all, the carving is actually quite simple to do and incredibly attractive. Simple vegetables can be carved into flowers for decoration, creating attractive bouquets with little expense. The person carving just needs to follow a few basic steps and he or she can be dressing up the dining room table in no time. The best way to learn is to start with something simple and work towards the more challenging flower designs.

Q. What is the passage mainly about?

(a) Using wildflowers to decorate a table
(b) Making tasty vegetable dishes for dinner
(c) Carving vegetables to use as decorations
(d) Creating a bouquet rather than buying one

23. I recently finished *Numbers in My Head*, and I would highly recommend it. Its author, Rudy Simmonds, has autism, and he describes in the memoir what goes on in his brain. For instance, he says for him numbers each have a particular associated shape and texture. When multiplying two numbers in his mind, the different textured shapes come together to form a new shape with a new texture, and he infers the numerical answer to the math problem by what that new textured shape is. Overall, it's a very illuminating book for its inside look at the mind of an autistic person.

Q. What is the passage mainly about?

(a) The brain functioning of individuals with autism
(b) A novel in which the protagonist suffers from autism
(c) A biographical work on the mental activity of an autistic person
(d) The unique way autistic persons perform mathematical calculations

24. The movie rating system in the U.S. is well established, but the rating of TV programming is still an issue. People are concerned about the effect of violent TV shows on children. Most research has shown that watching violent TV shows often leads to more violent behavior in children. As a result, many people believe that the amount of violence shown on TV should be decreased. But precisely how violence on TV can be reduced is a matter of debate. One proposed solution is for the government to regulate the content of television programming. In the U.S., however, this is not always a popular solution. Several influential groups are opposed to such regulation.

Q. Which of the following is correct according to the passage?

(a) The amount of violence on TV is on the rise.
(b) Most believe regulations are needed to protect children.
(c) The government is beginning to ban violent TV shows.
(d) Studies show that violence on TV produces violent behavior.

25. A Nanpure puzzle is a 9x9 square grid that is divided into nine 3x3 boxes. Some of the numbers are filled in for the player. The objective of the game is to fill in the missing boxes with a number ranging from 1-9. Solving a Nanpure puzzle does not require guessing or luck, only pure logic is utilized. Although it may look simple at first glance, it is actually a very challenging brain puzzle.

Q. Which of the following is correct about Nanpure according to the passage?

(a) It involves guessing and some luck.
(b) It is more challenging than it appears.
(c) It is played on a grid of six 3x3 boxes.
(d) It requires mentally adding up numbers.

26. The Statue of Liberty was an honorable gift from the French in celebration of the 100-year anniversary of the American Revolution. But at first Ms. Liberty had nowhere to stand. The Americans had to raise funds to find a supporting pedestal. With much travail and ridicule, the Americans ran a fundraising drive, which gradually succeeded. Today, thanks to the generous gift and the hard work to find a place for it, Ms. Liberty stands proudly, symbolizing freedom and opportunity to immigrants entering via New York harbor.

Q. Which of the following is correct about the Statue of Liberty according to the passage?

(a) It had no pedestal when first given.
(b) It was a gift commemorating the French Revolution.
(c) It had to be purchased by having a fundraising drive.
(d) It was given to symbolize the struggle of immigrants moving to a foreign country.

27. Uranium is the basic raw material of both civilian and military nuclear programs. When certain atoms of uranium are split in a chain reaction, energy is released. This process is called nuclear fission. Nuclear fission works best if isotopes of uranium 235 (U-235) are used. U-235 is known as a "fissile isotope" because of its propensity to split in a chain reaction, releasing energy in the form of heat. When a U-235 atom splits, it emits two or three neutrons. When other U-235 atoms are present, these neutrons collide with them, causing the other atoms to split, which produces more neutrons.

Q. Which of the following is correct according to the passage?

(a) Energy is spent as heat by a chain reaction process.
(b) U-235 neutrons are absorbed by other atoms of the same isotope after splitting.
(c) The split of a U-235 atom releases two or three protons and neutrons.
(d) The chain reaction that releases energy causes nuclear fission to occur.

28. Already adored by small children and teens, the fast-food industry is showing a growing interest in their parents' and grandparents' tastes. With the number of baby boomers outpacing Generation X, quick-service restaurants are responding with expanded menu selections, retro restaurant designs and advertising promotions designed to appeal to an aging demographic. But experts worry restaurant chains trying to court adult customers are risking the very things that make them successful — a simple menu and a short wait.

Q. Why are experts concerned about fast-food restaurants?

(a) They may try to sell their food to children and teens.
(b) They are promoting unhealthy food to seniors.
(c) They are paying little attention to baby boomers.
(d) They may change their effective tactics to reach a new age group.

29. Most Americans pride themselves in taking a logical and scientific approach to life. Yet in baseball, an "all-American sport," many players turn to superstitions and supernatural beliefs to manage stress and anxiety and win games. Daniel Gossard, a pitcher, gets up at exactly 10 A.M. and goes to the nearest restaurant at 1 P.M. for two iced teas and a tuna fish sandwich. After lunch, he changes into the sweatshirt he wore during his last winning game and one hour before the game he stuffs in the chewing tobacco. Most baseball players that follow a strange ritual believe that if they deter from this exact ritual, they are giving up the win for that day's game.

Q. Which of the following is correct according to the passage?

(a) Many baseball players eat chewing tobacco.
(b) Gossard eats two tuna fish sandwiches for lunch.
(c) Gossard wears the same sweatshirt to the restaurant every time.
(d) Some baseball players believe winning depends on sticking to a routine.

30. In the UK, if present trends continue, over half of the adult population may be overweight by 2050. Polls show that seniors 55 and older are at highest risk of such effects. So-called yo-yo dieting, a solution many have turned to, is ineffective, dieticians warn, and could even lead to eventual weight gain. A better intervention is to develop a long-term plan for changing unhealthy lifestyle habits and set goals that can be realistically achieved. Experts estimate that if people were to follow healthy eating guidelines, up to 70,000 deaths could be prevented. That is how many people could die due to the effects of unhealthy diets if no change is made.

Q. Which of the following is correct according to the passage?

(a) Seniors are most likely to practice yo-yo dieting.
(b) Yo-yo dieting can add weight over the long-term.
(c) The majority of the UK population could be considered overweight by 2050.
(d) Seventy thousand people die from the effects of unhealthy diets on average.

31. Many people only apply to jobs they feel qualified for while in fact they may be suited to far more positions. Janice Walker's first position is a quintessential case in point. As a college student, Janice needed extra income to pay for her tuition, so she scoured the job classifieds for openings in her area of study, Internet technology. One posting in particular captured her interest — a part-time position in database integration requiring skills in three software programs. Despite having experience in only one of them, she applied, openly disclosing her shortcomings in her cover letter but also enthusiastically explaining her eagerness to learn new skills in deficient areas. To her credit, her positive attitude won the approval of the hiring firm and she landed the job.

Q. Which of the following is correct about Janice Walker?

(a) Her first job after college was in database integration.
(b) Her lack of experience was unknown to the hiring firm.
(c) She impressed her future employer with her software skills.
(d) She was hired despite being under-qualified for the position.

32. Since 1928, the rocky Japanese island of Hoboro has shrunk from 22 meters high to only six. The reason behind this mysterious bio-erosion is a species of one-inch long crustacean called an isopod. Attracted to the island for its ideal habitat conditions — mainly its geological composition of tuff, a malleable rock material of tightly compressed volcanic ash — millions of the tiny marine creatures burrow into the island rock to make nesting areas, leaving it susceptible to erosion from ocean waves and wind. The problem has worsened in recent years as warming ocean temperatures bolstering the numbers of their staple food, plankton, have resulted in an increasing proliferation of these cousins to crab and shrimp.

Q. Which of the following is correct?

(a) Plankton have contributed to rising ocean temperatures.
(b) The tuff material is used by the crustaceans for nesting.
(c) The isopod population is drawn to the island for its hospitable climate.
(d) Wind and wave erosion are forcing the isopods to find new resting areas.

33. The present-day middle class in Latin America is a product of certain key economic events. From the 1940s to the 1970s, state-led industrialization and the growth of public employment saw the rise in some Latin American countries of a middle class of managers, bureaucrats, and a labor aristocracy of skilled workers. But the policies that pushed them up proved unsustainable; they were abandoned after the 1982 debt crisis, which triggered a decade of mediocre growth and high inflation. In Brazil alone, 7 million people dropped out of the middle class after 1980 (although 3 million moved into the upper class). And the middle class that is emerging now is very different. It is more accurately described as a lower-middle class.

Q. Which of the following is correct according to the passage?

(a) The middle class in Brazil decreased by 3 million after 1980.
(b) The middle class during industrialization included immigrants.
(c) Governments initiated industrialization efforts after the 1982 crisis.
(d) The inability to maintain certain policies led to the shrinking middle class.

34. The story of Henry Canella's rise to entrepreneurial success and a seven-figure bank account is one of a street-smart businessman with an insatiable lust for dollars. His sole endearing quality, if it can be called that, was his tireless work ethic. Along the path to profit, Canella spent sweat and tears cutting deals that served to his advantage, then finding ways to funnel even more money into his coffers. But if there is any moral to follow from his life, it is to be found in the sweat and tears, the superhuman individual effort he put into every business endeavor. With all the double-talk and the moneymaking, there was hidden deep in the soul a commitment to work hard, a trait passed down from his father.

Q. Which is correct about Henry Canella according to the passage?

(a) He was notorious for striking lopsided deals.
(b) He inherited his wise business sense from his father.
(c) The quality he most admired was a tireless work ethic.
(d) The personality quality worth imitating is his street smarts.

35. Christian Bennett's *Tied to the Sun* is pure fiction in the guise of memoir. The guise is so effective in fact, it has fooled thousands of readers and quite a few reviewers into believing it was based on the true stories of real individuals. That the novel focuses on a young man's search for truth adds a special twist to a narrative technique grounded in deliberate deception. Many novels, of course, are composed as first-person memoirs. But this one takes that archetype and turns it on its head.

Q. What can be inferred from the passage?

(a) Novels often focus on the search for truth.
(b) The novel does not reflect real events or persons.
(c) First-person memoirs are not easily understood by readers.
(d) The author's life was very similar to that of the protagonist.

36. Using technology to screen out "defects" in the human population may do much more harm than good. How many times are we touched by stories of amazing people who had to overcome hardships to get to where they are? People like Ray Charles and Vincent Van Gogh had inherent difficulties to overcome, yet they not only succeeded, they made an incredible difference in the way the world views "disadvantaged" people. People like them really give us hope and motivation to get through the day. Without them the world would lack such powerful inspiration.

Q. What can be inferred from the passage?

(a) Technology was not able to help Charles or Van Gogh.
(b) Hardship in life should be overcome using technology.
(c) Technology should not be used against disadvantaged people.
(d) People are inspired by seeing others persevere through suffering.

37. To date, only Russia and the US have been able to send manned aircraft into space, but China's s pace program is on par to join these elite ranks soon. Although its first spacecraft, launched in 1999, had no human occupants, it managed to successfully orbit the Earth 14 times before landing in Inner Mongolia. Building on this success, a second flight in 2001 also completed its mission successfully with a dog, a rabbit, and a monkey on board. More recently, a third spacecraft prototype was equipped with dummy astronauts and sensors to monitor human physical conditions. It spent a week in orbit before returning with critical data for scientists to use to prepare for China's first astronauts, or taikonauts as they are called.

Q. What can be inferred from the passage?

(a) The first taikonauts will not be launched for at least five more years.
(b) China has been following a methodical strategy to reach its goal.
(c) Chinese officials' over-cautious approach is delaying achievement of their goal.
(d) Dogs, rabbits, and monkeys probably do not tolerate space as well as humans.

38. According to a recent study, a person's personality continues to improve with time, even in adulthood. (a) The study surveyed people ages 21 to 60 and found that adults become more agreeable over time. (b) Researchers believe this is because events such as having kids and then grandkids make people more accepting and supportive. (c) Personalities do not change completely, however, as it was found that aging does not cure a hot-tempered person. (d) Adults with hot-tempers can set a bad example for children.

39. Sometimes statistics do not tell the whole story. (a) During the 1990s, there was a drop in crime levels in inner city areas. (b) Most people just concluded that police were doing a better job. (c) But that was not necessarily the cause. (d) Crimes in suburban areas were often just as violent as inner city crimes.

40. The idea that chemicals could be used to cure illnesses was a breakthrough that had to overcome tremendous ideological obstacles. (a) This notion was conceived nearly eight decades ago by German scientists, specifically Gerhard Domagk. (b) German scientists were at the forefront of medicinal and technological research. (c) At the time, many believed that such an idea was simply preposterous — chemicals were used to dye clothes, not heal wounds. (d) Domagk silenced his critics, however, when his own daughter became ill and his dose of medicine led to her full recovery.

This is the end of the Reading Comprehension section. Please remain seated until the proctor has instructed otherwise. You are NOT allowed to turn to any other section of the test.

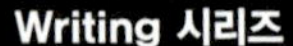

TOEIC 공략서 | 듣고, 받아쓰고, 따라하는 짐스토익 시리즈

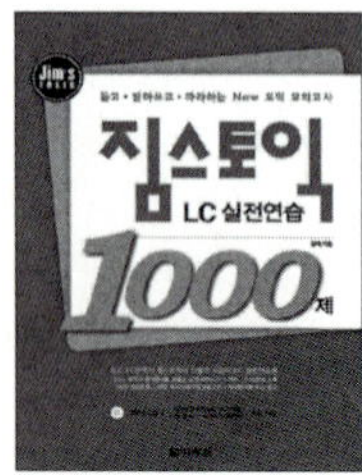

▶ ### 짐스토익 LC 실전연습 1000제

최정상의 토익 전문가 짐리 선생이 선별한 최강의 LC 실전 연습서.

뉴토익의 출제 원리를 꿰뚫는 실전 모의고사 10세트 총 1,000문제 수록.
LC의 기본기를 튼튼히 하는 차별화된 해설, 가능한 정답 표현 추가 연습, 다양한 패러프레이징 연습으로 4,000 문제를 푸는 효과가 있다.

짐리 지음 | 국배판 | 464면 | 19,500원(문제집+해설집+MP3 CD 1개 포함), 오디오테이프 10개 17,600원(별매)

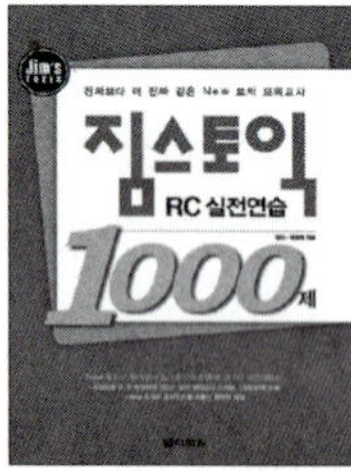

▶ ### 짐스토익 RC 실전연습 1000제

뉴토익의 절대강자 짐스토익이 만들어 낸 RC 실전 연습서.

시험장에 온 듯 착각하게 만드는, 진짜보다 더 진짜 같은 뉴토익 모의고사 10세트 1,000문제를 엄선하여 실었다. 이 1,000문제로도 부족하다면 짐스토익 카페에서 매일 업데이트하는 파트 5, 6, 7 연습문제를 무료로 이용할 수 있다.

짐리 · 박병재 지음 | 국배판 | 704면 | 23,500원(문제집+해설집 포함)

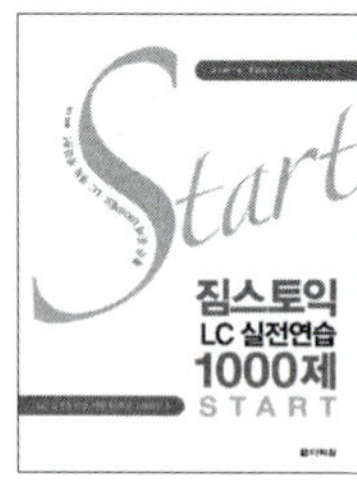

▶ ### 짐스토익 LC 실전연습 1000제 START

실전 LC 완전 정복의 첫걸음!

뉴토익 기출문제의 출제 포인트를 완벽하게 분석하고 재현한 최신 · 최강의 LC 실전연습서. 정확한 현장 감각과 탁월한 응용력을 바탕으로 난이도를 조정하고 품질을 다듬은 실전모의고사 10회, 총 1,000문제를 담았다. 명쾌하고 친절한 해설, 각종 학습 팁까지 풍부하게 수록, 이 한 권이면 실전 LC 완전 정복의 날도 멀지 않다.

짐리 지음 | 4×6배판 | 632면(문제집 144면, 해설집 488면) | 21,000원(문제집+해설집+MP3 CD 1장)

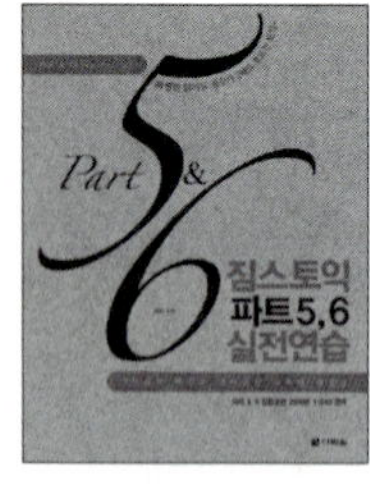

▶ ### 짐스토익 파트 5, 6 실전연습

해설만 읽어도 점수가 2배로 오르는 최강의 토익 파트 5, 6 실전연습서.

뉴토익 시행 이후의 기출문제와 출제 포인트를 완벽하게 분석하고 재현한 최신, 최강의 파트 5, 6 공략서이다. '이거 진짜 토익 문제잖아!'라는 감탄사가 나올 만큼 심혈을 기울여 난이도를 조정하고 품질을 다듬은 실전모의고사 20회분 총 1,040문제와, 정답을 찾아내는 방법을 보여주는 똑똑한 해설을 담았다.

짐리 지음 | 4×6배판 | 624면(문제집 168면, 해설집 456면) | 19,000원(문제집+해설집)

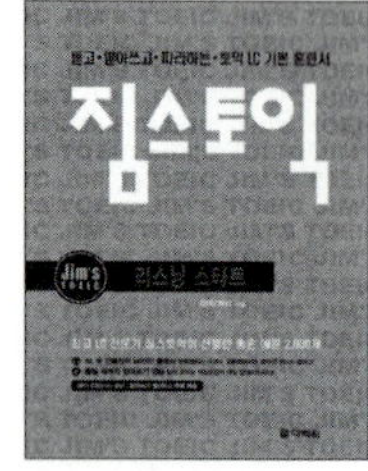

▶ ### 짐스토익 리스닝 스타트

뉴토익 리스닝에 꼭 필요한 발음과 어휘, 핵심표현 2,000개를 주제별, 유형별로 듣고, 받아쓰고, 따라할 수 있게 구성한 기본 학습서.

왼쪽 이어폰에서는 미국 발음이, 오른쪽 이어폰에서는 영국 발음이 들리도록 녹음한 MP3 CD와 받아쓰기 웹서비스 무료 제공. 오디오 테이프 세트 별매.

짐리 · 토미 지음 | 4×6배판 | 368면 | 15,000원(교재+MP3 CD 1개+무료 받아쓰기 웹서비스 포함), 오디오테이프 9개 16,500원(별매, 부가세 포함)

앞면(Side1)

Test of English Proficiency
Seoul National University

teps

수험번호

성 한글
명 한자

좌 석 번 호

A B C D E
1 2 3 4 5 6 7

청 해
Listening Comprehension

문 법
Grammar

어 휘
Vocabulary

독 해
Reading Comprehension

고사실란 | 감독관 만족도

0 0 100
1 1 90
2 2 80
3 3 70
4 4 60
5 5 50
6 40
7 30
8 20
9 10

문제지번호

답안수정개수 | 감독관확인란

<답안작성시 유의사항>

1. 답안 작성은 반드시 **컴퓨터용 싸인펜**만을 사용
   하셔야 합니다.

2. 답안을 정정할 경우 수정테이프(수정액 불가)
   를 사용하여야 합니다.

3. 본 답안지는 컴퓨터로 처리되므로 훼손하시면
   안되며, 답안지 하단의 타이밍마크(Ⅲ)를
   찢거나, 낙서 등을 하시면 본인에게 불이익이
   발생할 수 있습니다.

4. 답안은 문항당 정답을 1개만 골라 ● 와 같이
   정확히 기재하여야 하며, 필기구 오류나 본인의
   부주의로 잘못 표기한 경우에는 당 관리위원회
   의 OMR판독기의 판독결과에 따르며, 그 결과
   는 본인이 책임집니다.

   Good ●   Bad ◑ ❘ X ✓

5. 감독관의 확인이 없는 답안지는 무효처리됩니다.

<부정행위 처리규정>

1. 모든 부정행위 적발 및 이에 대한 조치는 TEPS 관리위원회의 처리규정에 따라 이루어집니다.

2. 부정행위는 현장적발 뿐만 아니라 사후에도 적발될 수 있으며 모두 동일한 조치가 취해집니다.

3. 부정행위 적발 시 당해 성적은 무효화되며 사안에 따라 최대 5년까지 TEPS관리위원회에서 주관하는
   모든 시험의 응시자격이 제한됩니다.

4. 문제지 이외에 메모를 하는 행위와 시험문제의 일부 또는 전부를 유출하거나 공개하는 경우 부정행위로
   처리됩니다.

5. 각 파트별 시간을 준수하지 않거나, 시험 종료 후 답안 작성을 계속할 경우 부정행위로 처리됩니다.

서 약 | 본인은 필기구 및 기재오류와 답안지 훼손으로 인한 책임을 지고, 부정행위 처리규정을 준수할 것을 서약합니다.

뒷면(Side2)

teps teps teps teps

성명 영문 / 서명

직업: 공무원 / 고시준비 / 교사 / 군인 / 의료인 / 자영업 / 학생 / 회사원 / 공무원 / 기타
전공: 인문학 / 사회과학·법학 / 경제학·경영학 / 자연·이학 / 의학·약학·간호학 / 교육 / 음악·미술·체육 / 기타
학력: 재학 / 졸업 — 초등학교 / 중·고등학교 / 고등학교 / 전문대학 / 대학교 / 대학원

직책 / 직종 / 직위

단체구분: 학생 / 일반

질문란

1. 귀하의 TEPS 응시목적은?
 (a) 입사지원 (b) 인사고과 (c) 개인실력측정 (d) 입시 (e) 국가고시 지원 (f) 기타

2. 귀하의 영어권 체류 경험은?
 (a) 없다 (b) 6개월 미만 (c) 6개월 이상 1년 미만 (d) 1년 이상 3년 미만 (e) 3년 이상 5년 미만 (f) 5년 이상

3. 귀하께서 응시하고 계신 고사장에 대한 만족도는?
 (a) 0점 (b) 1점 (c) 2점 (d) 3점 (e) 4점 (f) 5점

4. 최근 2년내 TEPS 응시횟수는?
 (a) 없다 (b) 1회 (c) 2회 (d) 3회 (e) 4회 (f) 5회 이상

성 / 명 (성·이름순으로 기재)

EX HONG GIL DONG

PASSWORD

수험번호

등록번호

주민등록번호

응시일자 : 20   년   월   일

Test of English Proficiency
Seoul National University

수험번호
성명 한글
한자

좌 석 번 호
A B C D E
1 2 3 4 5 6 7

고사실란
감독관 날인도

문제지번호

답안수정개수 감독관확인란

청 해 Listening Comprehension

(문항 1~60, 각 문항 보기 a b c d)

문 법 Grammar

(문항 1~50, 각 문항 보기 a b c d)

어 휘 Vocabulary

(문항 1~50, 각 문항 보기 a b c d)

독 해 Reading Comprehension

(문항 1~40, 각 문항 보기 a b c d)

〈답안작성시 유의사항〉

1. 답안 작성은 반드시 컴퓨터용 싸인펜만을 사용하셔야 합니다.

2. 답안을 정정할 경우 수정테이프(수정액 불가)를 사용하여야 합니다.

3. 본 답안지는 컴퓨터로 처리되므로 훼손하시면 안되며, 답안지 하단의 타이밍마크(∭)를 찢거나, 낙서 등을 하시면 본인에게 불이익이 발생할 수 있습니다.

〈답안작성시 유의사항〉

4. 답안은 문항당 정답을 1개만 골라 ● 와 같이 정확히 기재하여야 하며, 필기구 오류나 본인의 부주의로 잘못 표기한 경우에는 답 관리위원회의 OMR판독기의 판독결과에 따르며, 그 결과는 본인이 책임집니다.

Good ●   Bad ◐ ◑ ⊗ ⊘

5. 감독관의 확인이 없는 답안지는 무효처리됩니다.

〈부정행위 처리규정〉

1. 모든 부정행위는 적발 및 이에 대한 조치는 TEPS 관리위원회의 처리규정에 따라 이루어집니다.

2. 부정행위는 적발 당시뿐만 아니라 사후에도 적발될 수 있으며 모든 동일한 조치가 취해집니다.

3. 부정행위 적발 시 금해당 성적을 무효화하며 사안에 따라 최대 5년까지 TEPS관리위원회에서 주관하는 모든 시험의 응시자격이 제한됩니다.

4. 문제지 이외에 메모를 하는 행위와 시험문제의 일부 또는 전부를 유출하거나 공개하는 경우 부정행위로 처리됩니다.

5. 각 파트별 시간을 준수하지 않거나, 시험 종료 후 답안 작성을 계속할 경우 부정행위로 처리됩니다.

서울대 언어교육원 공식 지정
TEPS 가이드북

The TEPS

서울대 언어교육원 외국어교육센터 지음

다락원

The TEPS RC

정답 및 해설

다락원

CONTENTS

문법 Grammar

Unit 1 동사의 종류와 태

✳ 감각 익히기 ❶   ▶ p. 38

번역 1 브라운 씨에게 상이 주어졌다.
2 제인은 알렉스와 5개월 전에 결혼했다.
3 방향을 좀 알려주시겠어요? 제가 길을 잃었어요.
4 나는 그의 건강이 걱정된다.
5 존은 선생님이 시켜서 숙제를 했다.
6 그는 내일 돌아올 예정이다.
7 그 아기는 베이비시터가 돌보았다.
8 그 가수는 국내의 대부분의 사람들에게 알려져 있다.

정답 1 given → given to 2 was → got 3 was → am 4 by → about
5 do → to do 6 He is expected to come back tomorrow.
7 taken care → taken care of 8 known by → known to

✳ 감각 익히기 ❷   ▶ p. 40

번역 1 밸런타인데이에 즈음해서 초콜릿이 날개 돋힌 듯 팔린다.
2 그녀는 오늘 저녁에 뉴욕에 도착할 것이다.
3 존은 아버지를 닮았다.
4 나는 더 이상 그 문제에 대해서 너와 이야기하고 싶지 않다.
5 언제 한국을 떠날 거니?
6 지난 달에 많은 사고가 발생했다.
7 우리와 함께 게임 할래?

정답 1 is sold → sells 2 reach at → reach 3 resembles with →
resembles 4 discuss about → discuss 5 leave from → leave
6 were happened → happened 7 join with → join

✳ 감각 익히기 ❸   ▶ p. 44

번역 1 한강은 서울에 물과 전력을 공급한다.
2 그는 어머니에게 6시에 깨워달라고 부탁했다.
3 복사기를 수리하는 데 돈이 많이 들었다.
4 비서가 사장에게 회의에 대해 알려주었다.
5 존은 교통 체증 때문에 CEO 앞에서 발표할 기회를 잃었다.
6 헬렌 켈러는 아주 어렸을 때 눈이 안보이게 되었다.
7 그녀는 나에게 좋은 신혼 여행지로 제주도를 제안했다.

정답 1 water → with water 2 to his mother → his mother 3 cost a
lot of money to me → costs me a lot of money 4 with → of
5 from → of 6 came → went 7 me → to me

Practice Test ❶   ▶ p. 46

1. (a)	2. (c)	3. (b)	4. (b)	5. (c)
6. (a)	7. (c)	8. (c)	9. (c)	10. (b)

1 **번역** A: 내 컴퓨터가 계속 다운돼. 바이러스 걸린 것 같아.
B: 누굴 불러서 살펴보도록 하는 것이 좋겠어.
해설 '사역동사 have + 목적어 + 동사원형' 구문에 유의.
정답 (a)

2 **번역** A: 팀의 재판 결과는 어떻게 되었니?
B: 판사가 무죄라고 판결해서 풀려났어.
해설 동사 say 다음에는 목적절, 즉 완전한 문장이 와야 한다.
정답 (c)

3 **번역** A: 여기 앉아도 될까요?
B: 그럼요. 이 자리는 비어 있어요.
해설 This seat가 주어인 수동문.
어구 take 차지하다
정답 (b)

4 **번역** A: 오늘 제이크 봤니?
B: 응, 학교 가는 걸 봤는데.
해설 '지각동사 see + 목적어 + 동사원형 또는 진행형' 구조에
유의하자.
정답 (b)

5 **번역** A: 토미가 오늘 왜 저렇게 피곤해 보이지?
B: 어젯밤에 막차를 놓쳐서 집까지 걸어가야 했대.
해설 'force + 목적어 + to부정사(~에게 …하도록 강요하다)'에
유의. He가 force의 목적어이므로 수동문으로 쓰여야 한다.
정답 (c)

6 **번역** 지원자들은 면접에 소집되면 장애로 인해 도움이 필요한 어떤 경우에
대해서든 말할 기회가 주어질 것이다.
해설 타동사 call의 수동태 문장이다.
어구 applicant 지원자 opportunity 기회 interview 면접 disability
장애
정답 (a)

7 **번역** 나온 음식의 냄새가 좋지 않았기 때문에 저녁 식탁에 앉은 어느 누구도
그것을 먹고 싶어하지 않았다.
해설 이유를 나타내는 접속사 as 다음에는 절이 온다. 오감동사
smell 다음에는 보어인 형용사가 와야 한다.
정답 (c)

8 **번역** 많은 사람들은 퍼거슨 씨가 언론의 지지를 받아 당선되었다고
생각한다.
해설 타동사 elect의 수동문.
정답 (c)

9 **번역** 그 의사는 종종 건강 검진을 마친 자신의 환자들은 금연하도록 설득
했다.
해설 동사 convince 다음에 나오는 구조를 묻는 문제.
어구 convince + A(목적어) + to부정사 A로 하여금 …을 (하도록)
납득시키다.
정답 (c)

10 **번역** 지미는 운전을 하면서 지도를 보기가 어렵다는 것을 알았다.
해설 'find + it(가목적어) + 보어(형용사/분사) + to부정사
(진목적어)'의 구조에 유의하자.
정답 (b)

1. (a)	2. (b)	3. (a)	4. (c)	5. (d)
6. (a)	7. (d)	8. (c)	9. (d)	10. (d)

1 번역 A: 신문을 좀 빌려봐도 될까요?
B: 실은 제가 지금 막 보려던 참이었어요. 미안합니다.
해설 'Would you mind if + 과거형 (가정법)' / 'Do you mind if + 현재형 (직설법)'을 구분해야 한다. mind 다음에는 '동사+-ing'를 쓸 수도 있다.
정답 (a)

2 번역 A: 다리 붕괴에 대한 뉴스 들었니?
B: 응, 내 생각엔 오래된 다리는 모두 점검해봐야 할 것 같아. 그래야 그 다리들도 무너지지 않을 테니까 말이야.
해설 'need + -ing'는 수동의 의미로 'need to be + p.p.'와 같다.
정답 (b)

3 번역 A: 제이미는 우리 반에서 가장 똑똑한 여자애들 중 한 명이야.
B: 그래, 걔가 고등학교를 우등으로 졸업했지.
해설 graduate는 자동사로, 뒤에 명사가 올 때는 전치사 from과 함께 쓰인다.
어구 honors 우등 graduate with honors 우등졸업하다
정답 (a)

4 번역 A: 그래, 서른 살이 되는 기분이 어때?
B: 솔직히, 스물 아홉일 때와 똑같아.
해설 the same as(~와 같다) 표현에 유의.
정답 (c)

5 번역 언어 장애는 정신 기능의 손상이 지속적으로 진행되는 증상인 치매와 오랜 연관이 있다.
해설 be associated with에 유의.
어구 disorder 장애 dementia 치매 progressive 진행되는 generalized 일반화된(일시적인 것이 아니라는 의미) impairment 손상
정답 (d)

6 번역 해리는 샐리의 가족 관계가 친밀한 것을 부러워했다.
해설 'envy + 목적어(명사) + 목적보어'의 구조에 주의하자.
정답 (a)

7 번역 1940년대 후반, 물리학자들은 원자에 대한 발견으로 존경을 받기도 했고 그들의 발견이 응용될 수 있는 강력한 방법 때문에 두려움의 대상이 되기도 했다.
해설 both A and B로 연결된 병렬구조(parallelism)에 대한 문제. feared의 목적어가 없으므로 수동문이 되어야 한다.
어구 apply 적용하다, 응용하다 atom 원자 respect 존경하다
정답 (d)

8 번역 맥베스는 그의 아내에게 말하지 않고 그의 경쟁자들 모두를 연회장으로 가는 길에 살해할 계획을 했다.
해설 동사 plan은 목적어로 to부정사를 취한다. '사역동사 have + 목적어 + 과거분사' 형식에 유의.
어구 banquet 연회
정답 (c)

9 번역 A: 또 출장 갈 준비를 하고 있어?
B: 유감스럽지만 그래. 하지만 걱정 마. 이번에는 짧은 여행이니까.
A: 당신 직업은 너무 일이 많아. 항상 돌아다니잖아.
B: 글쎄. 이번 여행에는 당신이 함께 가 줄 수 있을까?
해설 동사 accompany는 목적어를 바로 취하는 타동사이므로 전치사 없이 목적어가 바로 와야 한다.
어구 business trip 출장
정답 (d) accompany with me → accompany me

10 번역 (a) 1923년, 역사상 가장 최악의 지진 중 하나가 도쿄를 강타했다. (b) 그 여파로 거리는 사상자로 가득했다. (c) 이 때문에 이런 재해가 다시 일어나지 않도록 예방하기 위한 대책이 즉시 강구되었다. (d) 예를 들어, 미리 사람들에게 경고할 수 있도록 무선 설비가 도입되었다.
해설 타동사 introduce 다음에 목적어가 나와 있지 않으므로 수동으로 써야 한다.
어구 earthquake 지진 aftermath 영향 prompt 재촉하다, 자극하다 recur 재발하다 in advance 미리
정답 (d) introduced → were introduced

Unit 2 시제

✽ 감각 익히기 ❶ ▶ p. 53
번역 1 요리사는 지금 사과파이를 맛보고 있다.
2 대개 여자들이 남자들보다 더 오래 산다.
3 계절은 일년에 네 번 바뀐다.
4 그 우유는 이상한 냄새가 난다.
5 나는 지금 그 문제에 대해 생각 중이다.
6 나는 탐이 뛰어난 매니저라고 생각한다.
7 너 우산을 가져가는 것이 좋겠다. 밖에 비가 오고 있어.

정답 1 is tasting 2 live 3 change 4 smells 5 am thinking 6 think
7 is raining

✽ 감각 익히기 ❷ ▶ p. 56
번역 1 축구는 오랫동안 세계에서 가장 인기 있는 스포츠였다.
2 우리는 어제 파티를 했다.
3 그 산은 불과 지난주부터 대중에게 개방되었다.(지난주에야 비로소 개방되었다.)
4 나는 하루 종일 일했다.
5 나는 며칠 동안 이가 아팠기 때문에 어제 치과에 갔다.
6 1960년대에는 사람들이 원자 폭탄을 두려워했다.
7 도둑은 그냥 안으로 걸어 들어왔다. 누군가 문 잠그는 것을 잊었던 것이었다.

정답 1 has been 2 had 3 has been 4 have worked 5 had hurt
6 used to 7 had forgotten

✽ 감각 익히기 ❸ ▶ p. 58
번역 1 나는 일을 끝내고 나서 영화 보러 갈 것이다.
2 마이크가 도착하는 대로 우리는 공항으로 출발할 수 있을 것이다.
3 내일 이 시간이면 나는 수업을 받는 중일 것이다.
4 이교수님이 내년에 퇴임을 하시면 이 대학에서 35년간 가르친 셈이 될 것이다.
5 그 박물관은 내일 아침 10시에 문을 연다.
6 신디는 벌써 계획을 다 짰다. 그녀는 내일 7시에 출발할 예정이다.
7 A: 전화가 울리고 있어. — B: 내가 받을게.

정답 1 finish 2 arrives 3 will be sitting 4 will have been teaching
5 opens 6 is leaving 7 will

Practice Test ❶

▶ p. 60

1. (c)	2. (b)	3. (c)	4. (a)	5. (d)
6. (b)	7. (c)	8. (b)	9. (d)	10. (c)

1 번역 A: 무슨 소리 들리지 않아? 내 전화기가 울리고 있는 건가?
B: 응, 울린 지 벌써 1분은 된 것 같아. 전화 받지 그래?
해설 for almost a minute으로 현재까지 계속된 일을 나타내고 있으므로 현재완료시제가 알맞다.
정답 (c)

2 번역 A: 최근에 탐 본 적 있니?
B: 지난 월요일에 봤을 때, 휴가 가는 것에 대해 얘기하고 있던데.
해설 과거의 특정한 시점을 나타내는 부사 last Monday가 나왔으므로 과거시제가 적절하다.
정답 (b)

3 번역 A: 요즘에 이 가게에서 어떤 컴퓨터 게임이 가장 인기가 많은가요?
B: 주로 역할극 게임이요. 날개 돋힌 듯이 팔리고 있어요.
해설 sell은 부사나 부사구와 함께 '팔리다'라는 수동의 의미로 사용된다. 시제는 현재진행.
어구 sell like hot cakes (숙어) 잘 팔리다
정답 (c)

4 번역 A: 어제 저녁에 왜 친구들과 그 뮤지컬 보러 가지 않았어?
B: 지난 주말에 봐서 또 가고 싶지 않았어.
해설 과거의 특정한 시점을 나타내는 부사 last week가 나왔으므로 과거시제를 쓴다.
정답 (a)

5 번역 A: 그 유명한 여배우가 정말 너희 집 근처에 살아?
B: 응, 언젠가 한번 봤음 좋겠어.
해설 동사 hope와 미래를 나타내는 부사 someday가 있다.
정답 (d)

6 번역 마크는 앨리스가 살이 너무 빠져서 그녀를 알아보지 못했다.
해설 몸무게가 준 것은 알아보지 못한 시점보다 더 전의 일이므로 과거완료.
어구 lose one's weight 몸무게가 줄다
정답 (b)

7 번역 오늘 아침에 몇 개의 첨부파일이 붙은 이메일을 받았다.
해설 the e-mail이 문장의 주어이므로 단수 동사를 써야 하며 this morning이 있어서 과거시제를 쓴다.
정답 (c)

8 번역 나라들이 점점 하나의 세계시장으로 통합되어감에 따라, 우리의 전통문화 장벽도 사라진다.
해설 현재의 상황을 말하고 있으므로 현재시제이며, 타동사 breach는 수동으로 써야 한다.
어구 integrate 통합하다　barrier 장벽　breach 깨뜨리다, 돌파하다
정답 (b)

9 번역 몇 년 동안, 많은 사례 연구에서 햇빛은 행복을 증진시키는 핵심 요인인 것으로 입증되었다.
해설 for several years로 현재완료임을 알 수 있다. document는 타동사이므로 수동으로 써야 옳다.
어구 promote 증진시키다　document 기록하다, 입증하다; 서류
정답 (d)

10 번역 학생들은 합격 점수를 받은 것이 확인될 때까지 등록할 수 없다.
해설 until...은 시간부사절이므로 현재 또는 현재완료시제를 사용한다.
어구 allow A to... A가 …하도록 허락하다　register 등록하다 confirmation 확인　acceptable 받아들일 수 있는
정답 (c)

Practice Test ❷

▶ p. 62

1. (b)	2. (c)	3. (d)	4. (a)	5. (b)
6. (b)	7. (b)	8. (d)	9. (d)	10. (c)

1 번역 A: 이번 주말에 내가 너한테 말했던 그 영화 보러 갔었니?
B: 응, 친구들과 봤어.
해설 A가 과거의 일을 물었으므로 같은 시제로 대답한다.
정답 (b)

2 번역 A: 요즘 마크가 어떻게 지내는지 알아?
B: 아니, 3년 전에 마크가 우리 회사를 그만둔 뒤로는 소식 못 들었어.
해설 since절이 나왔으므로 과거부터 현재까지의 '계속'의 의미를 나타내는 현재완료가 적당하다.
정답 (c)

3 번역 A: 그 팀이 오늘 이길 가능성이 높을 것 같니?
B: 응, 올해 많은 경기에서 이겼잖아. 계속 그럴 것 같아.
해설 this year가 있으므로 '계속'의 의미를 나타내는 현재완료진행이 적당하다.
어구 have a good chance 가능성이 높다
정답 (d)

4 번역 A: 훌륭한 매니저가 되는 방법에 대해 저에게 해 주실 충고가 있으신지요?
B: 항상 직원들의 사기가 저하되지 않도록 노력하세요.
해설 항상 그 상태를 유지하라는 의미이므로 현재시제.
어구 how to... …하는 방법　ensure 보증하다　morale 사기　remain ~한 상태를 유지하다
정답 (a)

5 번역 로저는 마샤가 그 수치(자료)를 줄 때까지 보고서를 완성할 수 없을 것이다.
해설 until로 시작하는 시간부사절의 시제는 현재.
어구 not ~ until... …에야 비로소 ~하다, …할 때까지 ~하지 않다
정답 (b)

6 번역 어린이들이 초등학교를 마칠 때쯤에는 친구들과 어떻게 잘 지낼 수 있는지 배워서 알고 있을 것이다.
해설 by the time이 이끄는 시간부사절에는 현재시제를 쓴다.
어구 get along with 잘 지내다, 어울리다
정답 (b)

7 번역 엘런은 친구들을 만나러 집을 나서기 전에 잡지를 다 읽었다.
해설 과거시제 이전의 일이므로(before) 과거 혹은 과거완료시제를 사용할 수 있는데, 선택지 가운데서는 과거시제인 (b)가 적당하다.
정답 (b)

8 번역 캐시 해몬드는 오랫동안 사회학의 권위자로 알려져 왔다.
해설 'be known to + 동사'의 표현에 유의할 것. for a long

time이 있으므로 시제는 현재완료가 적당하다.

어구 **authority** 권위자 **sociology** 사회학 **be known to** + 동사 ~라고 알려져 있다

정답 (d)

9 번역 A: 졸업하고 무엇을 할 계획이니?
B: 대학원에서 공부를 계속할 계획이야.
C: 벌써 입학시험을 통과한 거야?
D: 응, 지난 학기가 시작되기 전에 시험을 봤어.

해설 과거시제 started 이전(before)의 일이므로 과거나 과거완료시제를 사용해야 한다.

어구 **graduate** 졸업하다 **continue** 계속하다 **graduate school** 대학원 **semester** 학기 **take the exam** 시험을 보다

정답 (d) have taken → took / had taken

10 번역 (a) 어떤 사람들은 역사가 순환한다고 믿는다.
(b) 그들은 과거에 일어났던 일이 되풀이된다고 말한다.
(c) 기술은 변하더라도 사회적인 문제는 다시 나타난다.
(d) 순환고리를 끊는 유일한 방법은 과거의 실수를 통해 배우는 것이다.

해설 일반적인 사실을 설명하고 있는 글이므로 현재시제.

어구 **cycle** 순환 **resurface** 다시 나타나다, 떠오르다

정답 (c) resurfaced → resurface

Unit 3 조동사와 가정법

✳ 감각 익히기 ❶ ▶ p. 68

번역 1 스미스 씨에게 나를 소개시키지 않아도 돼요. 우리는 이미 만난 적이 있어요.
2 운전자들은 속도 제한을 준수해야 한다.
3 나 너무 졸려. 어젯밤에 잤어야 하는 건데.
4 제스는 어젯밤에 우리를 방문하기로 되어 있었다. 나는 그가 왜 오지 않았는지 궁금하다.
5 제인은 오늘 아무것도 먹지 않았다. 분명히 배가 고플 것이다.
6 예전에 이 곳에 2층 건물이 있었다.
7 난 장난감 가지고 노는 것보다 놀이공원에 가고 싶어.

정답 1 **don't have to** 2 **should** 3 **should have slept** 4 **was supposed to** 5 **must be** 6 **used to** 7 **would rather**

✳ 감각 익히기 ❷ ▶ p. 71

번역 1 내가 너라면 학교 생활을 더 즐기겠다.
2 내가 이태리어를 할 수 있다면 내년에 이태리에서 공부하며 보낼 텐데.
3 그녀가 병원에 있다는 것을 알았더라면 꽃을 보냈을 텐데.
4 내일 날씨가 좋지 않으면 소풍은 취소될 것이다. (직설법)
5 네가 대학 다닐 때 좀 더 열심히 공부했더라면 지금은 직업이 있을 텐데.
6 엄마 말씀을 들었더라면 (좋았을 텐데)!
7 그 때 집에 돌아오다가 길을 잃었더라면 어떻게 됐을까?(then이 있으므로 과거 → 과거 사실을 가정하는 가정법 과거완료)

정답 1 **would enjoy** 2 **would/could spend** 3 **would have sent** 4 **will be canceled** 5 **would have** 6 **had listened** 7 **had lost**

✳ 감각 익히기 ❸ ▶ p. 73

번역 1 내가 그것을 알았더라면 너에게 이야기했을 거야.
2 그는 성인이지만 그의 어머니는 마치 그가 어린아이인 것처럼 그에게

말한다.
3 혹시 누가 전화하면 메시지를 받아주세요.
4 파티가 아주 재미있었어. 너도 우리와 함께 갔더라면 좋았을 텐데.
5 나는 오늘 처음 신디를 만났는데, 그녀는 마치 나를 오랫동안 알고 지낸 사이처럼 행동한다.
6 오늘밤에 꼭 술을 마셔야겠어? 난 네가 안 그랬으면 좋겠는데.
7 사람들의 강력한 지지가 없다면 당신은 대통령[반장/회장]으로 선출되지 못할 것이다.

정답 1 **Had** 2 **were** 3 **Should** 4 **had been[come]** 5 **had known** 6 **didn't** 7 **Without**

Practice Test ❶ ▶ p. 75

| 1. (d) | 2. (d) | 3. (d) | 4. (d) | 5. (c) |
| 6. (d) | 7. (d) | 8. (d) | 9. (c) | 10. (a) |

1 번역 A: 어젯밤 록 콘서트는 어땠어?
B: 네가 봤어야 했는데. 정말 굉장했어.

해설 'should have + p.p.'는 과거에 대한 후회나 유감을 표현한다.

어구 **intense** 강렬한, 굉장한, 열성적인

정답 (d)

2 번역 A: 넌 그 사람한테 거짓말을 하지 말았어야 했어.
B: 그렇지만 그건 단지 선의의 거짓말이었어.

어구 **white lie** 선의의 거짓말

정답 (d)

3 번역 A: 아야! 손가락을 칼에 베였어.
B: 빨리 치료해야 해. 그러지 않으면 감염될 거야.

해설 **ought to**는 '~해야 한다'는 의미를 나타낸다.

어구 **infect** 감염시키다

정답 (d)

4 번역 A: 내일 마크 만날 거니? 그 애한테 할 말이 있는데.
B: 그럴 것 같지 않지만, 혹시 보게 되면 너한테 전화하라고 말할게.

해설 if절에 사용할 수 있는 조동사 should는 '혹시 ~한다면'의 뜻. 가정법 미래.

정답 (d)

5 번역 A: 쓰레기를 더 일찍 내다 버렸어야 했는데.
B: 맞아. 그랬으면 집에서 이렇게 나쁜 냄새가 나지 않을 텐데.

해설 혼합 가정법 문장이다. If we had done so에서 if가 생략되어 Had we done so가 되었다.

정답 (c)

6 번역 여러 연구에 따르면, 어린 시절에 텔레비전을 많이 본 사람들은 어른이 되어서 학습 능력이 떨어진다고 한다.

해설 **suggest**가 '제안'의 의미로 사용되면 목적절에 (should) 동사원형이 나오지만, 주어가 **study** 또는 **research** 등일 경우에는 '제안'의 의미가 아니므로 **should**를 쓰지 않는다. 이 문장은 '어린 시절에 TV를 보았다'는 의미이므로 과거를 나타내는 조동사 **used to**를 써야 한다.

어구 **suggest** 암시하다, 제안하다

정답 (d)

7 번역 상사의 가혹한 평가를 받고, 해리는 그 프로젝트에 더 많은 노력을 기울였어야 했다는 생각이 들었다.

해설 'should have + p.p.'는 과거에 대한 후회나 유감을 나타

낸다.
정답 (d)

8 번역 누군가 당신의 신용카드 번호를 알게 된다면, 당신의 계좌가 불법적인 구매에 사용될 수 있다.
해설 가정법 미래의 if절에서 if가 생략되고 조동사 should가 문장 앞으로 나와 있다.
어구 **happen to** 우연히 ~하다 **account** 계좌 **purchase** 구매
정답 (d)

9 번역 만약 변호사들이 그렇게 욕심을 부리지 않았다면, 피고가 그렇게 많은 소송 비용을 지불하지 않아도 되었을 것이다.
해설 가정법 과거완료 구문.
어구 **be consumed with** ~에 마음을 빼앗기다, 열중하다 **court** 법정 **case** (법적인) 사건 **defendant** 피고
정답 (c)

10 번역 지역 주민들은 그 문제에 대한 그들의 의견을 제시할 수 있는 기회가 주어지는 것이 매우 바람직하다고 말한다.
해설 판단의 형용사 desirable + that 주어 + (should) 동사원형.
어구 **resident** 거주인 **opportunity** 기회 **voice** 의견·목소리를 내다
정답 (a)

Practice Test ❷
▶ p. 77

1. (b)	2. (d)	3. (b)	4. (c)	5. (c)
6. (c)	7. (d)	8. (d)	9. (d)	10. (c)

1 번역 A: 나 어제부터 아무것도 먹지 않았어.
B: 그럼 너 무지 배고프겠구나.
해설 '~임에 틀림없다'는 의미는 must be로 표현한다.
어구 **bet** 단언하다, 보증하다; (돈 등을) 걸다
정답 (b)

2 번역 A: 나 등이 너무 아파.
B: 넌 오늘 아침에 그 무거운 박스들을 2층으로 옮기지 말았어야 했어.
해설 'should have + p.p.'는 과거에 대한 후회나 유감을 표현한다.
정답 (d)

3 번역 A: 축하해요. 정말 훌륭한 연설이었어요.
B: 고마워요. 그런데 더 준비를 잘 할걸 그랬어요.
해설 동사 wish 다음에는 가정법이 온다. 과거를 가정하므로 가정법 과거완료.
정답 (b)

4 번역 A: 어젯밤 콘서트는 어땠나요?
B: 좋긴 했는데 그래도 대신 파티에 갈 걸 그랬어요.
해설 would rather A than B(B보다 A하는 것이 낫겠다) 구문. 과거에 대한 가정이므로 'would have rather + p.p.'
정답 (c)

5 번역 그 설문조사에서 대부분의 응답자들은 컴퓨터 없이 사느니 차가 없는 편이 낫겠다고 대답했다.
해설 would rather A than B에서 부정어 not은 would rather 다음에 온다는 것에 주의.
어구 **respondent** 응답자 **survey** 설문
정답 (c)

6 번역 그 범죄자의 위조지폐는 정말 정교해서 전문가조차도 그것이 위조임을 식별할 수 없었다.
해설 '능력'의 의미를 가진 조동사 can의 과거형(…할 수 있었다)이 필요하다.
어구 **criminal** 범인 **counterfeit** 위조의, 모조의; 모조품 **detailed** 자세한 **expert** 전문가 **identify** 감정하다, 식별하다 **fake** 가짜, 위조품 **so ~ that** … 너무 ~해서 …하다
정답 (c)

7 번역 스텔라가 의과대학을 졸업한 것처럼 행동했기 때문에 모두 그녀가 의사인 줄 알았다.
해설 'as if + 가정법.' '과거에 졸업한 것처럼' 행동한 것이므로 가정법 과거완료.
정답 (d)

8 번역 모두가 적은 금액이라도 기부한다면 세계적인 빈곤은 사라질 수 있을 것이다.
해설 실현 가능성이 적은 문장에 쓰는 가정법 미래의 were to.
어구 **donate** 기부하다 **amount** 양 **global** 세계의 **eliminate** 제거하다
정답 (d)

9 번역 A: 세금이 곧 인상될 것이라고 들었는데, 믿을 수 있겠니?
B: 또? 세금이 인상될 때마다 우리 모두의 월급도 인상되어야 해.
A: 맞아! 이제 곧 우리에게 남는 건 아무것도 없게 될 거야.
B: 세금 걱정 없이 살 수 있을 만큼 돈이 충분히 있었으면 좋겠어.
해설 wish 다음에는 가정법이 온다. 현재의 바람을 나타내므로 가정법 과거를 써야 한다.
어구 **pay raise** 임금 인상 **You can say that again.** 맞아. **worry about** ~에 대해 걱정하다
정답 (d) have → had

10 번역 (a) 당신이 버는 모든 돈을 써버려서는 안 된다. (b) 비상 시에 사용할 수 있도록 일부를 저축하는 것이 좋다. (c) 예를 들어, 직장에서 갑자기 해고될 수도 있다. (d) 그런 경우, 비상자금이 있는 것을 감사히 여기게 될 것이다.
해설 (c)는 실제로 일어날 일을 의미하는 것이 아니라 '~할 수도 있다'는 가정의 의미이므로 will을 쓸 수 없다.
어구 **spend** 쓰다 **emergency** 비상사태 **fire** 해고하다 **grateful** 감사하는 **reserve** 비축, 준비금
정답 (c) will → could

Unit 4 준동사

✳ 감각 익히기 ❶
▶ p. 83

번역 1 마지막 시험에 합격하기 위해서 너는 강의 노트를 공부하는 걸 생각했어야 했다.
2 우리 선생님은 생일 선물로 새끼고양이를 받고 고마워했다.
3 대도시에서 싼 아파트를 얻는 것은 불가능하다.
4 마더 테레사는 가난한 사람들을 돌보는 데 헌신했다.
5 선생님은 그가 교실에 들어가자 이야기를 멈추었다.
6 미안. 어젯밤에 너에게 전화하는 것을 잊었어.
7 그녀는 더 이상의 질문에 대답하기를 거부했다.

정답 1 studying 2 getting 3 to get 4 taking 5 talking 6 to call 7 to answer

✻ 감각 익히기 ❷　　　　　　　　　　▶ p. 86

번역 1 우리는 아이들이 교양 있는 소비자가 되도록 도와야 한다.
　　2 그 제안에 관심 있는 사람 누구라도 만났니?
　　3 샐리는 함께 있기에 유쾌하다.
　　4 경찰은 아직도 도둑맞은 돈을 찾고 있다.
　　5 이 상자는 재활용 종이로 만들어졌다.
　　6 초대받은 사람들 중 아무도 파티에 오지 않았다.
　　7 아기가 침대에 누워 잠들어 있었다.
　　8 수업이 너무 지루해서 우리는 지겨웠다.

정답 1 educated　2 interested　3 pleasing　4 stolen　5 recycled
　　6 invited　7 sleeping　8 boring / bored

✻ 감각 익히기 ❸　　　　　　　　　　▶ p. 89

번역 1 좋은 모텔을 찾고 나서 그들은 해변으로 갔다.
　　2 강도로 의심을 받아서 그는 경찰에 불려갔다.
　　3 새 일자리를 찾을 희망으로 그는 서울로 떠났다.
　　4 새 기술이 늘 개발되고 있으므로 어떤 것도 정말 완벽하다고 생각할
　　　수는 없다.
　　5 브라운 씨는 말을 신중히 선택하여 자신의 당의 정책을 비판했다.
　　6 그의 행동으로 판단하건대, 그는 제정신이 아닌 것이 분명하다.
　　7 제니는 눈을 감고 음악을 듣고 있었다.

정답 1 Having found　2 Suspected　3 Hoping　4 being developed
　　5 Choosing　6 Judging　7 closed

Practice Test ❶　　　　　　　　　　▶ p. 91

1. (c)	2. (c)	3. (b)	4. (b)	5. (b)
6. (c)	7. (c)	8. (d)	9. (c)	10. (b)

1 번역 A: 왜 계획대로 소풍을 가지 않았어?
　　　B: 왜냐하면 그날 꼭 폭풍이 올 것 같았거든.
해설 be likely to 다음에는 동사원형이 오며, '~할 것 같다'라는
　　의미를 표현한다.
정답 (c)

2 번역 A: 무슨 일이야? 조금 전 왜 소리를 질렀니?
　　　B: 내 다리로 뭔가 기어올라오는 것 같았어.
해설 something이 crawl의 의미상 주어이므로 현재분사형을
　　쓴다.
어구 crawl 기어가다
정답 (c)

3 번역 A: 무슨 문제 있어? 무지 짜증난 것처럼 보이네.
　　　B: 문 잠그는 걸 또 잊어버렸어!
해설 'forget + to부정사(~할 것을 잊어버리다)'와 'forget +
　　-ing(~한 것을 잊어버리다)'의 쓰임을 구분할 줄 알아야 한다.
　　잊어버리고 하지 않은 것이므로 to부정사가 와야 한다.
어구 annoyed 짜증난, 화가 난　lock 잠그다
정답 (b)

4 번역 A: 실례합니다. 어디서 엽서를 부칠 수 있을까요?
　　　B: 모퉁이에 우체국이 있어요. 은행 뒤편에요.
해설 post office가 동사 sit의 주어가 되므로 현재분사 -ing를
　　써야 한다.
정답 (b)

5 번역 A: 원하신다면 제 자리에 앉으셔도 됩니다.
　　　B: 정말 친절하시군요. 감사합니다.
해설 to부정사의 의미상의 주어 중 앞에 나온 형용사의 주어도 될 수
　　있는 것에는 전치사 of를 사용해 It's kind **of** you (to)~로
　　쓴다.
정답 (b)

6 번역 매일 양복을 입고 넥타이를 매는 것은 미국 대부분의 교사들에게 익숙
　　하지 않은 일이다.
해설 주어 자리에 오는 준동사로 가장 적합한 것은 동명사(-ing)
　　형태이다.
어구 be used to -ing ~에 익숙하다
정답 (c)

7 번역 기름은 차 엔진을 돌아다니며 부품들을 부드럽게 하여 손상을 방지
　　한다.
해설 분사구문. the oil은 동사 run의 주어이고, 시제의 차이가
　　없으므로 running를 쓴다.
어구 lubricate 기름을 치다, 매끄럽게 하다　damage 손상을 입히다
정답 (c)

8 번역 많은 사람들이 학창시절 선생님의 충고를 듣지 않은 것을 후회한다.
해설 과거의 의미를 가지는 -ing. 'regret + 동명사(~한 것을
　　후회하다)'에 유의.
정답 (d)

9 번역 기상 예보관은 안개가 수요일까지는 계속 문제가 될 것이라고(안개가
　　걷히지 않을 것이라고) 하는데, 이로 인해 주민들이 햇볕을 본 지가 한
　　달이 되었다.
해설 분사구문. 앞 문장 전체가 주어가 되는 경우이다. 'make +
　　목적어 + 목적보어' 구문을 이해한다면 make가 능동의 의미,
　　즉 현재분사가 되어야 함을 알 수 있다.
어구 weather forecaster 기상 예보관　remain ~로 남아있다
　　resident 주민
정답 (c)

10 번역 이 일 때문에 사람들이 빠르게 진보하고 있는 산업에 중요한 기여를 할
　　수 있다.
해설 industry는 evolve의 의미상 주어가 되므로 현재분사형을
　　쓴다.
어구 contribution 공헌, 기여　evolve 진화하다　allow ~ to부정사 ~로
　　하여금 …할 수 있도록 해 주다
정답 (b)

Practice Test ❷　　　　　　　　　　▶ p. 93

1. (c)	2. (b)	3. (c)	4. (d)	5. (c)
6. (d)	7. (c)	8. (a)	9. (d)	10. (c)

1 번역 A: 나는 짐이 박사가 되려고 결심했다고 해서 놀랐어.
　　　B: 글쎄, 그건 인정받는 학자가 되고자 한다면 당연히 해야 하는 거야.
해설 의도의 의미를 나타내는 'be + to부정사.'
정답 (c)

2 번역 A: 도서관에서 공부하는 것이 좋아. 정말 조용하고 평화롭거든.
　　　B: 나도 그래. 집에서 공부하면 산만해져서 많은 것을 하지 못해.
해설 'as + 형용사 + as' 구문에 유의. studying이 distract의
　　주어가 되므로 -ing 형태로 사용한다.

어구 **distract** (정신을) 흐트러뜨리다, 전환시키다
정답 (b)

3 번역 A: 프랭크는 어떻게 지리학 전공을 그렇게 즐길 수가 있는지 모르겠어. 너무 지루한데.
B: 아마 그렇게 좋아해서 그 과목을 공부하기가 더 쉬운가봐.
해설 주어 자리에 쓸 수 있는 동명사. 동명사의 의미상 주어는 소유격이나 목적격이다.
어구 **geography** 지리학
정답 (c)

4 번역 A: 찰스가 테니스 경기를 이기고 어때 보였니?
B: 일등 트로피의 영예를 안고 의기양양하게 웃었어.
해설 basking...은 주절이 아니므로 앞의 주절 문장에 주어, 동사가 있어야 한다.
어구 **bask in** (은혜 등을) 입다
정답 (d)

5 번역 퓨마는 날씬하고 재빠른 고양이로, 아주 높이, 6미터 높이까지 뛰어오를 수 있다.
해설 분사구문. cougars가 두 문장의 주어이므로 현재분사를 사용한다.
어구 **slender** 날씬한 **agile** 민첩한 **cougar** 퓨마 **incredibly** 믿을 수 없을 정도로
정답 (c)

6 번역 그 최고경영자는 자동차 사고에 연루되기 이틀 전에 두바이에 도착한 것으로 보도되고 있다.
해설 도착한 것이 주절 시제(현재)보다 더 먼저이므로 'to have + p.p.'를 사용한다.
어구 **involvement** 연루, 관련 **crash** 충돌 **be reported to...** …하다고 보도되다
정답 (d)

7 번역 데이브가 양치를 하고 있을 때, 남동생이 화장실 문을 두드렸다.
해설 while(~하는 동안에)은 접속사. 분사구문으로 쓸 경우에는 주로 while -ing가 된다. 여기서는 주절 주어가 his brother, 종속절 주어는 Dave로 각 주어가 다르므로 분사구문으로 쓸 수 없는 문장이다.
정답 (c)

8 번역 그 프로젝트는 어쩌면 고등교육의 교수 학습 활동 강화에 큰 기여를 할 수 있을 것이다.
해설 to 다음에 동명사가 오는 관용어구. 동명사는 목적어를 취할 수 있다.
어구 **make a contribution to + 동명사[명사]** ~에 기여하다
enhance 올리다, 강화하다
정답 (a)

9 번역 A: 어려운 결혼 생활을 바로잡는 것이 가능하다고 생각하니?
B: 응. 난 정말 희망 없는 관계는 없다고 믿어.
A: 그런데 이혼을 막으려면 어떻게 해야 할까?
B: 글쎄, 이혼하지 않고 함께 있을 수 있는 비결은 서로의 감정을 이해하는 방법을 배우는 거야.
해설 key 다음의 to는 전치사이므로 다음에 동명사가 와야 한다.
어구 **hopeless** 희망 없는 **divorce** 이혼 **key to** ~을 위한 비결, 열쇠
empathize 상대의 입장이 되어 감정을 이해하다
정답 (d) to stay → to staying

10 번역 (a) 내가 읽었던 가장 좋은 책들 중 하나는 원래 스페인어로 쓰여진 소설이다. (b) 그 책은 '백년 동안의 고독'이며 저자는 가르시아 마르케스이다. (c) 간략하게 말하면, 그것은 여러 세대에 걸친 부엔디아 가족의 눈으로 보는 마칸도라는 가상 마을에 관한 이야기이다. (d) 마을이 점점 커져가고 세월이 흐르면서 겪는 마을의 변화를 이야기하고 있다.
해설 분사 문제. (c)에서 the fictional town은 동사 see의 목적어가 되므로 과거분사가 와야 한다.
어구 **originally** 원래 **solitude** 고독 **author** 저자; (책을) 쓰다
fictional 가상의, 허구의 **generation** 세대 **recount** 이야기하다
go through 겪다 **roll by** (세월이) 흐르다, 지나가다
정답 (c) seeing → seen

Unit 5 접속사와 관계사

✻ 감각 익히기 ❶ ▶ p. 98

번역 1 어떤 사람들은 커피에 크림과 설탕을 넣는 것을 좋아하지만 또 어떤 사람들은 블랙을 좋아한다.
2 날씨가 흐렸지만 나는 선글라스를 썼다.
3 해리는 매일 운동을 하기 때문에 몸매가 좋다.
4 캐시는 문을 열고 손님들에게 인사했다.
5 나는 축구 경기를 보는 것뿐 아니라 친구들과 축구하는 것도 좋아한다.
6 그는 아침을 먹지 않아서 수업 중에 배가 고파졌다.
7 나는 대학 졸업 후 쭉 광고 회사에서 일해 왔다.
8 내가 샤워를 하고 있는데 누군가가 노크를 했다.

정답 1 while, but 2 though 3 because 4 and 5 but also 6 so
7 since 8 While

✻ 감각 익히기 ❷ ▶ p. 101

번역 1 나는 어제 몇 년 동안 보지 못했던 옛 친구를 우연히 만났다.
2 나는 제인 오스틴의 책을 읽고 있다.
3 나는 내가 어려움에 처했을 때 항상 나를 도와주었던 친구를 여전히 기억하고 있다.
4 어제 그가 방문한 건물은 매우 오래된 것이다.
5 스미스 씨는 대단히 귀한 그림을 가지고 있다.
6 내가 어제 만난 윌슨 씨는 화학을 가르친다.
7 그는 많은 이유를 댔는데 그 중 몇 가지만이 타당했다.
8 내가 너에게 얘기한 베이커 씨는 초등학교 선생님이다.

정답 1 him → 삭제 2 was written → written 3 who he → who
4 where → which 5 which → whose 6 that → whom
7 that → which 8 I told → whom I told

✻ 감각 익히기 ❸ ▶ p. 103

번역 1 너는 가고 싶은 곳 어디든지 갈 수 있다.
2 너는 가고 싶을 때 언제든지 가도 좋다.
3 당신은 듣고 싶은 강좌는 어떤 것이든 선택할 수 있다.
4 우리 집에 오고 싶은 사람은 누구나 환영할 것이다.
5 어제 그가 말한 것은 사실로 밝혀졌다.
6 그는 원하는 것은 무엇이든 반드시 사고야 만다.
7 아무리 열심히 노력한다 해도 네가 원하는 모든 것을 다 얻을 수는 없다.

정답 1 wherever 2 whenever 3 whichever 4 whoever 5 What
6 whatever 7 However

Practice Test ❶ ▶ p. 105

1. (d)	2. (a)	3. (c)	4. (c)	5. (b)
6. (b)	7. (b)	8. (b)	9. (c)	10. (b)

1 번역 A: 그 책을 왜 그렇게 조심스럽게 다루는 거야?
B: 희귀본이거든.
해설 why~ 질문에 대해 답할 때는 because를 사용한다.
정답 (d)

2 번역 A: 오늘 외식합시다. 뭐 먹고 싶은 것 있어요?
B: 글쎄요. 전 주로 이탈리아 음식을 좋아하지만 오늘은 뭔가 다른 것을 먹고 싶네요.
해설 앞 문장과 대조의 의미를 나타내는 접속사가 와야 한다.
정답 (a)

3 번역 A: 새로 생긴 쇼핑센터 봤어?
B: 새 프랑스 식당이 있는 곳을 말하는 거야?
해설 빈칸 다음에 나온 문장에 빠진 요소가 없으므로 관계부사나 '전치사 + 관계대명사'가 와야 한다.
정답 (c)

4 번역 A: 와, 그거 멋진 사진이네요.
B: 사진 같이 보이지만 사실은 그림이에요.
해설 '~하지만'이라는 대조의 의미이므로 대조의 접속사 while이 적합하다.
정답 (c)

5 번역 A: 모두들 내가 낙오자라고 생각해.
B: 아냐, 사람들은 너를 그렇게 생각하지 않아.
해설 선행사 없이 쓰는 관계사로 think의 목적어가 되는 말이 필요하므로 what을 써야 한다.
어구 failure 실패자; 실수
정답 (b)

6 번역 불경기에는 사용할 수 있는 돈이 별로 없어서 학교는 보통 힘들다.
해설 절에 빈 명사 자리가 없으므로 관계부사를 써야 하는데, recession은 시간이므로 when을 쓴다.
어구 recession 불경기 little 거의 없는 available 이용할 수 있는 suffer 고통 받다
정답 (b)

7 번역 모두가 편안하고 평화롭게 지내기 위해 기숙사의 규칙을 따라줄 것이 요청되었다.
해설 so that A can...(A가 …하기 위하여)의 구문이다.
정답 (b)

8 번역 큰 싸움 후에 에드워드는 떠나버렸고, 아무도 그가 돌아올지 확신할 수 없었다.
해설 의문사가 없는 간접의문문을 이끄는 if/whether. '~인지 아닌지'의 의미.
정답 (b)

9 번역 선거에서 승리하는 후보자는 주로 자신의 선거운동에서 제일 많은 자금을 모금한 사람이다.
해설 campaign 앞에 소유격이 들어가야 하므로 소유격 관계대명사 whose가 적당하다.
어구 candidate 후보 election 선거
정답 (c)

10 번역 오늘날 젊은이들은 부모들이 그들 나이였을 때보다 부유하긴 하지만, 더 행복하지는 않다.
해설 비교급 wealthier가 나왔으므로 than이 있어야 한다.
정답 (b)

Practice Test ❷ ▶ p. 107

1. (b)	2. (a)	3. (c)	4. (c)	5. (b)
6. (b)	7. (d)	8. (c)	9. (c)	10. (a)

1 번역 A: 너 소개팅 어땠어?
B: 캐리는 정말 멋졌어. 너도 그녀를 만나면 마음에 들 거야.
해설 once는 '일단 ~하면.' when이나 if도 가능하다.
어구 blind date 소개팅
정답 (b)

2 번역 A: 엄마, 지금 컴퓨터 게임해도 돼요?
B: 숙제를 끝내기 전까진 안돼.
해설 문맥상 not until...(…할 때까지는 아니다)을 쓰는 것이 가장 적합하다.
정답 (a)

3 번역 A: 금요일 파티에 친구 몇 명을 데려와도 될까?
B: 그럼, 내 파티에 오고 싶은 사람은 누구든지 환영이야.
해설 주어 자리에 오는 관계사. 문장에 선행사가 없고, 사람을 나타내는 주격관계사 whoever가 와야 한다.
정답 (c)

4 번역 A: 도로 여행하는 동안 밤엔 어디서 묵었니?
B: (정해 놓지 않고) 밤에 도착하게 되는 곳에서 묵었어.
해설 '우리가 우연히 도착하게 되는 곳 어디에서든'의 의미이므로 장소를 나타내는 부사 wherever가 와야 한다.
정답 (c)

5 번역 공항에서 발이 묶인 사람들 중 몇몇은 근처 호텔에서 방을 구했지만, 많은 사람들은 공항 바닥에서 자면서 밤을 보내야 했다.
해설 대조의 의미를 나타내는 접속사 while.
어구 strand 좌초시키다, 발을 묶다 spend 목적어 -ing ~하면서 시간을 보내다 floor 바닥
정답 (b)

6 번역 그 교과서는 시험을 위해 학생들이 알아야 할 것들을 확실히 알려준다.
해설 선행사 없이 쓰는 관계대명사 what(~하는 것)이 필요하다.
어구 provide 제공하다 tangible 실체가 있는, 명백한 reminder 상기하게 하는 것, 조언
정답 (b)

7 번역 이 회담 기간 중에, 참가자들은 두 세미나 중 선호하는 쪽 어디든 참석하시기 바랍니다.
해설 선행사가 없는 복합관계사. 둘 중 선택이므로 whichever가 적합하다.
어구 conference 회의 participant 참가자 be kindly requested ~하시기 바랍니다.(정중한 요구) attend 참석하다 prefer 선호하다
정답 (d)

8 번역 당신이 다른 사람을 설득하기 위한 에세이를 쓸 때는, 당신이 무엇을 말하든지 간에 독자로 하여금 당신을 믿게 만들기 위해 노력해야 한다.
해설 선행사 없는 복합관계대명사. say의 목적어이므로 whatever

가 적합하다.
어구 persuasive 설득하는, 설득력 있는 convince 납득시키다
정답 (c)

9 **번역** A: 곧 비가 올 것 같이 보여.
　　　B: 정말? 비가 온다는 예보 못 들었는데.
　　　A: 그런 예보 없었어. 하지만 저 구름 좀 봐.
　　　B: 무슨 말인지 알겠어. 정말 비가 올 것 같네.
해설 '비가 온다는 예보는 없었지만 비가 올 것 같다'는 반대의 내용이 나오므로 접속사 but을 써야 한다.
어구 forecast 일기예보 mean 의미하다
정답 (c) and → but

10 **번역** (a) 오늘날 원로(연장자)가 된다는 것은 예전과 다르다. (b) 오늘날의 원로들은 세계적으로 가장 영향력 있는 세대 중 하나이다. (c) 이 주목할 만한 연령대의 사람들은 오늘날 우리가 살고 있는 세계를 만들어 왔다. (d) 예를 들어 저명한 발명가들이나 정치가들 중 상당수가 지금의 원로들이다.
해설 선행사가 필요 없는 관계사는 what이다.
어구 senior 원로, 어른; 선배, 선임자 influential 영향을 주는, 유력한 generation 세대 remarkable 주목할 만한, 두드러진 demographic 인구통계학적인 shape 형성하다 renowned 유명한 politician 정치가
정답 (a) that → what

Unit 6 관사, 명사, 대명사

✳ 감각 익히기 ❶　　　　　　　▶ p. 112

번역 1 그의 자선 콘서트는 성공이었다.
　　2 5번가에서 버스를 갈아타셔야 해요.
　　3 나는 멋진 가구를 좀 샀다.
　　4 하루에 하나의 아스피린을 먹는 것은 심장마비의 가능성을 줄이는 데 도움이 된다.
　　5 잘 시간이다.
　　6 이 회사에 스미스 씨란 분이 있나요?
　　7 이 도서관에는 이천 권이 넘는 책이 있다.

정답 1 a success 2 buses 3 furniture 4 a 5 bed 6 a Mr. Smith 7 thousand

✳ 감각 익히기 ❷　　　　　　　▶ p. 116

번역 1 형제나 자매가 있습니까?
　　2 기숙사에는 세탁기가 네 대 있는데 오늘은 하나도 작동이 안 된다.
　　3 너와 제인이 알고 지낸 지는 얼마나 되었니?
　　4 흔히, 아는 것과 가르치는 것은 별개라고들 한다.
　　5 이 지역의 날씨는 북부지역의 날씨보다 온화하다.
　　6 나는 매주 부모님에게서 약간의 용돈을 받는다.
　　7 일주일에 50시간은 사무실에서 보내기에는 너무 많은 시간이다.
　　8 이 학교의 학생 중 3분의 2는 외국인이다.

정답 1 any 2 none 3 each other 4 another 5 that 6 a little 7 is 8 are

---

Practice Test ❶　　　　　　　▶ p. 118

1. (c)	2. (a)	3. (c)	4. (a)	5. (d)
6. (c)	7. (b)	8. (c)	9. (b)	10. (a)

1 **번역** A: 우리 나라의 비만 문제의 원인이 무엇이라고 생각하십니까?
　　　B: 제 생각엔 사람들이 운동을 충분히 하지 않는 것 같아요.
해설 do you think가 주절이며, 빈칸에는 의문사로 시작하는 간접의문문의 주어가 들어간다.
어구 cause ~을 야기하다, ~의 원인이 되다 obesity 비만
정답 (c)

2 **번역** A: 탐은 같이 지내기가 쉽지 않아.
　　　B: 맞아, 그는 다른 사람들을 잘 믿지 않아.
해설 trust의 목적어로 '다른 사람들'이라는 대명사가 필요하다.
어구 get along with 함께 지내다 have difficulty -ing ~하는 데 어려움을 겪다
정답 (a)

3 **번역** A: 저기서 신디와 얘기하고 있는 남자는 누구니?
　　　B: 그녀의 사촌인 것 같은데.
해설 이중 소유격에 유의. a cousin of hers는 '그녀의 사촌들 중 한 명.'
정답 (c)

4 **번역** A: 어느 지원자를 고용할지 결정했어?
　　　B: 아니, 모두를 고용하고 싶어.
해설 지원자의 숫자가 정확히 명시되지 않지만 which candidates를 고용할 것이냐고 물었으므로 지원자가 셋 이상인 것으로 볼 수 있다. 따라서 셋 이상에 사용하는 all이나 none을 써야 한다.(둘임이 확실한 경우에만 both / either / neither를 사용한다.)
어구 candidate 후보 hire 고용하다
정답 (a)

5 **번역** A: 커피를 어떻게 드릴까요?
　　　B: 크림을 좀 타주세요.
해설 cream은 셀 수 없는 명사이고 긍정의 의미이므로 some으로 수식한다.
정답 (d)

6 **번역** 많은 사람들이 중국에서 화요일에 있을 개기월식을 보게 되어 흥분했다.
해설 '많은'의 의미로 복수명사를 수식하는 a number of를 선택하는 문제이다. the number of...는 '...의 수'라는 의미이며 단수 취급한다.
어구 total lunar eclipse 개기월식 cf. partial lunar eclipse 부분월식 solar eclipse 일식
정답 (c)

7 **번역** 인질 중 일부는 살해되었지만, 대부분은 살아남았다.
해설 some과 대조가 되는 대명사를 써야 한다. 여기서 most는 대명사로 '대부분의 사람들'을 뜻한다. (c) other는 the others라면 답이 될 수 있다.
어구 hostage 인질 survive 살아남다
정답 (b)

8 **번역** 메리의 연못에 있던 대부분의 물고기가 가뭄으로 죽었다.
해설 '~중에서'의 의미를 갖는 of 다음에는 정관사 the가 반드시

있어야 한다.
정답 (c)

9 **번역** 탐과 그의 여동생 메리는 어젯밤 둘 다 얼굴을 귀신처럼 칠하고 할로윈 파티에 왔다.
해설 탐과 여동생 두 명이므로 both를 써야 한다.
정답 (b)

10 **번역** 각 학생들은 선생님이 합격 성적을 주기 전에 과제를 마쳐야 한다. (과제를 제출해야 성적을 받을 수 있다.)
해설 each는 항상 단수 취급. 일반적인 사실이므로 현재시제가 적당하다.
어구 is required to ~해야 한다 passing grade 합격 성적
정답 (a)

Practice Test ❷

▶ p. 120

| 1. (c) | 2. (b) | 3. (b) | 4. (d) | 5. (d) |
| 6. (d) | 7. (c) | 8. (d) | 9. (a) | 10. (a) |

1 **번역** A: 저쪽 남자가 계속 너를 쳐다보고 있는 것 같아.
B: 나도 그렇게 생각하고 있었어.
해설 선행사 없는 관계사 what이 필요하다.
정답 (c)

2 **번역** A: 언제 한국을 떠날 거니?
B: 열흘 더 여기 머물려고 해.
해설 'another +기간'은 '~ 더'의 의미.
정답 (b)

3 **번역** A: 컴퓨터로 처리하는 카드 카탈로그를 사용하는 법을 잘 알고 있니?
B: 아니요. 딱 한 번 사용해 봤어요.
해설 '의문사 + to부정사' 구문. 'how to부정사'는 '~ 하는 방법.'
어구 be familiar with ~에 익숙하다 once 한 번
정답 (b)

4 **번역** A: 막강한 경제력의 가장 큰 이점이 무엇이라고 생각하나요?
B: 다른 나라가 우리를 이류 국민으로 생각하고 그렇게 취급하진 못할 것 같아요.
해설 병렬구조로 thinking과 연결되는 동사 형태는 treating이 된다. as such는 '그러한 것[사람]으로.'
정답 (d)

5 **번역** 당신이 다른 사람보다 두 배의 노력을 한다면 어떤 목표든지 성취할 수 있다.
해설 어순(double the + 형용사 + 명사)에 유의.
정답 (d)

6 **번역** 여름에는 시내로 가는 버스가 5분마다 다닌다.
해설 every five minutes는 '5분마다'의 의미.
정답 (d)

7 **번역** 그 작가는 생명윤리학자라고 불리는데, 생명윤리학자란 생물학적 발전의 윤리적 의미에 관심을 갖고 있는 사람을 말한다.
해설 what one calls는 '소위, 사람들이 이르기를'의 의미.
어구 bioethicist 생명윤리학자 ethical 윤리학적인 implication 함축; 연루 biological 생물학적인
정답 (c)

8 **번역** 정부는 사회 복지 캠페인의 첫 번째 단계로 나라 안의 실직자 수를 줄이려고 하였다.
해설 the number of는 '~의 수', 'the + 형용사 = 복수 사람'임을 알아두자.
어구 social welfare 사회 복지 the unemployed 실업자들
정답 (d)

9 **번역** A: 신용카드를 어떻게 신청하나요? 아직 신용카드가 없어서요.
B: 간단해요. 그냥 이 양식을 기재해서 제출해 주세요.
A: 아, 그럼 바로 발급받을 수 없는 건가요?
B: 바로는 안되고요, 우선 정보를 먼저 심사해야 합니다.
해설 신용카드를 새로 신청한다는 것이므로 부정대명사인 one을 써야 한다.
정답 (a) it → one
어구 apply for 지원하다 신청하다 fill out 양식을 기재하다 send in 내놓다, 제출하다; 송부하다 immediately 당장에 review 심사하다

10 **번역** (a) 당신이 대부분의 사람들 같다면 일년에 평균 한 번에서 세 번 정도 감기에 걸린다. (b) 확률이 75%라서 다음 해 내로 적어도 하나의 바이러스는 당신을 찾을 것이다. (c) 그러면 피로나 목의 통증, 재채기, 기침, 코가 막히거나 콧물이 흐르는 등의 증상으로 일주일 정도 고생하게 된다. (d) 연구자들은 감기가 학교 결석이나 결근의 가장 일반적인 의학적 사유라고 한다.
해설 '~당'이라는 의미는 '부정관사 a + 단수 단위'. (a)에서 '일년에'라고 하려면 per year라고 써야 한다. average가 동사로 쓰인 것에도 주의하자.
어구 average 평균하면 ~이다; 보통의 spend -ing ~하는 데[하면서] 시간을 보내다 fatigue 피로 sneezing 재채기 stuffy 막히는 runny 콧물이 흐르는 miss 빠지다
정답 (a) per years → per year

Unit 7 형용사와 부사

✻ 감각 익히기 ❶

▶ p. 125

번역 1 그거 정말 멋지게 들린다.
2 이 교수님은 같은 이야기를 항상 반복하기 때문에 너무 지루하다.
3 이 기계에 뭔가 문제가 있는 것 같다.
4 우리 사장님을 만족시키기는 어렵다.
5 자신의 일에서 성공하는 것은 만족스런 경험이다.
6 자라는 아이들은 균형 잡힌 식단이 필요하다.
7 그들은 살아있는 동물들을 잡았다.
8 놀란 청중은 침묵했다.

정답 1 wonderfully → wonderful 2 bored → boring 3 wrong something → something wrong 4 We are difficult to satisfy our boss. → It is difficult to satisfy our boss. / Our boss is difficult to satisfy. 5 satisfied → satisfying 6 balancing → balanced 7 alive → living 8 surprising → surprised

✻ 감각 익히기 ❷

▶ p. 128

번역 1 나는 그녀의 이름조차 기억하지 못한다.
2 나의 아들은 일자리를 얻을 나이가 되었다.
3 기말고사는 꽤 어려웠다.
4 그 창문은 그가 빠져나가기에는 너무 작았다.
5 그렇게 좋은 기회를 주셔서 감사합니다.

6 나는 오늘 아침에 늦게 일어나서 스쿨버스를 놓쳤다.
7 그는 오늘 상태가 훨씬 좋다.
8 그는 파티를 어디에서 열지를 아직도 결정하지 못했다.

정답 1 even can't remember → can't even remember / can't remember even 2 enough old → old enough 3 a quite difficult test → quite a difficult test 4 too much small → much too small 5 so good opportunity → such a good opportunity 6 lately → late 7 very → much 8 still → yet

❋ 감각 익히기 ❸ ▶ p. 131

번역 1 그 책의 후반부는 매우 재미있다.
2 날씨가 이보다 더 좋을 수는 없을 거야.
3 더 많은 정보를 원하시면 규정집을 참조하십시오.
4 존은 빌보다 두 배나 많은 카드를 가지고 있다.
5 그것은 유럽에서 단연 최고로 인기 있는 축구팀이다.
6 당신은 나만큼 좋은 선생님이 될 거예요.
7 해리는 두 소년 중에서 더 영리하다.

정답 1 latter 2 better 3 further 4 more 5 by far 6 as good a teacher 7 the cleverer

Practice Test ❶ ▶ p. 133

1. (b)	2. (a)	3. (d)	4. (a)	5. (d)
6. (a)	7. (b)	8. (b)	9. (b)	10. (b)

1 번역 A: 어느 팀이 이번 시리즈에서 우승할 것 같아?
B: 글쎄. 두 팀 다 아직 가능성이 있다고 생각해.
해설 '여전히'의 의미를 지니는 것은 still.
정답 (b)

2 번역 A: 잔돈 좀 있니?
B: 미안. 지금은 동전이 거의 없어.
해설 '잔돈'이란 의미의 change는 셀 수 없는 명사, '동전'이란 의미의 coin은 셀 수 있는 명사이다. few를 수식할 수 있는 부사는 very.
정답 (a)

3 번역 A: 이 주변에 괜찮은 식당이 있나요?
B: '리틀 프린스(어린 왕자)'에 한 번 가보세요. 제가 적어도 한 달에 한 번은 가는 프랑스 식당이에요.
해설 '한 달에 한 번'은 once a month, '적어도'는 at least.
정답 (d)

4 번역 A: 새로 온 당신의 조수가 마음에 드시나요?
B: 그렇지 않아요. 너무 실수를 많이 해서 좋아할 수가 없어요.
해설 'too ... to + 동사(너무 …해서 ~할 수 없다)'의 용법을 알아두자.
정답 (a)

5 번역 A: 아버지가 수술 받으셨다면서, 지금 어떠시니?
B: 25세였을 때 같으시대.
해설 as good as(~나 마찬가지이다, ~만큼 좋다)의 의미에 유의.
정답 (d)

6 번역 청중이 너무 많아서 그들은 매우 긴장했다.
해설 so ... that~은 '매우 …해서 ~하다'라는 뜻이다.

어구 extremely 극도로 nervous 긴장한
정답 (a)

7 번역 암시장에서 마약의 가격은 생산 가격의 백배가 넘는 것으로 추정된다.
해설 배수 비교는 원급(as great as) 혹은 비교급(greater than)으로 나타낸다.
어구 black market 암시장 estimate 추정하다
정답 (b)

8 번역 그들이 하루 쉴 수 있다고 사장이 말하는 것을 듣고도 모두들 믿을 수 없어 했다.
해설 too ... to~(너무 …해서 ~할 수 없다) 구문에 유의하자. too good to be true는 '사실이라고 하기에는 너무 좋은'의 의미이다.
정답 (b)

9 번역 아침을 먹을 수 있을 정도로 일찍 일어나는 것은 많은 학생들에게 상당히 어려운 일이다.
해설 enough는 수식하는 형용사나 부사 뒤에 사용한다. 그 뒤에 to부정사가 주로 따라온다.
정답 (b)

10 번역 헨리가 자기가 회사에서 단연 가장 소중한 직원이라고 자랑하자 그의 동료들은 화가 났다.
해설 최상급 most를 강조하는 single. the single most valuable employee는 '단연코 최고로 소중한 한 명의 직원'이므로 단수이다
정답 (b)

Practice Test ❷ ▶ p. 135

1. (c)	2. (a)	3. (b)	4. (a)	5. (c)
6. (c)	7. (b)	8. (d)	9. (d)	10. (b)

1 번역 A: 탐과 제인은 키가 같은가요?
B: 아니오. 탐이 더 큽니다.
해설 '둘 중에서 더 ~한'의 의미는 'the 비교급 of the two'로 표현한다.
정답 (c)

2 번역 A: 혹시…? TV 소리가 너무 큰 듯한데요.
B: 아, 미안해요, 제가 볼륨을 낮출게요.
해설 Would you mind? 다음에는 turning down the volume이 생략되었다고 볼 수 있다. 형용사 loud를 수식할 수 있는 것은 부사 too이고 too를 수식할 수 있는 어구는 a bit이라는 점에도 유의하자.
정답 (a)

3 번역 A: 존이 그렇게 적은 월급을 받고 그 일을 하려고 할까요?
B: 안 하려고 할 거예요. 그 일을 맡을 만큼 어리석진 않아요.
해설 know better than to…(…할 만큼 어리석지 않다)가 포인트.
정답 (b)

4 번역 A: 창문을 닫지 그러세요? 매우 춥네요.
B: 추운 것이 탁한 공기보다는 나아요.
해설 preferable은 자체가 비교의 의미를 가지고 있으며 to와 함께 쓰인다.
어구 stuffy 숨막히는, 답답한 be preferable to + 명사 ~보다 낫다(더

좋아하다)

정답 (a)

---

5 **번역** 복권에 돈을 많이 쓰는 사람들은 보통 가장 그것을 살 만한 여유가 없는 사람들, 즉 가난한 사람들이다.

해설 비교의 대상이 없으므로 최상급이 와야 한다. 부사의 최상급은 the 없이 사용된다.

어구 **spender** 돈을 쓰는 사람 **lottery ticket** 복권 **typically** 전형적으로 **can afford** ~을 살 만한 여유가 있다

정답 (c)

6 **번역** 운전자들이 핸드폰 통화 중에 사고가 날 확률은 보통 때보다 4배나 높다.

해설 배수 비교는 원급(as high as) 혹은 비교급 비교(higher than)를 사용한다.

어구 **run a risk of** ~의 위험을 무릅쓰다 **crash** 충돌

정답 (c)

7 **번역** 잭이 학교에서 왔을 때는 생일파티가 거의 끝난 상태였다.

해설 동사와 부사의 어순을 묻는 문제. 부사 almost는 수식하는 단어 앞, 즉 finish 앞에 와야 한다.

어구 **be about to** 막 ~하려고 하다

정답 (b)

8 **번역** 이 사원에는 오로지 50세 이상의 남자들만 들어가서 참배할 수 있다.

해설 동사 allow가 수동으로 쓰이고 있으므로 '주어+be동사'가 와야 한다. only는 의미상 수식어 앞에 온다.

어구 **mosque** 회교 사원 **allow** 허락하다 **worship** 숭배하다, 예배[참배]하다

정답 (d)

9 **번역** A: 나 심부름을 꼭 가야 하는데.
B: 그렇게 해. 내가 쌍둥이들을 돌볼게.
A: 정말 잘 할 수 있겠어?
B: 걱정 마. 바로 곁에서 지켜볼게.

해설 close는 보어가 아니므로 부사 closely로 써야 한다.

어구 **run an errand** 심부름 하다 **handle** 다루다, 돌보다

정답 (d) close → closely

10 **번역** (a) 로라는 새 직장이 오랜 시간 일하지 않아도 되어서 정말 좋았다. (b) 그녀는 이 일이 전 직장보다 훨씬 낫다고 생각했다. (c) 이전 직장에서는 일주일에 60시간 이상 일했다. (d) 피로와 스트레스는 그녀의 건강에까지 영향을 주기 시작했다.

해설 -er같은 비교급 형태를 이미 가지고 있는 단어에는 more를 쓸 수 없다.

어구 **require** 요구하다 **fatigue** 피로 **affect** 영향을 주다

정답 (b) more better → better

Unit 8 기타 구문

✱ 감각 익히기 ❶ ▶ p. 139

번역 1 그는 그 제의를 결코 받아들이지 않을 것이다.
2 의자에 귀여운 강아지 한 마리가 앉아 있었다.
3 파티에 올 수 있니? — 못 갈 것 같아.
4 언제 메리를 태우러 갈 거니? — 6시에 태우러 갈 거야.
5 나는 이 마을의 모든 것이 마음에 들어. — 나도 그래.

정답 1 is he 2 sat 3 not 4 up Mary / her up 5 So do I.

✱ 감각 익히기 ❷ ▶ p. 141

번역 1 춤추고 영화 보는 것이 내가 가장 좋아하는 취미야.
2 존이나 해리가 우리를 도와주러 올 거야. / 존과 해리 둘 다 우리를 도와주러 오지 않을 거야.
3 어제에야 비로소 나는 그의 소식을 들었다.
4 거지로 생각되는 소년 하나가 앉아 있었다.
5 내 고향은 한국의 남쪽에 있는데 대단히 조용한 곳이다.
6 비난 받아야 할 사람은 네가 아니라 그다.
7 우리집은 나에게 안전함, 사랑, 편안함의 느낌을 준다.
8 어제 나는 지갑을 잃어버리고, 안경을 깨고, 기차를 놓쳤다.

정답 1 to watch → watching 2 Either John nor Harry → Either John or Harry/Neither John nor Harry 3 day와 I 사이에 that 4 a boy → a boy who 5 is → which is 6 is him → he 7 comfortable → comfort 8 I missed → missed

Practice Test ❶ ▶ p. 143

1. (d)	2. (c)	3. (b)	4. (d)	5. (d)
6 . (b)	7. (a)	8. (c)	9. (d)	10. (c)

1 **번역** A: 정말 훌륭한 공연이었어요.
B: 맞아요. 얼마나 대단한 콘서트였던지요!

해설 감탄문 어순에 유의. 'What (+ a) + 형용사 + 명사 + (주어 + 동사)' 또는 'how + 형용사 + (주어 + 동사)'임을 알아두자.

정답 (d)

2 **번역** A: 난 이번 휴가를 즐길 수 있을 것 같지 않아요. 마감시한에 맞춰야 할 것들이 너무 많아요.
B: 저도 그래요. 정말 그 일들을 잊어버릴 수 있었으면 좋겠네요.

해설 'So/Neither + 동사(조동사/be/대동사 do) + 주어(~도 역시 그렇다/그렇지 않다)' 구문. 여기서는 주절이 부정문이므로 neither를 써야 한다.

어구 **meet deadline** 시한을 맞추다

정답 (c)

3 **번역** A: 클라라가 정말 기분 상한 것 같아. 왜 그런 말을 했어?
B: 그러려고 한 건 아니었어. 그냥 무심결에 얘기했는데.

해설 to부정사 어구를 생략할 때는 대부정사 to를 사용한다.

어구 **offended** 마음이 상한 **casual** 우연한, 우발적인 **remark** 말, 표현

정답 (b)

4 **번역** A: 그 사고 후에 댄이 멍든 거 봤니?
B: 오늘 아침에야 봤어. 정말 끔찍하더라.

해설 not until은 부정어로 시작하는 어구이므로 문장 앞에 오면 주절의 주어와 동사는 도치된다.

어구 **bruise** 타박상, 멍 **not ~ until...** …해서야 비로소 ~하다

정답 (d)

5 **번역** A: 멜리사가 우리가 사준 선물을 좋아할 것 같니?
B: 잘 모르겠어. 하지만 그랬으면 좋겠는데.

해설 I hope(~하기를 바라다) 다음의 목적절로 나오는 긍정문이나 부정문 전체를 so/not으로 나타내어 I hope so.(그러길 바라.) 또는 I hope not.(그렇지 않길 바라.)으로 쓴다.

정답 (d)

6 **번역** 밀림에 있는 큰 나무들 사이에, 데이비드가 이전에 한 번도 본적이 없는 화려한 앵무새들이 있었다.

  해설 장소를 나타내는 부사구가 문장 앞에 있을 때는 be/come/sit/stand/lie 등의 동사가 명사주어 앞으로 간다. 이 문장에서는 주어가 colorful parrots이고 동사가 were이므로 도치된다. there를 쓰면 'there + 동사 + 주어'의 어순이 된다.

  정답 (b)

7 **번역** 아마존뿐만 아니라 동남 아시아에서도 열대우림이 파괴되고 있다.

  해설 not only는 부정어를 포함하기 때문에 문장 앞에 오면 주어, 동사를 도치한다. It is ... that 강조구문을 쓸 때는 도치하지 않는다.

  어구 **not only A but (also) B** A뿐 아니라 B도 **rainforest** 열대우림 **destroy** 파괴하다

  정답 (a)

8 **번역** 휴가 동안 존과 패티는 스키를 타고 하이킹을 하면서 산을 마음껏 즐겼다.

  해설 병렬구조(parallelism)에 대한 문제. and나 as well as 앞뒤에는 같은 형식의 구조가 와야 한다. '~하러 가다'의 의미로는 go -ing를 사용한다.

  정답 (c)

9 **번역** 이 나라가 직면하고 있는 모든 문제들 중에서 사회를 가장 혼란스럽게 위협하는 것은 가족 해체의 위기이다.

  해설 it is ... that 사이에 주어가 오는 강조구문. most는 의미상 동사 threaten을 수식하므로 그 앞에 위치한다.

  어구 **face** 직면하다 **broken family** 결손가정 **threaten** 위협하다 **destabilize** 약화시키다, 동요시키다

  정답 (d)

10 **번역** 거리 표지판이 없었기 때문에, 알렉스는 마이크의 집으로 가려면 어디서 방향을 바꾸어야 하는지 알아보기 위해 그에게 전화했다.

  해설 동사 find out의 목적절로 오는 간접의문문의 어순을 묻는 문제. 간접의문문에서는 의문사가 맨 앞에 있어도 주어, 동사는 도치되지 않는다.

  정답 (c)

Practice Test ❷

▶ p. 145

| 1. (d) | 2. (b) | 3. (d) | 4. (d) | 5. (d) |
| 6. (d) | 7. (c) | 8. (c) | 9. (c) | 10. (d) |

1 **번역** A: 이 도로가 지난 번에 우리가 탔던 도로가 맞는지 의심스러워.
    B: 그 도로 같은데, 그렇지 않니?

  해설 부가의문문. 일반적인 부가의문문은 주절 동사를 사용해서 ~, doesn't it?처럼 쓴다. 주절 동사에 관계없이 사용할 수 있는 부가의문문은 ~, don't you think?이다.

  정답 (d)

2 **번역** A: 아직 시험 결과를 못 받았어.
    B: 나도 마찬가지야. 2주가 되었는데.

  해설 부정문에 대해 '~도 마찬가지이다'라는 의미는 'Neither/Nor + 동사 + 주어'의 형식을 사용한다.

  정답 (b)

3 **번역** A: 지난 여름에 들었던 수업은 어땠니?
    B: 그 집중 코스는 꽤 힘들었지만 불가능한 정도는 아니었어.

해설 병렬구조(parallelism)를 묻는 문제. be동사의 보어가 필요하므로 형용사가 와야 하고, 두 개의 형용사를 연결해 주는 접속사가 그 사이에 있어야 한다.

  정답 (d)

4 **번역** A: 왜 어제 동창회 모임에 가지 않았어?
    B: 오늘 아침에야 그 모임이 있다는 것을 들었어.

  해설 only가 있는 어구가 문장 앞에 있으면 주절 주어와 동사를 도치하지만, it is ... that 강조구문을 쓰면 B문장에서처럼 주어, 동사가 도치되지 않는다.

  어구 **alumni** 동창회 **inform A(사람) of ...** A에게 …에 대해 알려주다

  정답 (d)

5 **번역** 당신 자신의 마음을 들여다 보는 것만으로 미래상은 명확해질 수 있다.

  해설 only가 있는 어구가 문장 앞에 있으면 주절 주어와 동사를 도치하지만, 이 때 도치될 수 있는 동사는 조동사, be동사, 대동사 do, have이다.

  정답 (d)

6 **번역** 연구자들은 비만이 아닌 환자들의 마우스 가드 사용이 코골이를 줄여준다는 증거가 있는지를 조사하고 있다.

  해설 동사 investigate의 목적절인 간접의문문의 어순. 주어, 동사가 와야 한다.

  어구 **investigate** 조사하다 **support** 지지하다, 뒷받침하다 **mouth-guard** 권투선수가 치아 보호를 위해 착용하는 도구 **relieve** 덜어주다 **snore** 코골다 **obese** 비만의 **patient** 환자

  정답 (d)

7 **번역** 어떤 사람들은 급진적인 행동이 정치적 변화를 이룰 유일한 방법이라고 생각한다.

  해설 어순을 묻는 문제에서는 선택지를 하나씩 확인해 보는 것이 좋다. 기본적인 구조는 the way to(~하기 위한 방법)이다. (d)는 to 다음에 명사가 오게 되므로 틀린 어순이 된다.

  어구 **drastic** 급진적인, 대담한 **political** 정치적

  정답 (c)

8 **번역** 폭파가 멎자 마자 헬리콥터가 로켓을 발사하기 시작했다.

  해설 'No sooner had 주어 + p.p. than... + 주어 + 동사'는 '~하자마자 …하다'의 의미를 나타낸다.

  정답 (c)

9 **번역** A: 실례합니다. 국립공원 감시원이신가요?
    B: 네, 그렇습니다. 무엇을 도와드릴까요?
    A: 이 공원의 자연 산책로가 어디인지 알고 싶은데요.
    B: 두 곳이 있는데, 하나는 계곡을 통해 있고, 또 하나는 산 위에 있습니다.

  해설 간접의문문에서는 주어, 동사가 도치되지 않는다.

  어구 **ranger** (산림 등의) 감시인 **trail** (사람들이 많이 다녀서 생긴) 오솔길

  정답 (c) where are the nature trails in this park → where the nature trails in this park are

10 **번역** (a) 효과적인 교과서를 출판하는 것은 매우 어려운 일이다. (b) 빠르게 발전하고 있는 분야에서 자료는 금세 구식이 된다. (c) 또한 다수의 저자가 책을 만들 경우 스타일이 일치하지 않을 수도 있다. (d) 초판이 널리 채택되어 교실에서 사용되는 것은 흔치 않은 일이다.

  해설 부정어구(rarely)가 문장 앞에 오는 경우 주어, 동사가 도치된다.

  어구 **publish** 출판하다 **effective** 효과적인 **textbook** 교과서 **rapidly** 빠르게 **material** 자료, 소재 **outdated** 시대에 뒤떨어진

multiple 다수의 inconsistency 일관성 없음 edition (인쇄)판
adopt 채택하다

정답 (d) Rarely first editions are → Rarely are first editions

전치사 따라잡기

✽ 감각 익히기
▶ p. 150

번역
1 나는 다이어트 중이다.
2 나는 2주 내에 일을 끝내고 싶다.
3 존은 강도를 쫓아서 울타리를 뛰어넘었다.
4 창문을 열어놓고 방을 나가지 말아라.
5 나는 집에 10시까지 들어가야 해.
6 우리는 보통 월요일 아침에 회의가 있다.
7 그는 실수로 내 가방을 가져갔다.
8 제니는 택시를 타고 파티에 갔다.
9 프랑스어와 영어는 이런 점에서 다르다.
10 그녀는 빌과 제스 옆에/사이에 서 있다.

정답 1 on 2 within 3 over 4 with 5 by 6 on 7 by 8 in 9 in
10 by (옆에) / between (사이에)

Practice Test
▶ p. 151

| 1. (d) | 2. (a) | 3. (b) | 4. (c) | 5. (c) |
| 6. (b) | 7. (d) | 8. (c) | 9. (d) | 10. (c) |

1 번역 A: 이 요리는 맛있군요. 뭐가 들었나요?
B: 밀가루, 달걀, 해산물 그리고 야채로 만들어요.
해설 be made with는 (음식 등의) 여러 가지 재료를 열거할 때 쓴다.
정답 (d)

2 번역 A: 왜 수업시간에 크게 말하지 않았니?
B: 선생님 질문에 대한 답을 몰랐어.
해설 'answer/key/way + to + 명사'의 구조를 기억하자.
정답 (a)

3 번역 A: 또 늦게 일어났어?
B: 응, 알람 시계의 시끄러운 소리를 듣지도 못했어!
해설 '알람 시계의 시끄러운 소리'이므로 쉽게 of를 정답으로 고를 수 있다.
정답 (b)

4 번역 A: 사고 현장에서 경찰은 무엇을 했나요?
B: 주변을 살피고 단서가 있는지 수색했어요.
해설 search for는 '~을 찾다'의 뜻.
어구 scene (사건의) 현장, (영화나 극의) 장면
정답 (c)

5 번역 A: 외국으로 이사 갈 생각으로 스트레스를 받고 있니?
B: 응, 분명히 그것에 대해 예민해지고 있어.
해설 nervous about은 '~에 대해 예민한'의 의미. 질문의 getting stressed가 대답에서는 getting nervous로 바뀌어 표현되었다.
정답 (c)

6 번역 A: 네가 벽에 스프레이로 낙서했다는 것을 믿을 수가 없어. 혼났니?

B: 응, 그것 때문에 꾸지람 들었어.
해설 '~때문에'의 의미로 for를 쓴다.
어구 graffiti 낙서(graffito의 복수형) scold 꾸짖다
정답 (b)

7 번역 웹 페이지의 주인이 알지 못하게 그 웹 페이지를 링크시키는 것이 가능하다.
해설 '~하지 않고서'의 의미인 without을 써야 한다.
정답 (d)

8 번역 비행기를 타기에는 돈이 너무 없어서, 새러는 그 섬에 배를 타고 갈 수밖에 없었다.
해설 'have no choice but + to부정사'는 '~할 수밖에 없다'의 의미. '~을 타고'의 의미는 'by + 무관사 교통수단(boat/taxi/train…)'으로 표현한다.
정답 (c)

9 번역 정상에서 등산객들은 국경 너머 이웃나라까지 볼 수 있을 것 같았다.
해설 '~ 너머'의 의미로 쓰는 전치사는 beyond.
어구 hiker 도보 여행자, 등산객 border 국경
정답 (d)

10 번역 구조대원들은 화요일에 바다에 추락한 비행기의 승객들을 찾고 있다.
어구 in search of ~을 찾아서 crash into ~에 충돌하다
정답 (c)

Part III & IV 따라잡기

■ Part IIII & IV 따라잡기 연습
▶ p. 157

Part III

| 1. (c) | 2. (c) | 3. (d) | 4. (d) | 5. (a) |
| 6. (d) | 7. (a) | 8. (a) | 9. (b) | 10. (b) |

1 번역 A: 안녕하세요, 윌리엄스 박사님. 스티븐스 박사님에게서 말씀 많이 들었어요.
B: 저도 그래요. 그 분이 지금 함께 일하고 계시지요?
A: 네. 저는 스티븐스 박사님이 계신 부서에 있어요.
B: 잘 됐네요. 언젠가 우리가 같이 일할 수 있으면 좋겠어요.
해설 타동사의 주어와 목적어를 확인한다. assign은 타동사이므로 수동으로 써야 한다.
어구 assign 배치하다
정답 (c) has assigned → has been assigned

2 번역 A: 베스, 무슨 공부를 하고 있니?
B: 러시아어 수업 시험 준비를 하고 있어.
A: 정말? 러시아어를 배우고 있다고?
B: 그래. 지역 대학에서 수업을 듣고 있어.
해설 시험 준비를 하고 있는 것은 지금이므로 현재진행시제를 사용한다.
정답 (c) were learning → are learning

3 번역 A: 우리가 역까지 시간 맞춰 도착할 수 있을까?
B: 모르겠어. 지금 몇 시니?
A: 내 시계 보니까 3시 10분 전이야.
B: 이런, 안돼! 그럼 우리 서둘러야겠어.

해설 '~하는 것이 좋겠다'는 had better.

정답 (d) should → had

4 번역 A: 이번 주말에 무슨 계획이 있니?
B: 아니, 그냥 쉬면서 편안히 있으려고 해.
A: 롤러코스터 타러 가는 건 어때?
B: 절대 안돼! 네가 돈을 준다고 해도 그건 타지 않을 거야.

해설 한 문장 안에 직설법과 가정법이 함께 쓰이지는 않는다. '돈을 줘도 하지 않겠다'는 구절은 가정법으로 쓰는 것이 자연스럽다.

정답 (d) won't → wouldn't

5 번역 A: 자, 난 요리를 시작할 준비가 됐어.
B: 좋아. 먼저 양파를 다지자.
A: 그래. 양파 두 컵이면 충분할까?
B: 그 정도면 우리가 만드는 양에 충분할 거야.

해설 start 다음에 바로 동사가 올 수는 없다. 동명사나 to부정사를 써야 한다.

어구 chop 작게 자르다, 다지다 amount 양

정답 (a) cook → to cook/cooking

6 번역 A: 존, 게임을 보다가 좀 일찍 가도 될까요?
B: 괜찮아요. 하지만 나는 끝까지 있을 거예요.
A: 네, 그건 좋아요. 그런데 입구까지는 좀 데려다 줄래요?
B: 이 경기가 나한테 얼마나 중요한지 몰라요?

해설 간접의문문에서는 주어, 동사가 도치되지 않는다.

정답 (d) how important is this match to me → how important this match is to me

7 번역 A: 회사 경영이 생각보다 힘들어.
B: 힘들 것이라고 예상하지 않았어?
A: 예상했지. 그런데 경쟁이 내가 예상했던 것보다 훨씬 심하네.
B: 음, 그래도 난 자네가 훌륭한 사업가가 될 것이라 확신해.

해설 셀 수 있는 명사 company가 단수일 때는 관사가 필요하다.

어구 run a company 회사를 경영하다 challenge 도전, 어려운 일 competition 경쟁 tough 심한, 어려운

정답 (a) company → a company

8 번역 A: 문 앞에 누가 왔는지 나가 보지 않을 거야? 어떤 사람이 아까부터 계속 노크하고 있는데.
B: 응, 나 시간 없어. 그냥 없는 척하고 있는 거야.
A: 그렇지만 급한 일로 널 찾아온 사람이면 어떡해?
B: 그건 좀 안됐지만, 난 지금 너무 바쁘거든.

해설 긍정문에서 '누군가'는 someone.

어구 answer 답하다, (전화를) 받다, (문을) 열어주다 pretend ~인 척하다 what if ~하면 어쩌나 urgently 긴급히

정답 (a) anyone → someone

9. 번역 A: 안녕하세요, 데이비드슨 부인, 저를 만나고 싶어하신다고 들었어요.
B: 아, 그랬어요. 제 사무실로 들어오시지요.
A: 감사합니다. 그런데 하실 말씀이 무엇인지요?
B: 저, 새로운 프로젝트에 대해서 의논을 하려고요.

해설 wanted to see you를 대신할 수 있는 대동사는 be가 아니라 do이다.

정답 (b) I was → I did

10 번역 A: 이 논문을 쓰는 게 너무 어려워.
B: 정확히 어떤 것에 대한 논문인데?
A: 체로키 족이라 불리는 미국 원시부족에 대한 거야.
B: 주제를 좀 좁힐 필요가 있을 것 같은데.

해설 B문장의 평서문 기본 어순은 your paper is about what으로, 의문문으로 쓰면 what이 문장 앞으로 가고 주어, 동사만 도치된다. 이때 전치사의 위치가 바뀌어서는 안 된다.

어구 paper 짧은 논문 exactly 정확히 narrow 좁히다

정답 (b) What exactly is about your paper? → What exactly is your paper about?

Part IV
▶ p. 159

1. (d)	2. (c)	3. (d)	4. (c)	5. (b)
6. (d)	7. (a)	8. (b)	9. (d)	10. (c)

1 번역 (a) 별 사이를 여행하는 데 가장 큰 장애는 속도이다. (b) 우리와 가장 가까운 별은 4.2광년 거리이다. (c) 현재의 기술로는 그 별로 가는 여행은 엄청나게 길다. (d) 예를 들어, 시속 55마일로 거기에 도착하려면 5천만년 이상 걸릴 것이다.

해설 'it takes A(사람) + 시간 + to부정사(A가 ~하는 데 시간이 …만큼 걸리다)'에서 take의 주어를 사람으로 쓸 수 없다.

어구 interstellar 별과 별 사이의, 성간(星間)의 neighboring 이웃의 current 현재의 prohibitively 엄청나게

정답 (d) we would take → it would take (us)

2 번역 (a) 미국 대학들의 가장 큰 문제 중 하나는 등록금이다. (b) 대부분의 사립 대학들이 매년 등록금을 인상하고 있다. (c) 게다가 많은 단과대학들이 의학 같은 특정 전공자들에게 더 많은 수업료를 부과한다. (d) 그래서 자금이 부족한 학생들은 학위를 따는 데 큰 어려움을 겪을 수 있다.

해설 charge ~ to …(…에게 ~을 부과하다)에 유의.

어구 tuition (fee) 등록금, 수업료 private 사립의 a number of 많은 charge 부과하다 specific 특정한 financial 재정적인 face 직면하다 obstacle 장애물 degree 학위

정답 (c) from → to

3 번역 (a) 제스퍼 대학에 입학하려면, 모든 학생들은 영어로 의사소통을 잘 해야만 한다. (b) 지원자들은 입학 허가 전에 영어시험에서 정해진 점수를 받아야 한다. (c) 오로지 사전 승인된 시험들만 인정되고, 점수는 (학생을 통하지 않고) 직접 제출되어야 한다. (d) 다른 영어 능력 증명은 필요하다면 고려될 수 있다.

해설 consider는 타동사, other evidence는 consider의 목적어.

어구 admit 인정하다, 허락하다 applicant 지원자 acceptable score 받아들일 만한 점수, 즉 정해 놓은 (합격) 점수 submit 제출하다 evidence 증거 competence 능력

정답 (d) consider → be considered

4 번역 (a) 마인드 툴은 학생들의 작문 능력을 향상시키는 혁신적인 제품이다. (b) 그것은 학생들에게 스스로 지식을 습득하기 위한 자신감을 제공한다. (c) 이것의 특이한 장치들은 학생들이 자발적인 학습자가 되도록 해 준다. (d) 그 결과, 교사는 학급 운영에 보다 적은 시간을 써도 된다.

해설 set가 주어이므로 동사는 3인칭 단수형으로 쓴다.

어구 innovative 혁신적인 improve 개선하다 provide A with B A에게 B를 제공하다 acquire 습득하다 unique 특이한, 고유의 enable ~할 수 있도록 해 주다 self-directed 스스로가 이끄는

정답 (c) enable → enables

5 번역 (a) 돈을 버는 아버지와 집에서 아이들을 돌보는 아내로 구성된 전통적인 가족은 미국에서 사라지고 있다. (b) 인구 조사국은 미국 가정의 단 50퍼센트 정도만이 이 형태를 가지고 있다고 추정한다. (c) 오늘날 동성애자 커플이나 양부모, 그리고 복합가족 등의 비전통적인 가족이 증가하고 있다. (d) 캘리포니아는 미국에서 이들을 공식적인

가족으로 공인한 첫 주였다.

해설 부분을 나타내는 어구는 뒤에 나오는 말에 동사를 일치시킨다. 50 percent 뒤에 families가 있으므로 복수 취급.

어구 traditional 전통적인 wage-earning 돈을 벌어오는 species 종 The Census Bureau 인구 조사국 estimate 추정하다 fit 들어맞다 profile 외형, 프로필 foster parents 양부모 stepfamily 결혼으로 인해 만들어진 가족 (계부, 계모 등) publicly 공식적으로 register 등록하다

정답 (b) fits → fit

6 번역 (a) 소비자 제품은 보통 세 그룹으로 나뉘는데, 편의, 쇼핑, 그리고 특별 제품들이다. (b) 편의 제품은 필요하지만 구매하는 데 시간이나 노력을 많이 들이려 하지 않는 물건들이다. (c) 두 번째 그룹인 쇼핑 제품들은 소비자가 다른 경쟁품과 비교하여 시간과 노력을 들일 가치가 있다고 생각하는 물건이다. (d) 특별 제품들은 소비자가 정말 원해서, 찾고 사는 데 특별한 노력을 하는 물건이다.

해설 대등접속사 and 앞뒤에는 같은 형식이 와야 한다. to부정사와 동명사를 and로 연결할 수 없다.

어구 consumer 소비자 divide 구분하다 convenience 편의 be worth 명사 + 동명사 ~할 가치가 있다

정답 (d) buying → to buy

7 번역 (a) 오랫동안 사라졌던 고래가 다시 돌아와서 버뮤다 근처에서 보이고 있다. (b) 몇 년 동안, 이 곳에서는 고래가 발견되지 않았었다. (c) 그러나 지금은, 어부들이 새끼를 낳기 위해 돌아오는 몇 마리의 고래를 보았다고 전하고 있다. (d) 고래들의 노래가 이 바다에서 다시 울리기를 바란다.

해설 (a)의 첫 부분은 고래가 오랫동안 '돌아오기 위해서'가 아니라 '돌아와서'라는 의미이므로 분사구문을 써야 한다.

어구 return 돌아오다 absence 부재 be spotted 발견되다 breed 번식하다 hopefully 바라건대

정답 (a) To return → Returning

8 번역 (a) 이 웹사이트는 광고를 허용하지 않는 것이 방침입니다. (b) 후원에 관심이 있는 분들은 기부를 고려해 주십시오. (c) 저희는 재정적인 도움을 기업이 아닌 우리 유저들에게서 받아야 한다고 생각하고 있습니다. (d) 그러나 우리와 뜻을 같이하는 회사들과는 협력할 것입니다.

해설 sponsorship은 셀 수 없는 명사이므로 부정관사를 쓰지는 않지만, (b)의 sponsorship은 앞 문장에 나온 website의 sponsorship을 뜻하므로 정관사를 써야 한다.

어구 policy 정책 advertising 광고 sponsorship 후원 donation 기부 support 지원 commercial 상업적인 partner 제휴하다; 파트너, 협력자

정답 (b) sponsorship → the sponsorship

9 번역 (a) 이스라엘과 팔레스타인은 수 년째 서로 전쟁 중이다. (b) 갈등의 주 원인은 종교적인 관점의 차이에 있다. (c) 팔레스타인은 무슬림 인구가 많은 아라비아 국가이다. (d) 이스라엘은 국민 중 유대인이 대부분인데, 그들의 종교는 전혀 다르다.

해설 (d)에는 관계대명사 소유격이 필요하다.

어구 conflict 갈등, 전쟁 religious 종교적인 dominant 지배적인 population 인구 mainly 주로 be comprised of ~로 구성되다 completely 완전히

정답 (d) who's → whose

10 번역 (a) 오늘날 많은 환경 문제의 궁극적인 원인은 과소비이다. (b) 소비자는 온실효과, 오존층 파괴 그리고 산림 황폐화에 대한 책임이 있다. (c) 더군다나 소비자 대부분이 우리나라와 같은 선진 산업국가에 살고 있다. (d) 그러므로 우리는 자원의 낭비를 멈추고 더 단순한 삶의 방식으로 살아야 한다.

해설 하나의 문장에는 주어와 함께 시제를 가진 동사가 있어야 하는데 (c)에는 동사가 없다.

어구 ultimate 궁극적인 source 원인, 근본; 원천 environmental 환경의 overconsumption 과소비 be responsible for ~에 책임이 있다 depletion 고갈 deforestation 산림 파괴 gross 심한

정답 (c) living → live

어휘 Vocabulary

Practice Test A ▶ p. 189

1. (a)	2. (b)	3. (d)	4. (a)	5. (a)
6. (a)	7. (d)	8. (a)	9. (d)	10. (d)
11. (c)	12. (d)			

1 번역 A: 안녕하세요? 저는 짐 베이커입니다. 당신 이름을 들은 것 같지 않군요.
B: 저는 뉴욕에서 온 리처드 훅입니다.

해설 인사·소개를 하는 상황에서 '이름을 알아들었다'라는 뜻으로 I got your name.이라고 쓴다. '당신의 이름을 알고 있다'고 할 때 I know your name.이라고 쓸 수는 있지만 know를 과거형인 knew로 쓸 수는 없다.

어구 receive 받아들이다 grab 움켜잡다

정답 (a)

2 번역 A: 몇 시에 데리러 가기를 바라세요?
B: 당신이 정하세요. 나는 언제라도 준비될 수 있어요.

해설 B가 자신은 언제라도 준비가 될 수 있다면서 A에게 시간을 결정하라고 말하는 상황이다. 그러므로 '(당신이 말만 하면) 무엇이든 얻을 수 있다, 언제든 가능하다'라는 의미의 You name it.(말만 해.)이 정답.

어구 pick up 데리러 오다 at any time 언제라도 mean it 진담이다

정답 (b)

3 번역 A: 실례지만 전 엘리베이터에서 나가야 하는데요.
B: 미안해요. 제가 당신을 가로막고 있는지 몰랐어요.

해설 엘리베이터 안에서 '가로막고 있다'는 표현이 되어야 하므로 정답은 (d) blocking.

어구 jam 좁은 공간에 사람이나 물건을 넣다 interrupt 말이나 일을 중단시키다 stop 어떤 일을 하지 못하도록 막다 block 움직이지 못하도록 가로막다

정답 (d)

4 번역 A: 운동 삼아 걷는 것이 더 재미있으면 좋겠어요.
B: 그래요. 그건 무척 지루할 수 있지요.

해설 A가 I wish ... were ~라는 가정법 표현을 쓴 것으로 보아 운동 삼아 걷는 것이 실제로는 재미있지 않다는 뜻을 내포하고 있으므로 그 말에 동의한 B의 답 역시 같은 의미를 표현해야 한다.

어구 boring 지루한 beneficial 혜택을 주는 unwelcome 환영 받지 못하는

정답 (a)

5 번역 A: 계약을 맺지 못하면 어떻게 하죠?
B: 걱정할 것 없어요. 당신의 발표는 완벽했어요.

해설 What if는 특히 좋지 않은 상황에서 '만일 ~하면 어떡하나?'라며 어떤 일이 벌어질 것을 우려하는 표현. 이에 대해 걱정할 것이 없다고 대답할 때는 You've got nothing to worry about.(걱정할 것 하나도 없어요.)이라고 하는 것이 일

반적이다. worry about과 같은 표현은 fret about.

어구 fret 애태우다 dilate 팽창하다 chafe 성내다 harass 귀찮게 굴다 make[sign/get] a contract 계약하다

정답 (a)

6 번역 A: 아기를 돌봐줄 수 있어요? 기저귀가 흠뻑 젖었을 거예요.
B: 좋아요, 기저귀를 갈아줄게요.

해설 A의 대사 Can you get the baby for me?에서 get은 Can you get the door for me?(문 좀 열어 줄래요?)에 쓰인 get과 아주 유사하다. 이 두 문장에서 get은 '당면한 상황을 처리하다'라는 의미로 쓰이고 있다.
기저귀를 갈아준다는 말은 change a baby's diaper라고 한다. switch에도 '바꾸다'라는 뜻이 있지만 switch seats처럼 '서로 교환한다'는 의미로 쓰인다.

어구 diaper 기저귀 empty 비우다 switch 바꾸다, 교환하다

정답 (a)

7 번역 A: 우리 가게에서 특별히 찾는 것이 있으신가요?
B: 아뇨. 그냥 둘러보고 있어요.

해설 선택지의 네 단어가 모두 본다는 의미를 갖고 있는 유의어이지만 뉘앙스가 모두 다르다. 여기서 gaze는 '뚫어지게 본다', peek은 '엿본다'는 뜻이다. watch는 '주시한다'는 의미이고, 가게나 서점에서 대강 둘러본다는 의미로는 browse를 쓴다.

어구 gaze 응시하다 peek 살짝 엿보다 watch 주시하다 browse 대강 훑어보다

정답 (d)

8 번역 A: 귀사에서는 요즘 새 상품들을 개발하고 있나요?
B: 아뇨, 우린 예전처럼 혁신적이지 못합니다.

해설 새 상품을 개발하고 있느냐는 물음에 대해 used to be를 사용하여 과거와 비교하는 답변이 나오므로 예전처럼 창의적이지 못하다는 의미에서 innovative가 정답.

어구 innovative 혁신적인 forthcoming 곧 다가올, 준비되어 있는 professional 전문적인 instrumental 수단이 되는

정답 (a)

9 번역 A: 이 직책은 월급을 얼마나 받습니까?
B: 그것은 당신이 그 분야에서 쌓은 경험에 달려있습니다.

해설 경험이나 경력에 따라서 월급이 달라진다는 의미이므로 contingent가 정답.

어구 position 직, 직위 provide 제공하다 reliant 의존하는 (+ on) be factored in[into] 한 요인으로 포함되다 ex. The worst is already factored into the current price. 최악의 상황이 이미 현재 가격에 한 요인으로 포함되어 있다. furnish (필요한 것을) 공급하다 contingent (on) ~에 달려 있는 ex. The success of his undertaking is contingent upon events which he can not control. 그의 사업의 성공은 그가 통제할 수 없는 사건에 달려있다.

정답 (d)

10 번역 A: 어제 당신을 데리러 갈 것을 잊어버려서 참담한 기분이에요. 미안해요.
B: 괜찮아요. 조금도 불쾌하지 않아요.

해설 hot이나 mad에 화를 낸다는 의미가 있기는 하지만 불화나

말다툼 후에 화가 나지 않았다고 말할 때는 관용적으로 No hard feelings.라고 한다. hot과 관련하여 have a hot temper(화를 잘 내다), a hot issue(논란을 일으키는 중요한 문제), hot news(흥미로운 새 소식) 등의 표현도 알아둘 것.

어구 **hot** 열렬한 **mad** 미칠 듯이 화가 난 *ex. drive somebody mad* 누구를 몹시 화나게 하다 **lost** 길을 잃은; 상실한 **No hard feelings.** 화나지 않았어.

정답 (d)

11 번역 A: 그 연극에서 줄리어스 시저 역을 맡은 배우 마음에 들었어요?
B: 글쎄, 그의 연기는 그리 설득력이 없었어요.

해설 연극에서 배우의 연기가 실감이 나지 않았다고 대답하고 있으므로 '연기'라는 의미의 (c) performance가 정답.

어구 **play** 연기하다 **tactic** 전략 **duplication** 중복, 복제 **performance** 실행, 상연, 연기 **personification** 의인화, 구현

정답 (c)

12 번역 A: 그래, 이 아파트에 대해 어떻게 생각해요? 전망이 믿을 수 없을 정도로 훌륭하지 않아요?
B: 정말 그래요. 아주 인상적이에요.

해설 incredible view가 '대단히 훌륭한 전망'이란 뜻임을 알아야 풀 수 있는 문제이다. B가 그 말에 동의하고 있으므로 경탄스러울 정도로 인상적이라는 의미의 impressive가 정답.

어구 **incredible** 믿을 수 없는, 믿을 수 없이 좋은, 엄청난 *ex. an incredible* amount of money 엄청난 액수의 돈 **fanciful** 기발한 **prominent** 두드러진, 중요한 **exuberant** 원기왕성한; 무성한 **impressive** 인상적인, 경탄스러운

정답 (d)

B. 숙어

Practice Test B

▶ p. 208

1. (c)	2. (d)	3. (c)	4. (a)	5. (d)
6. (d)	7. (d)	8. (a)	9. (a)	10. (d)
11. (d)	12. (b)			

1 번역 A: 이 초콜릿 케이크가 무척 훌륭하군요. 당신이 직접 만들었나요?
B: 네, 처음부터요.

해설 케이크를 직접 만들었느냐는 물음에 적절한 답은 '준비된 것 없이 처음부터 직접 만들었'는 의미의 (c) from scratch.

어구 **for good measure** 덤으로, 넉넉히 **by word of mouth** 입소문으로 **from scratch** 아무 것도 없이, 처음부터 *ex. It took only three years to write it from scratch.* 아무 준비도 없이 그것을 쓰는 데 3년밖에 걸리지 않았다. **by and large** 대체로

정답 (c)

2 번역 A: 여기는 저녁 예약을 받습니까?
B: 아뇨, 좌석은 선착순입니다.

해설 '선착순으로'라는 관용적인 표현은 on a first-come, first-served basis. 이와 관련하여 on a fiveday-week basis(주 5일제로), on a national basis(전국적으로), on a daily/monthly/annual basis(일별/월별/연간으로), on a regular basis(정규적으로) 등의 표현도 많이 쓰인다.

어구 **policy** 정책; 보험 증권 **rule** 규칙 **principle** 원칙 **basis** 기초, 근거

정답 (d)

3 번역 A: 나는 정말 가족과 시간을 더 많이 보내야 해요.
B: 그렇다면 그렇게 집밖으로 돌지 않도록 노력해야죠.

해설 대화의 맥락에 맞는 숙어는 (c).

어구 **at a loss** 당황한 **up for sale** (경매, 판매에) 내놓은 **on the road** 노상에서, 여행 중 *ex. traveling around the world exploring nature and living on the road* 자연을 탐사하고 노상에서 살면서 세계를 여행하기 **out of order** 고장 난. 주로 공공 기기가 고장 난 경우에 쓰는 표현. 개인 소유의 물건이 고장 났을 때는 **My car/mobile phone is not working.**이라고 쓴다.

정답 (c)

4 번역 A: 네가 경주에 이겼다는 것을 믿을 수 없어! 잘 했어!
B: 고마워. 나도 놀랐어. 끝에 가서는 녹초가 되었거든.

해설 경주에 이겨서 본인도 놀랐다는 문맥으로 보아 끝에 가서 무척 지쳤다는 의미의 (a) dog tired가 정답.

어구 **dot tired**(=dead tired) 기진맥진한 **onto something** 좋은 것을 발견할 것 같아 *ex. But I'm clearly onto something here!* 제가 여기서 분명 좋은 것을 발견한 것 같아요! **test the water** 본격적으로 시작하기 전에 시험 삼아 해보다 **speak one's mind** 터놓고 말하다

정답 (a)

5 번역 A: 오늘 회의실을 사용해도 될까요?
B: 모르겠어요. 마거릿에게 물어보세요. 그녀가 담당이니까요.

해설 B의 답변으로 미루어 마거릿이 회의실을 담당하고 있다는 사실을 짐작할 수 있으므로 정답은 (d) in charge.

어구 **in time** 때맞춰 **in place** 제자리에, 적절한 **in order** 정리된, 타당한 **in charge** 담당하는, 책임지고 있는

정답 (d)

6 번역 A: 나는 궁지에 빠진 것 같아요.
B: 걱정 마세요. 곧 사정이 좋아질 거예요.

해설 B가 위로하는 상황으로 보아 A의 말은 자신이 곤경에 처했음을 호소하는 것으로 추론할 수 있다.

어구 **off the hook** 궁지에서 벗어나 **have the final say** 결정 권한을 가지다 **make a difference** 차이가 생기다 **be at the end of one's rope** 진퇴양난에 빠지다, 속수무책이다

정답 (d)

7 번역 A: 제가 이번 주말에 파티를 열 거예요. 동료들에게 그것을 알려줄 수 있어요?
B: 그럼요, 여기 저기 알릴게요.

해설 동료들에게 전해달라는 A의 말에 B가 동의하고 있으므로 '이야기를 퍼뜨린다'라는 뜻의 spread the word가 정답.

어구 **practice what I preach** 남들에게 충고하는 바를 실행하다 **play it by ear** 임기응변으로 처리하다; 즉흥 연주하다 **bite one's tongue** 하고 싶은 말을 참다

정답 (d)

8 번역 A: 그럼, 가방 하나만 수하물로 맡기시는 거지요. 맞습니까?
B: 네, 나는 홀가분하게 여행하거든요.

해설 짐을 줄여서 홀가분하게 여행한다는 관용적인 표현은 (a) travel light.

어구 **put one's best foot forward** 좋은 인상을 주도록 노력하다 **start from scratch** 무에서 시작하다 **know by heart** 암기하다

정답 (a)

9 번역 A: 여기 호텔에서 편안히 머무셨나요, 손님?
B: 그럼요, 최고였어요.

해설 호텔이 아주 좋았다는 표현을 하기 위해 여기서 쓸 수 있는

표현은 two thumbs up이다. thumb과 관련하여 all thumbs(서투른), a green thumb(식물을 잘 키우는 재주) 등의 표현도 알아두도록 한다.

어구 **two thumbs up** 최고의 찬사 **a clean slate** (과오가 없는) 깨끗한 상태 **my two cents** 내 하찮은 의견

정답 (a)

10 번역 A: 올해 선거에 출마하실 건가요?
B: 아뇨, 전 경쟁에 끼지 않을 거예요. 이미 후보자들이 너무 많아요.

해설 '선거에 출마하다'와 유사한 의미를 가진 숙어는 toss one's hat in the ring이다.

어구 **run for election** 선거에 출마하다 **keep fingers crossed** 행운을 빌어주다 **dodge the bullet** 총알(심각한 문제)을 피하다 **run the show** (조직·행위에) 결정권을 행사하다, 떠맡다 **toss one's hat in the ring** 경쟁·시합에 참가하다

정답 (d)

11 번역 A: 테드의 발표는 명료하게 핵심을 밝히지 않았어요.
B: 맞아요. 그는 빙빙 돌려서 말하는 것 같았어요.

해설 요점을 밝히지 못한다는 의미를 표현하는 관용구는 beat around the bush이다. point와 관련된 숙어로 beside the point(요점에서 벗어난), be on the point(핵심을 찌르다), come to the point(요점에 이르다), gain a point(한 점을 얻다), get the point(요점을 이해하다), keep to the point(요점에서 벗어나지 않다) 등의 표현도 알아둘 것.

어구 **make a killing** 큰 돈을 벌다 **throw in the towel** 항복하다 **take one's breath away** (놀람·즐거움으로) 깜짝 놀라게 하다 **beat around the bush** 돌려서 말하다

정답 (d)

12 번역 A: 우리가 설렁설렁 일하면 이 일이 훨씬 더 쉬울 텐데.
B: 글쎄, 정식으로 하는 것이 더 나을 거야.

해설 노력을 들이지 않고 허술하게 일하면 더 수월할 거라는 A의 말에 대해서 B는 정식으로 하는 편이 나을 거라는 반대 의견을 제시한다. 이 문제는 A의 말이 가정법 형태임을 주목하면서 B가 그에 대한 반론을 제시한다는 것을 이해해야 풀 수 있다.

어구 **cut corners** (돈·시간을 들이지 않고) 허술하게 일하다; 절약하다 **by the book** 규칙대로, 정식으로 **go against the grain** 성격에 맞지 않다; 추세와 반대로 행동하다 **turn the tables** 형세를 역전시키다 **make ends meet** 수지타산을 맞추다

정답 (b)

C. 연어

Practice Test C
▶ p. 242

1. (a)	2. (c)	3. (b)	4. (c)	5. (a)
6. (b)	7. (a)	8. (a)	9. (b)	10. (d)
11. (c)	12. (a)			

1 번역 A: 당신 요즘 아침 식사를 자주 거르는 것 같군요.
B: 아침엔 보통 늦어지기 때문이에요.

해설 '아침에 늦어진다(run late)'는 B의 답변으로 보아 '아침식사를 거른다'는 의미가 있어야 문맥이 자연스럽다. prepare와 fix는 식사를 '준비한다'는 뜻이므로 맞지 않다.

어구 **skip breakfast** 아침식사를 거르다 **run late** 계획보다 늦게 행동하다

prepare 준비하다 **fix** (음식) 차리다

정답 (a)

2 번역 A: 허리가 아픈데요. 진통제 있어요?
B: 그럼요, 복용할 수 있는 진통제가 조금 있어요.

해설 약을 '먹는다'고 할 때는 take를 쓴다. 약을 '바를' 때는 apply.

어구 **backache** 요통 **painkiller** 진통제

정답 (c)

3 번역 A: 열이 나고 어지러워요.
B: 약을 처방해드릴게요.

해설 run a fever와 prescribe medicine이라는 연어 표현을 확인하는 문제.

어구 **run a fever** 열이 나다 **dizzy** 어지러운 **prescribe** 처방하다 **inscribe** 새겨넣다 **subscribe** 구독하다

정답 (b)

4 번역 경영진과 노조는 마침내 임금 논쟁을 해결했다.

해설 '논쟁을 해결하다'라는 연어 표현은 settle dispute.

어구 **remove** 제거하다 **displace** 강제 추방하다, 대치하다 **settle** 해결하다 **complete** 완수하다

정답 (c)

5 번역 그 스캔들은 내일 뉴스에 나올 것이다.

해설 신문, 뉴스 등에 보도되어 유명해진다는 연어 표현으로 hit [make/grab] the headlines를 쓴다.

어구 **hit the headlines** 뉴스·신문에 크게 보도되어 널리 알려지다 **beat** 치다, 이기다

정답 (a)

6 번역 그 운전자는 충돌사고로 머리에 큰 부상을 입었다.

해설 earn과 obtain에는 모두 '얻다'라는 뜻이 있지만 부상을 입었다고 할 때는 sustain[suffer] injury라고 한다. '부상을 입지 않다'라고 할 때는 escape[avoid] injury. '질병에 걸리다'라는 표현은 contract a disease.

어구 **earn** 벌다, (명성, 이익을) 얻다 **sustain** (피해·충격을) 받다; 지탱하다, 원조하다 **contract** 계약하다; 병에 걸리다 **obtain** (지위·명성을) 얻다

정답 (b)

7 번역 심각한 이야기에 간헐적으로 삽입되는 재치 있는 논평은 꼭 필요한 웃음 거리를 제공한다.

해설 comic relief는 영화, 연극, 소설 등의 대체로 심각한 상황에서 긴장을 풀기 위해 제공되는 웃음 거리를 뜻한다. 참고로 comic book(만화), comic opera(희극적인 오페라)도 알아두자.

어구 **relief** 안도, 기분전환 거리 **support** 지지 **escape** 탈피

정답 (a)

8 번역 1970년대 이래로 미국인들은 마약을 합법화하는 극단적인 조치를 택하면 마약 이용이 감소될 것인지 아닌지를 논의해왔다.

해설 '조치를 취하다'라는 표현은 일반적으로 take measures라고 쓴다. 여기서는 '그 극단적인 조치를 채택하면'의 의미를 완성해주는 adopt measure가 정답.

어구 **extreme** 극단적인 **legalize** 합법화하다 **decrease** 감소시키다

정답 (a)

9 번역 과학자들은 그 신약이 주장되는 것만큼 효과가 있는지 시험하기 위해서 분석을 했다.

해설 conduct는 어떤 일을 체계적인 방식으로 수행하는 것을

뜻하며 conduct a survey/investigation/interview/ experiment 등으로 쓰인다.

어구 **work** 효력이 있다 **claim** 주장하다 **conduct analysis** 분석하다 **induce** 유발하다

정답 (b)

10 **번역** 그 대사는 중국 물품 수입 금지를 해제할 것을 요구했다.

해설 embargo는 교역을 금하는 정부 명령을 뜻하며 '금지하다'의 뜻으로는 put[place/impose] an embargo on something, '금지를 해제하다'의 뜻으로는 lift[remove] an embargo라고 쓴다.

어구 **embargo** 억류, 금지 **degrade** (지위, 품위를) 떨어뜨리다 **delete** 삭제하다 **lift** 들어올리다, (금지를) 철폐하다

정답 (d)

11 **번역** 어젯밤 지진이 일본 동부를 강타하여 건물들이 붕괴되었고 태풍을 일으켰다.

해설 trigger는 원래 '방아쇠를 당겨서 발사하다'라는 뜻이지만 '어떤 일이나 감정, 기억을 일으킨다'는 의미로 많이 쓰인다. *ex. trigger* a response[reaction] 반응을 일으키다

어구 **collapse** 무너지다 **typhoon** 태풍 **trigger** 방아쇠를 당기다, 유발하다 **imply** 함축하다

정답 (c)

12 **번역** 그 정치가들은 그 미묘한 사안을 논의하면서 공정한 용어를 사용하려고 노력했다.

해설 politically correct는 '차별(discrimination, unfair treatment)을 받아온 사람들에게 불쾌감을 주지 않으려는 태도'를 뜻하는 표현.

어구 **terms** 용어 **sensitive** 미묘한, 신중을 요하는 **controversial** 쟁점이 되는, 논쟁적인 **ambivalent** 양면적인 **polite** 공손한

정답 (a)

D. 구동사

Practice Test D　▶ p. 266

1. (b)	2. (d)	3. (c)	4. (c)	5. (c)
6. (b)	7. (b)	8. (a)	9. (a)	10. (d)
11. (c)	12. (d)			

1 **번역** A: 일본에 건 전화가 끊겼는데요.
B: 문제 없어요. 다시 연결할게요.

해설 전화를 다시 연결하겠다는 B의 말로 보아 전화가 끊긴 상황이므로 정답은 (b).

어구 **slice up** 조각으로 자르다 **cut off** (전화) 끊어지다; 잘라내다 **hold up** 지탱하다 **stop off** 도중에 들르다

정답 (b)

2 **번역** A: 또 다른 책을 읽고 있어요? 와, 당신은 정말 책벌레가 되고 있군요.
B: 난 아직 그 범주에 속하는 건 아니에요. 올해 들어 겨우 두 번째 책인 걸요.

해설 '어떤 범주에 속하다'의 뜻으로 쓰이는 구동사는 fall into이다.

어구 **drop in** 잠깐 들르다 **come in** 들어가다 **enter into** (일·담화) 시작하다, (협약) 맺다 **fall into** ~에 속하다, ~하기 시작하다

정답 (d)

3 **번역** A: 이렇게 내리는 비가 지긋지긋해요.
B: 정말이에요. 비가 그치면 좋겠어요.

해설 '비가 그치다'라는 표현은 let up.

어구 **be sick and tired of** 지긋지긋하다 **die down** (바람·불길이) 잦아들다, 수그러들다 **cool off** 식히다, 가라앉히다 **let up** (비가) 그치다 **beat down** (비가) 세차게 내리다, 값을 깎다

정답 (c)

4 **번역** A: 아주 아름답고 화창한 날이군요. 당신은 해변에 가려는 계획을 취소하지 말았어야 했다고요!
B: 미안해요. 당신 말이 맞아요. 나는 날이 점점 흐려질 거라고 생각했어요.

해설 shouldn't have cancelled는 '취소하지 않았어야 했는데'라는 뜻으로 이미 취소했음을 함축한다. 그러므로 B의 답변에는 취소하게 된 이유, 즉 날이 흐릴 것이라 생각했다는 의미가 들어가야 한다.

어구 **dry up** 말리다 **black out** 의식을 잃다; 등화 관제를 하다 **cloud over** 날이 흐려지다 **brighten up** 밝아지다, 쾌활해지다

정답 (c)

5 **번역** A: 이번 주말에 보트 경기에 나갈 거예요. 그렇지만 걱정 말아요. 조심할게요.
B: 제발 조심해요. 물속의 바위에 가까이 가지 말고요.

해설 보트 경기에 나가면서 조심하겠다는 A의 말에 가장 어울리는 답변은 물속의 바위를 조심하라는 것이다.

어구 **drive off** (차가) 출발하다, (사람을) 밀쳐내다 **go against** ~에 거스르다, 반대하다 **stay away from** 가까이 가지 않다; 참견하지 않다 **look forward to** 고대하다

정답 (c)

6 **번역** A: 상 받은 것을 축하해요. 시상식에 참석하지 못해서 미안해요.
B: 괜찮아요. 그걸 보러 온 사람들이 많지 않았어요.

해설 '시상식을 놓쳤다(missed the ceremony)'는 A의 말에 대해서 시상식을 보러 온 사람이 많지도 않았으니 당신이 못 온 것에 대해 크게 미안해하지 않아도 된다는 맥락의 대답을 하고 있으므로 come out의 기본적인 의미(나오다)를 표현한 문장이 정답.

어구 **stand by** 대기하다; (곁에서) 방관하다; (사람을) 지지하다 **come out** (밖으로) 나가다, (책·영화) 출판; 출시되다 **sit down** 앉다 **move in** 이사하다

정답 (b)

7 **번역** A: 이 정장 마음에 들어요? 너무 격식을 차린 것 같아요.
B: 글쎄, 성장을 해야 할 특별한 행사에 좋겠네요.

해설 격식에 맞는 옷은 특별한 행사(occasion)에 어울릴 것이므로 정답은 (b).

어구 **formal** 의례적인, 격식 차린; 공식적인 **drop in** 잠시 들르다 **dress up** 예복을 차려 입다 **wear out** 닳게 하다 **look on** 구경하다

정답 (b)

8 **번역** A: 논문을 제출하기 전에 친구에게 교정을 보아달라고 해도 될까요?
B: 물론, 누구에게 살펴봐달라고 해도 됩니다.

해설 A의 proofread와 같은 의미로 쓰인 표현은 look over.

어구 **proofread** 교정을 보다 **look over** (대충) 살펴보다, 봐주다 **read up on** 특정 주제에 대해 연구하다 **see through** 꿰뚫어보다, 끝까지 계속하다 **watch out for** 조심하다

정답 (a)

9 **번역** A: 오늘 중요한 발표를 할 준비가 되었어요?

B: 아뇨, 정말로 불안해요. 발표를 연기할 수 있으면 좋겠어요.

해설 너무 불안한 심정이라 발표가 연기되기를 바랄 정도라는 뜻이므로 put off가 적합하다.

어구 put off 연기하다 stop up (파이프·구멍) 막다 cross over 건너가다, (다른 집단·유형에) 속하다 push through 통과하다, 헤치고 나아가다

정답 (a)

10 번역 A: 골드버그 씨, 내일 투자자 회의에 참석할 수 있어요?
B: 물론입니다. 거기 참석하기로 마음을 정했으니까요.

해설 (a), (b), (d) 모두 다음에 사람이 오지만 재귀대명사를 쓸 수 있는 것은 (d) 하나뿐이고, (c)의 decide upon 다음에는 사물이 온다.

어구 pick on 비난하며 괴롭히다 go in with 협력[동업]하다 decide upon ~을 결정하다 take it upon oneself 스스로 어떤 일을 하기로 떠맡다, 책임지다

정답 (d)

11 번역 A: 캠핑하고 있을 때 정말로 곰을 봤어요?
B: 물론이죠! 그게 내가 꾸며낸 이야기에 불과하다고 생각했어요?

해설 '꾸며내다'라는 뜻의 구어체 구동사는 cook up.

어구 make off 달아나다 speak out 의견을 터놓고 이야기하다 cook up 이야기·변명을 꾸며내다 pass away 죽다

정답 (c)

12 번역 A: 새로 온 동료는 어때요?
B: 내가 보기에는 꽤 지적인 사람으로 여겨져요.

해설 '어떤 사람으로 보인다'는 의미에 적합한 구동사는 come across이다. come across는 대체로 '마주치다'의 뜻으로 쓰이지만 여기서처럼 as와 함께 '어떻게 여겨진다'는 뜻으로도 흔히 쓰인다.

어구 fit in 적합하다, 조화하다 get around 돌아다니다, (소문) 퍼지다 show up 돋보이다; (모임에) 나타나다 come across (우연히) 마주치다; (~로) 여겨지다

정답 (d)

E. 유의어

Practice Test E

▶ p. 283

1. (b)	2. (a)	3. (b)	4. (a)	5. (a)
6. (d)	7. (b)	8. (c)	9. (b)	10. (a)
11. (d)	12. (a)			

1 번역 A: 데이빗, 직접 만든 아이스크림을 좀 먹어봐.
B: 고마워. 네가 권하기를 바라고 있었어. 맛있어 보인다.

해설 adorable은 대개 어린아이에 대해서 쓰이는 표현이고 attractive는 사람과 사물 모두에 쓰인다. 음식이 '먹음직스럽다'는 의미를 표현하는 형용사는 appetizing.

어구 adorable 매력적인, 귀여운 appetizing 식욕을 돋우는, 맛있게 보이는 attractive 매력적인 artificial 인위적인

정답 (b)

2 번역 A: 목요일 저녁에 바쁘세요?
B: 유감스럽게도 그렇네요. 그 때 약속이 있어요.

해설 '약속이 있다'는 표현은 have an engagement가 일반적이고

appointment는 의사나 변호사 등과의 약속을 뜻한다. 또한 I have a busy schedule.은 가능하지만 I have a schedule.이라고는 하지 않는다.

어구 engagement (공식적) 약속 encounter (우연한) 만남 arrangement 준비, (실제적) 계획 schedule 예정(표), 시간표

정답 (a)

3 번역 A: 안녕하세요? 일행이 몇 분이세요?
B: 네 명이요. 그리고 창가 좌석으로 부탁합니다.

해설 답안에 나오는 네 단어가 모두 '사람들'을 뜻하는 유의어지만 뉘앙스와 쓰임새가 다르다. '같이 모인 사람들'이란 의미로 쓰이는 단어는 party. a rescue party(구조대), a party of tourist(여행 일행) 등의 표현도 있다.

어구 company (함께 지내는) 사람들 party(함께 어디를 가거나 같은 일에 관련된) 일행 crowd 군중 bunch 한 무리의 사람들

정답 (b)

4 번역 A: 방이 모두 예약되었나요?
B: 아뇨, 이용할 수 있는 방이 좀 있습니다.

해설 available과 affordable의 차이를 알면 쉽게 풀 수 있는 문제. available은 '객관적으로 이용할 수 있는 상황'을 뜻하고, affordable은 '주관적으로 구입할 여력이 있다'는 의미.

어구 book 예약하다 available 이용할 수 있는 affordable 구입할 수 있는, 값이 비싸지 않은 uncharged 충전되지 않은; 값을 청구하지 않은 ex. an uncharged addition 덤 incomplete 불완전한

정답 (a)

5 번역 A: 실례합니다만 이 카메라로 우리 사진을 찍어주시겠어요?
B: 네, 그 카메라를 조작하는 법을 일러주시면요.

해설 선택지의 네 단어 모두 '다루다, 조종하다'의 의미를 가진 유의어들이지만 쓰임새가 다르다. 이 중에서 설비나 기기 등을 작동한다는 의미로는 operate를 쓰고 handle은 손으로 취급하여 처리한다는 의미로 주로 쓴다.

어구 operate (기기) 조종하다; (조직) 운영하다; 수술하다 run (회사) 경영하다; (기계·엔진) 운전하다, 가동시키다 handle 만지다, (도구) 다루다; 처리하다 maneuver (비행기·차) 교묘히 조종하다

정답 (a)

6 번역 다시 실패하지 않도록 문제점들을 시정하는 법을 배우는 데 도움이 될 수 있다면 실패는 큰 이익이 될 수 있다.

해설 문맥으로 보아 '문제점들을 시정한다'는 뜻이 되어야 하므로 적절한 단어는 rectify.

어구 of benefit 이로운, 혜택을 주는 reform 개혁하다 revise 개정하다; 교정 restore 복구하다, 반환하다 rectify 수정하다

정답 (d)

7 번역 프랭크는 승진될 것이라는 소식을 들었을 때 무척 기뻤다.

해설 선택지의 네 단어 모두 감정적 상태를 나타내는 단어들이지만 '무척 기쁜'이라는 표현은 ecstatic.

어구 get a promotion 승진하다 enamored ~에 반한 ecstatic 희열이 넘치는 captivated 매혹된 passionate 열정적인

정답 (b)

8 번역 세계화가 동질화로 이어져서 모든 것이 똑같이 보이고 들리고 느껴지는 세계를 만들 것이라고 믿는 사람들이 있다.

해설 문맥으로 보아 모든 것이 동질적인 세계를 만든다는 뜻이므로 (c) homogenization이 정답.

어구 globalization 세계화 lead to (일이) ~의 원인이 되다 internationalism 국제주의 unilateralism 일방주의

homogenization 동질화, 균질화 diversification 다양화

정답 (c)

9 번역 서식지의 파괴는 그 서식지에 살고 있는 모든 종의 절멸과 같다.

해설 '같은 의미를 가진다'라는 뜻에 적합한 단어는 equivalent. equalize는 '동일한 권리나 기회를 부여하여 균등하게 만든다'는 뜻이므로 적절치 않다.

어구 habitat 서식지, 거주지 species 종 interchangeable 교환할 수 있는 equivalent 동등한, ~에 상당하는 reciprocal 상호적인 equalized 균등한

정답 (b)

10 번역 산업화의 급격한 발전에서 가장 부정적인 점은 비만이 점점 더 증가하고 있다는 것이다.

해설 '산업화가 낳은 가장 부정적인 점이 비만의 증가'라는 문맥이므로 문맥에 가장 적합한 단어는 (a) downside.

어구 rapid 급격한 rising 증가하는 epidemic 전염병, 보급 obesity 비만 downside 부정적인 면; 하강 fallback 후퇴 deficit 적자, 부족 negativity 부정적인 태도, 소극성

정답 (a)

11 번역 마늘은 응혈의 형성을 막아줌으로써 중풍을 예방하고 혈액을 희석하는 데 도움을 줄 수 있다.

해설 chunk, clump, clot은 모두 '덩어리'를 뜻하는 유의어지만 쓰이는 맥락이 다르다. '핏덩어리'는 blood clot이라고 한다.

어구 garlic 마늘 stroke 중풍 thin 성기게[묽게] 하다; 가늘게 하다; 얇은 formation 형성 blood clot 핏덩어리, 응혈 cramp 꺾쇠; 경련 chunk (빵, 고기 등) 덩어리 clump (흙)덩어리

정답 (d)

12 번역 인상적인 3D 그래픽을 사용하여, 이 새 컴퓨터 게임의 세부 묘사와 장면은 믿을 수 없을 정도로 진짜 같다.

해설 컴퓨터 게임의 장면 묘사가 진짜처럼 실감이 난다는 표현으로는 realistic이 적합하다. virtual은 a virtual monopoly(실제상의 독점)처럼 '명목과 달리 실제로는 어떠하다'는 뜻. a virtual reality(가상 현실)처럼 컴퓨터와 관련해서 많이 쓰인다.

어구 detail 세부 묘사 realistic 현실적인, 진짜 같은 virtual 실제상의, (컴퓨터) 가상의 apparent 명백한, 표면상의 truthful 진실한

정답 (a)

독해 Reading Comprehension

Unit 1 문장 완성하기

문제 들여다보기 ▶ p. 292

번역 미국 동전에 새겨진 주목할 만한 인물 중에 사카가와라는 이름의 용감한 인디언 여성이 있다. 그녀는 자신의 동족인 쇼쇼네 족 사이에서 성장했고 아버지는 추장이었다. 불행히도 그녀는 포로로 잡혀 샤보뇨라는 이름의 프랑스계 캐나다인에게 팔렸다. 1800년대 초반에 미국 정부는 항해 지식의 증진을 위해 루이스와 클라크 원정대에 자금을 후원했다. 그 여행 중에 탐험가들은 사카가와가 사는 마을에 들르게 되었다. 거기서 원정대는 그녀의 친절한 도움과 의료상의 자문, 환경에 대한 안내를 받았다. 그녀는 원정대에 진정으로 소중한 기여자였다.

Practice Test 1 ▶ p. 309

1. (c)	2. (a)	3. (d)	4. (d)	5. (b)
6. (a)	7. (d)	8. (b)	9. (d)	10. (a)
11. (b)	12. (c)	13. (c)	14. (a)	

1 번역 특별한 일이 생길 것 같은데 그 순간을 포착하고 싶다는 기분이 든 적이 있나요? 이제 당신 주머니의 '매지키 HD2'로 그 순간을 영원히 저장할 수 있습니다. 매지키는 숨막힐 정도의 광경이든 삶의 작은 순간이든 크리스털처럼 선명하게 포착합니다. 이 소형 카메라는 당신이 언제라도 늘 휴대하고 싶어질 물건이니까요.

해설 '순간을 포착해서 영원히 보관하라'는 광고 문구에서 카메라 광고라는 단서를 얻을 수 있다. 따라서 정답은 (c).

어구 capture 포착하다; 붙잡다 archive 기록하다, 보관하다 breathtaking 깜짝 놀랄 만한 enhance 질을 높이다, 향상하다

정답 (c)

2 번역 뇌는 뉴런이라 알려져 있는, 서로 연결된 영리하고 작은 세포들로 이루어져있다. 글라이얼이라는 접합물이 이 뉴런들을 연결시킨다. 글라이얼 세포의 촉진으로 뉴런은 각기 액손과 덴드라이트라 알려진 출구와 입구에서 정보를 교환하고 이동시킨다. 액손이 세포핵에서 신호를 멀리 보내는 반면 덴드라이트는 유입되는 정보를 받아들인다. 이 모든 것이 합하여 뇌를 상당히 복잡한 장기로 만든다.

해설 뇌를 구성하는 뉴런에 대해 객관적으로 설명하는 글이다. 어휘의 난이도가 높거나 낯선 내용이라 선뜻 정답을 고르기 어려운 문제라면 오답부터 지워나가는 것도 좋은 방법이다. '(b) 인간 지능이 동물 지능보다 탁월하다, (c) 뉴런의 정확한 기능이 매우 논쟁적인 주제이다, (d) 눈에서 온 신경 신호를 핵심적인 두뇌 기능으로 해석한다'는 모두 본문과 거리가 먼 이야기이므로 정답은 (a).

어구 interconnected 서로 연결된 adhesive 접착물 mass 다량, 다수; 큰 덩어리 facilitation 촉진 transfer 옮기다 respectively 각각

정답 (a)

3 번역 〈분리된 삶들〉은 이름없는 중동지방을 배경으로 하는 소설이다. 이 성장기 소설은 한 소년의 우정과 가족, 이민, 무엇보다 자신과의 갈등을 다룬다. 주인공인 사위는 수니파 소년을 가장 친한 친구로 두게 된 시아파 특권층 소년이다. 사위는 내면의 용기와 힘이 점차 커지는 가운데 우정을 해치려는 문화의 영향에 대항해서 우정을 지키려고 애쓴다. 당신이 상상하는 대로, 이 이야기는 영감을 주며 도전적이다.

해설 소년에서 성년이 되어가는 과정을 다룬 소설에 대한 소개이다. 소설의 전반적인 분위기를 묻는 문제이므로 선택지의 어구 뜻을 알아야 정답을 (d)로 고를 수 있다.

어구 coming-of-age 성년이 되는 protagonist 주인공 privileged 특권이 있는 Shiite 시아파의 사람 Sunni 수니파의 교도 malicious 사악한 far-fetched 빙 둘러서 말하는 judicious 현명한 irrelevant 부적절한, 관련이 없는 confrontational 대항하는

정답 (d)

4 번역 연구를 수행할 때 그 특정 분야와 관련된 자료에 대해 잘 아는 것이 중요하다. 역사학, 정치학, 문학 등 각 분야에 관련된 전문 참고문헌이 많이 있다. 각 분야마다 백과사전, 편람, 색인, 초록, 연감, 연보, 사전 등의 자료가 있다. 이와 같은 전반적인 주제 지침서는 가장 도움이 되는 연구 보조물이다. 이들은 그 이상의 정보를 어디서 찾을 수 있는지 알려주는 백과사전과 편람뿐 아니라 참고문헌, 초록, 정기간행물 색인 등을 열거함으로써 당신이 선택한 분야의 주요한 글을 알게 해준다.

해설 특정 분야에 관련된 자료를 잘 알아야 연구를 잘 수행할 수 있다는 내용이 첫 문장에서 강조된다. 여러 참고문헌이 연구에 도움이 된다는 내용이 다시 강조되므로 정답은 (d)이다.

어구 pertinent 적절한 individual 개개의; 개인의 body (문서 등의) 본문, 실질, 알맹이 abstract 요약 almanac 연감 bibliography 관계 서적[참고서] 목록; 서지학 periodical 정기 간행물

정답 (d)

5 번역 오염물질은 어떤 종류의 물에 버려지느냐에 따라 다양한 정도로 환경에 영향을 미칠 수 있다. 표층수는 유해물질을 직접 오염될 수 없는 장소로 이동시킨다. 호수는 오염물질을 장기간 보관하는 데 좋으며, 그동안 호수는 오염물 일부를 강으로 옮긴다. 강은 땅의 천연 정화 장치로 활약하기 때문에 특히 유익하다. 강에 유해물질이 어느 정도나 버려졌건 간에 강은 그 유해물질을 결국 바다로 내보낼 것이다.

해설 오염물질이 어떤 물에 버려지느냐 하는 조건에 따라 환경에 영향을 미치는 정도가 달라진다는 것이 주제문의 주장이다. 그 '어떤 조건'이 surface water, lake, river 등으로 열거되어 있으므로 정답은 이들을 통합하는 water system이다.

어구 pollutant 오염물질 severity 심한 정도 contaminate 오염시키다 purification 정화 toxic 유독한, 치명적인

정답 (b)

6 번역 제의된 새로운 시 법령에 대해 지역 택시 기사들 사이에서 열띤 논쟁이 벌어지고 있다. 새로운 법령에 대한 기사들의 의견을 조사하면서 나는 다소 퉁명스럽다는 첫 인상을 받았다. 첫 번째 인터뷰 상대였던 티베트 이민자 니판 펀트는 "나는 GPS를 좋아하지 않아요"라고 말했다. 그 성난 택시 기사는 자신이 파업할 것이며 다른 기사들도 합류할 것이라고 말했다. 시에서는 모든 시내 택시에 위치 정보 시스템을 도입하겠다고 제안한다. 택시 기사들은 이 제안에 반대하면서 그러한 시스템이 사생활을 침해한다고 비난했다. 이 시스템에는 운전 기사들의 위치를 확인, 추적하는 기능도 있다.

해설 빈칸 앞부분에서 한 택시 기사가 GPS가 싫어서 파업하겠다고 선언한 것으로 보아 GPS와 관련된 법령임을 짐작할 수 있다.

따라서 정답은 (a).

어구 **ordinance** 법령 **bluntly** 퉁명스럽게; 기탄 없이, 솔직하게
denounce 비난하다, 탄핵하다 **cringe** 움찔하다, 싫어하다
infringement 침해; 위반, 위배 **locate** (위치를) 알아내다

정답 (a)

7 번역 고대 그리스인들은 어린 소년들을 '진정한 남자'로 교육시키는
독특한 체계를 가지고 있었다. 훈육은 나이와 학식이 더 많은 남자가
담당했다. 그는 어린 소년에게 독서와 사냥, 가족 부양 등 어른이 되는
데 중요하다고 여겨지는 것들을 가르쳤다. 이 훈육은 그리스의 여러
지역에서 각기 다른 형태를 띠었다. 예컨대 스파르타의 소년들은 커서
전사가 되리라고 기대되던 반면 아테네에서는 지성적인 면이 더욱
강조되었다.

해설 빈칸 이하에서 teach, training이 반복된다는 점에서 이 글의
주제를 떠올릴 수 있다. 주제를 묻는 문제에서는 for example,
for instance 뒤의 내용까지 자세히 확인할 필요가 없다는
점도 명심하자. 정답은 (d).

어구 **scholarly** 학구적인, 박식한; 학술적인 **constitute** 이루다, 구성하다
warrior 전사 **intellect** 지성

정답 (d)

8 번역 공감각이란 두 개 이상의 감각이 혼합된 감각 반응이며, 23명 중
1명 꼴로 경험한다고 여겨진다. 이러한 사람들은 여러 감각이
뒤섞인 상태로 살아간다. 그들은 어떤 장면을 냄새 맡거나 어떤 맛을
시각적으로 보는 능력이 있다고 한다. 예를 들면 그들은 노란색의
냄새를 맡거나 음표에서 특정한 색을 볼 수 있다. 또한 숫자마다
특정한 개성이 있다고 생각하기도 한다.

해설 첫 문장의 intermixes more than two senses가 결정적인
단서이다. 공감각을 느끼는 사람들은 두 가지 이상의 감각을
혼합해서 경험하기 때문에 어떤 색의 냄새를 맡거나 맛의
그림을 보는 것이다. 따라서 감각들이 혼합된 채 살아간다는
(b)가 정답이다.

어구 **synesthesia** 공감각 **intermix** 섞이다 **note** 음표 **intermingling**
뒤섞임

정답 (b)

9 번역 병정개미는 질서정연하고 길게 줄을 서서 자신의 굴로 행진해 오가는
뛰어난 능력을 지닌 것으로 유명하다. 병정개미들은 한 줄로 빽빽하게
줄을 서서 개미굴로 돌아온다. 이 개미줄과 나란하게 두 개의 개미줄이
개미굴에서 반대 방향으로 이동한다. 이렇게 병정개미들은 세 줄의 큰
길을 만들어내는데, 이러한 길은 개미굴에서 1500야드까지 뻗어나가며,
수십만 마리의 개미로 이루어져있다. 개미들이 이렇게 질서정연하게
행진하는 능력은 대단히 인상적이다.

해설 첫줄의 주제문에서 길고 질서정연한 줄을 이루는 놀라운
능력에 대해 언급했으므로 결론에서도 같은 내용을 찾으면
된다.

어구 **army ant** 병정개미 **incredible** 믿을 수 없는, 놀라운 **alongside**
나란히 **column** 열; 종대 **comprise** 이루다

정답 (d)

10 번역 오스카 와일드는 소설 〈도리언 그레이의 초상〉에서 방종한 인생에
뒤따르는 여러 비극을 묘사하는 이야기를 솜씨 있게 그려낸다.
영국 특권층의 세련된 분위기에서 헨리 경은 인생을 뒤바꿀 정도로
영향력 있는 기발한 경구들을 도리언에게 전해준다. 그러나 이야기가
전개되면서 독자는 이 영리하고 세련된 인간은 자신의 말이 실제로
뜻하는 것보다 내세울 것이 적다는 사실을 발견하게 된다. 도리언은
헨리의 충고를 적용하다가 쾌락주의의 마수에 걸려든다. 주인공은
깨닫지 못하지만, 독자는 헨리 경이야말로 이 주인공의 도덕적 타락에
여러 면에서 책임이 있다는 점을 분명하게 확인할 수 있다.

해설 빈칸 앞에서 sophisticated, witty 등의 형용사가 사용되다가
빈칸 뒤에 less to offer, hedonism, downward moral
spiral 등 헨리 경에 대한 부정적인 이야기가 이어지는 것으로
보아 글의 흐름이 반전되었음을 알 수 있다. 따라서 빈칸에
어울리는 것은 (a).

어구 **depict** 묘사하다 **ensuing** 잇따라 일어나는 **self-indulgent**
제멋대로인 **epigram** 경구 **unravel** 풀다 **urbane** 세련된
entangle 얽히게 하다 **clutches** 마수 **hedonism** 쾌락주의
protagonist 주인공 **spiral** 소용돌이

정답 (a)

11 번역 이스턴시에라 산맥은 풍경사진을 찍기에 훌륭한 곳이며 일년 내내
사진 작가들을 환영한다. 여러 유명 작가들이 이스턴시에라 산맥
을 자신들의 주제로 선택해왔다. 예를 들어 안셀 애덤스와 베른 클레벤
거는 이 장엄한 광경을 열정적으로 포착하고 그 이미지를 전 세계인과
공유했다. 이 그림 같은 지역의 매력은 봄의 놀라운 들꽃에서 가을의
환상적인 색채에 이르기까지 일년 내내 주어지는, 사진 같이 화려한
경치에서 기인한다. 사실 모든 계절이 근사한 사진을 보장한다.

해설 scenic photographs, photographers 등 사진에 적합한
경치라는 이야기가 계속 반복되므로 정답은 (b). (c)는 전시된
고품격 사진들을 대서특필한다는 뜻으로 말이 되지 않는다.

어구 **scenic** 경치가 아름다운 **renowned** 명성 있는 **splendor** 당당함,
광채 **picturesque** 그림 같은 **fabulous** 믿어지지 않는, 멋진
array 배열; 열거

정답 (b)

12 번역 새로운 항성을 생성하는 폭발은 연속적인 패턴을 따르는 과정이다.
항성 내부의 핵반응에 의해 수소에서 헬륨이 배출된다. 한 항성이
주된 핵연료인 수소를 완전히 사용하면 그것은 다른 핵과정을 거쳐서
탄소나 산소, 철 등의 더 무거운 원소를 형성하게 된다. 마침내 항성은
폭발하여 초신성이 된다. 이 과정에서 여러 원소들은 우주로 배출된다.
그리고 이 가스에서 새로운 축적물과 원시성들이 형성된다. 태양은
이러한 과정을 통해 형성되는 '2세대'의 예이다.

해설 eventually, explode, formed 등의 단서에 주목하자. '(a)
우주에서 에너지가 생산되는 방식, (b) 우리 태양의 지속적인
핵반응, (d) 폭발한 항성 간 물질의 흡수'는 모두 정답과 거리가
있다.

어구 **sequential** 연달아 일어나는 **supernova** 초신성 **expel** 배출하다;
쫓아내다 **protostar** 원시성(항성으로 진화할 성간 가스나 먼지의 모임)
ongoing 계속되는 **absorption** 흡수; 병합 **interstellar** 별과 별
사이의, 성간의

정답 (c)

13 번역 사진을 찍을 때는 전경이나 배경에 홀수의 물건을 배열하고 피사체의
프레임을 잡는 것이 가장 좋다. 비대칭적인 이미지를 잡아내는 것이
우리 두뇌에는 더 도전이 되기 때문에 홀수가 짝수보다 좋다. 우리의
눈은 이를 잘 받아들이기 위해 이미지의 구석구석까지 움직여야만
한다. 사진을 찍을 때 가장 효과적인 수는 셋이다. 셋의 규칙은
근접사진을 찍을 때 특히 중요하다. 그러나 사진의 종류와 상관없이 이
원칙에 따라 사진을 찍으면 정신적으로 좀더 자극적인 구성을 얻을 수
있다.

해설 필자는 홀수의 비대칭성이 우리 두뇌에 도전적이라고
주장한다. 따라서 근접사진이건 아니건 간에 홀수의 원칙을
지키면 우리 정신에 자극을 줄 수 있을 것이다.

어구 **frame** 틀을 잡다, 짜맞추다 **asymmetrical** 비대칭의, 균형이 맞지
않는 **compelling** 어쩔 수 없는, 강제적인 **liberate** 자유롭게 하다

정답 (c)

14 번역 우리의 세계를 이해 가능한 수준으로 바꾸는 데 도움을 주려는 것이

언어의 본성이다. 언어는 무한히 진행되는 실재 과정을 고정되고 유한한 대상으로 동결시켜 도움을 준다. 또한 언어는 우리가 고정된 대상을 일반화하는 데 도움을 준다. 우리는 세계의 각각의 대상에 이름을 붙일 수가 없기 때문에 우리 세계를 이해하기 위해 우리는 대상들을 여러 범주로 묶어야 한다. 이러한 방식으로 인해 모든 단어는 하나의 특정한 생각이나 대상, 사람을 지칭하는 것이 아니라 생각이나 대상, 사람의 부류를 총칭하는 유어 또는 일반화라고 할 수 있다.

해설 마지막 문장의 in this way가 단서. 이러한 방식으로 인해(in this way) 각 단어가 특정한 대상만 가리키는 것이 아니라 같은 종류를 일반화하게 된다는 결론 문장으로 보아 정답은 (a)이다.

어구 comprehensibility 이해력 infinite 무한한 intelligible 이해할 수 있는 bunch 다발로 묶다; 다발 class word 유어

정답 (a)

Unit 2 주제와 대의 찾기

문제 들여다보기 ▶ p. 316

번역 인터넷 사용 증가의 영향에 대한 연구는 불안한 경향을 보여주고 있다. 일반인을 대상으로 한 연구에 따르면 미국인 810만 명이 일주일에 최고 40시간을 인터넷에서 보내고 있다. 그렇다면 미국인들은 누구를 만나거나 영화를 보러 가거나 외식하거나 자녀를 돌보는 일 등의 다른 일을 거의 하지 않는 셈이다. 자원봉사가 줄어든 반면 고독감은 늘어난다는 연구 결과도 놀랍지 않다. 이런 경향이 계속된다면 내부분의 사람들의 교제 범위는 컴퓨터 화면 상의 상호작용으로 제한될 것이다.

Practice Test 2 ▶ p. 329

1. (b)	2. (c)	3. (b)	4. (a)	5. (a)
6. (a)	7. (c)	8. (c)	9. (a)	10. (b)
11. (b)	12.(a)			

1 번역 초콜릿은 간식이나 후식에 인기 있는 성분이다. 초콜릿에는 일반적으로 화이트, 밀크, 다크의 세 종류가 있다. 다크 초콜릿은 원형과 가장 가깝기 때문에 건강에 제일 좋다고 알려져 있다. 세 종류의 초콜릿 모두 카카오 나무의 씨에서 나오며, 이것이 카페인 성분의 원천이 된다. 그러나 초콜릿의 카페인은 양이 꽤 적은 편이다.

해설 첫 문장에는 초콜릿의 정의가, 그 뒤에는 초콜릿의 종류와 카페인 함유에 대한 내용이 이어진다. 따라서 이 글은 초콜릿에 대한 여러 정보를 준다고 할 수 있다.

어구 component 구성 성분 content 용량, 내용물

정답 (b)

2 번역 이 공동체에서 학생들이 받는 교육 수준에 대해 관심이 있으십니까? 우리 학교를 개선하는 방안에 대해 당신의 의견을 나누고 싶습니까? 여기 기회가 있습니다. 교육위원회는 다가오는 마을 회의에서 당신의 의견을 듣고 싶습니다. 공유되는 의견들은 위원회가 다음 학년도에 더 좋은 계획을 세우는 데 도움이 될 것입니다. 학부모와 공동체 일원들을 위한 첫 번째 회의는 5월 25일 학교에서 열릴 예정입니다.

해설 share your opinions, town meeting, first meeting 등의 표현에서 위원회 참석을 촉구하는 공지문임을 짐작할 수 있다. 따라서 정답은 (c).

어구 upcoming 다가오는 town meeting 마을 위원회, 읍민회

정답 (c)

3 번역 국경 관리를 향상시키고 신원 사기를 방지하기 위해 지문과 안구스캐너 시스템이 발동되었다. 런던의 히드로 공항을 이용하는 승객들은 최신 생체 인식 체계 시험에 참여할 것을 요청받고 있다. 이 시험은 생체 인식 기술이 미래를 위한 것이 아니라 현재에 사용될 해결책이라는 점을 환기시키는 데 도움이 될 것으로 기대된다. 이 시스템의 옹호자들은 이 시스템이 미래의 국경 보안에 큰 역할을 하리라고 예측하고 있다.

해설 주제나 대의를 묻는 문제라면 일단 주제문을 찾아보고 그 뒤에 역접의 표현이 있나 살펴보면 된다. 첫 문장에 지문과 안구스캐너로 국경 보안을 향상시킨다고 나왔으며, 그 뒤에 구체적인 내용이 이어진다. 주제문에 나온 border control and identity fraud라는 표현에 혹해 (c)를 고르지 않도록 주의하자.

어구 launch 시작하다; 출시하다 border 국경 biometric 생물 측정의 recognition 인식 proponent 지지자, 옹호자

정답 (b)

4 번역 한 언어에 관한 지식이 있으면 여러 단어를 합하여 구를 이루고 구를 합하여 문장을 만들 수 있다. 한 언어를 진정으로 안다면 한 번도 말해진 적이 없는 새로운 문장을 만들고, 들어본 적이 없는 문장을 이해할 수 있을 것이다. 언어학자 노엄 촘스키는 이 능력을 언어 사용의 창의적인 측면이라고 부른다. 그래서 우리는 말을 하면서 새로운 문장을 창조하고, 들으면서 다른 사람들이 만든 새로운 문장을 이해할 수 있다.

해설 언어를 알면 단어를 구로, 문장으로 연결할 수 있다는 주제문에 이어 결론문의 So 이하에서도 같은 내용이 반복된다. 가운데 부분은 구체적인 설명이므로 제목을 묻는 문제에서는 중요하지 않은 내용으로 보고 넘어가도 된다.

어구 linguist 언어학자 refer to 언급하다 innovate 혁신하다

정답 (a)

5 번역 북극광은 9월에서 10월까지, 그리고 3월에서 4월까지 북반구의 밤하늘에서 일어나는 환상적인 천연 조명쇼이다. 북극광은 자기장의 이온이 지구의 상층 대기권의 원자와 충돌하면서 발생한다. 북극광에 의해 발산되는 빛은 주로 원자 상태의 산소 방출물에 좌우되며 그 결과로 초록빛을 내는 것이다. 북극광은 가시적인 빛 외에도 적외선과 자외선, X-레이를 방출한다.

해설 서두에서 북극광에 대해 정의가 내려졌다. 그 뒤에서 좀더 구체적으로 북극광을 설명하고 있으므로 정답은 '(a) 북극광의 정체와 발생 원인.'

어구 aurora borealis 북극광 hemisphere 반구 magnetosphere 자기권 emission 방출, 방사 emit 방사하다 infrared 적외선 ultraviolet 자외선

정답 (a)

6 번역 콜팩스 가는 덴버에서 가장 유명하고 화려한 거리로 간주되어 왔다. 이곳은 시인, 마약 중독자, 노숙자 등 온갖 유형의 사람들을 받아들인다. 또한 이 지역은 범죄율이 높아서 새로운 사업체가 들어오지 못한다는 취약점이 있었다. 그러나 이러한 악명은 이제 과거의 일이 될 것 같다. 시에서 지역구 법을 새로 제정했고, 담당 경찰관의 수도 늘었다. 이로써 좀더 많은 사업체를 끌어들이고 범죄율을 낮출 수 있을 것으로 기대된다.

해설 중간의 That reputation may now become a thing of the past, however.에서 이야기가 반전된다. 시의 노력으로 경제가 살고 범죄율은 하락할 것이 기대된다는 내용이 이어지므로 정답은 (a).

어구 addict 중독자 cripple 무능하게 하다, 전투력을 잃게 하다 zoning 지역제, 구역제 enact 제정하다, 규정하다

정답 (a)

7 번역 알콘 파란나비는 유럽과 북아시아 전역에서 발견된다. 이 곤충은 유충이 개미와 기생-숙주 관계를 공유한다는 점에서 특이하다. 이 애벌레는 부화한 후에 제한된 특정한 식물만 먹다가 곧 땅에 떨어지는데, (개미의) 유충과 흡사한 냄새 때문에 개미를 유인해서 개미의 유충으로 오해하게 만든다. 개미는 본능적으로 애벌레를 자기 둥지로 데려가서 먹이를 준다. 이 기생 애벌레는 개미의 둥지에서 개미의 유충들을 먹기 시작한다. 그 동안 개미는 애벌레에게 계속 먹이를 나르고, 이 악독하게 급성장하는 애벌레는 그 먹이도 먹어치운다. 개미의 방어책이라고는 다른 애벌레들이 흉내내지 못하도록 자기 유충의 화학물질을 더욱 변화시키는 것뿐이다.

해설 두 번째 문장에 a parasite-host relationship이라는 주제가 나오고 그 후에는 부연 설명이 나온다. 따라서 정답은 (c)이다.

어구 caterpillar (나비·나방 등의) 애벌레 larva 유충 parasite 기생 식물[동물] host 숙주 dupe 속이다 colony 집단, 군체; 식민지 virulent 치명적인, 악독한 burgeoning 급성장하는 mimic 모방하다

정답 (c)

8 번역 어렸을 때 장작불에 마시멜로를 구워먹고, 별이 빛나는 노천에서 잠들고, 차갑고 신선한 공기를 들이마시며 야영하던 추억을 기억하십니까? 아클랜드 국유림의 여러 야영장에서 그 시절을 되살리고 당신과 당신의 자녀를 위해 더 많은 추억을 만들 수도 있습니다. 야영장은 대부분 수도시설과 수세식 화장실을 갖추고 있습니다. 사설 야영장은 레저용 차량 연결시설과 샤워실, 가게, 음식 서비스까지 제공하고 있습니다. 방문자 센터에서 야영장 지도를 받고 여러분의 자녀를 위해 야영의 추억을 쌓기 시작하시기 바랍니다.

해설 어린 시절의 추억 중에서도 특히 야영의 추억을 기억하느냐고 물으면서 자녀들에게 그 즐거움을 나눠주라는 내용이 이어진다. 아클랜드 국유림의 야영장을 이용하라는 내용과 가장 가까운 (c)가 정답이다.

어구 starlit 별이 빛나는 relive 되살리다, 재현하다 national forest 국유림 be equipped with ~을 갖추고 있다 flush toilet 수세식 화장실

정답 (c)

9 번역 우리가 사용하는 전기 양을 줄이면 큰 효과를 볼 수 있다. 예를 들어서 미국의 모든 가구에서 75와트 백열 전구 한 개를 19와트 형광등으로 바꾸다면 매년 도로에서 50만대의 차량을 제거하는 것과 같을 것이다. 또한 온도 조절 장치에서 1도만 바꾸더라도 2백만 대의 차량을 상쇄하는 것과 같은 환경 효과를 볼 것이다. 더욱이 온수기 온도를 낮추기만 해도 도로에서 470만 대의 차량을 제거하는 것에 버금갈 것이다.

해설 주제문이 첫 문장에 나와있고, 두 번째 문장의 for example 이하는 여러 예를 나열한 것이다. 주제를 묻는 문제에서 이러한 예들은 자세히 읽어볼 필요도 없다. 정답은 (a).

어구 incandescent 백열의 fluorescent 형광의 thermostat 온도 조절 장치 equivalent 동등물, 등가물; 동등한 offset 상쇄하다

정답 (a)

10 번역 골든 팰리스는 시각적인 매력과 미각 면에서 절묘한 예술작품 같다. 34피트에 달하는 천장과 주물 샹들리에, 가지 촛대, 독창적인 도자기들은 우아한 분위기를 자아내며, 마루에서 천장까지 이어진 통유리 창으로 보이는 산 풍경은 요리를 더욱 즐기게 한다. 음식 또한 예술이다. 수상 경력에 빛나는 우리의 풍부한 유기농 식단과 함께 매일 갓 구운 빵과 페스트리가 제공된다. 남자 손님에게는 컬러가 달린 셔츠와 긴 바지가, 그리고 여자 손님에게는 드레스나 치마, 바지 정장이 요구된다.

해설 taste, entrée, menu 등에서 고급 식당을 소개하는 내용임을 알 수 있다. 더욱이 드레스 코드까지 정해져 있으므로 정답은

(b)이다.

어구 exquisite 절묘한 candelabra(=candelabrum) 가지가 달린 촛대 entrée 주 요리 sustainable (자원 등이) 환경을 파괴하지 않고 무한정 지속되는, 지속적으로 이용할 수 있는; 지탱할 수 있는 attire 복장, 성장 upscale 고급스러운 décor 실내장식

정답 (b)

11 번역 대부분의 사람들이 거리낌 없이 '부족'이라는 단어와 아프리카를 연상시킨다. 부족의 개념은 너무나 뿌리깊고 관습적이어서 많은 이들에게 자연스럽게 딱 맞는다고 여겨지는 것 같다. 아프리카인을 부족민으로 묘사한다거나 아프리카인의 동인(動因)을 부족적이라고 말하는 것이 타당한지에 대해 의문을 품을 독자는 거의 없을 것이다. 그러나 이 분야의 학자들이 대부분 동의하는 대로 '부족'이라는 단어를 사용하는 것은 역사와 문화 둘 다의 측면에서 잘못된 고정관념과 가정을 촉진한다. 이는 아프리카의 정체성과 갈등이 어떤 면에서 세계의 다른 지역보다 더 원시적이라는 생각을 영속화함으로써 아프리카의 현실에 대한 정확한 견해를 혼란에 빠트린다.

해설 내용이나 어휘 면에서 상당히 난이도가 있는 문제이다. Yet 이하 부분에 이 글의 주제가 나오는데, misleading, confounds, more primitive 등의 표현에서 일반인들의 잘못된 편견에 대한 지적을 찾아볼 수 있다. 따라서 정답은 많이 사용되긴 하지만 '부족'이란 말에는 부정적인 의미가 많이 함축되어 있다는 (b).

어구 qualm 양심의 가책 ingrained 뿌리 깊은, 철저한 validity 타당성 depiction 묘사 concur 동의하다; 동시에 발생하다 confound 혼란에 빠트리다, 좌절시키다 perpetuate 영속시키다 be riddled with ~투성이이다 derogative 가치를 훼손하는 connotation 함축된 의미

정답 (b)

12 번역 사원들에게 최선을 다하라고 격려하는 것은 사업가들에게 중요한 기술이다. 그렇다고 해서 드높은 사명감과 산업 전문용어만 되풀이하는 동기부여 연설이 사원들에게 필요하다는 뜻은 아니다. 그들의 조직이 무엇을 얻으려고 노력하는지 이해하고 인식하기 위해 사원들은 자기 회사의 사람들과 가치, 역사에 대해 들어볼 필요가 있다. 그래서 영리한 지도자들은 이야기를 한다. 그들은 사원들을 정기적으로 회사의 모닥불 앞에 불러모아놓고 전설을 회상하고 새로운 이야기를 나눈다. 그들은 사원들의 머리는 물론이고 가슴까지 감동시키면서 몇 세대에 걸쳐 감동을 주는 경험의 전설을 만들어낸다.

해설 inspiring, stories, tales 등의 표현에서 사원들에게 동기와 영감을 부여하는 이야기의 힘이 이 글의 주제임을 알 수 있다.

어구 lofty 고상한, 당당한 buzzword 전문 용어, 통용어 periodically 정기적으로 campfire 모닥불, 친목회 legacy 유산

정답 (a)

Unit 3 세부사항 확인하기

문제 들여다보기 ▶ p. 336

번역 오염물질이 인체에 들어오면 제거하기가 아주 불가능하지 않다 해도 상당히 어려워진다. 최근 스페인에서 성인의 오염 수준을 측정하는 조사가 진행되었다. 측정 결과는 도시인이나 시골에 사는 사람이나 동일하게 나타났다. 참여자 100%가 건강에 영향을 줄 수 있는 물질을 체내에 지니고 있다는 사실이 발견되었다. 이러한 물질은 음식이나 물, 심지어 공기를 통해 인체로 유입되었다.

Practice Test 3

▶ p. 349

1. (c)	2. (b)	3. (d)	4. (b)	5. (c)
6. (d)	7. (c)	8. (d)	9. (d)	10. (b)
11. (c)	12. (d)			

1 번역 현대사회에서 기구는 다양한 용도로 사용된다. 기구는 독특한 방식으로 관심을 끌기 때문에, 회사들은 자사 제품을 광고하는 데 기구를 즐겨 사용한다. 또한 기구는 환경 연구에도 이용된다. 예를 들어 기구는 다양한 고도에서 조작이 가능하기 때문에 과학자들은 이를 공기 오염을 연구하는 데 사용한다. 또한 미 해군은 지역 정찰에 기구를 이용한다. 스코틀랜드에서는 네스 호의 신비로운 괴물을 수색하는 데 사용되기도 했다.

해설 blimp라는 단어가 낯설다면 일단 전반적인 내용을 추스려 보자. blimps가 상품 광고나 환경 연구, 과학자들의 공해 연구, 해군의 정찰, 네스 호 괴물 수색에 사용된다는 점이 선택지에 제대로 설명되었는지 찾아보자. 선택지에는 모든 내용이 틀린 경우보다 그 일부만 틀린 경우가 많으므로 유의해야 한다. 정답은 대기 오염물질 연구에 사용되었다는 (c).

어구 **blimp** 기구, 소형 비행선 **decent** 상당한; 남부럽잖은 **maneuverability** 조종성 **altitude** 높이, 고도

정답 (c)

2 번역 한국 문화의 아름다움을 소개하는 것을 주제로 하는 과테말라의 10일간의 축제에 수백 명의 그곳 주민들이 매혹되어 한국의 전통 문화와 무용, 심지어 브레이크댄스까지 즐기고 있다. 이 축제는 한국의 전통 음악을 지역 주민에게 소개하기 위해 서양과 한국의 전통 현악기를 혼합한 것이 특징이다. 이 축제는 2006년에 시작된 한국-과테말라 문화 교류의 두 번째 부분이다. 축제는 목요일에 시작되었고 한국 영화와 한국국립무용단, 한국국립발레, 브레이크 댄서의 공연을 주요 프로그램으로 할 것이다.

해설 축제의 세부적인 내용을 확인해야 하는 문제이다. 두 번째 문장의 The festival features a mix of Western and traditional Korean string instruments는 (b) It features both traditional and Western instruments.와 같은 의미이다. 한국 문화를 알리는 축제지만 한국과 서양의 현악기가 모두 사용되었다는 점에 주목하면 정답을 고를 수 있다. 한국 영화가 상영되기는 하지만 영화배우가 직접 나오지는 않으므로 (d)는 정답이 아니다.

어구 **showcase** 소개하다; 전시하다, 두드러지게 나타내다 **feature** 특색 [주요 프로그램]으로 삼다; ~의 특징을 이루다; ~을 크게 다루다 **kick off** 시작하다

정답 (b)

3 번역 수년 동안, 나는 오스트레일리아에서 내 직업에 불만을 품었다. 돈을 잘 벌고 편안하게 살면서도 뭔가가 부족했다. 그래서 많은 생각 끝에 베트남으로 가서 호치민 시에서 불우 아동을 돕는 자원봉사를 하기로 결심했다. 지금은 그 어느 때보다 성취감을 느낀다고 기꺼이 말할 수 있다. 나는 거리의 아이들을 위한 비영리 학교와 숙소에서 일하면서 이것이 매우 보람되다는 것을 깨달았다. 물론 이곳의 생활이 힘들 때도 있지만 이 아이들이 여기 학교가 아니라면 거리를 헤맬 거라고 생각하면 내가 도움이 된다는 데 기쁨을 느낀다.

해설 문제의 초점은 필자가 '지금' 무엇을 하느냐이므로 현재 시제에 주목해보자. 오스트레일리아에서 안락하게 살았지만 만족하지 못하다가 지금은 베트남에서 자원봉사를 하고 있다고 했으므로 (d)가 정답이다.

어구 **dissatisfied** 불만스러운 **disadvantaged** 불우한 **non-profit** 비영리의 **shelter** 숙소 **rewarding** 보람 있는

정답 (d)

4 번역 〈꿈꾸는 소녀〉라는 이야기에서 다이애나는 자기 감정에 완전히 좌지우지된다. 그녀는 자기 가족에 대해 대단히 감상적이며, 1차대전에 관한 시를 읽고 쉽게 감동해 눈물을 흘리기도 한다. 늘 듣는 낭만적인 음악은 사랑에 괴로워하는 그녀의 마음에 더 깊이 파고들 뿐이다. 영화를 보고 소설을 읽는 것조차 눈물로 터져 나오는 깊은 감정을 일으킨다. 더욱이 그녀는 19세기 낭만주의에 특히 사로잡힌 것 같다.

해설 선택지가 본문 내용에서 어느 정도나 벗어났는지 알아보자. (a)의 songs about the First World War는 본문의 the poems of the First World War와 다르고 (c)의 regularly enjoys romantic movies and novels는 본문의 The romantic music she regularly listens to와 다르다. (d)의 cries whenever는 very sentimental을 지나치게 과장했다. '19세기의 열정에서 매력을 느낀다'는 (b)가 정답.

어구 **at the mercy of** ~의 마음대로 **penetrate** 관통하다, 스며들다 **arouse** 자극하다 **erupt** 폭발하다 **captivate** 사로잡다 **romanticism** 낭만주의

정답 (b)

5 번역 모든 직원들은 연례 회사 야유회에 참석해 주시기 바랍니다. 야유회는 11월 22일 토요일 브라이언 공원에서 열릴 예정입니다. 예년과 마찬가지로 야유회 때 올해의 직원상이 시상될 예정입니다. 올해의 대상이 캐러비언 프린세스 호 크루즈 티켓 두 장임을 알려드리게 되어 대단히 기쁩니다. 기항지를 오가는 교통비는 포함되지 않으며, 이 상의 총 액수는 475달러입니다! 아낌없이 이 상을 기부해 주신 선랜드 엔터테인먼트 회사에 특별히 감사 드립니다. 야유회에 참석하여 올해의 행운의 직원이 누구인지 확인하시기 바랍니다. 어쩌면 당신이 될 수도 있으니까요!

해설 구체적으로 grand prize의 내용에 대한 질문이므로 세부사항을 묻는 문제 중에서는 비교적 빠르게 정답을 고를 수 있는 유형이다. 가격이나 인원수 등 숫자를 정확히 확인해보자. '(c) 크루즈 여행 티켓 두 장'이 정답이다.

어구 **distribute** 분배하다 **extremely** 매우, 몹시 **transportation** 수송, 차비 **port of call** 기항지 **generously** 아낌없이, 후하게

정답 (c)

6 번역 여성 네 명중 한 명이 일생 중에 가정 폭력을 겪을 것입니다. 이렇게 놀라운 통계 수치에 따르면 여러분이 아끼는 누군가도 지금이나 미래에 가정 폭력의 희생자가 될 수 있습니다. 그래서 제리본 무선회사에서 '헬프라인'을 만들었습니다. '헬프라인'은 이러한 여성들에게 무선 전화기와 돈을 제공함으로써 폭력의 희생자들에게 응급 서비스와 그 외 지원체제로의 필수적인 고리를 제공합니다. 오래된 무선 전화기와 배터리, 충전기, 그 외 부속물을 우리 가게의 '헬프라인' 수거함에 넣어서 '헬프라인'을 도와주시기 바랍니다. 여러분의 기부는 가정 폭력이라는 문제와 맞서 싸우는 데 도움이 될 것입니다.

해설 세부사항을 확인하는 문제에서는 숫자가 함정이나 단서가 될 수 있다. 본문의 one in four women은 (a) half of all women으로 바뀔 수 없다. donation의 주체가 누구인지 확인해보면 (d)를 정답으로 골라낼 수 있다.

어구 **domestic violence** 가정 폭력 **victim** 희생자 **abuse** 학대, 폭행 **vital link** 필수적인 고리

정답 (d)

7 번역 새로운 연구 결과에 따르면 네안데르탈인의 큰 손은 진보한 구석기시대 기술을 효과적으로 활용하거나 조각 등의 정교한 작업을 해내는 데 서툴렀을 것이라고 한다. 이는 초기 근대인이 동일한 종류의 도구를 더 잘 사용했기 때문에 네안데르탈인보다 오래 살았다는 전통적인 견해를 지지하는 결과이다. 초기 근대인들은 손이 더 작고

날렵해서 망치처럼 손잡이가 달린 복잡한 도구를 쥐는 데 적합했다.
해설 네안데르탈인과 초기 근대인을 비교하는 내용이다. 이러한 비교문에서는 비교하는 내용을 잘 구별해야 한다. 네안데르탈인은 손이 커서 도구를 잘 사용하지 못하여 초기 근대인보다 오래 살지 못했다고 했으므로 정답은 (c).

어구 clumsy 서투른 outlive ~보다 오래 살다

정답 (c)

---

8 번역 최근 인도네시아의 자카르타에서 열린 일본과 인도네시아 정상회담은 양측에 긍정적인 결과를 가져왔다. 양국은 경제 동반 협의안에 서명했으며, 그 결과 인도네시아는 2016년까지 일본의 자동차와 자동차 부품에 대한 관세를 철폐하고 2010년까지 일본의 전자기기에 부과되는 세금을 없애기로 했다. 또한 일본은 인도네시아에서 수입되는 거의 모든 산업제품에 대한 관세를 즉각 철폐하기로 했다.

해설 정상회담의 구체적인 내용을 묻는 질문이다. 인도네시아는 최대 2016년까지 일본 제품에 대한 관세를 철폐하는 반면 일본은 즉각 철폐하기로 했다는 점에 주목하면 (b)와 (c) 모두 정답과 거리가 있음을 알 수 있다. 인도네시아 제품에 대한 관세가 철폐될 것이라는 (d)가 정답.

어구 partnership 연합, 제휴 agreement 협정, 계약 call for 요하다, 요구하다 tariff 관세 auto parts 자동차 부품 scrap 폐기하다, 버리다 lift 철폐하다

정답 (d)

---

9 번역 인플레는 경제학에서 사용되는 특별한 용어이다. 인플레는 월급과 물가가 오르면 달러의 가치가 줄어든다는 사실을 가리킨다. 인플레의 결과는 일용품의 현재 가격과 과거의 가격을 비교하면 분명하게 설명된다. 예를 들어 20년 전에 영화 티켓은 겨우 25센트였다. 그러나 오늘날에는 9달러 50센트가 부과되는 경우가 드문 것도 아니다! 겨우 60년 만에 물가가 기하급수적으로 상승했다. 본질적으로 어떤 것의 가격이 팽창하면 그것이 바로 인플레이다.

해설 영화 티켓 값이 오르거나 달러의 가치가 하락하는 것 등은 모두 인플레의 결과이므로 (a), (b)는 오답이고, 본문의 a couple decades(20년)와 (c)의 one generation(30년)은 다른 수치이다. 따라서 동일 품목의 과거와 현재 가격을 비교해보자는 취지의 (d)가 정답이다.

어구 diminish 감소하다 illustrate 설명하다, 예증하다 exponentially 기하급수적으로 in essence 본질적으로

정답 (d)

---

10 번역 뉴질랜드의 다른 경치와 마찬가지로 해안선은 성격이 매우 다양하다. 남섬의 먼 남서쪽에는 피오르드가 있다. 이곳의 가파른 산중턱은 곧장 바다로 연결되는데, 너도밤나무 숲이 만조선에 닿을 지경이다. 이곳의 반대편인 북섬에는 너른 바다를 향하고, 뒤쪽으로는 드문드문 초호와 함께 넓은 모래언덕이 있는 해안선이 길게 뻗어있다. 북쪽과 남쪽의 양극단 사이에는 다른 해안들이 많다.

해설 뉴질랜드의 지형을 지역별로 나눠서 확인해보자. 남섬의 남서쪽에 피오르드와 절벽, 숲이 있고 북섬에는 긴 해안과 초호가 있다. 따라서 남서쪽 해안에 숲이 많다는 (b)가 정답이다. (c)는 diverse coastline을 diverse population으로 대체했기 때문에 정답이 아니다.

어구 diverse 여러 가지의, 다양한 fjord 피오르드(높은 절벽 사이에 깊숙이 들어간 협만) precipitous 가파른, 급경사의; 성급한, 무모한 mountainside 산허리, 산중턱 plunge into ~로 돌진하다, 뛰어들다 beech 너도밤나무 high tide 만조 dune (해변의) 모래 언덕 occasional 가끔씩의 lagoon 초호(환초에 둘러싸인 얕은 바다) extreme 극단

정답 (b)

---

11 번역 세계 최남단 도시 우슈아이아의 역사는 흥미롭다. 아르헨티나의 끄트머리에 위치한 이 도시는 원래 오나 족과 야마나 족 원주민의 고향이었다. 16세기 이래로 탐험가, 바다사자 사냥꾼, 이민자, 선교사가 모두 도착하면서 유럽인들이 이 지역에 정착하게 되었다. 1884년 아르헨티나는 외국인들이 늘어나는 데 놀라 곧 이 도시를 영국의 오스트레일리아처럼 범죄자 식민지로 만들었다. 이 지역의 초기 건물들은 대부분 죄수들이 만들었는데, 죄수들은 형량 기간 동안 숲에서 나무를 베어 목조 건축물을 세웠다. 또한 그들은 이제는 유명해진 세계 최남단의 철도인 '지구 끝 기차'도 만들었다.

해설 네 번째 문장 Alarmed by the growing foreign presence, in 1884 Argentina quickly established the city as a penal colony like Britain's Australia.에서 아르헨티나 정부가 외국인 증가에 놀라 범죄자 식민지를 만들었음을 알 수 있다.

어구 missionary 선교사 penal colony 유형지, 범죄자 식민지 sentence 형기, 형벌, 선고 edifice 건축물 convict 죄수 initiate 시작하다

정답 (c)

---

12 번역 어린이들이 몸을 많이 움직이지 않고 고지방 식사를 하는 데서 야기되는 건강 문제에 취약하다는 증거가 늘어나고 있다. 돌연사한 십대와 청년을 대상으로 한 '미국의학협회지'의 연구 결과에 따르면 십대의 60%가 혈액을 심장으로 공급하는 기관인 관상동맥에 지방층을 가지고 있었다. 남자 4명 중 1명, 여자 8명 중 1명 꼴로 플라크가 축적되어 있었는데, 이 두 가지 현상 모두 심장병의 초기 증세이다.

해설 어린이들의 운동 부족과 고지방 식사가 심장병에 어떤 영향을 미치는지 보고하는 내용이다. (c)를 언뜻 보면 지문과 같은 내용인 것 같으나 inactivity와 high-fat diet은 건강 문제의 원인이며, fatty streaks와 plaque buildup이 심장병의 원인이므로 함정이다. 운동 부족과 과도한 지방 섭취가 건강 문제를 일으킨다는 (d)가 정답이다.

어구 vulnerable 취약한, 공격 받기 쉬운 stem (~에서) 생기다, 유래하다 streak (얇은) 층, 선 coronary artery 관상동맥 plaque 플라크 (치석 등 인체 내에 쌓이는 일종의 먼지. 혈액에 쌓이면 동맥경화를 유발함) buildup 축적 intake 섭취량

정답 (d)

Unit 4 추론하기

문제 들여다보기 ▶ p. 356

번역 양자이론과 일반상대성이론은 별개의 두 영역을 다룬다. 첫 번째 이론이 원자 범위에서의 현상을 다루는 반면 아인슈타인의 이론은 중력에 관한 것이다. 따라서 이 둘을 아우르는 하나의 이론을 구성하는 것이 가능하다면, 우리는 단순한 전자에서부터 전 은하수에 이르기까지 물리현상의 모든 영역을 통일성 있는 시각에서 볼 수 있을 것이다. 물론 이렇게 통일성을 이뤄낸다는 것은 직접 행하는 것보다 말로 하기가 더 쉽긴 하다. 처음 보면 이 두 이론은 전혀 어울리지 않는다. 양자의 세계가 분자와 에너지 도약의 일부인 반면, 아인슈타인의 중력 관점은 공간과 시간이라는, 방대하고 구부러진 면을 다룬다.

Practice Test 4 ▶ p. 368

1. (c)	2. (d)	3. (c)	4. (c)	5. (d)
6. (b)	7. (a)	8. (d)		

1 번역 아담 하트웰은 동물을 사랑하고, 자연에서 동물과 가능한 한 가까이 지내려고 노력해왔다. 이는 매우 위험한 상황을 야기하기도 했다. 그는 그랜드캐년에서 큰뿔양에게 쫓긴 적이 있었다. 플로리다에서는 잠든 상어를 만져보기도 했다. 심지어 커다란 쿠거와 대면한 적도 있었는데, 그 일로 인해 생명을 잃을 뻔하기도 했다. 그러나 이러한 마주침들도 그가 올해 겪은 일에 대한 대비가 되지는 못했다. 그것은 지금까지의 동물과의 마주침 가운데 가장 위험하고 정신나간 것이었다.

해설 뒤에 나올 내용을 찾는 문제라면 지문의 마지막 부분에서 단서를 찾아봐야 한다. 지금까지의 여러 일들도 가장 위험하고 무모했던 올해의 사건에는 미치지 못한다고 했으므로 그 뒤에는 올해의 사건에 대한 자세한 이야기가 나와야 한다. 따라서 정답은 (c).

어구 **mountain lion** 쿠거 **encounter** (우연한) 마주침 **deadly** 죽음의, 격렬한 **creature** 생물, 피조물

정답 (c)

2 번역 일류 패션디자이너를 위한 광고는 최첨단이고 최고의 효과를 내리라 기대된다. 그러나 문제는 '어느 시점에서 광고주가 선을 그어야 하는가?' 하는 것이다. 한 유명 이탈리아 디자이너의 경우, 그 선을 넘었는지도 모른다. 조바니 주식회사의 최근 광고는 여성에 대한 폭력을 조장한다는 주장이 나올 정도의 이미지를 특징으로 한다. 정부는 그 광고를 없애기를 원한다. 정치인들은 그 광고가 남자들이 여자를 소유물로 여기면서 가정 폭력을 휘두르는 데 영향을 줄지도 모른다고 말한다.

해설 두 번째 문장의 But~ 이하가 본격적인 주제이다. 광고가 한계선을 넘을 정도여서 정부와 정치인들조차 개입하려 한다고 했으므로, 광고주로서는 최대의 효과를 뽑아냈다고 할 수 있다. 본 지문으로 (a), (b), (c)의 내용까지 추측하기는 한계가 있으므로 정답은 (d)이다.

어구 **cutting-edge** 최첨단의 **impact** 영향력, 충격 **draw the line** 선을 긋다, 한계를 정하다 **feature** ~을 특징으로 하다; 크게 다루다 **incite** 자극하다 **conservative** 보수적인

정답 (d)

3 번역 아휘소틀 황제는 아즈텍의 국경을 과테말라까지 확장시킨 제국의 건설자였다. 콜럼버스와 동시대인인 그는 스페인에게 정복되기 이전에 마지막으로 통치를 마친 황제이기도 했다. 최근 그의 무덤이 발견될지도 모른다는 소식 때문에 이 통치자에 대한 관심이 다시 일어나고 있다. 멕시코 고고학자들은 땅을 관통하는 레이더를 이용하여 아휘소틀 황제의 유해가 보존되었다고 추정되는 지하 방들을 탐지했다. 그것은 최초로 발견되는 아즈텍 통치자의 무덤일 수 있으며, 절정기 아즈텍 문명에 대한 특별한 창이 되어줄 수도 있다.

해설 possible discovery(발굴될지도 모른다), would be the first tomb(최초의 무덤이 될 수도 있다) 등 가정의 표현을 이용하여 그동안 발굴된 적이 없었다는 점을 강조한 데 주목하면, 그동안 묘지의 위치가 역사학자들에게 알려지지 않았다는 내용의 (c)를 정답으로 선택할 수 있다.

어구 **contemporary** 같은 시대 사람 **archaeologist** 고고학자 **detect** 발견하다 **at its height**(=at the height of) ~의 절정에, ~이 한창일 때에 **elude** 교묘히 회피하다

정답 (c)

4 번역 빅토리아 시대에 예술은 사회적·교육적 계몽의 도구로 여겨졌다. 그러나 일부 지식인과 예술가들은 이렇게 독단적인 견해에 강력하게 반대하고 예술지상주의운동을 추진했다. 이러한 급진 사상가들은 대부분의 사람들이 미술에 대해 품고 있는 지식인인 척하는 견해를 없애고 싶어했다. 그들은 예술이 그저 아름다워야 한다는 것 이외의 다른 목적이 있을 필요가 없다는 것을 보여주고 싶어했다.

해설 빅토리아 시대의 전반적인 예술관과 예술지상주의자들의 예술관이라는 두 상반되는 견해를 비교하는 내용이다. 이런 식의 비교문에서는 각 대상의 견해를 명확하게 구분해서 파악해야만 정확한 답을 선택할 수 있다. 전반적인 예술관은 tool for… enlightenment, dogmatic, highbrowed 등으로 표현되는 반면 예술지상주의자들은 simply…beautiful을 주장했다. 따라서 빅토리아 시대의 사회가 심미주의 사상가들보다 예술에 비판적이었다는 내용의 (c)가 정답이다.

어구 **enlightenment** 계몽, 교화 **dogmatic** 독단적인, 고압적인 **aestheticism** 예술지상주의, 유미주의 **radical** 급진적인, 과격한 **do away with** ~을 없애다, 폐지하다; 죽이다 **highbrowed** 지식인의, 인텔리인 척하는; 이마가 넓은 **proponent** 지지자

정답 (c)

5 번역 어떤 것을 유머러스하게 만드는 이유가 무엇인가에 대한 연구는 사실 상당히 과학적이다. 예를 들어서 연구자들은 유머러스한 이야기가 부조화의 원칙을 따르는 경우가 많다는 점을 알아냈다. 다음 농담을 예로 들어보자. "상어가 왜 변호사를 공격하지 않을까요? 같은 직업끼리의 예의죠." 이 농담을 처음 들으면 전혀 말이 되지 않고 잠깐 혼란스럽게 보일지도 모른다. 그러다가 우리는 갑자기 언어와 통사론, 사회적 지식 등에 대한 우리의 정신세계를 살펴보면서 마음속으로 방식을 바꾸고 그 농담을 새로운 관점에서 보게 된다. 우리가 부조화, 즉 놀라운 말장난과 논리의 뒤틀림을 알아차리는 것은 바로 그때이다. 그래서 우리는 웃게 되는 것이다.

해설 the incongruity, the surprising play on words and twist of logic에서 comma는 동격으로 사용되었다. 다시 말해서 the incongruity = the surprising play on words and twist of logic이라고 볼 수 있다. 단어와 논리를 예기치 못한 방식으로 이용하는 것이 '부조화'이며 그로 인해 사람들이 웃게 된다는 내용을 담은 (d)가 정답이다. 유머가 외관과 실제의 부조화에서 기인한다는 (b)나, 보편적으로 알려진 사실을 반드시 다뤄야 한다는 (c)는 본문에서 지나치게 벗어난 주장이다.

어구 **incongruity** 부조화 **shark** 사기꾼; 상어 **courtesy** 예의; 호의 *cf.* **professional courtesy** 같은 직업을 가진 사람끼리 지켜야 할 직업상의 윤리적 예의(의사가 다른 의사의 가족에게 진료비를 청구하지 않는다거나 경찰이 다른 경찰에게 벌금을 부과하지 않는 등). **in a flash** 순식간에, 눈깜짝할 사이에 **shift gears** 방식을 바꾸다; 기어를 바꾸다 **stem from** ~에서 생기다, 유래하다

정답 (d)

6 번역 식물이 살기 위해 빛이 필요하다는 것은 기본적인 사실이다. 빛은 광합성에 필수적이며, 광합성은 식물에 성장에너지를 제공한다. 그러나 빛이 너무 많으면 위험해지기 때문에, 식물은 햇빛이 과다한 환경에서 생존하는 법을 알고 있다. 식물은 광보호라는 과정을 통해 잎을 보호한다. 과다한 빛에너지를 열로 전환시키는 전 과정은 10억 분의 1초도 걸리지 않고, 이는 다시 무해하게 분산된다. 이 과정은 과다한 빛이 흡수될 때 형태를 바꾸는 소수의 핵심분자들을 통해 이루어진다. 최근 영국 과학자들에 의해 이러한 분자의 정체가 밝혀졌다.

해설 다음 단락의 내용을 예측해보라는 문제이므로 지문의 마지막 부분을 유의해서 읽어봐야 한다. 영국 과학자들이 최근 연구에서 그러한 분자의 정체를 밝혀냈다는 것이 마지막 문장이므로 다음 단락에 그 연구에 대한 상세한 설명이 나와야 글의 흐름이 자연스럽다. 따라서 정답은 (b).

어구 **photosynthesis** 광합성 **provide A with B** A에게 B를 제공하다 **photoprotection** 광보호 **billion** 10억 **convert** 전환시키다 **disperse** 분산시키다 **molecule** 분자 **UK**(= British, GB) 영국

정답 (b)

7 **번역** 반트리 캐년에 놀러 오세요. 말에 올라 협곡을 여행하는 것은 잊지 못할 경험이 될 것임을 보장합니다. 처음 협곡을 보면 여러분의 눈을 믿지 못할 것입니다. 협곡의 암벽을 따라 생겨난 좁은 길을 걷다 보면 머리 위로 높이 솟아오른 놀라운 바위 성벽이 구름에 닿을 것 같습니다. 하늘을 향해 뻗은 기이한 지형들과 숨막히는 광경, 그리고 끝없는 지평선을 보면서 당신은 자연의 완전한 아름다움에 경탄할 것입니다. 오늘 1-800-781-9901에 전화해서 예약하세요.

해설 세부적인 내용을 추론하는 문제. Tours on horseback, narrow footpath 등의 표현에서 차량 이용이 어려울 것임을 미루어 짐작해볼 수 있으므로 정답은 (a)이다.

어구 footpath (들판 등의) 좁은 길; 보도 stunning 멋진, 굉장한 tower 솟다, (~보다) 매우 높다; 탑 formation 층(지질도 상에 표현 가능한 지층 또는 암석의 집합체) breathtaking 숨막힐 정도의, 아슬아슬한 vista 경치 sheer 완전한, 순수한 ecosystem 생태계 backcountry 오지

정답 (a)

8 **번역** 책 〈문라이징〉에서 창조된 미래세계에서는 진보적인 우생정책이 주민들이 '완벽한' 공학화된 삶을 누리는 사회를 만들어낸다. 오직 최고의 인간들만이 그 선조에게서 얻은 우생학적으로 바람직한 유전자를 이용한 자손을 가질 수 있다. 이렇게 독점적인 생명공학의 이용으로 인해 인간은 '타당한 자들'과 '타당하지 못한 자들'이라는 두 계급으로 나뉜다. 타당한 자들은 유전공학으로 만들어진 반면 타당하지 못한 자들은 자연임신의 산물이다. 이들은 하류계급으로 간주되어 비천한 일거리만 주어지고 무시된다. 이 소설은 생명공학 분야에서 현재 인간이 추구하는 것에 대한 처참한 함축을 통해 독자에게 시종일관 강한 인상을 준다.

해설 이 소설의 저자가 말하고자 하는 바를 추론해보는 문제이다. "perfect" engineered lives, looked down upon, harrowing implications 등에서 저자의 비판적인 어조가 엿보인다. 과학적인 가능성도 윤리적인 지침에 따라야 한다며 미래세계에 대한 비판적인 전망에 해결책을 제시한 (d)가 정답이다.

어구 futuristic 미래지향적인 liberal 자유주의의, 진보적인 eugenics 우생학 top-notch 최일류의 offspring 자식, 새끼; 자손 valid 타당한, 건강한 biotechnology 생명공학 conception 임신; 개념 menial 비천한 harrowing 비참한 throughout 시종일관, 내내 temper 조정하다; 기질

정답 (d)

Unit 5 일관성 찾기

문제 들여다보기 ▶ p. 372

번역 지구의 위기가 북극보다 더 심각한 곳도 없다. (a) 북극곰 같은 동물은 우리가 살아있는 동안 멸종에 직면할 수도 있다. (b) 환경단체 WWF는 전세계적으로 1,300마리가 넘는 동물의 수를 체크하고 있다. (c) 과학자들은 북극의 그런 동물들이 인류 역사상 그 어느 때보다도 빠르게 사라지는 중이라고 믿고 있다. (d) 이러한 상황이 곧 변화지 않는다면 이 서식지는 더 이상 현재의 종족을 지탱할 수 없을 것이다.

Practice Test 5 ▶ p. 384

1. (d)	2. (c)	3. (c)	4. (b)	5. (b)
6. (c)	7. (c)	8. (b)		

1 **번역** 중국 마카오 시의 이름은 '아마 사'에서 유래했다고 여겨진다. (a) 전설에 의하면 그 절은 한 젊은 여인이 하늘로 승천한 곳에 세워졌다고 한다. (b) 전설에 따르면 어부들이 너른 바다에서 격심한 폭풍우로 죽음에 직면했다고 한다. (c) 그때 이 여인이 홀연히 나타나서 그들을 해안까지 안전하게 안내해주었다. (d) 오늘날까지도 이 지역은 선박들에게 여전히 위험하며, 많은 배들이 항해 중에 실종된다.

해설 '마카오'의 어원이 되는 절의 전설에 대한 글이다. 주제문 뒤에는 그 전설을 좀더 생생하고 구체적으로 그려내는 이야기가 나와야 한다. 아직도 그 지역이 위험하다는 (d)는 한 여인 덕택에 선원들이 안전하게 돌아오고 절까지 세워졌다는 전설의 후일담으로 적절하지 못하다.

어구 derive from ~에서 비롯되다, ~에 기원을 두다 ascend 오르다 vessel 배 at sea 항해 중에

정답 (d)

2 **번역** 1965년 뉴욕 시는 심한 가뭄을 맞았다. (a) 조사원들은 물 공급량이 실제로 시의 요구를 유지할 만큼 충분하지만 시의 습관을 유지하는 데는 충분하지 못하다는 결론을 내렸다. (b) 그래서 시민들은 지나친 물 소비 습관을 바꿔야 한다는 권고를 들었다. (c) 가뭄 당시에 존 린지가 뉴욕 시장 선거에 입후보했다. (d) 그러나 뉴욕을 살린 것은 시민의 습관을 바꾸라는 요구가 아니라 거대한 새 저수지의 건설이었다.

해설 1965년 뉴욕의 물 부족 사태에 대한 글이다. 필자는 이 사태의 원인에 대해 언급한 후에 뉴욕 시민들에게 권장되었던 내용을 원인과 결과의 순서로 풀어나가고 있다. (c)는 시대와 장소가 일치할 뿐 전혀 다른 내용을 다루고 있다.

어구 drought 한발, 가뭄 sufficient 충분한 excessive 지나친 reservoir 저수지

정답 (c)

3 **번역** 나는 18세 때 허리 통증을 처음 경험했다. (a) 나는 두려울 만치 고통스러웠고 주치의로부터 치료를 받았다. (b) 의사는 내 척추가 제대로 형태를 이루지 못한다고 하면서 척추 적응 치료를 시작했다. (c) 허리 통증의 치료는 고통의 원인에 따라 수술, 물리요법, 심지어 식이요법까지 포함한다. (d) 그러나 이 프로그램은 그다지 도움이 되지 못했고, 결국 나는 수술만이 유일한 방법이라는 말을 들었다.

해설 필자의 허리 통증에 대한 경험을 이야기처럼 풀어낸 글이다. 필자의 고통에서 더 나아가 일반적인 허리 통증 치료법에 대한 내용을 다룬다면 범위가 너무 넓어졌다고 볼 수 있으므로 (c)가 정답이다.

어구 horrifically 무섭게, 지독하게 treatment 치료; 취급 spinal 척골의; 가시의 adjustment 조정, 적응

정답 (c)

4 **번역** 골프가 그저 게임에 불과하다는 것을 명심하는 것이 중요하다. (a) 프로 골프선수로 생계를 꾸릴 정도로 잘 치는 사람은 매우 드물다. (b) 그러나 프로선수는 골프로 많은 돈을 벌 수 있다. (c) 그러므로 골프를 너무 진지하게 받아들이지 않는 것이 최선이다. (d) 골프를 직업으로 삼을 계획이 아니라면 그저 편안한 마음으로 친구들과 골프를 즐기도록 하라.

해설 골프는 게임에 불과하며 직업 골프선수는 드문 편이니 너무 심각하게 생각하지 말고 즐기라는 것이 이 글의 요지이다. 골프와 게임, 이 두 요소에만 집중해서 읽어보면 (b)가 일관성을 깨트리는 것을 확인할 수 있다.

어구 make a living 생계를 세우다 relax 긴장을 풀다

정답 (b)

5 **번역** 최근 오스트레일리아 공장 부지 밑에서 공룡의 뼈와 치아, 척추가 발견되었다는 것을 정부가 확인한 후에 담수화 공장 건설이 유보

되었다. (a) 30억 달러에 달하는 이 공장은 2011년까지 멜버른 시민들에게 담수 제공을 시작할 예정이었다. (b) 멜버른은 오스트레일리아 남동 지역의 빅토리아 주에 속해있다. (c) 공장 부지를 파기에 앞서 과학자들이 그 지역을 발굴하는 기회가 주어질 것이기 때문에 그 목적은 달성될 것 같지 않다. (d) 발굴 때문에 공장 계획은 적어도 2015년까지 늦춰질 것으로 보인다.

해설 주제문에서 공사 중에 공룡의 뼈가 발견되는 바람에 공사가 연장되었다는 내용이 소개되었으므로, 그 이후에 좀더 본격적이고 구체적인 예와 설명이 나올 것임을 추측할 수 있다. (b)는 멜버른의 위치를 밝힐 뿐, 본 주제와는 전혀 상관이 없는 내용이다.

어구 **desalination** 담수화 **hold** 보류, 중지 **vertebrae** vertebra(척추골)의 복수형 **excavate** 파다, 발굴하다

정답 (b)

6 번역 최근까지도 차가 용도를 다하면 그 차를 처분하는 건 차주인의 책임이었다. (a) 종종 이것은 차를 버리는 것을 의미했다. (b) 이는 고객에게 상당한 비용을 야기했고 환경 면으로도 심각한 피해가 되었다. (c) 환경에 대한 피해가 계속된다면 이 세계는 살기에 안전하지 못한 곳이 될 것이다. (d) 이제 일부 회사들은 비용이 적게 들면서도 친환경적인 방식으로 차를 처분함으로써 이를 바꾸려고 시도하는 중이다.

해설 자동차의 용도가 끝나면 주인이 처분해야 한다는 것이 주제이다. '한 단락-한 주제'의 원칙에서 벗어나는 문장을 골라보면 (c)의 범위가 너무 넓다는 것을 알 수 있다.

어구 **dispose of** ~을 처분하다 **abandon** 버리다, 유기하다

정답 (c)

7 번역 서예는 전통의 뿌리에서부터 오랜 길을 걸어왔다. (a) 과거에 서예는 학자들이 행하던 것이었고 심오하고 철학적인 의미를 담고 있었다. (b) 그러나 오늘날 서예는 디자인적인 효과를 위해 종종 사용된다. (c) 디자이너들은 보통 개인적 선호도에 맞는 효과를 선택한다. (d) 서예 디자인은 이제 컴퓨터로도 제작될 수 있다.

해설 서예가 과거의 전통과 많이 달라졌다는 주제문이 나왔기 때문에 과거의 서예와 현재의 서예를 비교하는 내용으로 전개되는 것이 논리적으로 자연스럽다. (c)에 designer, effect 등 동일한 단어가 연달아 나온다고 해서 글의 전개가 일관성이 있다고 속단하지 말자.

어구 **calligraphy** 서예 **practice** 행하다; 업으로 하다; 연습하다 **achieve** 성취하다, 달성하다

정답 (c)

8 번역 당신에게 당뇨병이 있다면 당신의 몸은 인슐린을 만들 수 없거나 이를 적절히 이용하지 못한다. (a) 그 결과 혈중 포도당의 수치가 높아진다. (b) 건강한 식사는 이 수치를 조절하는 데 필수적이다. (c) 한편, 높은 수치는 인체에 여러 악영향을 끼칠 수 있다. (d) 이는 여러 증세 중에서도 피로감, 빈뇨, 갈증 등을 일으킬 수 있다.

해설 당뇨병으로 인한 결과를 설명하는 인과관계의 글이다. (a)의 high blood glucose levels는 (c)의 The high levels로 연결되므로 (b)가 정답이다.

어구 **diabetes** 당뇨병 **lead to** ~에 이르다, 어떤 결과로 되다 **glucose** 포도당 **in turn** 이번에는, 차례로, 번갈아 **detrimental** 해로운 **fatigue** 피로, 피곤 **urination** 배뇨작용

정답 (b)

Actual Test

문법 Grammar

1. (b)	2. (b)	3. (d)	4. (c)	5. (b)	6. (b)	7. (a)	8. (c)	9. (b)	10. (c)	11. (c)	12. (a)	13. (b)	14. (c)
15. (a)	16. (b)	17. (a)	18. (c)	19. (a)	20. (b)	21. (b)	22. (c)	23. (a)	24. (d)	25. (c)	26. (c)	27. (c)	28. (a)
29. (b)	30. (c)	31. (b)	32. (c)	33. (b)	34. (a)	35. (b)	36. (a)	37. (c)	38. (c)	39. (d)	40. (d)	41. (d)	42. (c)
43. (b)	44. (c)	45. (a)	46. (d)	47. (a)	48. (b)	49. (d)	50. (d)						

어휘 Vocabulary

1. (a)	2. (c)	3. (a)	4. (a)	5. (c)	6. (c)	7. (b)	8. (a)	9. (a)	10. (b)	11. (a)	12. (b)	13. (a)	14. (c)
15. (a)	16. (a)	17. (a)	18. (d)	19. (c)	20. (b)	21. (c)	22. (d)	23. (c)	24. (b)	25. (c)	26. (c)	27. (b)	28. (c)
29. (b)	30. (d)	31. (c)	32. (b)	33. (b)	34. (a)	35. (a)	36. (b)	37. (a)	38. (b)	39. (d)	40. (c)	41. (a)	42. (a)
43. (a)	44. (b)	45. (d)	46. (b)	47. (d)	48. (a)	49. (d)	50. (a)						

독해 Reading Comprehension

1. (b)	2. (b)	3. (b)	4. (b)	5. (a)	6. (c)	7. (b)	8. (d)	9. (a)	10. (c)	11. (d)	12. (d)	13. (b)	14. (c)
15. (a)	16. (a)	17. (b)	18. (c)	19. (b)	20. (a)	21. (b)	22. (c)	23. (c)	24. (d)	25. (b)	26. (a)	27. (a)	28. (d)
29. (d)	30. (b)	31. (d)	32. (b)	33. (d)	34. (a)	35. (b)	36. (d)	37. (b)	38. (d)	39. (d)	40. (b)		

문법 Grammar

Part I

1
번역 A: 이렇게 비가 많이 오리라고는 생각지도 못했어.
B: 지금까지 온 중에 제일 많이 오는 것 같아.
해설 비교급으로 나타내는 최상급의 의미. than 앞이므로 more가 와야 한다.
정답 (b)

2
번역 A: 승진되니 좋던가요?
B: 네, 물론이에요. 오래 근무해야 하는 것만 빼고요.
해설 'have to(~해야 한다) + 동사원형'임을 알면 쉽게 풀 수 있다.
어구 worth 가치가 있는 except ~을 제외하고
정답 (b)

3
번역 A: 어떻게 그렇게 시험을 잘 봤어?
B: 모르겠어. 어려울 거라고 생각했는데, 쉬웠어.
해설 반대의 의미를 나타내는 종속접속사.
정답 (d)

4
번역 A: 상사에게서 휴가 허락을 받았어요?
B: 아뇨, 지금은 휴가를 갈 수 없다는 말을 들었어요.
해설 '~라고 말을 들었다'는 의미가 필요하므로 타동사 tell의 수동태가 와야 하고, 의미상 시제는 과거이다.
어구 permission 허락, 허가; 승인
정답 (c)

5
번역 A: 안녕하세요, 햄스터를 사고 싶은데요.
B: 죄송하지만, 다 팔렸어요.
해설 hamster는 셀 수 있는 명사.
어구 sold out 매진되다
정답 (b)

6
번역 A: 일하러 갈 때 어떻게 가실 건가요?
B: 지하철을 탈 거예요.
해설 의문부사 중 의미에 맞는 것은 '어떻게'이다.
어구 get to work 일하러 가다
정답 (b)

7
번역 A: 좋은 식당 좀 추천해 주시겠어요?
B: 지노 레스토랑 음식이 좋아요. 전 여러 번 거기 갔었지요.
해설 식당에 관한 사실을 이야기하고 있으므로 단순현재시제.
정답 (a)

8
번역 A: 그 음식 만들기 정말 힘들어 보여요.
B: 아니에요. 사실은 만들기 쉬워요.
해설 easy to...(…하기가 쉽다)에 유의. 이 때 문장 전체 주어는 to부정사의 목적어이어야 한다.
어구 fix (음식을) 조리하다, 식사를 마련하다; 수리하다
정답 (c)

9
번역 A: 나 머리를 자르고 파마를 할까요? 아니면 그냥 염색을 할까요?
B: 둘 다 해요. 내 말은 머리 자르고 파마하는 거요.
해설 뒷문장에 빠진 부분이 없으므로 관계부사나 '전치사 + 관계대명사'를 써야 한다.
어구 get perm 파마하다 dye 염색하다
정답 (b)

10
번역 A: 그 모임에서 모두가 당신이 없어서 실망했어요.
B: 죄송해요. 그렇게 아프지 않았다면 참석했을 텐데요.
해설 가정법 과거완료 문장의 주절(would have + p.p.)임에

유의한다.

정답 (c)

11 번역 A: 난 우리 아들에게 새 가정교사가 필요하다고 생각해.
B: 작년부터 하던 분이 무슨 문제가 있어?
해설 since가 있으면 의미상 현재완료 시제를 쓴다. '소유'를 의미하는 have는 진행형으로 쓸 수 없다.
어구 tutor 가정교사
정답 (c)

12 번역 A: 난 도저히 프리실라와 잘 지낼 수가 없어. 너무 무례해.
B: 너만 그런 게 아니야. 모두들 걔랑 사이가 안 좋아.
해설 trouble은 셀 수 없는 명사이다.
어구 make friends with ~와 친구가 되다, 친하게 지내다
rude 무례한 have trouble -ing ~하는 데 어려움이 있다
get along with 잘 지내다
정답 (a)

13 번역 A: 날씨 때문에 휴교할 것 같니?
B: 아니, 그럴 것 같지 않아.
해설 '~라고 생각한다'의 의미일 때는 think를 진행형으로 쓸 수 없다. think 다음에 명사가 올 때는 전치사가 있어야 한다.
어구 cancel (계획 · 예정 등을) 중지하다; 취소하다
정답 (b)

14 번역 A: 거의 다 끝났어? 나 컴퓨터 써야 되는데.
B: 딱 몇 분만 더 줘.
해설 명사를 수식하는 한정사의 어순. 긍정의 의미이므로 a few를 써야 하며 a few more의 어순으로 쓴다.
정답 (c)

15 번역 A: 마크가 어제 머리를 밀었대요.
B: 그럴 리가요. 방금 그를 봤는데 머리카락 있던걸요.
해설 cannot be는 '~일 리가 없다'는 의미.
정답 (a)

16 번역 A: 빌이 아프리카로 간다는 소문이 있던데, 알고 있었어요?
B: 네, 그가 그렇게 말하는 걸 한 번 들었어요.
해설 '지각동사 + 목적어 + 원형동사'에 유의.
어구 rumor 소문, 풍문
정답 (b)

17 번역 A: 오늘 밤에 어디 가실 건가요?
B: 제가 매주 화요일 밤마다 가는 인터넷 카페에요.
해설 반복되는 사실에는 현재시제를 사용한다.
정답 (a)

18 번역 A: 그가 우리 세탁기를 고치는 데 얼마나 걸릴까?
B: 3시에 시작했으니 5시에는 끝날 거야.
해설 분사구문. 수리를 시작한 것이 주절보다 더 과거이므로 having p.p.
정답 (c)

19 번역 A: 어떤 드레스를 살지 결정했니?
B: 응, 그 노랗고 파란 색이 있는 드레스가 제일 맘에 들어.
해설 옷 한 벌에 색이 두 가지 있는 것이므로 단수임에 유의.
정답 (a)

20 번역 A: 회사 파티에 얼마나 많이 참석할 건가요?
B: 사장이 모든 사원들이 참석할 것을 요청했어요.
해설 '요구'의 의미가 있는 동사의 목적절에는 (should +) 원형 동사를 쓴다.
정답 (b)

Part II

21 번역 마키코의 말을 알아들을 수 있는 반 친구는 아무도 없었는데, 일본에서 최근에 전학을 왔기 때문이다.
해설 선행사가 사람이고, 동사 앞이 빈칸이므로 주격관계대명사 who를 써야 한다.
정답 (b)

22 번역 기운이 빠져 있는 사람들에게 겨울은 지내기 힘든 시기일 수 있다.
어구 be depressed (사람이) 의기소침한
정답 (c)

23 번역 직접 햇볕을 쐴 필요 없이 실내에서 키울 수 있는 식물 종류가 많다.
해설 '~할 수 있다'는 의미의 조동사 can의 쓰임을 묻고 있다.
어구 indoors 실내에서
정답 (a)

24 번역 린다는 매일 아침 집을 나서기 전에 거울을 보며 그 날 모든 것이 잘 될 것이라 자신에게 말했다.
해설 tell의 목적어로는 린다 자신을 가리키는 재귀대명사가 알맞다.
정답 (d)

25 번역 6월에 출판하는 그의 새 책은 사춘기의 아이들을 다루기 위해 부모들이 알아두면 좋은 내용을 다루고 있다.
해설 '~하면 좋은 것, 당연한 것'의 의미로는 should나 ought to를 쓸 수 있다.
어구 release 공개[개봉 · 발표 · 출판]하다 puberty 사춘기
정답 (c)

26 번역 정부의 에너지 절약 요구에 응하여 점점 더 많은 운전자들이 출근 시 대중교통을 이용하고 있다.
해설 빈칸 이하는 같은 시제의 분사구문이다.
어구 public transportation 대중교통 honor 존중[존경]하다 call 요구
정답 (c)

27 번역 아시아의 많은 신혼부부들에게 발리로 가는 여행이 인기 있는 선택이 되었다.
해설 빈칸에는 주어 역할을 하는 동명사가 필요하다.
어구 newlyweds 신혼부부 choice 선택, 선정, 선택권
정답 (c)

28 번역 투자자들은 그 사업 제안이 실현성이 없다고 생각해서, 투자를 하지 않기로 결정했다.
해설 뒷문장의 내용이 앞문장의 결과이므로, 결과의 의미를 나타내는 접속사 so를 써야 한다.
어구 investor 투자자 proposal 제안 workable 실행할 수 있는
contribute 공헌하다, 돈을 쓰다
정답 (a)

29 번역 올 가을에 채널 6은 TV 방송 프로그램을 새로 정비할 것이다.
해설 빈칸이 주어 다음에 있으므로 빈칸에는 시제를 가진 본동사가 필요하다. this coming fall의 일이므로 미래시제.
어구 lineup 방송예정표 feature ~을 특징[내용]으로 하다
정답 (b)

30 번역 월터는 낸시를 화나게 할 수 있으므로 그녀의 비밀에 대해 아무에게도 말하지 않을 정도로 신중했다.
해설 분사구문. know의 주어가 주절의 주어(Walter)와 같고 시제가 같으므로 −ing형으로 쓰면 된다.
어구 **careful to** ~할 정도로 신중하다 **secret** 비밀; 비결
정답 **(c)**

31 번역 경쟁자에게 지고 나서 선수들은 우승할 희망을 버렸다.
해설 분사구문. 주절의 주어가 동사 defeat의 목적어이므로 수동형인 (Having been) p.p.를 써야 한다.
어구 **defeat** 패배시키다, 이기다 **win the championship** 우승하다
정답 **(b)**

32 번역 새러는 사고 소식을 듣고, 래리가 늦게 출근할 것임을 알았다.
해설 분사구문. hear의 주어가 Sarah이므로 hearing이 되어야 한다.
어구 **hear of** ~에 대한 소식을 듣다
정답 **(c)**

33 번역 켈리는 감기약을 먹어서 일하는 동안 매우 졸렸다.
해설 전체 문장의 주어는 medicine이고 빈칸은 본동사 자리이다. Kelly...는 medicine을 수식하는 관계대명사절.
어구 **take** (약을) 복용하다 **cause A**(목적어) **+ to부정사** A로 하여금 ~하게 만들다 **at work** 직장에서
정답 **(b)**

34 번역 한 나라의 경기 침체는 그 나라의 무역 상대국들에 큰 영향을 미칠 수 있다.
해설 장소를 나타내는 알맞은 전치사를 고르는 문제이다.
어구 **slowdown** 불경기, 경기침체 **trading** 무역
정답 **(a)**

35 번역 윌슨 씨가 사온 강아지는 바로 그의 아이들이 원하던 종류였다.
해설 아이들이 원하는 것이 강아지를 산 시점보다 더 과거이므로 과거완료시제가 적당하다.
어구 **turn out to be** ~임이 판명되다 **exactly** 정확하게
정답 **(b)**

36 번역 비행기 승무원으로서의 첫날, 니콜은 일부 승객에게 음식을 제공하는 것을 잊었다.
해설 forget의 시제는 과거이고, '~할 것을 잊고' 하지 않았으므로 to부정사를 써야 한다.
정답 **(a)**

37 번역 환경 조건을 평가하는 것과 더불어 새로운 종을 수집하고 구분하는 것은 밀림 원정의 가장 중요한 목적이었다.
해설 빈칸 이하의 문장이 끝나고 나서 붙는 부가적인 어구이다. 의미상 '~와 더불어'의 의미인 along with와 전치사 다음에 쓰이는 동명사가 들어간다.
어구 **collect** 모으다, 수집하다 **identify** 규명하다 **species** 종 **primary** 주요한 **expedition** 원정 **assess** 평가하다 **along with** ~와 함께
정답 **(c)**

38 번역 모두들 수위가 돈을 훔쳤다고 의심했지만, 사실은 그렉이 가지고 간 것이었다.
해설 의미상 대조를 이루는 접속사가 와야 한다.
어구 **suspect** ~라고 의심하다 **janitor** 수위
정답 **(c)**

39 번역 그 정치가는 정치를 하는 내내 뇌물을 받았다고 밝혀진 후 신용을 잃었다.
해설 신용을 잃기 이전부터 뇌물을 계속 받았으므로(throughout) 과거완료진행시제가 적합하다.
어구 **credibility** 신용 **reveal** 밝히다, 폭로하다 **bribe** 뇌물
정답 **(d)**

40 번역 그것은 고급 식당이었기 때문에 콜린은 팁으로 돈을 많이 벌었다.
해설 분사구문. 주절 주어인 Colleen이 분사구문의 주어가 될 수 없으므로 분사구문의 주어를 명시해야 한다.
정답 **(d)**

Part III

41 번역 A: 졸려 보이네. 오늘 피곤한가 봐?
B: 응, 어젯밤에 잠을 충분히 못 잤어.
A: 왜? 잠들지를 못했어?
B: 밤 늦게까지 일해야 했어.
해설 lately(최근에)와 late(늦게)를 구별할 줄 알아야 한다. late는 형용사와 부사의 형태가 같다는 점에도 유의.
어구 **sleepy** 졸린 **fall asleep** 잠들다
정답 **(d) lately → late**

42 번역 A: 여보, 수도꼭지 고쳐놨어요?
B: 아직, 이번 주말에 할게요.
A: 제발. 당신이 꼭 고쳐줘야 해요.
B: 반드시 고쳐 줄게요. 약속해요.
해설 'need + 목적어 + to부정사'의 구조에 유의한다.
어구 **fix** 고치다 **faucet** 수도꼭지 **promise** 약속하다
정답 **(c) doing → to do**

43 번역 A: 선생님이 그 문제를 풀면 무슨 보상이 있는지 말씀하셨어?
B: 응, 답을 찾는 사람이 상품을 받을 거라고 하셨어.
A: 그럼, 나도 노력해서 답을 찾아야겠군.
B: 잘해봐. 나도 봤는데 무지 어려워.
해설 whoever는 선행사와 함께 쓸 수 없다.
어구 **reward** 보상 **prize** 상, 상품 **solution** 답, 해결책
정답 **(b) the one whoever → whoever / the one who**

44 번역 A: 나 정말 지금 당장 컴퓨터 써야 돼.
B: 네 차례를 기다려. 나 아직 안 끝났어.
A: 그렇지만 넌 이미 30분 동안이나 사용하고 있었잖아.
B: 조금만 더 기다려. 곧 끝날 거야.
해설 30분 동안 쓰고 있었으므로 현재완료시제가 알맞다.
어구 **turn** 차례 **be through** 끝마치다
정답 **(c) you were on it → you have been on it**

45 번역 A: 거기 블랙스톤 씨라는 분이 계신가요?
B: 아니요, 잘못 거신 것 같아요.
A: 아, 귀찮게 해드려 죄송합니다.
B: 괜찮아요. 번호를 다시 확인해 보세요.
해설 there is 다음에는 정관사를 포함한 명사나 고유명사는 올 수 없다. 'a + 고유명사'는 '~라는 사람.'
정답 **(a) Mr. Blackstone → a Mr. Blackstone**

Part IV

46 번역 (a) 부모들은 어제 일어난 사건에 대해 분개했다. (b) 아이들은 버스 정류장에서 그들을 태울 스쿨버스를 기다리고 있었다. (c) 운전사는

늦어서 서두르느라 정류소 도착 전에 서행하지 않았다. (d) 운전사가 속도를 내며 지나가다 웅덩이 물을 튀겨 아이들의 옷이 다 젖게 만들었는데, 덕분에 아이들은 하루 종일 축축한 옷을 입고 있어야 했다.

해설 left 이하는 결과를 나타내는 분사구문이며, 동사 left의 주어는 앞 문장 전체이다. 혹시 she를 주어로 한 동사들의 열거로 본다면 soaked 앞에 있는 and가 left 앞으로 가야 한다.

어구 outrage 격분시키다 incident 사건 pick up 태우다
be in hurry 서두르다 slow down 서행하다 speed 속도를 내다
puddle 웅덩이 soak 적시다, 담그다

정답 (d) left → leaving

---

47 번역 (a) 껌을 삼키는 것은 보통 생각하는 것만큼 해롭지는 않다. (b) 우리 소화 시스템은 소화시킬 수 없는 것은 무엇이든 버리도록 되어 있다. (c) 그래서 껌을 잘 소화할 수 없다고 해도, 그것은 노폐물로 배출될 수 있다. (d) 하지만, 그래서 껌을 삼키는 것이 좋은 생각이라는 의미는 아니다.

해설 (a)의 as절에서 주어 it은 swallowing gum을 가리킨다. it이 perceive의 목적어이므로 수동문으로 써야 한다.

어구 swallow 삼키다 harmful 해롭다 perceive 인지하다, 이해하다
digestive 소화의 discard 버리다

정답 (a) perceiving → perceived

---

48 번역 (a) 리조트들이 스키 타기에 완벽한 환경을 유지하는 것은 항상 까다로운 일이었다. (b) 많은 스키 리조트들은 적절한 종류의 눈으로 슬로프를 덮기 위해 눈 제조기를 사용한다. (c) 눈 제조기는 모든 슬로프의 날씨 조건을 읽는 컴퓨터 시스템으로 통제된다. (d) 컴퓨터 시스템은 이 데이터를 이용하여 알맞은 양과 종류의 눈을 만들어낸다.

해설 (b)문장에는 시제를 가진 동사가 없으므로 using을 본동사로 만들어야 한다.

어구 maintain 유지하다 sophisticated 복잡한 slope 경사면

정답 (b) using → use

---

49 번역 (a) 문신은 사람의 피하로 잉크를 주입해서 만든다. (b) 잉크는 문신기를 이용하여 주입한다. (c) 이 기계는 초당 80에서 150번의 침을 찌를 수 있다. (d) 문신은 피부를 찌르는 것이기 때문에 소독된 기계를 사용하는 것이 중요하다.

해설 판단의 형용사 important 다음의 that절에는 (should +) 동사원형이 온다.

어구 tattoo 문신 inject 주입하다 puncture 찌르다 sterilize 살균·소독하다

정답 (d) may be used → (should) be used

---

50 번역 (a) 1967년에, 헨리 힐은 거의 실패할 뻔한 대담한 강도사건을 준비했다. (b) 힐의 부하들은 JFK 국제공항 화물 터미널에서 42만 달러를 훔치기로 계획을 세웠다. (c) 문제는 무장 경비가 현금 보관소의 열쇠를 지니고 있다는 것이었다. (d) 그 열쇠를 복사할 수 없었다면 그 돈을 훔치지 못했을 것이다.

해설 (d)는 두 문장이 접속사 없이 연결되어 있으므로 틀린 문장이다. 앞에 가정법 접속사 If를 쓰거나 도치 구문으로 써야 한다.

어구 organize 조직하다, 준비하다 daring 대담한 duplicate 복사[복제]하다

정답 (d) It had not been that → If it had not been that / Had it not been that

---

Part I

1 번역 A: 무슨 일이 있는지 알아요? 우리가 마침내 그 중요한 윌킨스 계약을 따냈어요!
B: 훌륭해요. 좋은 소식이군요.

해설 좋은 소식을 듣고 축하해주는 상황이므로 빈칸에 적합한 단어는 news.

어구 get[sign] a contract 계약하다

정답 (a)

---

2 번역 A: 시험 도중에 말하면 안 돼, 테드!
B: 죄송해요. 지우개를 빌리려고 했을 뿐이에요.

해설 일반적인 물건을 빌린다는 의미로는 borrow를 쓴다.

어구 rent (집·자동차·비디오 등) 빌리다 lend 빌려주다 borrow 빌리다
loan (돈) 대부하다

정답 (c)

---

3 번역 A: 어젯밤에 당신과 통화하려고 했는데 통화 중이더군요.
B: 아, 엄마와 잡담을 하고 있었어요.

해설 어머니와 전화로 이야기를 나누고 있었다는 의미가 되어야 하므로 (a) chatting이 문맥상 가장 적절하다.

어구 busy 통화 중인 chat 잡담하다 mutter 중얼거리다 vocalize 목소리를 내다

정답 (a)

---

4 번역 A: 그래, 오늘 밤에 애니의 부모님을 처음으로 만나려니 불안하겠군요?
B: 그래요, 그것 때문에 무척 걱정이 돼요.

해설 nervous와 가장 가까운 의미의 단어는 anxious.

어구 nervous 불안한 anxious 염려스러운 impressed 감명을 받은
untied 묶이지 않은 cautious 신중한

정답 (a)

---

5 번역 A: 언제 출산 예정이세요?
B: 다음 달 예정이에요.

해설 '출산 예정의'라는 뜻으로는 due를 쓴다. '만기일'은 due date.

어구 expect 예상하다 ripe 익은; 준비가 된 matured 성숙한, 완성된
due 기일이 된, 예정의 deliver 배달하다; 출산하다

정답 (c)

---

6 번역 A: 전에 만난 것 같지 않군요. 저는 에드워드 엘튼입니다.
B: 안녕하세요, 엘튼 씨? 저는 엠마 존슨이에요.

해설 '소개를 받았다'는 뜻으로 빈칸에 introduction이 들어갈 것 같지만 have 다음에는 introduction을 쓸 수 없다. '소개하다'는 make introduction. 어떤 사람을 처음 만났을 때는 (It's a) Pleasure to meet you.라고 쓴다. 전에 만난 적이 없었다고 할 때는 '당신을 만나는 기쁨을 누리지 못했던 것 같다'는 의미로 I don't believe I've had the pleasure.라고 표현한다.

어구 handshake 악수 introduction 소개

정답 (c)

---

7 번역 A: 저녁 7시면 당신 스케줄에 맞겠어요?
B: 아뇨, 8시에 만나기로 하죠.

해설 무엇이 어디에 적합하게 들어맞는다는 뜻의 단어는 fit. match는 두 가지를 어울리게 조화시킨다는 의미이다.

어구 make it 제시간에 도착하다, (일을) 해내다, 만나기로 하다 fill 채우다

fit 적합하다 match 조화시키다; 대등하다

정답 (b)

---

8 번역 A: 돈을 갚아주어서 고마워.

B: 천만에. 이제 줄 것도 받을 것도 없는 거지.

해설 Let's call it even.은 '이제 셈을 다 끝냈다고 하자'라는 의미. make all even은 '줄 것도 받을 것도 없다'는 의미이다. Let's call it a day.는 '오늘 일을 끝내자, 오늘은 여기까지 하자'라는 뜻으로 쓰이는 관용적 표현임도 알아두자.

어구 repay 갚다 even 대등한, 막상막하의 *ex.* We are *even* now. 이제 피장파장이다. fair 공정한 equal 평등한, 같은 stable 안정된

정답 (a)

---

9 번역 A: 리포트 어디 있어? 기일이 한참 지났는데.

B: 정말 죄송해요. 바로 제출할게요.

해설 문맥상 즉시 리포트를 제출하겠다는 표현이 들어가야 하므로 immediately.

어구 overdue 기일이 지난 turn in 제출하다 immediately 즉시 readily 기꺼이 urgently 긴급히

정답 (a)

---

10 번역 A: 최근에 해리의 기분이 진짜 울적하던데.

B: 지난 주에 여자친구와 헤어졌거든.

해설 구어체 숙어를 묻는 문제이다. 여자친구와 헤어져서 울적했다는 뜻이 들어가야 하므로 정답은 down in the dumps.

어구 break up 헤어지다 on the warpath 싸울 기세의 down in the dumps 울적한, 절망적인 under the weather 몸이 편치 않은 on cloud nine 날아갈 것 같은 기분의

정답 (b)

---

11 번역 A: 빌리가 학교에서 왜 꾸지람을 들었어요?

B: 선생님에게 말대꾸를 했거든요.

해설 학교에서 꾸지람을 들은 이유를 묻는 물음에 적합한 답은 (a).

어구 get in trouble 벌을 받다, 꾸지람을 듣다 talk back 말대꾸하다 drop in 잠시 들르다 ask out 초대하다 catch on 유행하다, 이해하다

정답 (a)

---

12 번역 A: 죄송하지만 그것이 이 물건에 대해 최대한 낮춘 가격입니다.

B: 글쎄요, 그렇다면 유감이지만 그만둬야겠어요.

해설 as low as I can...은 할 수 있는 한 최대로 낮춘 가격을 매겼다는 의미. 참고로 카드게임 등에서 "통과."라고 말할 때는 "I pass."라고 한다는 것도 알아두자.

어구 item 항목, 물건 overreach 목표를 능가하다 pass 통과하다, 지나가다 reject 거절하다 sidestep 옆으로 비켜나다, 회피하다

정답 (b)

---

13 번역 A: 시골의 새 집이 마음에 드세요?

B: 네, 아주 조용하고 소박해요.

해설 '시골 집이 조용하다'는 것과 대등한 표현은 '소박하다'는 것.

어구 rustic 시골 풍으로 소박한 austere 엄격한, 간결한 amicable 우호적인 sedated 차분한, 점잖은

정답 (a)

---

14 번역 A: 베키가 정말로 남편보다 더 돈을 많이 버나요?

B: 그래요. 그녀가 집안의 생계를 책임지고 있어요.

해설 베키가 남편보다 돈을 더 많이 벌고 있으므로 생계를 책임지고 있다고 말할 수 있다.

어구 stakeholder 투자자 housekeeper 주부 breadwinner 집안의

생계를 책임지는 사람 spendthrift 낭비벽이 있는 사람

정답 (c)

---

15 번역 A: 얼마 동안이나 안 계실 건가요?

B: 3주일간 없을 겁니다.

해설 how long과 관련하여 쓸 수 있는 표현은 absent밖에 없다. depart는 동작을 나타내는 동사이므로 기간을 나타내는 표현과 같이 쓸 수 없다.

어구 absent 없는, 부재의 depart 출발하다 outbound 외국 행의 *ex.* an *outbound* flight 외국행 비행기 withdrawn 물러난, 칩거한

정답 (a)

---

16 번역 A: 차를 수리하는 데 얼마나 들 거라고 생각하세요?

B: 상당히 많이요. 도박이라도 해서 돈을 쓸어 모아야 하려나 봐요.

해설 차 수리비가 많이 들기 때문에 도박이라도 해야겠다는 문맥이므로 적절한 답변은 (a).

어구 fix 고치다 break the bank (노름판에서) 물주의 돈을 휩쓸다, 카지노에서 내줄 수 없을 만큼 큰 돈을 따다 pass the buck 책임을 전가하다 pay one's dues 책임을 다하다 fit[fill] the bill 요구를 만족시키다, 적합하다

정답 (a)

---

17 번역 A: 나는 늘 배가 고파요. 많이 먹지 않을 수 있는 방법을 알고 계세요?

B: 그 문제에 대한 가장 좋은 해결책 가운데 하나는 수분 섭취를 늘리는 겁니다.

해설 water와 가장 잘 어울리는 '섭취'라는 의미의 단어가 필요하다.

어구 intake 흡수, 섭취 digestion 소화 congestion 밀집; (교통) 혼잡, gulping 꿀꺽 마시기

정답 (a)

---

18 번역 A: 기다리게 해서 죄송해요. 곧 갈게요.

B: 괜찮아요. 천천히 하세요.

해설 가게에서 점원이 손님에게 곧 응대하겠다고 할 때 I'll be right with you in a minute.이라고 한다. 이에 대해 '천천히 해도 된다'고 대답할 때는 Take your time.

어구 count 세다 make time 급히 가다 keep time 박자를 맞추다; (시계가) 정확하다 take time 천천히 하다; 시간이 걸리다

정답 (d)

---

19 번역 A: 그 여행의 일정표 가지고 있어요?

B: 아뇨, 예약이 확인된 다음에 자세한 사항들을 알려드릴게요.

해설 예약이 확인된 다음에 여행 일정의 상세한 사항들을 설명해주겠다는 뜻이므로 정답은 (c).

어구 itinerary 여행 일정 basics 기본적인 것, 필수품 details 상세한 사항들 item 항목

정답 (c)

---

20 번역 A: 당신이 출구를 놓친 것 같아요.

B: 그래요? 나는 표지판을 보지 못했는데요.

해설 고속도로에서 출구를 지나쳤다는 내용의 대화이다. 출구를 놓친 것은 miss the exit, '출구를 타다'는 take the exit라고 한다.

어구 exit 출구 cross 교차하다, 가로지르다

정답 (b)

---

21 번역 A: 이 예약을 최대 언제까지 취소할 수 있습니까?

B: 24시간 전까지입니다.

해설 예약을 취소할 수 있는 가장 마지막 시간이 언제냐는 물음에 대해 예약된 날 하루 이전까지 가능하다고 대답하고 있다.

이처럼 특정한 시점을 기준으로 그보다 이전을 뜻할 때는 prior를 쓴다. later는 미래의 어느 때 또는 말하고 있던 시점보다 이후를 뜻할 때 쓴다. *ex.* I expect her home *later*. (그녀는 이따가 집에 올 거야.)

어구 latest 가장 늦은 cancel 취소하다 reservation 예약 prior (특정한 시간) 이전에

정답 (c)

22 번역 A: 상사가 당신의 제안에 대해 뭐라고 했어요?
B: 그 아이디어를 나중으로 보류해두라고 했어요.

해설 until a later time(나중까지)과 어울릴 수 있는 말은 '보류하다' 뿐이다.

어구 revamp 개편하다 annul 취소하다, 폐기하다 confiscate 몰수하다 shelve 보류하다; 선반에 얹다

정답 (d)

23 번역 A: 어떻게 해야 할지 모르겠어요. 내 투자금이 모두 한 회사에 들어가 있는데 그 회사가 잘 되고 있지 않아요.
B: 무엇보다도 분산 투자를 고려해야 해요.

해설 투자 금액이 모두 한 회사에 있다는 말에 투자를 분산해야 한다는 충고를 하고 있다.

어구 investment 투자 (금액) disable 무력하게 하다, 손상하다 distribute 분배하다 diversify 분산하다; 다양화하다 differentiate 구별하다

정답 (c)

24 번역 A: 마커스에게 내 비밀을 말하지 않았더라면 좋았을걸.
B: 걱정 마. 그는 믿을 만한 친구니까.

해설 문맥으로 보아 비밀을 털어놓을 만큼 믿을 만한 친구라는 어구가 들어가야 하므로 (b)가 가장 적절하다.

어구 trustworthy 신뢰할 수 있는 conservative 보수적인 사람 confidant 비밀을 털어놓을 만한 친구 safeguard 보호책; 호위병 preservative 방부제

정답 (b)

25 번역 A: 내가 없는 동안 집을 봐주어서 고마워요. 그 친절에 보답할 수 있는 방법이 있을까요?
B: 사실 전혀 수고랄 것도 없었어요. 보상해 주실 필요 없어요.

해설 compensation은 '보상, 수당' 등의 의미로 쓰이므로 집을 봐준 대가라는 뜻에 적합하다.

어구 repay 보답하다 co-payment (피고용인의 건강보험, 연금 등에서) 고용주의 부담 retribution 보복, 천벌 compensation 보상 reimbursement 변제, 상환

정답 (c)

Part II

26 번역 그는 도넛을 한 입 베어 문 후에 뜨거운 커피를 한 모금 마셨다.

해설 '한 모금 마시다'라고 할 때는 take a sip을 쓴다.

어구 bite 한 입 shot 한 잔 *cf.* take a shot 겨누다 lick 핥기 sip (액체) 한 모금 puff (담배) 한 모금, 훅 불기

정답 (c)

27 번역 텔레비전을 보는 아이들은 어린 시절부터 물건을 구매하도록 촉구하는 광고에 노출된다.

해설 아이들이 광고에 '노출된다'는 의미이므로 exposed가 정답.

어구 urge 촉구하다 expose 노출하다 reveal 밝히다 present 제시하다

정답 (b)

28 번역 가장 경제적인 차이기 때문에 메도우락은 동급의 어떤 차보다도 연비가 좋다.

해설 연비가 좋다는 말로 보아 가장 '경제적인', 즉 '절약이 되는' 차라는 의미가 들어가야 한다.

어구 mileage 연비; 총 마일 수 convenient 편리한 comfortable 편안한 economical 경제적인 sufficient 충분한

정답 (c)

29 번역 그 의사들은 그 여자가 어떻게 치유되었는지 설명할 수 없어서 기적이라고 단정했다.

해설 회복된 이유를 알 수 없어 기적이라고밖에 여길 수 없었다는 의미이므로 miracle이 정답.

어구 secret 비밀 miracle 기적 complication 합병증 phenomenon 현상

정답 (b)

30 번역 자동차 엔진 배기가스를 과감하게 줄이지 않고는 환경에 대한 희망을 가질 수 없다.

해설 exhaustion은 증기 등의 배출, discharge는 전기·액체의 유출, emission은 가스의 배출을 뜻한다.

어구 drastic 과감한, 철저한 cutback 축소, 삭감 exhaustion 배출; 고갈 discharge 유출; 방전 combustion 연소, 산화 emission (빛, 가스) 방출, 배기

정답 (d)

31 번역 라이언의 어머니는 그가 시험에 떨어졌다는 것을 알았을 때 한참 비난을 늘어놓았다.

해설 tirade는 '상상설,' launch는 '개시하다, 착수하다'의 뜻이고, launch into a tirade는 '비난을 한참 늘어놓다'라는 의미의 숙어이다.

어구 launch into a tirade 길고 장황하게 비난을 늘어놓다 fail 낙제 점수를 받다 polemic 논쟁 retort 말대꾸 outburst 폭발, 분출

정답 (c)

32 번역 판사의 가장 중요한 요건들 가운데 하나는 감정을 제쳐두고 주장들을 오로지 그 시비에 따라 검토하기를 배우는 것이다.

해설 판사들이 사건을 심의할 때 감정을 배제하고 주장의 옳고 그름에 따라서 판단해야 한다는 뜻이므로 답은 feelings.

어구 requirements 필요조건, 요건 put aside 제쳐두다; 저축하다 solely 오로지 on one's own merits 그 시비곡직에 따라서 rationale 근본적 이유 indifference 무관심

정답 (b)

33 번역 상호 신뢰가 없을 경우에 사업의 파트너들은 서로를 믿기 어려울 수 있다.

해설 서로를 믿기 어렵다는 것은 상호간의 신뢰가 없다는 것이므로 답은 mutual.

어구 trust 신뢰 independent 독립적인 mutual 상호적인 neutral 중립적인 complacent 태평한, 무관심한

정답 (b)

34 번역 그 새 호텔의 로비는 카페와 독서실 같은 편의 시설을 제공한다.

해설 카페와 독서실과 같은 것은 '편의 시설'이다.

어구 amenities 오락 시설, 편의 시설 faculties 교수단, 교직원 utilities 공익 시설(전기, 가스, 상하수도 등) casualties (사고로 인한) 사상자, 피해자

정답 (a)

35 번역 그 회사는 새로운 고객들이 접할 수 있도록 인터넷 상에서의 상품

마케팅을 더욱 잘 해야 한다.

해설 '상품 판매를 촉진하다'는 market.
어구 **reach** 도달하다, 접하다 **broadcast** 방송[방영]하다 **spread** 펼치
다, 유포시키다 **forward** 전송하다, 촉진하다
정답 (a)

36 번역 현재 짐바브웨에서 평균 수명 기대치는 에이즈로 인해 최근에 70세
에서 38세로 떨어졌다.
해설 '수적으로 감소하다'의 의미를 가진 단어는 dwindle.
어구 **life expectancy** 기대 수명 **lapse** (나쁜 상태로) 빠지다
dwindle 점차 감소하다 **slow** (속도가) 떨어지다 **linger** 꾸물거리다
정답 (b)

37 번역 마크 테일러의 책들은, 20권의 저서와 120편의 논문을 담은 참고
목록에서 볼 수 있듯이, 언제나 충실한 연구를 바탕으로 하고 있다.
해설 참고 저서들이 많은 것으로 보아 그의 책들이 충실한 연구를
바탕으로 저술되었다는 의미이므로 정답은 bibliography.
어구 **research** 연구하다 **bibliography** 참고 목록 **directory** 주소록,
전화번호부 **manuscript** 원고 **preface** 서문
정답 (a)

38 번역 비록 그 새로운 이론이 서구에서 수용되고 있긴 하지만 아직 그 이론을
회의적으로 바라보는 학자들이 많이 있다.
해설 양보의 절을 이끄는 접속사로 문장을 시작하고 있으므로
주절에서는 그와 다른 내용이 제시되어야 한다. 그 이론에 대해
부정적으로 접근하는 학자들이 많다는 의미에 가장 적합한
것은 skeptically.
어구 **gain acceptance** 수용되다 **academic** 대학 교수; 학구적인 사람
skeptically 회의적으로 **reluctantly** 마지못해 **aggressively** 공
격적으로
정답 (b)

39 번역 자신의 실수를 인정하면서, 제인은 자존심을 억누르고 자기가
틀렸다고 고백했다.
해설 '자존심을 억누르다'라는 뜻으로는 swallow pride를 쓴다.
어구 **admit** 인정하다 **confess** 고백하다 **supplant** 대체하다
squander 낭비하다 **subject** 종속시키다 **swallow** 삼키다
정답 (d)

40 번역 경쟁적인 운동선수들은 최고라고 인정받으려는 욕구 때문에 성취
동기를 얻는다.
해설 운동선수들이 1등을 하려는 욕구로 인해 성취 동기를 얻는다는
뜻이므로 motivated가 답.
어구 **recognize** 인정하다 **skilled** 숙련된 **effect** 달성하다, 이루다
motivate 동기를 주다 **impress** 감명을 주다
정답 (c)

41 번역 정부는 그 법을 국가의 경제적 목표와 더 부합될 수 있도록 개정할
계획이다.
해설 법과 경제적 목표가 상충하지 않고 공존할 수 있도록 만들려고
한다는 뜻이므로 compatible이 답이다.
어구 **revise** 개정하다 **compatible** 양립할 수 있는 **contingent** ~에
달려 있는 **continual** 지속적인 **compromising** 명예를 훼손하는,
의심을 살만한
정답 (a)

42 번역 이야기의 사건들을 순서대로 나열함으로써, 아이들은 연속성에 대한
지식을 익힐 수 있다.
해설 사건을 순서대로 배열하면서 익힐 수 있는 것은 연속성이므로

sequence가 정답.
어구 **sequence** 연속, 순서 **routine** 일과 **alternation** 교대, 교체
procedure 과정
정답 (a)

43 번역 권력 투쟁을 종식시키기 위해서 그 당은 국회의 지휘권을 반대 당파에
양도했다.
해설 선택지의 cede, render, dispense 모두 '주다'라는 의미가
있지만 '권리를 양도한다'는 뜻으로는 cede를 쓴다.
어구 **put an end** 끝내다 **opponent** 적수 **cede** 양도하다
desert 저버리다 **render** 주다, 바치다 **dispense** 분배하다
정답 (a)

44 번역 선박 여행에서는 모든 음식이 무료이므로 음식에 돈을 쓰는 것을
걱정할 필요가 없다.
해설 식품비를 걱정할 필요가 없는 것은 유람선에서 식사를 무료로
제공하기 때문이다.
어구 **cruise** 선박 여행 **affordable** 구입할 수 있는 **complimentary**
무료의; 칭찬의 *ex. A complimentary copy* 증정본 **discounted**
할인된 **available** 이용할 수 있는
정답 (b)

45 번역 그 교수가 강의 도중 여러 차례 여담으로 빠졌기 때문에 학생들은 그
주제를 따라잡기 어려웠다.
해설 학생들이 강의 주제를 따라가기 어려웠던 것은 강의가 자꾸
다른 내용으로 빗나갔기 때문이다. 따라서 답은 digress.
어구 **divulge** (비밀을) 폭로하다 **engage** 약속하다, (이야기에) 끌어들이다
overturn 뒤집어 엎다, 전복시키다 **digress** (이야기가) 옆길로 새다
정답 (d)

46 번역 여행 경비를 충당하기 위해 이 편지와 함께 500달러짜리 수표가
동봉되어 있다.
해설 '편지와 함께 수표가 동봉되어 있다'고 하려면 enclosed가
정답.
어구 **cover** (경비를) 부담하다 **wrap** 싸다 **enclose** 넣다, 동봉하다
package (짐) 꾸리다, 포장하다 **embed** (물건) 끼워 넣다
정답 (b)

47 번역 그 편집자들은 학자들에게 그 연구와 관련된 독창적 연구와 방법론을
공표하는 원고를 제출해달라고 요청한다.
해설 편집자들이 요구하는 것은 '원고'이므로 manuscripts가 정답.
어구 **original** 독창적인 **methodology** 방법론 **issue** 논쟁거리
headline 표제 **edition** 판, 본 **manuscript** 원고
정답 (d)

48 번역 마사지 요법은 수술 후의 고통을 덜어주고 결국 더 빠른 회복을 가져올
수 있다.
해설 '고통을 덜어주다'라는 연어 표현은 relieve pain.
어구 **therapy** 치료법 **surgery** 수술 **relieve** 덜어주다 **oppress** 억압
하다 **deliver** 배달하다, 구해주다 **dismiss** 떠나게 하다, 해고하다
정답 (a)

49 번역 그 작가는 자신만만한 자부심으로 말미암아 자신의 가치체계의
우월성에 대한 믿음을 공공연히 표방하게 된다.
해설 자신감이 강한 사람은 자신의 가치체계가 우월하다는 믿음을
표방할 것이므로 정답은 superiority.
어구 **prideful** 자만하는 **self-confidence** 자신감 **disparity** 불일치
arrogance 교만함 **diligence** 근면함 **superiority** 우월성
정답 (d)

50 번역 그 후보자를 지지하는 사람들은 그 스캔들로 인해 그의 평판이 훼손될
것을 두려워하고 있다.

해설 '평판을 훼손하다'라는 연어 표현은 tarnish[blemish]
reputation이다.

어구 **proponent** 지지자 **candidate** 후보자 **tarnish** 더럽히다
discolor 변색시키다 **desiccate** 말리다, 무력하게 하다
contaminate 오염시키다

정답 (a)

독해 Reading Comprehension

Part I

1 번역 페루 몇몇 산악지대의 작은 마을 주민들이 어젯밤 대규모의 암석
사태로 흙과 파편이 집까지 굴러들어온 이후, 오늘 안정을 되찾고
있다. 산을 타고 굴러온 커다란 돌과 흙 때문에 적어도 2천명이
사망했다고 추정된다. 이 치명적인 암석사태는 어젯밤 자정 무렵 페루
북서지방에서 발생했다. 사망자 수가 많은 이유는 대다수 주민들이
경고를 받지 못해 집에서 피신하지 못했기 때문이다. 이 마을의 시장인
오스카 페르난데스는 주민 750명 중에서 12명만 생존했다고 말했다.
그는 "우리 마을이 완전히 파괴되었다"고 말했다.

해설 전날의 사고를 한 마디로 요약하는 문제이다. 돌이 굴러 떨어
지고 사망자도 많았다는 내용으로 보아 정답은 '(b) 치명적인
암석사태'이다.

어구 **rockslide** 암석사태 **debris** 파편, 부스러기 **boulder** 둥근 돌
tumble 굴러 떨어지다 **lightning** 번개

정답 (b)

2 번역 충분한 운동을 하기 힘든 사람들에게도 희망이 있다. 한 연구 결과에
의하면 발걸음을 세는 것이 신체 활동을 증가시키는 열쇠가 될 수
있다고 한다. 연구자들은 한 실험집단에 만보계, 즉 걸음을 세는
작은 도구를 제공했고 다른 집단에는 만보계를 주지 않았다. 그 결과
만보계를 이용한 사람들이 2천 걸음, 즉 하루에 1마일을 더 걸을
정도로 신체 활동을 늘이게 되었다. 만보계는 운동량 증가 외에도
운동의 큰 증가와 체중 감량, 그리고 혈압 향상 간에 관련이 있다는
것도 발견되었다. 따라서 필요한 운동을 다 했는지 확인하는 최선의
방법은 걸음을 세는 것인 듯하다.

해설 빈칸이 가장 아래에 있으므로 글의 내용을 요약하는 선택지를
찾아야 한다. 만보계와 건강이 주제이므로 정답은 (b)이다.

어구 **boost** 증대시키다 **pedometer** 만보계 **blood pressure** 혈압

정답 (b)

3 번역 멀리서 보면 그곳은 그림 엽서 같다. 그러나 후지 산에 가까이 가보면
경관을 망치는 요소를 발견하게 될 것이다. 일본의 상징인 이 산에
쓰레기 문제가 있다는 것은 청결로 유명한 이 나라와 극명한 대조가
아닐 수 없다. 켄 노구치에게 이 쓰레기들은 반드시 제거해야 할
눈엣가시이다. 노구치는 일본에서 가장 유명한 산악인이다. 국제적으로
구성된 그의 등정대는 몇 번에 걸친 원정여행에서 에베레스트 산의
80톤에 달하는 쓰레기를 치웠다. 그러나 지금 노구치는 그보다 더
가까운 문제, 즉 후지 산을 염두에 두고 있다.

해설 빈칸 뒤의 문장에 노구치가 에베레스트 산의 쓰레기를 치웠
다는 내용이 나오는 것으로 보아 빈칸에도 쓰레기를 치우는
내용이 들어가야 한다. 따라서 정답은 (b).

어구 **stark** 완전한 **expedition** 탐험, 원정 **litter** 쓰레기 **eyesore** 눈에
거슬리는 것

정답 (b)

4 번역 미국으로 이민 오는 사람들은 미국의 독특하고 비싼 건강 관리 체계에
적응할 준비를 해야 한다. 대부분의 국가에서는 정부가 국민의 건강
관리 비용을 부담하지만, 미국에서는 개인이 스스로 비용을 책임져야
한다. 서비스 당 매우 비싼 비용을 내야 하는 체계이다. 그래서 국민
대부분은 비용을 낮추려고 보험에 들고 있다. 보험이 없다면 사소한
질병으로 내원해 의사를 만나는 데도 100 ~ 200달러 정도, 임신과
출산 비용은 적어도 6천 달러, 그리고 간단한 수술 치료와 이틀간의
입원에는 적어도 8천 달러가 든다. 그 결과 이민자들은 건강보험을
구매하라는 충고를 듣는 것이다.

해설 마지막 문장이 빈칸이므로 첫 글의 주제문과 연결되는 내용을
찾아보면 된다. 미국의 건강 관리 체계에 적응하려면 무엇보다
건강보험이 필요하므로 정답은 (b)이다.

어구 **immigrant** 이민자 **insurance policy** 보험증권 **delivery** 출산
surgical 수술의

정답 (b)

5 번역 하이커들은 봄에 야외에서 아주 조심해야 한다. 봄은 진드기가
활동하는 때이며, 진드기는 라임 병을 유발하는 박테리아를 옮길 수
있기 때문에 특히 위험하다. 다음의 주의사항을 잘 지키면 자신을
보호할 수 있다. 진드기가 좋아하는 장소를 피해라. 서늘하고 습한
환경, 예컨대 그늘진 풀밭이나 관목 숲, 참나무 아래의 낙엽 등이 그런
곳이다. 소풍을 나갈 때 진드기가 있는지 규칙적으로 몸을 살펴보고
보이면 당장 없애라. 밝은 색의 옷을 입고 바지는 장화나 양말 속으로
집어넣어서 진드기가 더 잘 눈에 띄게 하라. 옷에 진드기 방지약을
발라라.

해설 빈칸 뒤에서는 모두 명령문을 이용하여 유의할 점들을
나열하고 있다. 그러므로 '이 유의사항을 잘 지키라'는 내용의
(a)가 정답이다.

어구 **tick** 진드기 **transmit** 전염시키다 **repellent** (벌레) 퇴치제
precaution 예방 조치; 조심

정답 (a)

6 번역 북극은 기본적으로 수면에 떠있는 거대한 얼음 덩어리에 불과하지만,
많은 국가가 북극의 일부를 소유하는 데 관심을 보인다. 그 해저에
석유와 광물, 천연가스가 축적되어 있을지도 모른다. 또한 그 지역을
통과하는 주요한 선박 항로도 있다. 최근 그 지역의 소유에 대한
관심이 신문 머릿글을 장식했는데, 바로 러시아의 소형 잠수함 한 대가
러시아 국기를 북극 해저에 꽂았던 것이다. 러시아는 북극 해저가
자국 토지의 일부라고 주장했다. 이러한 선언은 며칠 내에 덴마크,
캐나다, 미국, 노르웨이에서도 비슷한 주장을 촉발시켰다. 이 사건은
모든 이들이 북극을 자기 소유로 주장하고 싶어한다는 점을 다시
상기시켜주었다.

해설 마지막 문장이 빈칸이므로 처음의 주제문과 연관되는 내용을
골라야 한다. 주제문에서 많은 나라가 북극 소유에 관심이
있다고 했으므로 정답은 (c)이다.

어구 **seabed** 해저 **landmass** 광대한 토지, 대륙 **proclamation** 선언,
성명 **incident** 사건

정답 (c)

7 번역 선택할 회사와 제품이 많은 상황에서, 많은 소비자들이 구매 결정을
내리기 위해 윤리적인 원칙에서 도움을 얻고 있다. 이는 대다수의
소비자들이 구매를 선택하는 방식과 상당히 차이가 있다. 대부분의
소비자들은 품질과 유행, 브랜드에 기초해서 더 좋다고 여겨지는
제품을 선택한다. 그러나 윤리적인 소비자들은 어느 제조업자나
제품이 사회에 더 이득이 되느냐에 기초하여 제품을 택한다. 예를
들어서 어떤 회사가 수익의 일부를 자선단체에 기부한다고 알려지면
윤리적인 소비자들은 그 회사의 제품을 선택할 것이다. 이런 방식으로
윤리적인 소비자들은 자신들이 신뢰하는 회사를 지지한다.

해설 however 이후에서 윤리적인 소비자들이 사회에 이득이 되는 회사를 선택한다고 했으므로 정답은 '(b) 자신이 신뢰하는 회사를 지지한다'이다. (a)는 광고주들이 윤리적인 소비자를 광고 대상으로 지목한다는 의미.

어구 consumer 소비자 turn to 의지하다, 도움을 구하다
ethical 윤리적인 purchase 구매, 입수 popularity 인기, 유행

정답 (b)

8 번역 유명한 문학작품 〈향연〉에서는 일련의 교양 있는 철학자들이 모여서 술과 음식과 훌륭한 대화가 있는 축제의 저녁을 즐긴다. 이 글은 주로 사랑이라는 주제에 대한 다양한 철학적 사유를 묘사한다. 모임에서 철학자들은 사랑에 대해 각자의 정의를 내린다. 밤이 깊어지면서 사랑에 대해 각자의 정의가 쌓여가고 마침내 소크라테스의 황금 연설이 대단원을 이룬다.

해설 빈칸 뒤에서 여러 사람이 각자 사랑에 대해 정의하고 마지막으로 소크라테스가 대단한 연설을 한다고 서술되었다. 따라서 이를 간단하게 요약한 '(d) 사랑이라는 주제에 대한 다양한 철학적 고찰'이 정답이다.

어구 congregate 모이다 contribute 기여하다 accumulate 축적하다
perspective 관점, 시각 speculation 고찰, 사색

정답 (d)

9 번역 물은 소중한 자원이다. 물이 없다면 생명체도 존재할 수 없을 것이다. 따라서 우리는 물 보존에 주의해야 한다. 얼마 만큼의 소비도 해로울 수 있다. 심지어 매일 조금씩 절약하더라도 큰 효과를 가져올 수 있다. 예를 들어서 모든 미국인이 매일 아침 저녁으로 양치, 샤워, 면도, 세수를 하면서 2분만 물을 덜 사용하더라도 그렇게 누적된 양은 뉴욕, 시카고, L.A., 휴스턴의 매년 물 사용량을 모두 합한 것보다 더 많을 것이다.

해설 빈칸 다음의 예를 드는 문장에서 아침, 저녁으로 2분만 물을 덜 쓰더라도 크게 절약이 된다고 했으므로 빈칸에는 매일 물을 조금씩 아끼자는 내용이 나와야 한다. 따라서 정답은 (a). (c)는 물 처리 시설을 더 짓자는 의미이다.

어구 conscious 의식하는, 자각하는 cumulative 누적하는 facilities 시설, 설비

정답 (a)

10 번역 내가 처음 경험한 화산 폭발은 대단히 흥미진진했다. 당시 나는 섬에 살고 있었는데, UN으로부터 과학자의 화산 감시를 도와달라는 요청을 받았다. 하루는 우리 경보기가 울리면서 화산 인근에서 진동이 탐지되었다는 것을 알렸다. 나는 흥분했다. 한 과학자가 어떤 일이 벌어지는지 조금 더 가까이 가보자고 했다. 우리는 좀더 가까이 다가가서 뜨거운 연기구름이 중앙에서 올라오는 광경을 보았다. 자세히 들여다보니 뜨거운 바위들이 밖으로 솟아나와 산 아래로 굴러 떨어지고 있었다. 곧 용암까지 흘러내리기 시작했다. 아름답고도 두려운 광경이었다.

해설 첫 문장의 빈칸은 주제를 고르는 문제나 마찬가지이다. volcano, tremor, hot smoke, lava 등의 단어에서 화산 폭발이라는 주제를 고를 수 있다. 정답은 (c).

어구 go off (경보가) 울리다 tremor 진동, 미동 puff 부푼 것; 훅 불기
lava 용암 eruption 폭발, 분화

정답 (c)

11 번역 나는 스포츠카로 아프리카 대륙을 질주한 때를 절대로 잊지 못할 것이다. '아프리카 랠리'는 아름답지만 위험한 코스로 유명하고, 이번 대회는 확실히 그 명성에 걸맞았다. 경주차들은 건조한 사막에서 진흙탕 시냇물, 빽빽한 정글, 풀숲의 초원지대까지, 상상할 수 있는 온갖 지형을 굽이치며 달렸다. 우리가 마을을 관통해서 요란하게 달리면 호기심 많은 구경꾼들이 그 소동을 보러 나오곤 했고, 동물들도

불안한 시선으로 풀을 뜯어먹던 것을 멈추었다. 이 모든 경험이 나로서는 절대로 잊지 못할 것이었다. 비록 11등을 했지만, 트로피를 타지 못한 것에 대해 아무런 유감도 없다. 이 세계적으로 유명한 경주의 일부가 되고 아프리카를 경험했다는 보상이야말로 그 어떤 트로피 전시실에도 담길 수 없는 상이기 때문이다.

해설 첫 문장에 빈칸이 있으므로 주제문을 골라야 한다. 선택지 모두 Africa와 Rally라는 핵심어를 담고 있기 때문에 좀더 구체적으로 주제를 좁혀야 한다. '아프리카 랠리'라는 자동차 경주대회에 나갔던 경험을 담은 글이므로 정답은 (d).

어구 rally 대회 treacherous 위험한 live up to (기대 따위에) 부응하다
wind 나선상으로 움직이다; 굽이치다, 구부러지다 commotion 동요, 소동 whiz 폭주하다 graze 방목하다 trophy room 트로피 전시실

정답 (d)

12 번역 한 문화 내에서 방언의 차이가 생기는 데에는 근본적인 이유가 있다. 특히 그러한 차이는 여러 집단 사이의 의사 소통이 단절된 데에서 기인한다. 사실 그 차이는 단절의 정도에 따라 증가하는 경향이 있다. 한 지역이나 집단의 언어에서 일어나는 변화가 반드시 다른 집단까지 확산되는 것은 아니다. 이러한 변화는 규칙적으로 접촉하는 집단의 사람들로 국한된다. 그래서 사람들이 지리·사회적으로 분리될 때 방언의 차이가 생기는 것으로 보인다.

해설 방언은 집단과 지역의 분리에 의해 달라진다는 취지의 글들이 반복되고 있다. 결론문은 다양한 방언이 지리·사회적으로 분리될 때 발생한다는 내용을 갖추어야 하므로 정답은 (d)이다.

어구 dialect 방언; 사투리 specifically 특히 attribute ... to …탓으로 돌리다 confine 제한하다 diversity 차이, 변화 acquire 습득하다
innovate ~을 새로 받아들이다; 혁신하다

정답 (d)

13 번역 나는 내가 경영자로서 매우 관대한 편이라고 생각한다. 나는 사원이 일을 제때 끝내지 못했다고 해서 해고하지는 않는다. 사원들이 최선을 다하고 자신의 실수를 인정하는 한 나는 계속 월급을 주려고 노력한다. 그러나 내가 절대로 참지 못하는 것은 바로 변명이다. 마감을 지키지 못한 것만 해도 문제인데, 그 실패의 책임을 지지 않는 것은 더욱 큰 문제이다. 교통체증이나 컴퓨터 고장, 또는 동료사원 때문에 일이 늦어졌더라도 궁극적인 책임은 담당 사원 본인에게 있다. 나는 우리 사원들이 그 점을 인정할 만큼 용기가 있기를 기대한다.

해설 However 뒤가 이 글의 주제이다. responsibility를 강조하는 빈칸 뒤의 내용으로 보아 이 글의 필자가 사원에게 강조하는 덕목은 자기 일에 책임을 지는 것, 즉 핑계를 대거나 변명을 하지 않는 것이다.

어구 assignment 임무, 할당된 몫 payroll 임금대장, 급료 총액
crash 고장; 폭주 contribute 제공하다 tardiness 지체, 지각
ultimate 최후의, 근원적인 put up with 참다

정답 (b)

14 번역 고대 그리스인들은 정보를 더 쉽게 기억하기 위해 암기술을 만들어 냈다. 이런 기억술 중에는 단어나 구를 생생하게 시각화해서 연상하는 방법이 있다. '부유한'이라는 단어를 기억하고 싶다면 단어의 각 글자에 반짝이는 다이아몬드가 달려있는 모습을 시각화해 볼 수 있다. 기억술의 또 다른 예로는 숫자(1, 2, 3, 4)와 시각 연상 운율법(1은 빵, 2는 신발, 3은 나무, 4는 문 등)을 이용하는 것도 있다. 따라서 어떤 단어의 알파벳 순서를 기억하고 싶다면 알파벳을 이용한 운율을 만들어낼 수 있다.

해설 빈칸 뒤의 this kind of mnemonics가 큰 단서이다. mnemonics의 뜻을 모른다 할지라도 반복되는 단어 memorize에서 힌트를 얻을 수 있다. (b)가 비슷한 내용이긴 하지만 facts and terms에 대해서는 본문에서 아무 언급도 없으므로 정답이 될 수 없다. '(c) 정보를 좀더 용이하게 기억

하기 위한 암기술'이 정답.

어구 mnemonics 기억 기술 opulent 부유한 shimmering 반짝이는
numerical 숫자의 scheme 배열; 구성, 조직

정답 (c)

15 번역 레오나르도 다빈치의 그 유명한 모나리자의 모델이 누구인지 오랫동안
확실히 밝혀지지 못했다. 미소 짓는 여인이 다빈치의 어머니나 애인,
심지어는 화가 본인이라는 의견이 있었다. 그러나 1503년으로 추정
되는 책에서 손으로 쓴 메모가 발견된 덕택에 이제 그 여인의 정체가
좀더 확실해졌다. 학자들은 이탈리아 피렌체의 부유한 상인의 아내
리사 게라르디니가 모나리자의 미소 뒤의 실제 여인이었음을 그
메모가 가리킨다고 말한다.

해설 빈칸 앞은 모나리자의 모델이 누구인지 알 수 없었다는 내용
이고 빈칸 뒤는 메모 덕택으로 모나리자의 정체가 밝혀졌다는
내용이므로 앞뒤 내용이 반대이다.

어구 positively 확실히 identify ~의 신원을 밝히다 date 연대를 추정
하다

정답 (a)

16 번역 대부분의 상업 다이어트는 광고만큼 효과적이지 못하다. 그러한
다이어트 대부분이 미리 포장된 식단을 팔아 돈을 벌려는 목적이
있을 뿐이다. 이 미리 포장된 음식은 많은 노력, 예컨대 운동이나
더 많은 다이어트 없이는 효과가 거의 없다. 음식을 작은 접시에
먹거나 포만감을 얻기 위해 물을 많이 마시는 습관 등을 권장하는
다이어트도 있다. 이 역시 그다지 도움이 되지 못한다. 더욱이 한
연구에 따르면 '요요 다이어트,' 즉 체중이 계속 늘었다 줄었다 하는
현상이 비만보다 더 해로울지도 모른다고 한다. 효과적이지만 그만큼
위험한 다이어트로는 자몽 다이어트 등 근본적으로 균형이 맞지 않는
다이어트가 있다.

해설 효과적이지 못한 여러 유형의 다이어트를 나열하는 글이다.
여러 내용을 연결하는 접속사로는 furthermore가 적격이다.

어구 effective 유효한 significant 중요한 gulp 꿀떡꿀떡 마시다
obesity 비만 radically 근본적으로; 철저하게

정답 (a)

Part II

17 번역 어제 카이로 시내에서 발생한, 경찰차와 자전거를 탄 십대 소년과의
충돌 사고로 인해 시위가 촉발되었다. 사고 이후에 젊은이들이 거리로
뛰쳐나와 (사고를 낸) 경찰차에 불을 지르고 몽둥이와 돌멩이로 경찰관
들을 쫓아냈다. 군중은 항의의 표시로 소리를 지르면서, 사과하고 좀더
조심해서 운전하라고 경찰에게 요구했다. 사고는 금요일 오후 3시경
카이로 시내 쇼핑지역에서 일어났다. 목격자들에 따르면 경찰차가
빨간 불을 무시하고 속도를 늦추지 않아서 자전거를 탄 소년을 치었
다고 한다.

해설 신문기사는 우선 핵심이 되는 내용을 밝히고 그 후에 배경
설명과 추후 결과를 설명하는 구조가 일반적이다. 경찰차와
자전거의 충돌 사고 이후 소요가 일어났다는 첫 문장에서 이
글의 주제를 알 수 있다. 정답은 (b).

어구 crash 충돌 (사고); 쿵, 쾅 spark 유발하다, 고무시키다 apologize
사과하다 unrest (사회적) 불안 run a red light 빨간 불을 무시하고
달리다

정답 (b)

18 번역 부정적인 태도를 가진 사람들은 자신의 건강을 위험에 빠트릴 수 있다.
최근 연구에 따르면 비관주의자들은 낙관주의자들만큼 오래 살지
못한다고 한다. 9년에 걸친 연구가 네덜란드에서 남녀 900명 이상을
대상으로 실시되었다. 이 연구의 연구자들은 심장 건강을 관찰한 결과
비관주의자들이 심장병으로 더 빨리 사망한다는 사실을 알아냈다.
그들은 다른 이유로도 더 빨리 죽으며, 노령에는 더 많은 건강 문제로
고통을 겪는다. 예를 들어서 비관주의자들은 기억력 상실을 일으킬
확률이 더 높다.

해설 첫 번째 문장 People who have a negative attitude may
be putting their own health at risk.에서 이 글의 주제를
짐작할 수 있다. 그 이후로는 a recent study, for example
등 이 주제문에 대한 구체적인 사실과 예가 주어진다. 정답은
부정적인 태도와 건강의 상관 관계를 지적한 (c).

어구 put ... at risk …을 위험하게 만들다 cardiovascular 심장 혈관의
pessimist 비관주의자 optimist 낙관주의자

정답 (c)

19 번역 유마 국립공원을 좋아하신다면 유마 기금에 기부해서 그 사랑과
지지를 보여주시기 바랍니다. 세금이 공제되는 35달러 또는 그 이상의
기부는 오솔길 보수, 역사 보존, 과학 연구, 야생동물 관리 등의
중요한 계획과 유마 폭포 복구 등 대규모 계획을 가능하게 해줍니다.
또한 자동적으로 우리 공원의 잡지인 〈유마 트레일스〉 1년 구독권을
받으시게 됩니다. 매 호마다 흥미로운 기사와 다채로운 사진, 그리고
기부금이 공원 개선에 어떻게 사용되는지에 대한 정보가 가득합니다.

해설 유마 기금에 기부하라는 첫 문장이 주제문이며, 그 이후
donating, tax-deductible gift, donations 등에서 기부를
촉구하는 내용이 되풀이된다. 정답은 donate의 유의어인
contribute를 사용한 (b)이다.

어구 deductible 공제 가능한 vital 대단히 중요한 restoration 회복,
복구 subscription 구독

정답 (b)

20 번역 규칙적인 운동은 항우울제만큼이나 우울증을 극복하는 데 효과적
일지도 모른다. 이것이 바로 최근 심리학자들이 운동과 항우울제를
비교한 실험에서 내린 결론이었다. 4개월에 걸친 실험에서 항우울제를
복용한 사람들의 절반 정도가 향상되었으며, 운동한 사람 중에서는
60%가 호전되었다. 연구자들은 운동이 기분을 좋게 만드는 데 도움이
되는 두뇌 화학물질의 양을 증가시킬지도 모른다고 추정한다.

해설 첫 문장의 as effective ... as는 운동과 항우울제의 효과가
비슷하다는 것을 의미한다. 즉 운동이 항우울제와 마찬가지로
우울증 치료에 도움이 된다는 뜻이므로 정답은 (a)이다. 세
번째 문장에서 항우울제 복용자의 절반(nearly half)과 운동한
사람의 60%가 호전되었다는 것이 전혀 다른 결과라고는 볼 수
없으므로 (b)는 정답에서 배제된다.

어구 overcome 극복하다 antidepressant 항우울제 speculate 추측
하다 chemicals 화학물질

정답 (a)

21 번역 액체, 젤류 및 에어로졸이 폭발 장치에 사용되는 것을 방지하기 위해
승객은 이러한 물질의 제한된 양만 기내에 반입할 수 있습니다.
모든 액체는 반드시 100ml를 초과하지 않는 용기에 담겨야 합니다.
그 용기는 다시 봉할 수 있고 최대 용량이 1리터가 넘지 않는 투명
비닐봉투에 넣어져야 합니다. 승객은 비닐봉투 한 개만 소지할 수
있습니다. 특대형이나 추가의 비닐봉투는 보안 검색요원에 의해
압수될 수 있기 때문에 용량 초과인 경우에는 화물로 수속할 것을
권장합니다.

해설 기내에 반입 가능한 액체의 용량이 제한된다는 내용이다. (a)의
보안검사 절차나 (c)의 화물 크기와 중량 제한은 공항에서
주의해야 할 일반적인 내용을 다루므로 정답 후보에서
배제된다. 기내 반입 가능한 액체에 대한 내용을 담은 (b)가
정답이다.

어구 explosive 폭발하는 capacity 수용 능력 transparent 투명한
plastic bag 비닐봉투 confiscate 몰수하다 personnel 요원,
직원 check in 탑승 수속을 하다, 화물을 맡기다 inspection 조사,

검사 **transport** 수송하다, 운반하다

정답 (b)

22 번역 조각 야채는 식탁 장식, 특히 뷔페나 정찬 세팅에서 가장 근사한 재료
가 된다. 무엇보다 야채 조각은 실제로 아주 간단하면서도 놀랄 정도로
매력적이다. 단순한 야채를 장식용 꽃으로 조각하면 비용을 거의
들이지 않고도 훌륭한 꽃바구니를 만들어낼 수 있다. 야채를 조각하는
사람은 기본적인 몇 단계만 거치면 당장이라도 식탁을 꾸밀 수 있다.
이것을 배우는 최고의 방법은 간단한 것으로 시작해서 좀더 힘든 꽃
디자인으로 나아가는 것이다.

해설 carved vegetable이란 식탁을 장식하기 위해 호박이나 무
등의 야채를 조각한 것을 뜻한다. (a)는 야채 대신 야생화를
장식물로 사용한다고 했고 (b)는 야채로 요리를 만든다고
했으므로 야채 조각의 정의에서 벗어난다. 야채를 조각해서
장식물로 사용한다는 (c)가 정답.

어구 **fabulous** 멋진, 굉장한 **incredibly** 매우 **expense** 비용, 경비 **in
no time** 곧, 바로 **challenging** 도전적인, 해볼 만한

정답 (c)

23 번역 얼마 전에 읽은 〈내 머릿속의 숫자〉를 적극 추천한다. 자폐증으로
고생하는 저자 루디 시몬스는 이 회고록에서 자신의 두뇌에서 어떤
일이 벌어지는지 묘사하고 있다. 예를 들어서 그는 각각의 숫자마다
특정하게 연상되는 형태와 질감이 있다고 말한다. 머릿속으로 두
수를 곱할 때 다른 질감의 형태 두 개가 새로운 형태와 새로운 질감을
형성하며, 그는 이 새로운 질감의 형태가 무엇인지를 보고 수학 문제에
대한 숫자 답을 추론한다. 전체적으로 보아, 이 책은 자폐증을 앓는
사람의 정신을 들여다본다는 점에서 매우 계몽적인 책이다.

해설 최근 읽은 책에 대한 서평이다. 마지막 문장에서 자폐증에
걸린 사람의 정신세계를 들여다볼 수 있다는 것만 보면 (b)를
선택할 수도 있으나 자폐증을 앓는 저자가 자신의 머릿속에서
벌어지는 일을 묘사한 자서전이라는 두 번째 문장에서 (c)가
정답임을 알 수 있다.

어구 **autism** 자폐증 **memoir** 회고록, 자서전 **multiply** 곱하다
infer 추론하다 **overall** 종합적으로 **illuminating** 조명하는, 계몽
적인

정답 (c)

24 번역 미국에서 영화 등급제는 잘 정립되어 있으나 TV 프로그램의 등급은
여전히 문제다. 사람들은 폭력적인 TV 방송이 어린이들에게 미치는
영향에 대해 우려한다. 대부분의 연구 결과에 따르면 폭력적인 TV
방송을 시청하면 아이들이 종종 더 폭력적으로 행동한다고 한다.
그러므로 폭력적인 TV 방송의 양이 줄어야 한다고 많은 이들은
믿고 있다. 그러나 TV의 폭력을 구체적으로 어떻게 줄여야 하는지는
논쟁거리다. 정부가 TV 프로그램의 내용을 규제해야 한다는 제안도
있었다. 그러나 미국에서 이런 해결책이 언제나 환영받는 편은 아니다.
몇몇 유력 단체가 그러한 규제에 반대하고 있다.

해설 문장의 진위를 묻는 문제는 세부적인 내용까지 꼼꼼하게
살펴봐야 하기 때문에 시간이 많이 걸리게 마련이다. 세 번째
문장 Most research has shown that watching violent TV
shows often leads to more violent behavior in children.
과 같은 내용으로 바꿔 표현(paraphrase)한 (d) Studies show
that violence on TV produces violent behavior.(TV
방송의 폭력은 폭력적인 행동을 낳는다)가 정답이다.

어구 **regulate** 통제하다 **debate** 토론, 논쟁 **influential** 영향력을 행사
하는, 유력한 **ban** 금지하다

정답 (d)

25 번역 난푸레 퍼즐은 9개의 3x3 상자로 나뉘는 9x9 정사각형 격자로
이루어져 있다. 푸는 사람을 위해 숫자 몇 개가 이미 채워져 있다.

1에서 9까지의 숫자로 빈칸을 채우는 것이 이 게임의 목적이다.
난푸레 퍼즐을 푸는 데에는 추측이나 요행이 필요하지 않고 오로지
순수한 논리만이 이용된다. 처음에는 간단하게 보일지라도 이는 사실
대단히 도전적인 두뇌 퍼즐이다.

해설 마지막 문장의 Although it may look simple at first
glance에서 겉보기와는 달리 단순하지 않을 것이라는 단서를
얻을 수 있다. 또한 선택지에 숫자가 나오면 함정인 경우가
종종 있으므로 반드시 확인해보자. 정답은 보기보다 힘들다는
내용의 (b)이다.

어구 **Nanpure** 난푸레(number와 place를 합성해 일본어 식으로 발음한
것으로, 숫자 채워 넣기 게임을 뜻함) **grid** 격자 **objective** 목적
utilize 활용하다

정답 (b)

26 번역 자유의 여신상은 프랑스가 미국 혁명 100주년을 기념하여 선사한
명예로운 선물이다. 그러나 처음에 자유의 여신은 서있을 곳이 없었다.
미국인들은 지지대를 마련하기 위해 기금을 모아야 했다. 미국인들은
많은 고통과 비웃음을 받으면서 모금운동을 시작하고 점차 성공했다.
여신상에게 자리를 찾아주기 위한 후한 선물과 노력 끝에 자유의
여신상은 오늘날 자랑스럽게 서서 뉴욕항으로 들어오는 이민자들에게
자유와 기회의 상징이 되고 있다.

해설 세부사항에 대한 문제라도 주제를 확인해야 하는 경우가
허다하다. 두 번째 문장의 역접 접속사 But 이하에 나온 이
글의 주제 at first Ms. Liberty had nowhere to stand를
다른 말로 바꾼 (a)가 정답.

어구 **honorable** 명예로운 **pedestal** 주춧대, 대좌 **travail** 진통, 고통
drive 운동 **commemorate** 기념하다

정답 (a)

27 번역 우라늄은 민간과 군사 핵 프로그램 모두에서 기본이 되는 원자재이다.
우라늄의 특정 원자들이 연쇄반응으로 분열될 때 에너지가 방출된다.
이 과정은 핵분열이라 불린다. 핵분열은 동위원소 우라늄 235
(U-235)가 사용될 때 가장 잘 일어난다. U-235는 연쇄반응
때 분열해서 열의 형태로 에너지를 방출하는 성향 때문에 '분열
동위원소'라 불린다. U-235 원자는 분열하면서 중성자 두세 개를
방출한다. 다른 U-235 원자들이 있으면 이 중성자들은 그들과
충돌하며, 그 결과 다른 원자들이 분열하고 중성자가 더 많이 배출되는
것이다.

해설 다섯 번째 문장의 its propensity to split in a chain
reaction, releasing energy in the form of heat을 (a)
Energy is spent as heat by a chain reaction process.
와 연결할 수 있는지 확인하는 문제이다. (b)는 중성자가
흡수된다고 했으나 실은 충돌하는 것이므로 답이 아니다.

어구 **raw material** 원자재 **civilian** 민간의 **chain reaction** 연쇄반응
fission 분열 **isotope** 동위원소 **fissile** 분열성의 **propensity**
성향 **neutron** 중성자

정답 (a)

28 번역 이미 어린 아이들과 십대의 사랑을 받고 있는 패스트푸드 산업은
그들의 부모와 조부모의 식성에도 점차 큰 관심을 보이고 있다.
베이비 붐 세대의 숫자가 X세대를 앞지르자 빠른 서비스를 자랑하던
식당들은 다양한 메뉴와 복고풍의 실내장식, 노령화 인구에 호소하는
광고 등으로 대처하고 있다. 그러나 전문가들은 식당 체인점들이 성인
고객을 끌어들이려다가 그들만의 성공 요소인 간단한 메뉴와 짧은
대기시간까지 위태롭게 하고 있다고 우려한다.

해설 전문가들이 우려하는 부분만 확인하면 되는데, 마지막 문장의
risking the very things that make them successful에서
정답의 단서를 찾을 수 있다. 새로운 연령층을 잡기 위해 효과
적인 전략을 변경할지도 모른다는 (d)가 정답이다.

어구 outpace 앞지르다 baby booomer 베이비 붐 세대(1960~70년 전후에 태어난 세대) Generation X X세대(1980년 중후반의 소외와 불황기에 태어난 세대) expand 확장하다 retro 리바이벌의, 재유행의 demographic 인구학의 court 구애하다, 유혹하다

정답 (d)

29 번역 미국인 대부분은 자신이 삶에 대해 논리적이고 과학적인 접근방식을 택한다는 데 자부심을 느낀다. 그러나 '모든 미국인의 운동'인 야구에서 많은 선수들이 스트레스와 불안감을 조절하고 경기에서 이기기 위해 미신과 초자연적인 믿음에 의지한다. 투수인 대니얼 고사드는 정각 10시에 일어나고 오후 1시에 근처 식당에서 아이스티 두 잔과 참치 샌드위치를 먹는다. 점심 후에는 가장 최근에 승리했던 경기 당시 입었던 스웨트 셔츠로 갈아입고 경기 한 시간 전에는 씹는 담배를 채운다. 기이한 의식을 따르는 대부분의 야구 선수들은 이 엄격한 의식을 그만두었다가는 당일 경기의 승리를 포기하게 된다고 믿고 있다.

해설 이 문제에서는 수치가 함정이다. (b)에서 two tuna fish sandwiches가 아니라 two iced tea였다면 정답이 될 수 있다. a strange ritual, this exact ritual을 a routine으로 요약한 (d)가 정답.

어구 supernatural 초자연적인 stuff ~을 채우다 sweatshirt 스웨트 셔츠(운동 선수가 보온을 위해 경기 전후에 입는 헐렁한 스웨터) chewing tobacco 씹는 담배 deter 단념시키다

정답 (d)

30 번역 현재의 경향이 지속된다면, 영국에서는 2050년까지 성인 인구의 절반이 넘는 사람들이 과체중이 될 것이다. 여론 조사에 따르면 55세 이상의 노년층이 이러한 결과를 초래할 위험이 가장 높다고 한다. 영양학자들은 많은 사람들이 의지하는 소위 요요 다이어트가 효과가 없으며 심지어 체중이 증가할 수 있다고 경고한다. 이보다 더 좋은 중재 방법은 건강하지 못한 생활 습관을 바꾸기 위한 장기간의 계획을 짜고 현실적으로 이룰 수 있는 목표를 세우는 것이다. 전문가들은 건강한 식사 지침을 따른다면 7만 건에 달하는 사망을 예방할 수 있을 것이라고 추정한다. 아무런 변화가 생기지 않는다면 건강하지 못한 식습관의 결과로 그렇게 많은 사람들이 죽을 수 있다는 것이다.

해설 세 번째 문장의 eventual weight gain을 (b) ...add weight over the long-term과 연결시킬 수 있는지 점검하는 문제이다. 통계 수치는 꼭 확인해야 하는데, 첫 문장의 over half가 (c)의 The majority와 같다고 볼 수 없다. 또한 마지막 문장의 가정법 could die가 (d)의 직설법 die로 바뀔 수는 없다. 세부사항을 묻는 문제에서는 이런 식으로 본문의 일부 정보만 바꿔서 선택지를 제시하는 경우가 흔하다.

어구 dietician 영양학자 intervention 개입, 조정 realistically 현실적으로

정답 (b)

31 번역 많은 사람들은 실은 더 많은 자리에 적합할 수 있는데도 스스로 적격이라고 여기는 자리에만 지원한다. 재니스 워커의 첫 직장이야말로 바로 이 주제에 맞는 예이다. 대학생이었던 재니스는 수업료를 충당할 추가 수입이 필요했기 때문에 자신의 전공 분야인 인터넷 기술 분야에 해당하는 구인 광고를 뒤졌다. 특별히 한 자리가 그녀의 관심을 끌었는데, 그것은 세 개의 소프트웨어 프로그램 기술이 필요한 데이터베이스 통합 파트타임 일자리였다. 그녀는 한 프로그램만 다뤄본 경험이 있으면서도 지원했고, 자기 소개서에 자신의 단점을 공개적으로 밝히고 부족한 분야에서 새 기술을 열심히 배우겠다고 열정적으로 설명했다. 자랑스럽게도 그녀의 적극적인 태도는 고용회사의 인정을 받았고 그녀는 그 자리를 얻었다.

해설 despite, her shortcomings, deficient areas는 (d)의 under-qualified와 일맥상통하는 표현이다. 또한 마지막 문장의 she landed the job은 '고용되었다'는 의미이다. 따라서 정답은

자격이 부족한데도 고용되었다는 내용의 (d)이다.

어구 qualified for ~에 적격인 quintessential 전형의, 본질적인 scour 찾아 헤매다 classifieds 안내광고(구인, 구직 등으로 구분되어 있음) disclose 드러내다 shortcoming 결점, 단점 enthusiastically 열정적으로, 매우 열심히 deficient 부족한, 결함이 있는 to one's credit ~에게 명예롭게도 land 획득하다; 낚아 올리다

정답 (d)

32 번역 일본의 암석 섬 호보로는 1928년 이래로 높이가 22미터에서 겨우 6미터로 줄어들었다. 이 기이한 생침식의 이유는 바로 등각류라 불리는 1인치 길이의 갑각류에 있다. 이 섬의 이상적인 서식조건, 즉 주로 고도로 압착된 화산재로 이루어진 연성 바위인 응회암이라는 지질학적 성분에 유인된 수백만의 작은 수생동물들이 섬의 바위를 파고들어 보금자리를 만들었고, 그 결과 바위를 파도와 바람에 부식되기 쉽게 만들었다. 최근 바닷물의 온난화로 그들의 주식인 플랑크톤의 개체 수가 증가한 결과 게와 새우의 사촌 격인 이 동물이 더욱 증식되고 문제가 악화되었다.

해설 생소한 용어가 많이 등장하는 데다 각 선택지의 내용을 일일이 확인해야 하기 때문에 난이도가 높은 문제이다. 세 번째 문장의 the tiny marine creatures는 crustacean, isopod와 같은 의미이며 the island rock은 tuff를 지칭한다. 따라서 정답은 갑각류들이 응회암을 보금자리로 이용한다는 내용의 (b)이다. (c)는 갑각류가 기후 때문이 아니라 지질학적 특징 때문에 몰려드는 것이므로 답이 아니다.

어구 shrink 줄어들다 bio-erosion 생침식(해양 기질이 수많은 메커니즘에 의해 살아있는 유기체에 의해 침식되는 것) crustacean 갑각류의 isopod 등각류 tuff 응회암 malleable 연성의, 두들겨 펼 수 있는 compress 압착하다 burrow 굴을 파다; 굴 susceptible to ~하기 쉬운, ~을 허락하는 bolster 보강하다, 지탱하다 staple food 주식 proliferation 증식, 급증

정답 (b)

33 번역 라틴아메리카에서 현재의 중산층은 몇몇 핵심적인 경제적 사건의 산물이다. 1940년대에서 70년대까지 국가가 주도하는 산업화와 공공 경영의 성장으로 인해 일부 라틴아메리카 국가에서 경영자, 관료, 그리고 숙련된 노동자 귀족으로 구성된 중산층이 부상했다. 그러나 그들을 부상시켰던 정책은 지속될 수 없다고 판명되었다. 그 정책들은 1982년 부채 위기 이후 폐기되었고, 이는 10년간 미미한 성장과 높은 인플레를 촉발시켰다. 1980년 이후 브라질에서만 중산층에서 7백만 명이 떨어져나갔다.(그러나 3백만 명은 상류층으로 이동했다.) 현재 등장하고 있는 중산층은 매우 다르다. 좀더 정확히 말해서 그들은 중하류층으로 정의될 수 있다.

해설 7 million people dropped out of the middle class after 1980에서 중산층의 수가 상당히 감소한 것을 알 수 있다. 따라서 일부 정책을 제대로 유지하지 못한 결과 중산층이 감소했다는 (d)가 정답이다. 3 million, 1980, 1982 등 숫자와 연도에 주의.

어구 industrialization 산업화 bureaucrat 관료 aristocracy 귀족, 상류계급 unsustainable 지속할 수 없는 trigger 일으키다, 유발하다 mediocre 보통의 emerge 나타나다 initiate 시작하다

정답 (d)

34 번역 헨리 카넬라가 기업가로 성공하고 백만 달러가 넘는 은행 계좌를 소유하게 된 이야기는 돈에 대한 욕망을 품고 있고 세상 물정에 밝은 한 사업가의 이야기이다. 그의 유일하게 매력적인 특성(이렇게 불릴 수도 있다면)은 바로 불굴의 노동관이다. 카넬라는 이익으로 향하는 여정에서 땀과 눈물을 흘리면서 자신에게 유리하게 거래를 성사시키고 자기 금고에 더 많은 돈을 넣는 방법을 찾아냈다. 그의 삶에서 따를

만한 윤리가 있다면, 그것은 땀과 눈물, 바로 그가 모든 사업에 쏟아부은 초인적이고 개별적인 노력에서 찾을 수 있다. 온갖 표리부동한 말을 구사하며 돈을 벌어들이긴 했지만 그의 영혼 깊은 곳에는 열심히 일하자는 약속, 즉 그의 아버지에게서 물려받은 특성이 숨어있었다.

해설 한 기업가의 현재의 개성과 기본 노동관이라는 두 가지 측면을 비교하는 글이다. street-smart, double-talk 등은 카넬라의 사업가로서의 현재 수완을 뜻하는 표현이며 tireless work ethic, sweat and tears, a commitment to work hard 등은 그가 아버지로부터 물려받은 건전한 노동관을 뜻한다. 이렇게 두 측면을 갈라서 생각하면 자기에게 유리한 거래를 잘 성사시킨다는 의미의 (a)를 답으로 고를 수 있다.

어구 entrepreneurial 기업가적인 street-smart 세상 물정에 밝은 insatiable 탐욕스러운 lust 강한 욕망 tireless 지칠 줄 모르는; 부단한 cut a deal 합의에 이르다, 거래를 성사시키다 funnel 한곳에 모으다 coffer 금고; 재원 double-talk 말의 겉과 속이 달라 상대를 기만하는 어법 trait 특성, 특징 strike (계약 등) 체결하다; 치다, 때리다 lopsided 한쪽으로 기운

정답 (a)

---

35 번역 크리스천 베넷의 〈태양에 묶여서〉는 회고록을 가장한 완전한 허구이다. 그 가정이 사실 너무 효과적이어서 수천 명의 독자와 꽤 많은 평론가들은 그 이야기가 실존 인물의 진짜 이야기에 기초한다고 믿을 정도였다. 이 소설이 진실을 추구하는 한 청년에 초점을 맞추었다는 점은 고의적인 기만에 기초한 이야기 기법에 특별한 반전을 더한다. 물론 많은 소설들이 일인칭의 회고록 형식으로 이루어져있다. 그러나 이 소설은 그 원형을 취해서 완전히 뒤집어 엎는다.

해설 추론 문제는 지문에 숨겨진 뜻을 찾아야 하므로 기본적으로 난이도가 높은 편이다. (a)의 novels가 일반적인 소설을 뜻하는 반면 (b)의 the novel은 *Tied to the Sun*을 가리킨다. 첫 문장의 pure fiction in the guise of memoir에서 이 소설이 실은 완전한 허구임을 추측할 수 있으므로 실제 사건이나 인물이 반영되지 않았다는 (b)가 정답이다.

어구 in the guise of ~을 가장하여 deliberate 계획적인, 사려 깊은 deception 사기, 기만 archetype 원형

정답 (b)

---

36 번역 기술을 이용해 사람들의 '결점'을 골라내는 것은 이익보다 해가 더 많을지도 모른다. 자신의 현재 위치에 도달하기 위해 난관을 극복해야 했던 대단한 사람들의 이야기에 우리가 얼마나 여러 번 감동을 받았던가? 레이 찰스나 빈센트 반 고흐 같은 사람들은 극복해야 할 어려움을 타고났으면서도 성공한 것은 물론이고 '장애인'에 대한 세상의 시각에 놀라운 차이를 만들어냈다. 그런 사람들은 실제로 우리에게 하루를 살아갈 희망과 동기를 부여한다. 그들이 없다면 세상 사람들은 그렇게 강력한 영감을 얻지 못할 것이다.

해설 가정법이나 의문문은 주제를 강조하기 위해 자주 사용되는 구조이다. 마지막 문장 Without them the world would lack such powerful inspiration.에서 '고통을 극복한 사람들 덕택에 보통 사람들이 강한 영감을 받는다'고 생각해볼 수 있다. 따라서 정답은 (d)이다.

어구 screen out 가려내다 inherent 고유의, 타고난 disadvantaged 불리한, 장애의 get through (시간을) 보내다; (어려운 때를) 타개해 나가다 persevere 인내하다

정답 (d)

---

37 번역 현재까지 러시아와 미국만 유인 우주선을 우주에 발사할 수 있었으나, 중국의 우주계획은 이 정예집단을 곧 따라잡을 것 같다. 1999년 발사된 중국 최초의 우주선에는 사람은 타지 않았지만, 지구 비행을 14번 성공적으로 수행하고 몽골 내륙지방에 착륙했다. 이 성공에 기초하여 2001년 개, 토끼, 원숭이를 한 마리씩 태운 두 번째 비행

역시 성공리에 임무를 완수했다. 좀더 최근에는 인간의 신체 조건을 알아보기 위해 세 번째 우주선 초기모델에 모형 우주인과 감지기가 장착되었다. 이 우주선은 일주일간 궤도에 올랐다가 중국의 첫 번째 우주인, 소위 타이코노트라 불리는 우주인을 준비시키는 데 사용될 중요한 자료를 갖고 귀환했다.

해설 중국이 아직 유인 우주선을 발사하지는 못했으나 3회에 걸쳐 차근차근 준비를 하고있다는 전체 내용에서 중국이 대단히 효율적으로 정책을 진행한다고 추측할 수 있다. 중국이 목적을 이루기 위해 체계적인 정책을 차근차근 실행한다는 내용의 (b)가 정답이다.

어구 aircraft 항공기(하늘을 나는 것의 총칭) on par 동등한 occupant 점유자, 현 거주자 orbit (지구 등의) 주위를 궤도를 그리며 돌다 prototype 시제품, 초기 모델

정답 (b)

Part III

38 번역 최근 연구에 따르면 사람의 성격은 시간이 지나면서, 심지어 어른이 된 후에도 계속 향상된다고 한다. (a) 이 연구는 21세에서 60세까지의 사람들을 조사해 시간이 지나면서 어른들이 더욱 친절해진다는 것을 알아냈다. (b) 연구자들은 아이를 낳고 후에 손주까지 보는 등의 일들로 인해 사람들이 더욱 수용력이 넓어지고 남을 도와주게 되기 때문이라고 믿는다. (c) 그러나 성격이 완전히 변하지는 않는데, 왜냐하면 나이가 든다고 해서 화를 잘 내는 사람이 완전히 치유되는 것은 아니라는 점이 확인되었기 때문이다. (d) 화를 잘 내는 어른은 아이들에게 나쁜 본보기가 될 수 있다.

해설 일관성을 묻는 문제에서는 무엇보다 제시문을 정확하게 파악해야 한다. 사람의 성격이 나이가 들면서 향상된다는 제시문의 내용이 (d)에서는 지나치게 확장되고 있다.

어구 agreeable 상냥한 accepting 쾌히 받아들이는 aging 나이 먹음 hot-tempered 성급한, 화를 잘 내는

정답 (d)

---

39 번역 통계 자료가 모든 것을 말해주지 않을 때도 있다. (a) 1900년대에 도심부의 범죄율이 하락했다. (b) 대부분의 사람들은 경찰이 일을 더 잘하고 있다고 단정했다. (c) 그러나 그것이 반드시 원인이 된 것은 아니었다. (d) 도시 근교의 범죄도 도심부의 범죄만큼 폭력적이었다.

해설 통계 수치로는 모든 것을 알 수 없다는 제시문의 내용이 (a), (b), (c)까지 일관성 있게 연결되고 있다. 반면 (d)는 앞에서 다루던 도심부가 아니라 도시 근교를 언급한다는 점에서 일관성이 떨어진다.

어구 inner city 도심부, 대도시 중심부의 저소득층 거주지역

정답 (d)

---

40 번역 화학물질이 질병 치료에 사용될 수 있다는 생각은 엄청난 이념적 장애물을 뛰어넘어야 했던 새로운 발견이었다. (a) 이러한 개념은 거의 80년 전에 독일 과학자들, 특히 게르하르트 도마크에 의해 시작되었다. (b) 독일 과학자들은 의학과 기술 연구의 선두에 있었다. (c) 당시에는 화학물질은 옷을 염색하는 데 사용되는 것이지 상처를 치료하는 용도가 아니라면서 그런 생각이 말도 안 된다고 믿는 사람들이 많았다. (d) 그러나 도마크는 딸이 병에 걸렸을 때 자신이 처방한 약으로 딸을 완치시킴으로써 이러한 비평가들을 침묵시켰다.

해설 전반적인 내용이 화학물질을 치료약으로 사용한다는 것임에 비해 (b)는 독일 과학자들의 우수성을 언급하고 있으므로 일관성을 찾아보기 힘들다.

어구 breakthrough 새로운 발견, 큰 발전 tremendous 대단한 obstacle 장애물 forefront 선두, 최전선 preposterous 터무니 없는 silence 침묵하게 만들다

정답 (b)

The TEPS

10년간 지켜온 TEPS의 시크릿 봉인이 열린다!!

**서울대가 선택하고 최고의 TEPS 전문가들이 풀어낸
최강의 TEPS 기본서**

- 서울대 언어교육원 TEPS 전문 강사진이 직접 공개하는
  서울대생 10년 교육의 노하우
- 지난 10년간의 출제 경향과 출제 원리를 정확히 꿰뚫는
  적중률 100% 실전문제 & 예상문제

문법 명쾌한 문법 해설을 기본으로 출제 핵심을 짚어주는 '시험엔 이렇게 나와요,'
'Memory Points' 등 다양한 코너를 통해 전체 문장 구조를 한눈에 파악하는
능력을 기를 수 있다.

어휘 섹션별로 분류된 풍부한 빈출 어휘, 퀴즈 코너와 Practice Test를 통한 확실한
점검으로 TEPS 시험 대비뿐 아니라 실생활 어휘를 올바르게 활용할 수 있는
능력까지 기른다.

독해 체계적으로 세분화된 해설, 풍부한 연습문제로 문단의 구조와 대의 파악 방법,
중요한 독해 기법과 주제별 관련 어휘까지 유기적으로 학습한다.

ISBN 978-89-5995-965-5 13740
ISBN 978-89-5995-967-9 18740(set)

값: **20,000원** (본 교재 + 정답 및 해설)